KB262310

중국문명대시야 2

中华文明

중국문명대시야

베이징대학교 중국전통문화연구센터 기획 | 장연·김호림 옮김

大视野

2

김영사

중국문명대시야 2

저자_ 위안싱페이
역자_ 장연 · 김호림

1판 1쇄 인쇄_ 2007. 12. 1.
1판 1쇄 발행_ 2007. 12. 4.

발행처_ 김영사
발행인_ 박은주

등록번호_ 제406-2003-036호
등록일자_ 1979. 5. 17.

경기도 파주시 교하읍 문발리 출판단지 515-1 우편번호 413-756
마케팅부 031)955-3100, 편집부 031)955-3250, 팩시밀리 031)955-3111

이 책의 한국어판 저작권은 Imprima Korea Agency를 통한 21st Century Publishing House와의
독점 계약으로 김영사에 있습니다. 저작권법에 의해 한국 내에서 보호를 받는
저작물이므로 무단 전재와 무단 복제를 금합니다.

값은 표지에 있습니다.
ISBN 978-89-349-2737-2 04910
        978-89-349-2735-8 (세트)

독자의견 전화_ 031) 955-3104
홈페이지_ http://www.gimmyoung.com
이메일_ bestbook@gimmyoung.com

좋은 독자가 좋은 책을 만듭니다.
김영사는 독자 여러분의 의견에 항상 귀 기울이고 있습니다.

中國文明 大視野

올해는 중국과 한국이 수교한 지 15주년이 되는 해입니다. 하루 평균 1만 1천 명의 한국인이 매주 800여 항공편을 통해 한국의 6개 도시와 중국 30여 개 도시를 왕래하고 있습니다. 사람들이 자주 오가면서 중국에는 '한류韓流'가 퍼져나가고 한국에는 '한풍漢風'이 거세게 불고 있습니다. 중국에서는 매일 1억 명 이상의 시청자들이 한국 드라마를 봅니다.

한국에서는 중국어 학습 열풍이 불고 있습니다. 한국에는 현재 130여 개 대학이 중문과를 개설하였고 중국어를 할 줄 아는 외국인 3명 가운데 2명은 한국인입니다. 특히 HSK 상위권 득점자 대다수가 한국인입니다. 전 세계에서 중국어를 제일 잘 구사하는 외국인이 한국인인 것입니다. 이렇게 중국과 한국이 1992년 수교 이후 15년 만에 비약적인 관계발전을 이룩했다는 점은 어느 누구도 부인할 수 없습니다.

그러나 저는 한 가지 아쉬움이 있습니다. 문화의 가장 기본적인 바탕이라고 할 수 있는 도서의 교류가 아직 부족하지 않은가 생각하는 것입니다. 조금 과장해서 말하면 저는 양국 간의 활발한 도서 교류가 양국 관계에 새로운 전기를 마련해줄 수 있을 것이라고 봅니다. 두 나라의 국민들이 상대 국가에서 출간되는 양서를 더 많이 읽고 이해하면 두 나라가 좀 더 서로를 깊이 알고 좋은 관계로 발전해갈 수 있지 않을까 생각하는 것입니다.

김영사의 박은주 사장님이 4년 전 중국대사관 문화원 측에 중국문화를 제대로 이해할 수 있는 책을 함께 기획해보자는 의견을 주셨습니다. 그때 중국 문화원의 담당자는 양국의 친선교류를 위한 좋은 기회라고 판단하고 면밀한 검토 작업에 들어갔습니다. 그 결과로 선택한 책이 명문 베이징대학교의 대표적인 교수진이 집필한 이 책 〈중국문명대시야(원제 : 中華文明大視野)〉였습니다. 김영사에서도 흔쾌히 출간을 수락하였고 그 결과 한중수교 15주년을 기념하여 출간하게 되었습니다. 저는 이 도서가 중국이 오랫동안 축적해온 문명의 정수를 제대로 한국인에게 보여줄 것이라고 생각합니다.

다행스럽게도 최근에는 양국의 출판계에서도 서로 활발한 교류가 이루어지고 있습니다. 양국의 작가들이 오가며 열띤 토론과 의견을 나누고 한국 서점에서도 중국의 다양한 책들을 볼 수 있게 되었습니다. 저는 주한 중국대사관 문화원과 김영사가 공동으로 기획한 이 도서가 양국의 지식 정보 교류에 새로운 전기를 마련해주기를 진심으로 바랍니다.

2007년 겨울
주한 중국대사
닝푸쿠이寧賦魁

만리장성, 황허, 창장강, 팔괘八卦, "높은 지위에 있는 사람도 삼가지 않으면 후회하게 된다亢龍有悔" "요조숙녀는 군자의 좋은 짝일세窈窕淑女 君子好逑", 띠, 중추절, 단오절, 용주龍舟 시합, 새해 인사, 양고기 샤브샤브, 젓가락 사용……

앞에서 말한 것들은 중국인에게 무척 익숙한 것들이다. 중국인이 중국인인 이유는 이 수많은 요소들의 영향을 통해 중국인이 되었기 때문이다. 노란 피부, 검은 머리, 검은 눈동자 때문에 중국인이 중국인인 것은 아니다. 중국인이 머릿속으로 생각을 떠올리면 중국식 사유이고, 하루하루의 일상은 중국식 생활방식이다. 중국인은 중국문화에서 벗어나지 못한다. 중국인은 세계의 어느 곳에 있건 음력 섣달 그믐날이나 중추절 같은 명절이 되면 강렬한 반응을 보인다. 이런 크고 작은 일들이 넓은 중국문화의 그물이 된다. 중국인은 모두 이런 것에 익숙하지만 대부분은 그 이유를 모르고 어떻게 된 일인지 잘 설명하지 못한다. 이《중국문명대시야》는 중국인의 생활 속에 있는 중국문화를 친절하고 간단하면서도 믿을 수 있는 언어로 소개해준다.

1994년 내가 베이징대학교의 명예교수 자리를 받았을 때, 베이징대학교 국학연구원 중국전통문화연구센터의 학자들과 좌담회를 한 적이 있다. 그들은 마침 큰 프로젝트를 시작하고 있었다. 그들은 조를 나누어 중국문화와 역사에 대한 연구과제 1백여 편을 쓰고 있었는데, 어려운 내용을 알기 쉽게 쓰되, 착오 없이 정확하고 재미있어야 했다. 그 원고들은 중앙방송국에서 텔레비전 방송물로 제작되었다. 연구센터의 주임인 위안싱페이 교수는 내게도 "무술"과 "칭기즈칸" 혹은 맘에 드는 역사 인물에 관한 글을 써보라고 권했다. 무척 흥미가 당긴 나는 이 부탁을 받아들이려고 했다. 그러나 오래지 않아 홍콩으로 돌아갔고, 업무상 연락이 쉽지 않아 결국 마음을 접고 말았다. 나중에 베이징대학에 다시 돌아갔을 때 위안 교수와 그의 동료들이 내게 이미 촬영을 마친 텔레비전 방송물 몇 세트를 선물했다. 내용을 보니 수준이 대단히 높아서 독자들에게 널리 추천할 가치가 있다고 생각했다. 이제 방송 내용을 체계적으로 정리하여 한결 더 훌륭하게 출간된 책을 보니 정말 기쁘지 않을 수 없다. 이 책은 중국문화의 정수를 담고 있다. 이 책을 읽고 이해한 독자라면 중국문화를 이해했다고 말해도 지나치지 않을 것이다. 독자 제현의 일독을 권한다.

진융金庸

차례

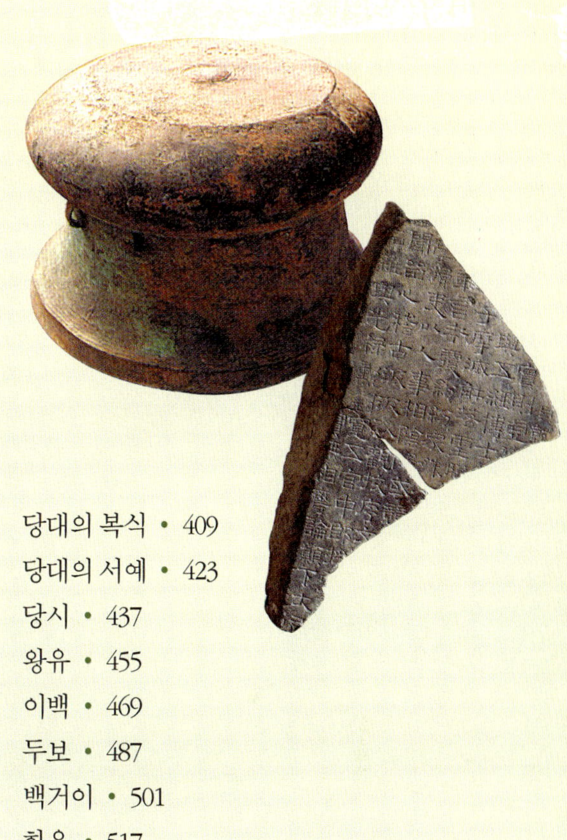

中國文明 大視野

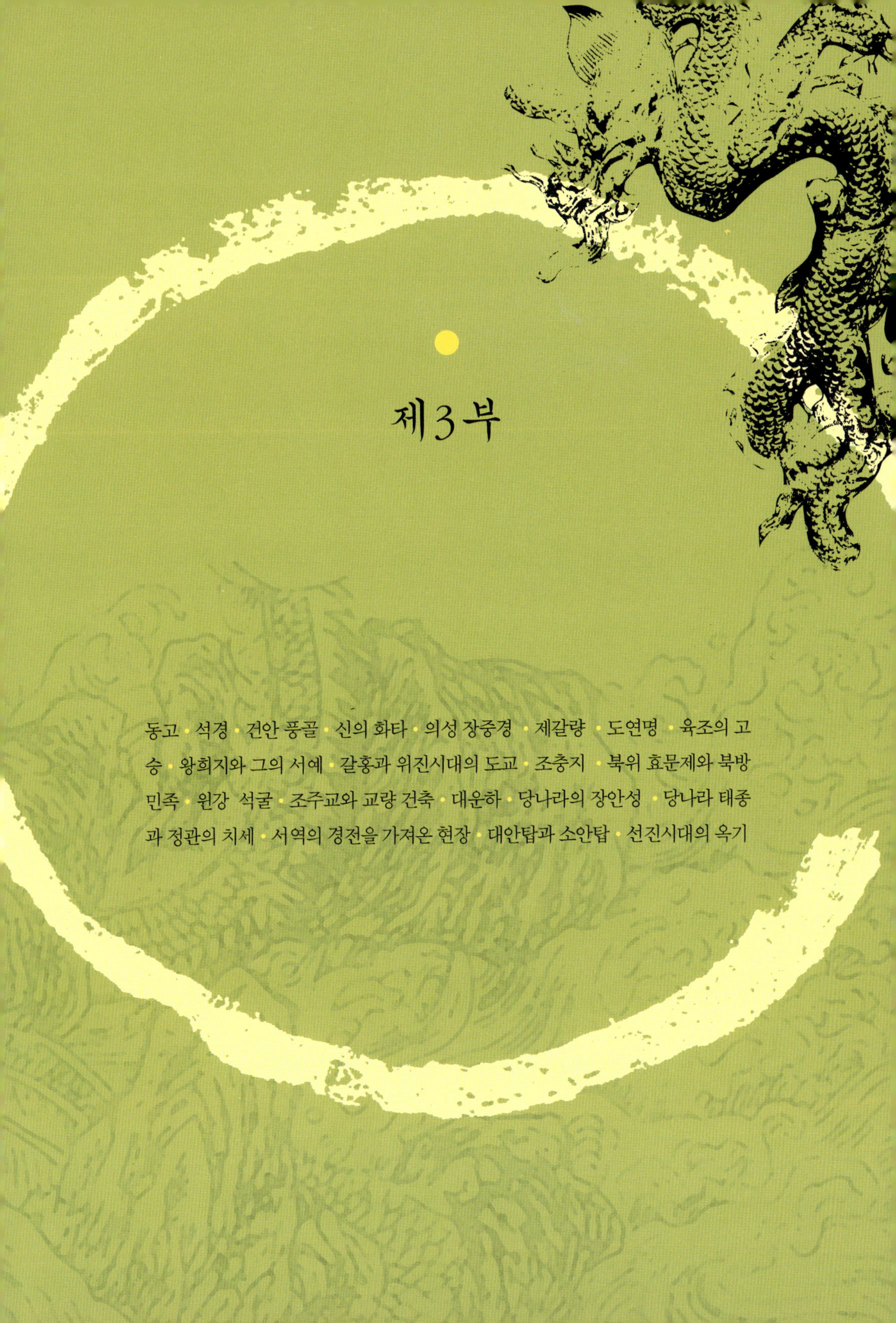

제3부

【 동고 】

● 중국역사박물관에 소장된 동고銅鼓

명·청시대 이후 중국의 남쪽 성들의 지하에서 동고가 대량으로 출토되었다. 흥미로운 것은 지하에 있던 동고들이 모두 우연히 발견되었고 아무런 부장품이 없었다는 점이다.

중국의 전통적인 기물 가운데 북은 그 기원이 아주 오래되었다. 전하는 바에 의하면, 신농씨神農氏 때 이미 흙으로 만든 북 있었고, 황제黃帝 때에 이르러서는 가죽으로 만든 북이 있었다고 한다.

전설에서는 황제가 탁록涿鹿에서 치우蚩尤와 싸울 때 기夔의 가죽으로 북의 면을 만들고, 뇌수雷獸의 뼈를 북채로 삼았다고 한다. 그리고 이 북으로 전쟁터에서 싸우는 군사들의 사기를 북돋아서 끝내 치우를 격파했다고 한다.

상나라와 주나라 때 갑골문과 구리그릇에 새겨진 글에서도 북과 북소리를 문자로 표시하고 있다. 그 후 북은 역사의 오랜 발전 과정을 거치는 동안 사회생활에 널리 쓰이면서 나름의 문화를 형성하기에 이르렀다.

중국의 북을 말할 때는 흔히 명절이나 축제 등에 자주 등장하는 직경 1미터가 넘는 거대한 대고大鼓, 민간의 갖가지 축제에서 사용되는 정교하고 예쁜 요고腰鼓, 그리고 세상에 널리 알려진 안새고安塞鼓를 떠올린다. 나무와 짐승의 가죽으로 만들어진 이 북방의 북은 사람들에게 가장 익숙한 것이다. 하지만 여기서는 중국 전통문화의 또 하나의 보배인 동고銅鼓, 즉 구리북을 소개하려 한다.

　　1,000여 년 전, 오대五代 때 손광헌孫光憲은 월越 땅에서 강을 따라 배를 띄우고 놀다가 멀리서 들려오는 맑고 힘찬 동고 소리를 들었다. 소리가 들려오는 곳엔 목화가 만발한 가운데 사당이 하나 있고, 마을 사람들이 북소리에 맞춰서 노래와 춤을 즐기고 있었다. 그들은 한창 신에게 제사를 지내고 있는 중이었다.

　　목화 속에 사당이 작게 비치고,
　　월 땅의 새가 지저귀는 가운데 봄빛이 밝네.
　　동고 소리와 오랑캐들의 노랫소리 들리는데,
　　남쪽 사람들은 제사 지내는 일이 많더라.

　　손광헌은 자신이 목격한 그 기이한 풍속을 자신의 사詞 〈보살만菩薩蠻〉에 수록했다. 1,000년이 지난 지금까지도 그가 목격했던 장면은 여전히 재연되고 있으니, 그 우렁찬 동고 소리와 남방 민족 후손들의 노래와 춤을 구경하는 것은 그리 어려운 일이 아니다.

【 동고의 기원 】

동고의 고향은 중국의 남쪽으로, 그 주인은 강남 지역의 푸濮, 웨越 등 소수민족이다. 동쪽의 광둥 베이장北江강의 서안에서 중국 서쪽과 미얀마의 변경에 이르기까지, 또 남쪽의 하이난다오海南島 섬, 북쪽의 쓰촨 자링강嘉陵江 중류의 넓은 지역이 모두 역사적으로 동고를 애용했던 곳이다. 오늘날 윈난, 광시, 구이저우, 후난 등에 거주하고 있는 와족佤族, 이족彝族, 좡족壯族, 야오족瑤族, 수이족水族, 먀오족苗族, 둥족侗族, 부이족布依族 등 소수민족의 생활은 아직도 동고와 깊은 관련이 있다.

전하는 바에 의하면, 한 왕조 때 복파伏波 장군 마원馬援이 처음으로 동고를 발명했다고 한다. 그런데 명 왕조에 와서는 또 제갈량이 동고의 발명자라는 설이 나왔다. 물론 이것은 모두 전설에 지나지 않는다. 실제로 동고의 발명은 훨씬 더 이전이었을 것으로 추정된다.

1975년, 고고학자들이 윈난성의 추슝楚雄 동남쪽에 있는 완자바萬家壩에

중국 남방의 소수민족이 북소리에 맞춰 춤을 추면서 신에게 제사를 지내는 모습

서 고대의 묘지 유적을 발견했다. 그 무덤들에서 5점의 동고가 발굴되었는데, 전문가들의 검증을 거친 결과 모두 춘추시대 전후에 사용된 동고로서, 지금까지 발견된 동고 가운데 가장 오래된 것이었다. 더욱 흥미로운 점은 그 동고들이 모두 거꾸로 놓여 있었다는 사실이다. 즉 동고의 아랫부분이 위로 향하고 북의 면은 아래로 향해 있었으며, 북의 표면에 연기에 그을린 흔적이 있어서 마치 밥을 짓는 구리솥과 흡사했다.

이 새로운 발견은 동고가 애초에는

광시성廣西省 베이류北流에서 출토된 동고
지금까지 발견된 동고 가운데 가장 큰 것으로 알려져 있다.

밥을 짓는 구리솥에서 점차 변화했다는 것을 말해준다. 마치 중원中原 지역에서 일찍이 질그릇 솥을 취사도구와 악기로 겸용했던 것과 마찬가지로, 동고 역시 구리솥에서 악기로 탈바꿈했을 것이다. 이에 대하여 명나라의 왕양명王陽明은 《남정일기南征日記》에서 이렇게 말한 바 있다.

금천金川에는 예부터 동고가 많았으니, 군대의 악기나 밥솥으로도 써왔다. 가끔은 폭포 소리와 함께 병사들의 소리인 것처럼 꾸며 오랑캐를 크게 물리치기도 했다.

【 동고의 유형 】

중원 지역에 널리 유행한 나무와 가죽으로 만든 통 모양 또는 타원형의 북과는 달리 남방의 소수민족 사이에 유행한 동고는 총체적으로 다른 특징을 보이고 있다. 즉 북의 몸체는 구리로서 평평하면서도 허리가 잘록하고, 머리 쪽의 면은 속이 비고 밑이 없으며, 측면에는 네 개의 귀가 달려 있다. 그리하여 몸체의 겉모습은 마치 거꾸로 엎어놓은 바리 같기도 하다. 그 꼭대기 부분이 두드리는 면이 되고, 아래는 공명을 일으키는 북의 몸체이다.

북의 면과 몸체에는 갖가지 꽃무늬나 도안을 새겨놓았는데, 면의 가장자리에도 입체적인 도안을 새긴 것이 더러 있다. 이 무늬들은 시대와 지역과 민족에 따라 각기 다른 특징을 드러낸다. 동고는 주조연대와 지역 혹은 민족에 따라서 일반적으로 여덟 가지 유형으로 나눈다.

• 완자바형型 : 현존하는 동고 가운데 가장 오래된 것으로, 주조와 사용

연대의 상한선은 춘추시대 초기로 잡고 하한선은 전국시대 초기로 잡는다. 출토된 지역은 주로 윈난성 중부에서 약간 서쪽으로 치우친 추슝楚雄, 샹윈祥雲, 미두彌渡, 뤼닝呂寧, 머우딩牟定 일대이다. 고대 복濮 땅에 거주했던 사람들이 바로 완자바 유형 동고의 주인이다.

- 스자이산石寨山형 : 출토 지역은 주로 윈난성 중부의 진링晉寧, 장촨江川, 청궁呈貢 등이다. 그 외에 쓰촨성 후이리會理에서도 발견된 바 있다.
- 렁수이충冷水沖형 : 북쪽의 쓰촨성 자링강 중류의 랑중閬中에서 남쪽의 시장西江강 중·하류 지역까지, 동쪽은 시장강 중류의 텅현藤縣에서 서쪽의 윈난성 진링과 쓰촨성의 부퉈布拖까지다.
- 쭌이遵義형 : 렁수이충 유형과 거의 같은 지역에 분포되었는데, 그 범위가 상대적으로 조금 좁다.
- 마장麻江형 : 분포 지역이 가장 넓다. 동쪽의 샹시에서 서쪽의 윈난성 추슝까지, 남쪽의 충저우瓊州반도에서 북쪽의 쓰촨성 량산凉山까지 광범위한 지역에서 사용한 것으로 밝혀졌다. 이밖에도 베트남 및 동남아 여러 나라에서도 발견되었는데, 지금까지 알려진 동고 중에서 주조연대와 사용연대가 가장 늦다. 대략 남송 말년에서 청 왕조 말기까지 사용했던 것으로 추정된다.

이상 다섯 종류의 동고는 중국 남방의 서부에 주로 분포되어 일명 서형西型이라 통칭한다.

- 베이류北流형 : 주로 양광兩廣(지금의 광둥성과 광시좡족자치구에 대한 약칭 : 옮긴이)의 접경지대에 있는 윈카이대산云開大山의 동쪽과 서쪽에 분포되었다.
- 링산靈山형 : 분포 지역이 베이류형과 기본적으로 일치한다.

이상 두 종류의 동고는 중국 남방의 동부에 분포되어서 일명 동형東型

완자바萬家壩형 동고

스자이산石寨山형 동고

렁수이충冷水沖형 동고

쭌이遵義형 동고

마장麻江형 동고

이라 통칭한다.

• 시멍西盟형 : 주로 윈난성 서부에 분포되었다.

【 퉁구탄 】

동고의 기원은 아주 오래전으로 거슬러 올라가며, 훗날 그 많은 동고를 발굴했던 방식 또한 아주 우연적이고 특이했다.

명나라 만력萬曆 무오년戊午年(1618) 단양일端陽日이었다. 지금의 광시좡 족자치구 구이핑현桂平縣의 한 어부가 심장강潯江에서 고기를 잡으려고 친 그물에 큰 동고가 걸렸다. 112년이 지난 후, 청나라 옹정雍正 8년(1730) 가을에 한 어부가 그곳에서 또 다른 동고를 건졌다. 관아에서는 이를 신기하게 여겨서 두 번이나 동고를 건져올린 그 수역을 '퉁구탄銅鼓灘'이라 불렀다.

광둥성과 광시좡족자치구 그리고 구이저우성 등에도 동고로 명명된 산과 강, 촌락의 이름이 아주 많다. 예를 들면 광둥성의 완닝현萬寧縣에는 퉁구링銅鼓嶺과 퉁구탕銅鼓塘이 있고, 광시 친저우현欽州縣에는 퉁구촌銅鼓村, 링산현靈山縣에는 퉁구링銅鼓嶺, 보바이현博白縣에는 퉁구탄銅鼓潭, 무밍현武鳴縣에는 퉁구취안銅鼓泉, 거수이현隔水縣에는 퉁구산銅鼓山이 있으며, 구이저우성의 수이청현水城縣에는 퉁구둥銅鼓洞, 런화이현仁懷縣에는 퉁구시銅鼓溪, 구이딩현貴定縣에는 퉁구야銅鼓崖가 있다.

명대 이전 사람들은 이미 여러 차례 지하나 물속에서 우연히 동고를 발견했다. 이런 사실에 대하여 당나라의 유순劉恂은 《영표록이嶺表錄異》에, 송나라의 주거비周去非는 《영외대답嶺外代答》 등에 자세한 기록을 남겼다.

명·청시대 이후 중국의 남쪽 성省들의 지하에서 동고가 대량으로 출토되었다. 흥미로운 것은 지하에 있던 동고들이 모두 우연히 발견되었고 아무런 부장품이 없었다는 점이다. 그리하여 사람들이 이 점을 이상하게 여기면서 동고의 신비스러운 색채는 더욱 짙어지게 되었다.

【 특이한 소장 방식 】

동고의 가장 보편적인 소장 방식은 사람을 시켜 비밀리에 지하에 파묻었다가 사용할 때 다시 파내는 것이었다. 이 때문에 후세 사람들이 발견한 동고의 대부분이 산속의 굴이나 구덩이에 있었고, 아울러 어떤 부장품도 없었던 것이다.

옛날 중국 남방의 민족들은 대체로 이처럼 특이한 방식으로 동고를 소장했는데, 그 이유는 대체로 다음과 같이 정리할 수 있다.

첫째, 안전을 보장하기 위함이다. 남방 민족들의 전통적인 가옥은 초가 아니면 나무로 얼기설기 엮은 집이어서 화재에 취약했다. 전하는 바에 의하면, 윈난성 시멍西盟에 살고 있는 와족의 한 부락의 경우 35점의 동고 가운데 23점이 화재로 인하여 파괴되었다.

둘째, 부족이나 촌락이 재난을 당할 때 임시로 분산시켜서 매장한 결과이다.

셋째, 동고를 제물로 삼아 지하에 매장했기 때문이다.

이 밖에도 어떤 민족은 동고를 인적이 거의 없는 산속의 굴이나 집 안의 가장 은밀한 곳에 숨기기도 했다.

이처럼 특이한 방식으로 동고를 소장하게 된 이유는 바로 동고 자체의 특

고대 소수민족은 동고를 주조한 뒤에 축하 의식을 벌였다.

별한 역할 때문이었다. 동고는 봉건사회의 산물로서, "나라의 큰일은 오직 제사와 무기"라고 하는 환경의 작용이 컸다.

동고는 예를 집행하고 음악을 연주할 때 쓰는 도구로 제사를 지내거나 군대를 지휘하는 등의 권위를 나타내었다. 뿐만 아니라 공물이나 상품으로 쓰이면서 계급이나 존엄의 상징이 되었는가 하면, 순장품으로서 죽은 조상의 동반자가 되기도 하고, 때로는 고귀한 재물로 부의 징표가 되기도 했다. 그 결과 동고는 신성하고 진귀한 가치를 갖게 되었으며, 전쟁이 벌어지면 그 득실로 승부의 기준을 삼기도 했다.

【 동고의 화려한 장식 】

동고 문화의 또 다른 기이한 점은 바로 동고의 장식 무늬로, 여기에는

번식력이 강한 개구리를 북 표면에
장식해서 풍년을 기원했다.

민족의 역사와 다채로운 풍속이 함축되어 있다. 동고의 장식 무늬는 매우
화려하고 정교해서 보는 이로 하여금 찬탄을 금치 못하게 한다.

동고의 무늬 가운데 북 표면 중심에 있는 마치 태양과도 같은 빛 모양
무늬는 태양 무늬라고 한다. 동고는 구리솥에서 전래되었기 때문에 북의
표면은 원래 구리솥의 아래쪽 불을 받는 부분이었다. 따라서 북 표면에
장식된 빛 모양 무늬는 바로 불을 상징한다.

동고가 일정한 유형으로 자리를 잡은 후에 북 표면 중심의 빛 모양은
점차 다각의 별 모양으로 바뀌었고, 그 주위에는 여러 갈래의 무늬들이
테 모양을 이루어, 전체 모양이 마치 빛을 뿌리는 태양처럼 되었다. 이는
동고를 사용하는 민족의 태양 숭배와 신앙을 상징할 뿐 아니라, 제사를
주관하고 동고를 관장하는 사람을 신성시한 것이기도 하다.

북의 표면이나 허리 부분에는 또 대량의 서사적인 인물화가 있는데, 그
모습은 춤을 추거나 배를 젓는 것들이다. 이는 고대 남방 민족의 생활상을
생생히 재현한 것으로 동고의 사실적인 무늬 가운데 가장 흥미로운 부분이
다. 그림에서 춤을 추는 사람들은 대부분 해오라기 모양으로 깃털관을 장
식하고 치마가 부풀어 올라 있으며, 쭉 펴고 있는 두 팔은 신비하고 엄숙한

제사 장면을 연상시킨다.

　동고의 표면 가장자리에는 대체로 개구리를 입체로 장식했는데, 이는 고대의 기우제와 관련이 있다고 한다. 오늘날 광시 쫭족자치구의 허츠河池, 바이써百色 및 훙수이紅水강 옆의 펑산鳳山, 둥란東蘭 일대에 살고 있는 쫭족에게는 아직도 '매와포埋蛙婆'에게 풍년을 기원하는 풍속이 전해지고 있다. 뿐만 아니라 이 풍속에서 와절蛙節이라는 전통 축제가 생겨나게 되었다.

　원난성 시멍西盟 산지에 살고 있는 와족은 심지어 개구리를 자기 민족의 발생과 연관시킨다. 광시 쫭족의 민간에서도 "사람이 개구리를 낳고 개구리가 사람으로 변했으며, 사람과 개구리가 아이를 낳고 기른다"는 전설이 널리 전해지고 있다. 이러한 민족들은 암수 개구리가 교미하는 모습과 비 온 뒤에 개구리가 도처에 득실거리는 모습 때문인 것 같다. 말하자면 개구리의 왕성한 번식력과 민족의 번성, 발전을 연관시킨 것으로 보인다. 그리하여 개구리를 숭상하는 한편 조상으로까지 추대하게 된 것이다.

북 표면에 노예들이
베를 짜는 모습을 형상화했다.

전한시대의 동고인 저패기貯貝器.
일곱 마리 소와 호랑이를 각각 장식했다.

전국시대의 동고

結 중국의 각 성省과 자치구, 현의 박물관에 소장된 동고는 무려 1,300여 점에 달한다. 그중 광시좡족자치구 박물관에 500여 점이 있어서 가장 많은 양을 자랑하고 있다. 가장 큰 동고는 직경 156센티미터, 높이 67.5센티미터, 무게는 300킬로그램이나 된다. 이것은 현존하는 세계의 동고 중에서도 가장 크기 때문에 '동고의 왕'으로 불린다.

19세기 말 서양 학자들은 동고를 역사 유물로 인정하고 연구하기 시작했다. 그리고 1930년대부터는 중국 학자들도 동고에 대한 체계적인 연구에 돌입했다. 동고와 동고를 장식한 무늬에는 그것을 만들고 사용했던 민족의 역사와 전통이 서려 있어 각 민족의 문화가 융합하고 발전한 자취를 더듬어볼 수 있다.

가령 베이류형과 링산형 동고에 있는 전문錢紋, 쭌이형과 마장형 동고에 있는 유기문游旗紋, 부록문符錄紋, 팔괘문八卦紋, 연화문蓮花紋, 불광문佛光紋, 수만문垂幔紋 및 동식물 무늬들을 조합해서 만든 '인정흥왕人丁興旺', '부귀유여富貴有餘', '영세가재永世家財', '만대진보萬代進宝', '부귀장수' 등의 주제를 가진 무늬들은 모두 진나라와 한나라가 남방을 통일한 후 일어난 남북 민족들의 정치, 경제, 문화의 상관관계와 발전 상황을 반영하고 있다.

동고는 문자가 없는 진귀한 역사 문헌이다. 동고의 비밀과 그 속에 내재된 문화적 함의를 일시에 해명할 수는 없겠지만, 동고의 역사와 문화적 지위는 이미 전 세계의 주목을 받고 있다.

【 석경 】

● 희평석경 조각 熹平石經

중국에서 또 한 차례 대규모 석각이 이루어진 것은 진나라 시황제
가 천하를 통일한 뒤다. 기원전 219년부터 10년여에 걸쳐 시황제
는 동쪽을 네 차례 순시하면서 일곱 곳에 석각을 남겼다.

석경石經이란 한 권 또는 한 질의 경서經書를 돌에 새겨놓은 것을 말한다. 최초의 경서는 후한 영제 희평熹平 4년(175)에 시작하여 광화光和 6년(183)에 완성한 것으로, 이 때문에 '한석경漢石經' 또는 '희평석경熹平石經'이란 별칭이 붙었다. 이 석경의 내용은 당시 가장 중시되던 유가의 경전으로, 서예가 채옹蔡邕 등이 당시의 규범화된 문자인 예서隸書로 돌에 새긴 것이라 해서 '일체석경一體石經'이라고도 한다.

'희평석경'은 중국 역대 석경의 물꼬를 튼 셈인데, 그 영향으로 6부의 유가 석경이 탄생했을 뿐 아니라 불도佛道석경, 서목書目석경, 문서文書석경, 격언格言석경, 법서法書석경 등이 나타나 특색 있는 석각石刻 서적의 숲을 이룸으로써 중국 문화사에 진귀한 문헌자료를 남겼다. 석경은 고대 경학經學의 발전과 탁본 및 조판 인쇄술의 발명 그리고 판본학版本學의 형성에 큰 영향을 미쳤다.

석경의 발생은 대체로 두 가지 면에서 그 원인을 찾아볼 수 있다. 하나는 고대 석각문자의 전통을 계승한 것이고, 다른 하나는 경학 내부에서 일어난 금고문今古文 논쟁이다.

석경의 발생은 형식적인 면에서 볼 때 선진시대 이래로 내려온 석각의 유풍을 이어받은 것이다. 중국의 명산에 가면 낭떠러지 절벽에 새긴 문자들을 흔히 볼 수 있다.

어떤 것은 높이가 몇 길이나 되어서 마치 하늘을 받쳐놓은 기둥과 같다. 가령 황산黃山 리마봉立馬峰의 석각인 "입마공동해立馬空東海, 등고망태평登高望太平"이란 열 글자는 한 글자가 6평방미터나 되고, 글자 사이의 거리는 5미터, 총높이는 70미터에 달한다.

또 어떤 곳의 석각은 작고 세밀한 해서체로 상당히 정교하게 새겼다. 뤄양洛陽의 룽먼龍門에 있는 《심경心經》, 《열반경涅槃經》, 그리고 북제北齊 시대 다량의 진귀한 약 처방을 새겨놓은 '약방굴藥方窟' 등이 대표적이다.

【 유서 깊은 고대 석각문자의 전통 】

고대의 석각문자는 천연의 석벽 위에 새겨져 있는데, 산세에 따라 돌을 깎아 새겨 일명 '마애석각摩崖石刻'이라고 부른다. '마애'는 상고시대의 애화崖畵에서 비롯되었다. 비갈碑碣은 특별히 세운 석판石板을 말하는데 대개 가공이 필요하다. 이 "특별히 세운 돌"에서 둥근 것은 갈碣이라 부르고 네모난 것은 비碑라고 일컫는다.

중국에 현존하는 가장 이른 시기의 석각문자는 '석고문石鼓文'으로, 열 개의 북 모양의 돌에다 각각 4언시 한 수씩을 새긴 것이다. 그 내용은 진秦나라 왕이 수렵하는 장면을 찬미한 것이라 '엽갈獵碣'이라고도 하며 글자체는 대전체大篆體이다. 전문가들의 고증에 따르면, 이 '석고문'은 제작 및 설치 시기가 진나라 문공文公 50년, 즉 기원전 716년이라고 한다.

중국에서 또 한 차례 대규모 석각이 이루어진 것은 진나라 시황제가 천하를 통일한 뒤다. 기원전 219년부터 기원전 210년까지 10년여에 걸쳐 시

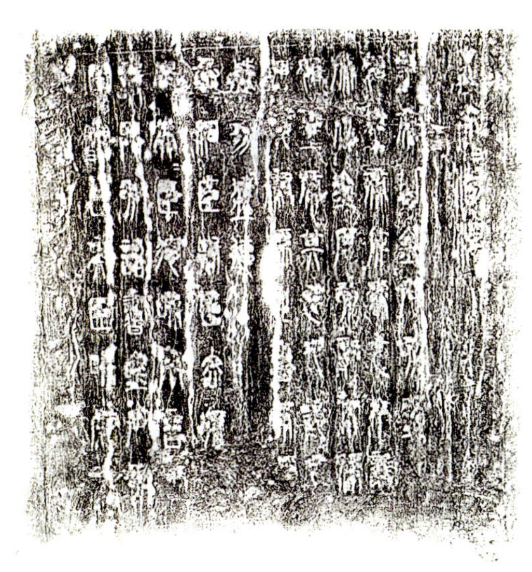

진낭야秦琅邪 석각
의 탁본 일부

황제는 동쪽을 네 차례 순시하면서 일곱 곳에 석각을 남겼다. 맨 처음 역산嶧山에 새긴 것을 제외한 나머지 여섯 편은 사마천이 모두 《사기》〈진시황본기〉에 수록했다. 시황제의 석각은 거의 마애석각문이지만 갈석문도 있다.

비문의 출현은 좀더 늦어서 대체로 전한 말기에야 비로소 묘지 옆의 비석에다 무덤 주인의 성명, 관직, 태어난 날과 사망한 날 등을 새겨넣기 시작했다. 후한 이후에는 더 많은 비문이 출현해, 후한의 환제桓帝와 영제 때에는 묘비를 세운 뒤 거기에 글자를 새기는 것이 크게 유행했다.

후한의 묘비는 오늘날까지 300여 점이 발굴되었으며, 그중에서 '원안비袁安碑', '을영비乙瑛碑', '예기비禮器碑', '공묘비孔廟碑', '선우황비鮮于璜碑', '서악화산비西岳華山碑', '사신비史晨碑', '조전비曹全碑', '장천비張遷碑' 등이 유명하다. 그야말로 "비갈碑碣이 구름처럼 몰려드는 듯한" 상황

진秦나라 때 타이산泰山
에 조성한 석각의 탁본

이었다. 최초의 유가 석경인 '희평석경'도 바로 이러한 역사적 배경에서
등장했다.

【 석각 표준본의 반포 】

'희평석경'의 탄생은 그 내용으로 본다면 경학 내부에서 일어난 금문과
고문 간 논쟁의 결과이다. '금문경今文經'이란 당시 통용되던 예서로 씌어
진 유가 경전을 말하고, '고문경古文經'은 선진시대의 전문篆文이나 6국의
고문古文으로 씌어진 경서를 가리킨다.

금문경과 고문경은 편篇, 장章, 문자면에서 모두 크게 다른 탓에 두 학
파를 형성하기에 이르렀다. 금문파는 고문경의 출처가 불분명하기 때문
에 근거로 삼기 어렵다고 주장하는가 하면, 고문파는 금문경이 단지 복승

최초의 석경인 희평석경

伏勝(한나라 때 산둥성 지난濟南 사람. 분서갱유로 없어진 책들을 다시 모을 때 지금의 금문 『상서』로 알려진 28편을 외워서 가르쳐주었다고 함 : 옮긴이)과 같은 노인들의 기억에 의지한 것이라 결코 경전의 원래 모습이 아니라고 비난했다. 두 학파의 논쟁은 전한에서 후한을 거치는 동안에도 계속되어, 후한 말년에는 "사사로이 난대사령蘭臺史令을 매수하여 칠서경문漆書經文을 몰래 고치는" 엄중한 사건을 초래하기도 했다.

한 왕조 때는 유가의 경전을 공식적인 관학官學으로 정했기 때문에 반드시 한 질의 표준 판본을 정해서 옳고 그름의 원천적 근거를 만들 필요가 있었다. 이 표준 독본이 바로 황실의 책을 보관하는 누각, 즉 난대蘭臺에 있는 칠서사본漆書寫本으로서, 당시에는 '난대칠서蘭臺漆書'라고 불렀다. 하지만 박사 및 그 제자들이 가지고 있는 경서들은 여러 차례 필사하는 과정에서 문자들이 일부 차이나는 것도 없지 않았으므로, 격렬한 논쟁 중에 상대를 공격하기 위하여 "사사로이 금품을 써서 난대칠서의 경문을 자신이 보유하고 있는 문자와 같도록 고치는 자도 있었다"(《후한서》〈유림전儒林傳〉).

이러한 문제점이 발견되자 채옹 등은 영제에게 경전의 문장을 교정하여 돌에 새길 것을 건의했으며, 영제는 그것을 받아들였다. 그 결과 《주역》, 《노시魯詩》, 《상서》, 《의례》, 《춘추》, 《공양전公羊傳》, 《논어》 등 7부의 경전이 채옹의 주도 아래 46기의 비석에 새겨져서 태학의 문 앞에 세워지게 되었다.

《후한서》〈채옹전蔡邕傳〉에 이런 기록이 있다.

"비석이 세워진 후 그것을 구경하고 베끼러 오는 자들의 수레가 하루에 천 대를 넘어서 길이 막힐 지경이었다."

관청에서 규정한 이 석각 표준본의 반포로 인하여 당시의 논쟁은 비로소 일단락 지어졌다.

【 6부 석경 】

'희평석경' 이후에 다시 6부 석경이 등장했다. 연대순으로 나열하면 삼국시대 '정시正始석경', 당대唐代 '개성開成석경', 오대五代 '광정廣政석경', 북송대 '가우嘉祐석경', 남송대 '소흥紹興석경'과 청대 '건륭乾隆석경'이 있다.

'정시석경'은 '위석경魏石經' 혹은 '삼체三體석경'이라고도 한다. 당시 조정이 고문과 금문을 함께 쓰는 방침을 정하면서 고문 경전인 《상서》, 《춘추》, 《좌전》 등도 돌에 새기게 되었다. 그때 글자체를 고문으로 정하면 사람들이 알아보기 어려울까 염려하여 소전과

삼국시대 정시正始 석경의 탁본

예서의 글자체도 함께 새겼는데, 이로 인해 '삼체석경'이란 이름을 얻게 되었다. '삼체석경'은 뤄양에 있는 태학의 강당 동쪽에 세워놓아, '희평석경'과 서로 마주보게 했다.

'개성석경'에는 12부의 유가 경전 외에도 《오경문자五經文字》,《구경자양九經字樣》2부의 글씨를 새겼다. 이것은 장안의 국자감 태학에 세웠는데, 오늘날 시안西安의 비림碑林에 보존되어 있다.

'광정석경'은 원래 쓰촨성 청두成都에 있었지만 나중에 훼손되었다. 오늘날 보존되어 있는 것은 소량의 탁본뿐이다.

송나라 원우元祐 5년(1090)에 건립된 시안의 비림碑林. 당나라 때의 개성開成석경을 보존하기 위해 세운 것이다.

시안의 비림에 보존되어 있는 개성석경

'가경석경'은 전서와 해서 두 종류의 글자체로 새겨진 구경九經으로, 변경汴京(지금의 허난성 카이펑)의 국자감 내에 세워졌다. 이 석경은 일명 '이체二體석경'이라고도 하는데 지금은 전해지지 않는다.

'건륭석경'은 원래 장쑤성 진탄金壇의 공생貢生 장형蔣衡이 쓴 것으로, 전 13경, 약 63만 자에 달하고 모두 일사불란한 해서체로 되어 있다. 건륭 연간에 송나라와 원나라의 선본善本 13경에 의거하여 교정을 보고, 속체俗體를 정체正體로 고친 뒤 돌에 새겨 북경의 국자감에 세웠다. 건륭 석경은 현재 수도박물관에 잘 보존되어 있다.

【 1000년에 걸쳐 완성된 보배 】

5세기 중엽 이후 불교도들은 석각 경전을 만들어 훗날의 '법난法難'을 피하고자 했다. 현존하는 유명한 불교 석각은 산시성山西省 타이위안太原의 펑위산風峪山에 있는 《화엄경》, 산둥성 타이산의 징스위經石峪에 있는 《금강경》, 베이징 팡산房山의 운거사雲居寺에 있는 석경이다.

타이산의 더우무궁斗母宮 동남쪽 징스위에 있는 금강경문은 글자의 직경이 0.5미터에 달하는데, 원래 있던 2,500여 자는 모두 북제北齊 때에 쓴 것이다. 서법이 강건하고 질박한 데다 웅장하고 기이해서 1,400년간 비바람에 침식되었음에도 아직까지 1,043자나 남아 있다. 근대의 학자이자 정치가인 캉유웨이康有爲는 남아 있는 그 글들을 "방서榜書의 정종正宗"이라고 격찬한 바 있다.

운거사에 있는 불교 석경도 북제 때에 새긴 것이다. 고승 혜사慧思는 북위北魏 태무제太武帝 태평진군太平眞君 연간에 발생한 불교 말살 시도 사건

을 염두에 두고 앞으로 그런 일이 또다
시 일어나 경문을 훼손할 것을 우려해
서 불경들을 석판에 새겨 보존하고자
했다. 그는 "불경이 소멸하지 않는 한
불도佛道 역시 사라지지 않을 것"이라
고 굳게 믿었다.

경전을 돌에 새기려던 혜사의 소원
은 그의 제자 정완靜琬에 의해 실현되
었다. 정완은 수隋 왕조 때부터 이 작
업을 시작하여, 장장 30년이란 세월
동안 146장의 석판에다 경서를 새기고
그것들을 바이다이산白帶山 허리에 있
는 레이인둥雷音洞이라는 굴 안에 보존
했다. 굴 안에는 팔각형으로 된 돌기
둥이 네 개 있는데, 거기에 불상 1,054
존尊을 조각해서 천불주千佛柱라고 불

베이징 팡산房山에 있는 운거사의
장경동藏經洞

렀다. 불상들은 저마다 다른 이름을 갖고 있었다.

운거사가 있는 팡산에는 장경동藏經洞이 모두 아홉 개나 된다. 정완의
제자들에 이르기까지 경전 새기는 일을 멈추지 않았기 때문에 요遼나라
때에는 장경동이 꽉 차서 운거사의 남쪽에다 땅굴을 파고 석경을 묻어두
었다. 그리고 그 자리에 탑을 세워서 표시했는데, 그 탑을 압경탑壓經塔 또
는 남탑南塔이라고 불렀다. 지하에 묻어둔 석경은 완벽하게 보존되었으며
모두 1만 82점이다. 산 위쪽 아홉 군데의 장경동에 보존된 4,196점의 석
경까지 합하면 모두 1만 4,278점의 석경이 있는 셈이다. 그 내용은 불경

광산 운거사에 있는 대량의 석경은 중국의 서예와 종교사, 미술사를 연구하는 데 중요한 자료가 되고 있다.

3,000여 권 1,122부部에 달하는 것으로 무려 1,700만 자나 된다.

석경을 새기는 데 소요된 시간은 수 왕조 때부터 당, 요, 금, 원, 명 등 여러 왕조를 거치면서 1,000년여가 걸렸다. 제작 기간과 보존 수량으로 치면 운거사의 석경은 세계에서도 으뜸가며, "나라의 진귀한 보물"로서 손색이 없다.

【 탁본과 조판 인쇄술 】

유가의 석경은 조판 인쇄술의 발명과 발전에도 직접적인 영향을 미쳤다. 석경의 출현은 수많은 독서인의 관심을 모아 문인과 학사들이 다투어 구경하려고 했다. 하지만 경제적, 지리적 여건으로 인해 많은 사람들이 그 소원을 이루지 못했다. 물론 초록抄錄으로 어느 정도 갈증을 해소했지만, 그것이 전파되는 과정에 와전될 가능성도 없지 않았다.

그러다 보니 내용의 정확성이 보장되고 규범화된 글자체의 원래 모습을 살린 복제 기술이 필요했다. 한나라 때의 제지술 발명과 종이 품질의 개선, 생산량의 증가에 따라 석경에 새겨진 문자를 복제하는 데 가장 훌륭한 재료로 종이가 사용됨으로써 드디어 탁본 기술이 탄생했다.

탁본은 탁인拓印이라고도 한다. 경문이 새겨진 돌에다 젖은 종이를 얹은 다음 가볍게 두드려서 종이가 착 달라붙게 한다. 그러고 나서 그 위에 가볍게 먹을 칠한다. 경문의 글자는 음각이어서 글자 부분은 먹을 배지 못하므로 종이를 떼어내면 검은 바탕에 흰 글자로 된 석경 복제품이 완성된다.

탁본은 한나라와 위나라의 석경이 나오고 나서 얼마 뒤인 남북조시대에 발명된 것으로 추정된다. 이후 인장印章 기술을 개발하여 판면을 더 축소하고 글자체를 양각으로 해서 먼저 먹을 칠한 뒤 종이를 씌워 압력을 가하는 조판 인쇄술을 발명했다.

이 점에서 볼 때 탁본과 인장 기술은 조판 인쇄술의 선조라고 할 수 있다. 조판 인쇄술의 탄생은 중국 문화사에서 획기적 의의를 가진 중대한 사건이다.

지금도 이 원시적인 탁본 도구를 사용하고 있다.

結 희평석경은 유가의 기풍이 점차 쇠퇴하여 문장을 짓는 데 갖가지 폐단이 나타나고, 의미의 전달에 오류가 많았던 후한 말년에 등장했다. 그리고 아주 적절한 시기에 이미 발생한 오류를 시정함으로써 유가 경전의 정확성을 확보하는 데 큰 도움을 주었다.

당시 태학의 박사들은 경서를 전수할 때 비석에 새겨진 석경의 내용에 의거하여 정확성의 여부를 확인했다. 또 서생들까지도 석경을 절실하게 찾아서, 설령 그것이 파손되어 온전하지 않더라도 경전의 오류를 시정하는 데 널리 이용했다.

희평석경은 경학사經學史와 교육사에서 매우 중요한 지위를 갖고 있다. 석경은 출현할 때부터 유가를 숭상하는 사회 풍조에서 힘을 얻었으며, 변론과 논쟁을 즐기는 학술적 기풍 및 유서 깊은 전통 석각의 영향을 받았다. 그래서 석경의 출현은 사회에 역동적인 역할을 했으니, 분쟁을 마무리 짓고, 오류를 바로잡고, 학술 분위기를 고양하고, 교육 영역에 새로운 표준을 제시했다.

그 역동적인 영향은 불학佛學과 도학道學에 관한 수많은 석경의 출현을 자극했으며, 고대 문화의 내용에 풍부함을 더하고 중국 문명사에 진귀한 자료들을 남겼다. 그 뒤를 이은 탁본 기술은 조판 인쇄술의 탄생과 발전에 지대한 영향을 끼치면서 중국 문화사의 신기원을 열었다.

긴 세월에 걸쳐 발전한 석경은 실로 전후를 잇고 새로운 비전을 제시하는 역할을 충분히 했다고 할 수 있다.

【 건안 풍골 】

● 건안建安의 시인들은 하늘과 땅이 뒤집힐 정도의
엄청난 동란과 분열 그리고 새로운 흐름의 시대를 살았다.

소소의 시풍은 선한과 후한 시가의 질박한 기풍을 깨고 시가 창작
의 신기원을 열었다. 악부시에 현실을 반영하는 새로운 전통은 그
로부터 비롯되어 후세에도 널리 이어지고 있다.

'건안建安'은 후한의 마지막 황제인 헌제獻帝 유협劉協의 연호이다. 헌제는 25년간(196~220) 재위했지만, 역사에서 말하는 건안시대는 이 기간을 훨씬 초월한 것으로, 대체로 한나라 영제 중평中平 초년에서 위나라 명제明帝 경초景初 말년까지 약 50년간을 지칭한다.

정치적 암흑기였던 후한 말년에는 관직매매, 도박 등이 기승을 부렸다. 환관과 외척이란 두 집단이 한 치의 양보도 없이 권력쟁탈을 벌였고, 홍수·가뭄·병충해·전염병 등이 끊이지 않아 경작지는 불모의 땅으로 변해갔다. 농촌은 파산 상태에 이르러 고향을 등지고 살 길을 찾아 떠돌아다니는 유랑민이 도처에 넘쳤다. 한편 지주와 부호들이 더 많은 영지를 차지하기 위하여 다투느라 장안, 뤄양 등지의 궁전조차 훼손되는 판이어서 천 리를 가도 인적을 만나기가 어려웠다. "백골이 들판에 널렸고, 천 리를 가도 닭 울음소리 들리지 않네"라는 조조의 시구는 당시의 참상을 사실적으로 반영한 것이다.

수십 년간의 쟁탈과 겸병을 거쳐 헌제 건안 13년(208)에 적벽 전투를 치른 후에야 비로소 조조, 유비劉備, 손권孫權 등의 삼국 정립鼎立이 윤곽을 드러내기 시작했다.

조조는 북방에서 천자를 끼고 제후들을 호령하면서 군벌이 쟁패하는 어수선한 국면을 수습하기 시작했다. 그는 둔전을 실시해서 생산성을 회복하고 사회질서도 점차 본 궤도에 올려놓았다. 헌제는 이름만 황제일 뿐, 사실상 실권은 조조가 장악했다.

'건안 풍골'은 바로 조조, 조비曹조, 조식曹植을 핵심으로 하고 당시 '건안7자子'를 포함한 업鄴의 문인집단이 일으킨 문학 창작의 풍조(주로 시가 창작)를 뜻하는 용어이다. 업하는 조조가 건안 9년(204)에 원소袁紹를 평정하면서 탈취한 업성鄴城(오늘날 허베이성 츠현磁縣 동남쪽)을 가리킨다. 조조가 이곳에다 동작대銅雀臺를 세웠으므로 업은 위나라 초기에 수도 역할을 하게 되었고, 사람들은 이곳을 업도鄴都라 불렀다.

건안시대 문학은 조조 부자의 주도하에 화려하고 융성한 국면을 이루었고, 많은 인재들은 자신의 재능을 충분히 발휘할 수 있었다. 그 결과 이 시기는 중국 문학사에서 독특한 르네상스 시대를 구가하게 되었다.

건안시대 문학의 주요 장르는 시가이며, 대표적인 인물로 3조曹와 7자子를 꼽을 수 있다. 3조는 앞에서 말한 조조 3부자이고, 7자는 공융孔融, 왕찬王粲, 유정劉楨, 진림陳琳, 완우阮瑀, 응창應瑒, 서간徐幹을 가리킨다.

【 개성을 중시하고 자연을 숭상하다 】

건안 문학의 번영은 개성의 해방을 전제로 한 것이다. 인간의 본성을 회복을 바라고 소박한 자연을 숭상하는 것은 당시의 보편적인 의식이었으며, 이런 의식은 조조의 인재 등용 기준과도 관련이 있었다.

후한의 선비들이 관리가 되기 위해서는 반드시 '효성스럽고 청렴하다'는 명예를 얻어야 했다. 이 때문에 그들은 명성을 얻기 위하여 온갖 수단을 동원하여 거짓을 진실로 둔갑시켰고, 인간의 본성과 인정에 심하게 위배되는 경우도 많았다.

당시 조선趙宣이라는 사람은 부모가 사망한 후 장례를 치르고 나서도 무덤에서 나올 생각을 하지 않았다. 그는 부모의 무덤에서 20년을 살았는데, 다른 사람들이 아무리 나오라고 해도 듣지 않아 마침내 그의 효심이 널리 퍼지게 되었다. 그러나 알고 보니 그는 무덤 곁에 살림을 차리고 자식을 다섯이나 두고 있었다.

안후이성 하오저우亳州에 있는 조조 기념관과
관내에 있는 조조의 조각상

　조조는 이런 거짓된 도덕은 천하를 다스리는 데 아무 쓸모가 없다고
보고, 인재를 등용할 때는 반드시 명실상부를 중시해야 한다고 강조했
다. 심지어 조조는 "인덕仁德과 효성이 없을지라도 나라를 다스릴 줄 알
고 용병에 능하기만 하다면" 어떤 사람이라도 등용할 수 있다고 했다.
이러한 태도는 후한 이래 오랫동안 사람들의 생각을 속박하고 개성을
억압했던 유가의 경학과 허구적인 도덕에 큰 충격을 주었다.
　조비는 부친의 영향을 받아 유가의 예절을 더욱 얕잡아보면서 노자와
장자의 철학과 자연을 숭배했다. 조식은 조비보다 그 정도가 더 심했는
데, 개성을 중시하여 누구나 재능을 발휘할 수 있는 환경을 만들어야 하
고, 문학 창작에서도 진정한 감정을 표현할 것을 적극적으로 주장했다.

【 건안 풍골을 대표하는 조조 3부자 】

　조조는 문학에도 조예가 깊어 역사적으로 걸출한 문학가로 꼽히고 있다. 당나라의 재상 장열張說은 조조를 이렇게 칭송했다.

　　낮에는 장사들을 거느리고서 적군을 격파하고,
　　밤에는 호화로운 집에 앉아 사인詞人을 접하더라.

〈업도인鄴都引〉

　조조의 아들 조비는 부친을 따라 정벌에 나서기도 했지만, 대부분 업성을 지켰다. 그는 문인들과 함께 풍경을 유람하고, 연회를 베풀어 시를 읊기도 했다. 그의 친구 유정은 이렇게 말했다.

　　명월이 병풍을 비추는 가운데
　　화려한 등불이 휘황한 빛을 뿌리네.
　　시편詩篇이 장章을 이으니
　　밤이 깊어도 돌아갈 생각을 않는다네.

〈오관중랑장에게 드림贈五官中郎將〉

　건안의 시인들은 모두 유랑생활과 군인의 삶을 체험했기 때문에 군대의 호방한 정서와 같은 생생한 현실을 깊이 체득하고 있었다. 이 때문에 그들의 작품은 인간과 현실의 가식 없는 진실을 드러내는 데 주력했는데, 이에 대한 유협劉勰의 평가를 들어보자.

　"비분강개함으로써 의기義氣를 보였고, 소탈한 태도로 재능을 발휘했으며, 자연스럽게 일을 도모하고 치밀한 계교를 멀리했다. 또 미사여구에 얽매이지 않고 평이하게 의사를 전달하는 데 치중했다."

난세에는 전쟁과 전염병이 수시로 생명을 위협한다. 이런 상황에서 시인은 인생의 덧없음을 느끼고 적극적으로 영원한 삶의 정신적 가치를 탐구하고자 했다. 서간은 《중론中論》〈요수夭壽〉에서 이렇게 말했다.

"옛사람들이 말하길, '죽어서도 썩지 않는다면(이를 불후不朽라고 함 : 옮긴이), 그것은 조상이 덕을 쌓았거나, 아니면 본인이 공을 세웠거나, 또는 후세에 남을 만한 말을 했기 때문이다."

건안 문인들의 작품을 관통하고 있는 것이 바로 여기에 나오는 '3불후'의 사상이다. 건안 문인들은 인생이 짧다는 사실을 활발하고 진취적이고 역동적으로 전환시켰다. 건안 시인을 대표하는 조조의 시가는 종영鍾嶸으로부터 "한나라 말기의 실록이자, 진정한 시가의 역사"라는 격찬을 받기까지 했다.

〈해로행薤露行〉은 동탁 일당의 악행을 꼬집으면서 당시 지배세력의 부패상을 고발한다. 〈단가행短歌行〉은 비장하고 호방한 기풍에다 해학을 더해, 영웅들을 모아 천하를 안정시키려는 웅대한 포부를 담고 있다.

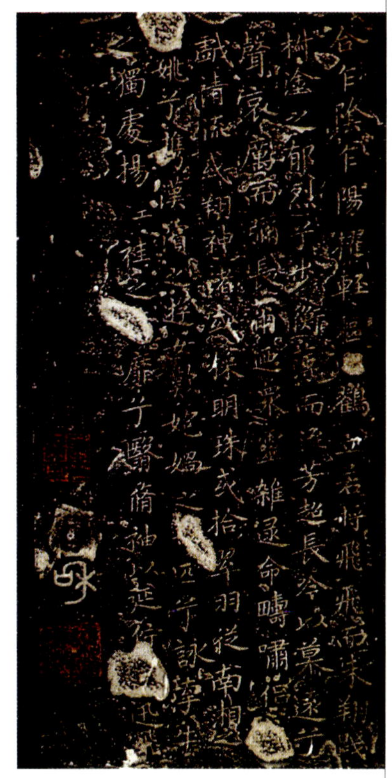

왕헌지王獻之가 쓴 조식曹植의 〈낙신부洛神賦〉

　그들의 작품은 서정성, 풍경 묘사, 서사성 등을 하나로 융합시켜 그 기세가 자못 웅장하다. 북쪽으로 오환烏桓을 공격하고 개선하는 길에 쓴 〈걸어서 하문을 나서며步出夏門行〉는 기백과 호기가 넘쳐서 영웅의 본색을 그대로 드러내고 있으며, 그 절묘한 장구章句 또한 중국 산수시山水詩의 시작을 알리기에 손색이 없다. 이 시의 마지막 한 수 가운데 "늙은 말이 구유에 미련을 두는 것은 천 리 길을 떠나기 위함이고, 열사는 나이가 들어도 장부의 뜻을 버리지 않는다"는 구절은 건안 시기 고양된 생명력에 대한 송가이다.

　전하는 바에 의하면, 동진東晉의 왕돈王敦은 술을 마실 때마다 "늙은 말이 구유에 미련을 두는 것은 천 리 길을 떠나기 위함이고"라는 시구를 외우면서 상을 쳤는데, 나중에는 상 위의 그릇이 깨졌다고 한다.

　이처럼 강인하고 소탈하며 무게감 있는 조조의 시풍은 전한과 후한 시가의 질박한 기풍을 깨고 시가 창작의 신기원을 열었다. 악부시로 현실을 반영하는 새로운 전통은 그로부터 비롯되어 후세에도 널리 이어지고 있다. 《시경》 이후 4언시로는 조조가 독보적이며 그의 영향을 받은 이로는 혜강嵇康, 도연명 등의 대가들이 있다.

　조조의 아들 조비는 문무를 겸비한 인물로 시가의 창작에도 출중했으며, 특히 그 기풍이 애틋하고 맑았다. "기골이 기이하고 시어가 화려한" 조식의 작품은 건안 시가의 문인화文人化 과정을 실현했다는 징표이다. 전반적으로 볼 때 조조 3부자의 시가는 건안 풍골을 대표하는데, 비장하고 절절한 감회를 기본으로 하는 강인하고 기세 높은 새로운 기풍이다.

  조조 3부자 외에 조비의 아들 조예曹睿도 시에 아주 능했다.《문심조룡文心雕龍》〈악부樂府〉에 "위나라의 3대代는 기상과 재주가 모두 뛰어났다"고 하는 기록이 있다.

  '건안7자'는 앞서거니 뒤서거니 조씨의 위나라에 귀순함으로써 시인으로서 명성이 널리 알려지게 되었다. 공융은 어릴 때부터 유달리 총명했는데 그에 관한 갖가지 전설이 전해지고 있다. 그는 시에 능했으며 산문에도 조예가 깊어서 문장이 유창하고 기세가 활발했다. 왕찬은 소년 시절에 이미 재능이 알려져, 후한시대 문단의 리더였던 채옹의 사랑을 받았다. 진림은 〈장성굴에서 말에게 물을 먹이며飮馬長城窟行〉에서 빈번한 전쟁으로 백성들이 어렵게 살아가고 있는 변경의 상황을 그렸고, 완우는 〈수레를 타고 북쪽 성곽 문을 나서며駕出北郭門行〉에서 고아의 애절한 호소를 표현했는데, 모두 천고의 명작으로 이름이 나 있다. 그 외에 서간, 응창, 유정 등의 작품도 각기 특색을 자랑했다.

  채염蔡琰은 박식하고 다재다능했다. 그의 〈비분시悲憤詩〉는 서정적 의미를 진하게 담은 서사시로 지난날의 경험을 회고하며 제후들의 죄상을 규탄했다. 이 작품은 시대적 색채를 강하게 띠었고, 중국 시사詩史에서 문인이 창작한 최초의 자전체自傳體 5언 서사시로 평가받고 있다. 시는 모두 108구, 540자로 이루어져 있으며, 인물의 형상이 뚜렷하고 묘사가 섬세한 데다 스토리도 완벽해서 파란만장한 시대적 배경이 잘 드러나 있다.

  그 밖에 건안의 시인으로 번흠繁欽, 한단순邯鄲淳, 오질吳質, 좌연년左延年, 두지杜摯 등을 꼽을 수 있다.

【 문인 간의 친분에 관한 일화 】

조조 3부자는 모두 일류 시인이었지만, 결코 정치적 권위로 창작의 권위를 대체하지는 않았다. 조조는 "다양한 의견을 수용하는" 정치인의 품격을 가졌으며 창작에서도 마찬가지로 "민주적인 창작" 기풍을 보여주었다.

어느 날, 조조가 급한 일로 외출하면서 완적阮籍과 동행하게 되었다. 출발 직전 조조는 완적에게 관서關西에 있는 한수韓遂에게 보낼 편지를 써달라고 부탁했다. 완적은 즉시 말을 타고 길을 가면서 편지를 써서 조조에게 주었다. 조조는 몇 번 읽어본 후에 수정하려고 했지만 아무리 생각해도 어디를 고쳐야 좋을지 몰라서 그대로 두었다. 성실하면서도 허세를 부리지 않는 조조의 일면을 엿볼 수 있는 일화이다.

'건안7자'의 한 사람인 진림은 격문을 써서 조조를 통렬히 비판한 적이 있다. 하지만 조조는 전혀 개의치 않고 그를 군사나 국무에 관한 문서를 담당하는 직책에 임명했다.

전하는 바에 의하면, 어느 날 조조가 두통 때문에 고통스러워하고 있었는데, 진림이 쓴 격문을 보고 너무 흥분한 나머지 침대에서 뛰어내리면서 큰 소리로 "내 병이 다 나았다"고 소리쳤다고 한다. 이후 진림의 문장이 승상 조조의 두통을 낫게 했다는 일화가 널리 전해지게 되었다.

조조는 후한 말년의 명사 채옹과도 친분이 두터웠다. 유명한 여류시인인 채옹의 딸 채문희蔡文姬가 오랑캐에게 잡혀 있자, 많은 황금을 주고 그녀를 찾아와 시사詩史에 이름을 남긴 여류시인의 소원을 풀어주었다고 한다.

기록에 의하면, 문인 왕찬이 사망하자 조비는 매우 비통해하면서 문인들을 거느리고 장례식에 갔다. 조비는 그 자리에서 이렇게 말했다.

"왕찬은 생전에 나귀 우는 소리를 가장 즐겨 들었소. 그러니 나귀 우는 소리를 내서 그분을 보냅시다."

그래서 왕찬의 무덤에서는 한동안 사람들이 흉내 내는 나귀 울음소리가 들렸다고 한다. 이 이야기는 조비의 소탈한 면과 예의범절에 구애받지 않는 모습을 보여주고 있지만, 한편으로 문인 간의 두터운 친분을 말해준다.

위진남북조시대에 문학평론이 황금기를 구가할 수 있었던 것은 문인들이 대등한 위치에서 의견을 나누는 한편 자유로운 토론이 가능했기 때문이다. 조비는 바로 이러한 기풍의 창시자라고 할 수 있다. '건안7자'에 대한 조비의 평가는 지금까지 가장 공평한 것으로 인정받고 있으며, 그의 저서 《전론典論》〈논문論文〉은 중국 최초의 문학 전문서로서 문학비평의

진림陳琳의 격문을 읽고
조조의 두통이 기적적으로 완쾌되었다.

기풍을 일으켰다.

공융, 서간, 진림 등이 사망한 후 조비는 "그들이 남긴 글을 정리하여 책으로 묶는" 일을 열심히 했으며, 심지어 "공융의 문장을 갖다 바치는 사람에게는 황금과 비단을 상으로 주기"까지 했으니, 그가 고심한 흔적을 역력히 알 수 있다. 조비, 조식 등은 그들의 시문을 편집한 적이 있다. 무명씨의 장시 〈공작은 동남쪽으로 날고孔雀東南飛〉가 지금까지 온전하게 전해질 수 있었던 것은 바로 시문의 정리를 중시한 당시의 전통과 밀접한 관련이 있다.

【 군인의 삶과 유랑의 세월 】

건안시대 시인들은 대부분 군대생활을 경험했다. 조조는 중원을 쟁탈하는 과정에서 많은 호걸들의 항복을 받으며 "말을 타고 다니는 틈틈이 문장을 지었다." 오도손敖陶孫은 그에 대해 "위나라 무제武帝는 유연幽燕의 늙은 장수처럼 기세와 음운에 무게가 있다"고 평가했다.

문학적 성취로 볼 때 '건안7자' 중에서 으뜸가는 왕찬의 작품 〈칠애시七哀詩〉 중 첫 번째 시는 유표劉表를 찾아가는 길에 창작한 것으로, 그야말로 천지를 놀라게 하는 한 폭의 전란도戰亂圖라고 할 수 있다. 그는 훗날 조조에게 귀순해서 막료 문인의 반열에 들었으며, 조조를 따라 마초馬超를 정벌하러 나섰다가 최후를 맞았다.

조비는 한나라 영제 중평 4년(187)에 태어났는데, 당시는 한나라 말기로서 천하가 대혼란에 빠져 있을 때였다. 그때까지 확고한 근거지가 없었던 조조는 안전을 고려해서 늘 가족을 데리고 여기저기 옮겨다녔다. 조비는 군중軍中에서 자랐기 때문에 6세 때 활을 쏠 줄 알았고 8세 때 시문을 읽었으며, 성년이 된 후에는 북방의 넓은 지역을 평정했다. 때로는 부친을 따라 출정하기도 했는데, 남쪽의 유표를 정벌할 때와 동쪽의 손숙을 정벌할 때 등이다.

조식 역시 "난세에 태어나 군중軍中에서 자란" 재사才士로서 조조의 셋째 아들이다. 그 역시 어릴 때부터 형제들과 함께 위험한 전쟁터에서 자신을 단련했다. 큰일을 도모하는 포부, 군사 방면의 지식 등

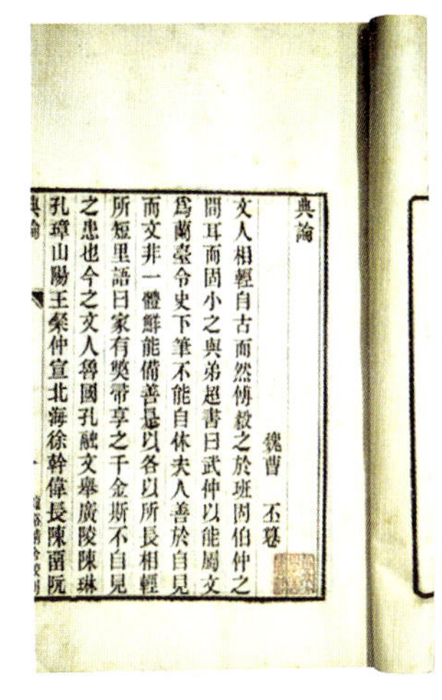

문학 비평의 서막을 연 조비曹조의 《전론》

은 바로 이러한 체험에서 나온 것이다. 그는 군사 전략뿐 아니라 문장도 탁월해서 '수호繡虎'라는 별칭까지 얻었다. 청소년 시절에 군대를 따라 출정한 적이 있는데, 북쪽으로는 삼군三郡과 오환, 서쪽으로는 관농, 동쪽으로는 손권을 정벌하는 데 나섰다.

진림과 완우 역시 앞서거니 뒤서거니 조조의 막료가 되어 갖가지 임무를 맡았고 서간, 응창, 유정 등도 마찬가지였다. 이러한 종군 경험은 건안 시대 시인들이 공통으로 갖고 있는 아주 흥미로운 특징이다.

結 조조 3부자를 핵심으로 한 건안의 시인들은 악부시와 5언시를 통해, 혼란과 고난에 휩싸인 시대상을 반영하고 대업을 이루려는 포부를 표현함으로써 힘차고 애절한 건안의 기풍을 형성했다. 이는 후세의 문인들에게 훌륭한 문학적 전통으로 이어져서 당나라 때 시가 창작을 혁신하는 데 큰 역할을 했다. 진자앙陳子昻은 건안의 풍조를 높이 칭송하는 것으로 그 서막을 열었고, 그 뒤를 이은 이백은 건안의 풍조와 시대를 예찬하며 당시唐詩의 최고 경지를 개척했다.

루쉰魯迅은 조조에 대해 "문장을 개혁한 선조"라고 격찬한 바 있다. 위진남북조시대 조조의 〈창해를 바라보며觀滄海〉는 중국 시가사에서 온전하게 경물을 묘사한 최초의 시다.

건안7자와 건안의 다른 시인들도 5언시의 창작 수준을 새로운 경지로 끌어올렸다. 조비는 비교적 일찍부터 뛰어난 7언시를 지었는데, 그의 〈연가행燕歌行〉은 명대의 문인 호응린胡應麟으로부터 "천고의 오묘한 경지를 개척한 작품"이라는 격찬을 받았다. 한편 그는 《전론》〈논문〉과 〈다시 오질에게 쓰는 글又與吳質書〉 등을 통해 문학비평의 서막을 열었다.

조식은 시가나 산문 등 다양한 장르를 넘나들었고 특히 5언시의 창작에서 큰 성취를 이루었다. 두보는 그에 관해 "조식의 문필은 웅장하고 화려하며 문장은 파란만장하다"고 평했다. 이러한 사실들은 건안의 시인들이 중국 문학에 크게 기여했음을 말해준다.

【 신의 화타 】

●뛰어난 의술로 인해 신의로 추앙받고 있는 화타華佗

화타가 의학에서 큰 성취를 거둘 수 있었던 것은 불굴의 노력과
사심 없는 연구 자세 덕분이다. 민간의학의 지혜를 중시한 것이
그 예인데, 화타는 민간의 의료 경험을 수집하는 데 주력했다.

의술의 경지가 높아서 신의神醫라고 불린 화타華佗(145~208)는 후한시대 패국沛國의 초주譙州(지금의 안후이성 하오저우시亳州市) 사람이다. 그는 중국인들이 오랜 세월 한결같이 존경해마지 않는 명의로서 중국 의약학사에서 '외과의 시조'로 추앙받고 있다.

젊은 시절 화타는 유가의 경전을 배우기 위해 오늘날 산둥성과 장쑤성 일대에 유학해서 유가의 경서들을 많이 탐독했다. 후한 중엽부터 정치가 날로 부패하면서 외척과 환관이 조정의 권력을 농락하고 탐관오리들은 진정한 학문을 하는 선비들을 배척하며 공격했다. 이러한 어두운 현실을 목격한 화타는 정치에 몸담으려던 포부를 접기로 결심했다. 당시 패국의 재상인 진번陳蕃이 그를 황제 주변의 낭관郎官으로 추천했고, 태위太尉 황완黃琬도 자신의 수하에 두려 했지만, 화타는 모두 거절했다. 이때부터 그는 넓은 식견과 지혜를 오로지 의학의 탐구에만 쏟아부었다.

원시사회 말기에 시작된 중국의 고대 의학은 진·한秦漢시대에 이르러 《황제내경黃帝內經》을 표준으로 삼아 의학의 초보적인 이론의 틀을 잡았다. 후한 말년, 군벌이 혼전을 벌여 백성들이 도탄에 빠지자 화타는 높은 의술로 백성들의 고통을 덜어주는 데 주력했다.

화타는 고대의 탕약과 침구鍼灸에 관한 경험을 체계적으로 계승했으며, 민간의학의 풍부한 경험과 지혜를 흡수했다. 화타가 중국 의학사에서 가장 크게 기여한 점은 마비산麻沸散을 발명한 것이다. 또 그는 외과 수술에 탁월한 재능을 가진 의사였다.

한편 예방의학과 의료체육에 대해서도 깊이 연구했으니, 민간에 전해지던 호랑이, 곰, 사슴, 원숭이, 새 등 다섯 가지 동물의 자세를 모방하여 오금희五禽戱라는 체조를 고안했다. 《후한서》에는 화타가 늘 이 오금희로 건강을 관리했기 때문에 "100세가 되었어도 여전히 장년의 모습을 가질 수 있었다"고 기록하고 있다. 화타의 제자인 광릉廣陵 사람 오보견吳普堅은 끊임없이 오금희를 연마한 결과 90세에도 여전히 시각과 청각에 문제가 없었으며 치아도 아주 좋았다고 한다. 화타의 다른 제자 번아樊阿 역시 100세까지 장수했다고 한다.

화타의 저작은 《관형찰색병삼부맥경觀形察色幷三部脈經》 1권, 《침중구자경枕中灸刺經》 10권, 《화타내사華佗內事》 5권 등이 있었는데 모두 전해지지 않는다. 현존하는 《중장경中藏經》에는 부분적인 내용밖에 없는 것으로 추정된다.

【 마취약을 사용한 고도의 외과술 】

중국 고전문학의 명저인 《삼국연의三國演義》에는 화타가 관우의 뼈를 깎아 독을 제거하는 이야기가 나온다. 이 이야기의 본뜻은 관우의 용맹함을 찬미하는 것이지만, 그 속에는 화타의 탁월한 외과술이 반영되어 있다.

의학적으로 볼 때 화타가 외과 치료법으로 독을 제거할 수 있었던 것은 그가 안전한 마취약의 사용법을 알고 있었기 때문이다. 《후한서》에 의하면, 화타는 "병이 신체 내부에 침입하여 침이나 약이 미치지 못하는" 환자를 만나면 외과 수술을 시행했는데, 수술 전에 먼저 환자에게 마비산을 복용하도록 했다.

약물을 이용해서 마취를 한 화타의 비방은 중국 의학사에서 전례가 없었던 일이며, 세계적으로도 마취학과 외과 수술에서 중요한 의의를 가진다. 화타의 의학적 공헌은 후세에까지 혜택을 미치고 있는데, 역사적으로

화타가 관우의 뼈를 깎아 독을 제거하는 장면

마취약의 발전을 보면 모두 화타의 영향을 받았음을 알 수 있다.

1930년대 미국의 학자 찰스 라월은 《약학 4000년》이라는 저서에서 이렇게 지적했다.

아랍의 일부 권위 있는 의학자들은 흡입성 마취술을 언급하고 있는데, 이는 중국인으로부터 전래된 것으로 보인다. 중국의 화타가 과거에 이 기술을 사용한 적이 있다고 전해지기 때문이다. 화타는 오두烏頭, 흰독말풀 및 기타 약초를 혼합하여 마취를 했다고 한다.

구미 여러 나라는 19세기 초엽에 이르러서야 비로소 전신마취법을 수술에 운용했다고 한다.

【 심리요법에 관한 전설 】

《삼국지三國志》에는 화타가 환자의 병을 치료한 이야기가 실려 있다.

어떤 군수가 병에 걸려서 화타를 불렀다. 화타는 크게 화를 내면 병을 고칠 수 있지만 일반 약물로는 효과를 볼 수 없다는 진단을 내렸다. 그리고 거액의 진료비를 요구하는 한편, 백성들을 착취하고 법을 어긴 군수의 갖가지 죄상을 열거하며 엄하게 꾸짖는 편지를 남기고는 표연히 그곳을 떠났다. 화타의 편지를 본 군수는 노발대발해서 그를 잡아 죽이겠다고 날뛰었다. 하지만 화타를 잡으러 갔던 사람들이 그의 종적을 알 수가 없어 빈손으로 돌아왔다. 군수는 화가 나서 펄펄 뛰다가 몇 되나 되는 검은 피를 토했는데, 그때 병도 기적적으로 완쾌되었다.

이 이야기는 화타가 이미 환자의 심리에 대해서도 연구했음을 말해준다. 즉 심리요법을 이용한 것으로, 이는 고대의 응용심리학이 환자를 치료하면서 얻은 성과라고 할 수 있다.

화타는 상한학傷寒學(상한은 외부의 원인으로 인한 병의 총칭이며, 이들 각종 질병에 대한 약재의 처방법을 지시한 것이 상한학임 : 옮긴이)에도 공헌을 했는데, 그 내용은 《천금요방千金要方》, 《외대비요外臺秘要》 등에 기록되어 있다. 상한학에 관한 화타의 학설은 그 분야에서 《황제내경》 이후 또 하나의 이정표가 되었다.

마비산에는 사진과 같은 흰독말풀 성분이 들었던 것으로 추정된다.

【 명의의 신기한 진단법 】

환자에 대한 정확한 진단은 치료의 효과를 보장하는 중요한 과정이다.
화타는 이런 임상 진단에서도 탁월한 면모를 보였다.

위진시대의 유명한 의원 왕숙王叔은 그의 저서 《맥경脈經》에서 정확한
진단으로 환자의 생사를 결정하는 화타의 비결을 소개했다. 주로 환자의
안색과 증상을 근거로 생사를 결정하는 것으로, 당시의 의료 기술로 치료
여부를 결정하거나 치료 방안을 강구하는 등의 구체적 내용이 실려 있다.

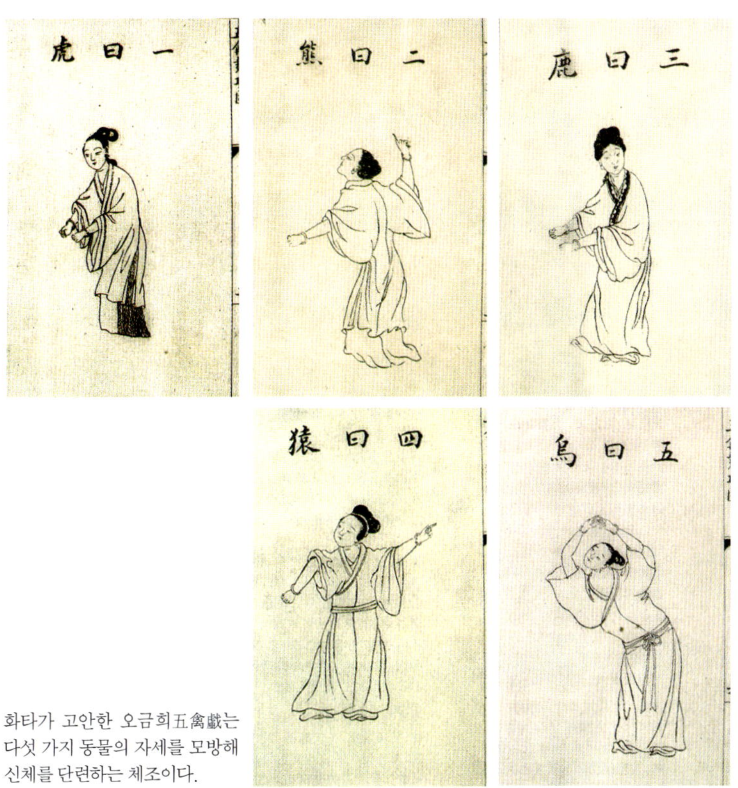

화타가 고안한 오금희五禽戲는
다섯 가지 동물의 자세를 모방해
신체를 단련하는 체조이다.

특히 위중한 환자의 안색과 표정과 행동에 대해 자세히 묘사해, 당시 화타가 환자를 얼마나 세밀히 관찰했고 또 진단의 정확성을 높이기 위해 얼마나 노력했는가를 보여준다. 《후한서》와 《삼국지》〈위서魏書〉에는 화타가 환자를 진단하는 일화가 많이 수록되어 있다.

옌청鹽城 사람 엄흔嚴昕이 몇몇 사람과 같이 화타를 찾아갔다. 그들을 맞아들인 화타가 이렇게 물었다.

"몸의 감각이 어떻소?"

"평소와 다름없습니다."

"지금 그대의 얼굴을 보니 급한 병에 걸렸다는 걸 알 수 있소. 술을 많이 먹지 마시오."

엄흔은 화타의 말을 무시하고 술을 마셨다. 그리고 술자리가 끝난 뒤 귀가하는 도중에 어지럼증으로 수레에서 떨어지더니 그날 밤 죽어버렸다.

화타는 또 약의 효능을 잘 알았기 때문에 탕약을 정확하게 사용했으며, 침을 놓고 뜸을 뜨는 데도 아주 능했다. 그는 자신의 경험에 근거하여 '화타협배혈華陀夾背穴'이라는 효과적인 침술을 발견했는데, 이 침술은 지금까지도 임상에 쓰이고 있다.

화타의 생가에 있는 세지당洗芝塘. 화타가 이곳에서 약초를 씻었다고 한다.

【 민간에서 얻은 경험을 중시하다 】

화타가 의학에서 큰 성취를 거둘 수 있었던 것은 불굴의 노력과 사심 없는 연구 자세 덕분이다. 민간의학의 지혜를 중시한 것이 그 예인데, 화타는 지금의 장쑤성, 산둥성, 허난성 등지를 다니면서 민간의 의료 경험을 수집하는 데 주력했다. 황지黃芝를 약에 넣게 된 것도 바로 민간에서 얻은 경험이었다.

한 나무꾼이 산에서 길을 잃었는데 산중의 은사隱土가 황지를 채집하여 먹는 것을 보고 그를 따라 황지를 몇 개 먹었더니 굶주림을 달랠 수 있었다. 이 이야기를 들은 화타는 산에 가서 황지를 채집해서 실험해보았다. 그 결과 황지의 효능이 매우 높다는 것을 발견하고는 그것을 약에 넣었다고 한다.

어느 해 봄에는 어떤 부인이 황달을 앓았는데, 화타도 뾰족한 수가 없었다. 그런데 그 후 1년 만에 그 부인을 다시 만나보니 황달도 없어지고 아주 건강하게 변해 있었다. 화타는 이상해서 부인에게 어떻게 치료했는지 물었다. 부인은 따로 복용한 약은 없고, 당시 재해가 들어 밥을 먹을 수 없게 되어서 산에 가서 쑥을 먹었더니 병세가 호전되었다고 말했다. 화타는 부인에게 어떤 쑥인지 물었다. 그것은 황호黃蒿였다. 그 후 화타는 황달병 환자에게는 황호를 처방했다. 그런데 어떤 환자들은 황호를 먹어도 효험이 없었다. 화타는 다시 그 부인을 찾아가서 황호를 먹던 당시의 상황을 물었다. 부인은 대개 청명 전후에 먹었노라고 했다. 원래 청명 전후에는 양기가 상승하므로 약초의 효능이 강하게 마련이었다.

화타는 매년 3월이면 산에 올라가서 황호를 채집해 그것을 단약으로 만들어서 보관해두었다가 환자에게 처방했다. 그리고 황호에다 '인진菌

陳'이라는 별칭을 붙이고는 "3월 인진, 4월 호蒿"라는 말을 만들어서 청명 전후의 황호로 황달을 치료할 수 있다는 것을 널리 알렸다.

이 밖에도 화타는 당시 중국에 유입된 인도 의학을 공부하는 데도 열중했다. 역사학자 천인커陳寅恪의 고증에 의하면, 화타는 외과술에서 인도 의학의 장점을 여러모로 흡수했다고 한다.

【 명리에 담백하고 권세를 두려워하지 않다 】

화타는 의술이 뛰어났을 뿐 아니라 고귀한 인품의 소유자이기도 했다. 그는 평생 명예와 이익에 담백했으며 권세에 아부하지 않았다.

당시 조정의 권력을 장악한 조조는 늘 편두통을 앓았는데, 많은 의원들에게 보였지만 효험을 보지 못했다. 조조는 화타의 의술이 뛰어나다는 말을 듣고 그를 불러 치료를 부탁했다. 그리하여 화타가 조조에게 침을

안후이성 하오저우에 있는
화타의 생가

한 대 놓자 두통이 사라졌다. 조조는 화타의 의술이 뛰어난 것을 알고 그를 자신의 주치의로 삼으려 했다. 하지만 화타는 늘 민간을 떠돌아다녔고, 조조를 탐탁하게 여기지 않았기 때문에 핑계를 대고 집으로 돌아갔다. 그리고 아내가 병이 있다는 구실로 자꾸 휴가를 연장하며 조정에 들어가기를 거부했다.

청나라 때 《선의신상책先醫神像册》에 실린 화타의 초상화

  조조는 여러 차례 화타를 재촉하며 그가 살고 있는 고을에 명령을 내려서 화타를 보내게 했다. 하지만 화타가 여전히 꿈쩍도 하지 않자, 화가 난 조조는 사람을 보내서 그의 사정을 탐문하게 했다. 만약 화타의 아내가 병을 앓고 있다면 콩 40섬을 하사한 뒤 기한을 연장해주고, 거짓말이라면 화타를 붙잡아서 감옥에 가두라고 명했다.

  아내의 병이 거짓이었음이 드러나자 화타는 투옥되었다. 그는 이 고비를 넘기기 어렵다고 판단하여 그때까지의 의학적 경험과 기술을 책으로 정리해 옥리獄吏에게 주면서 "이것으로 사람을 살릴 수 있소"라고 했다. 그러나 화타와 연루되는 것을 두려워한 옥리는 그 책을 감히 받을 생각을 못했다. 실망한 화타는 책들을 모조리 불살라버렸고 끝내 조조에게 살해되었다. 부귀영화에 흔들리지 않은 화타의 고귀한 품성은 이후 중국 역사에 널리 전해지고 있다.

結 화타는 내과, 외과, 부인과, 소아과 등에 능통한 후한시대의 위대한 의학자이다. 그가 발명해서 사용한 마취제는 서양보다 1,600여 년이나 앞섰고, 마취학에 공헌한 것은 국제 의학계가 공인하는 바다.

의학사에서 화타는 처음으로 외과의학의 장을 열었다. 그가 고안한 오금희는 대대로 전해져서 지금도 그것을 수련하는 사람이 있다. 한편 그의 심리요법도 현대 의학에 시사점을 던지고 있으며, 상한병에 관한 연구는 한나라의 또 다른 위대한 의학자 장중경張仲景에게 학문적 기반을 제공했다.

진단과 치료에 관한 화타의 사상과 주장은 오늘날까지도 상당 부분 적용되고 있다. 화타의 의학적 성취는 중국 의약학의 유산을 풍부하게 했다. 또한 부귀영화에 마음이 흔들리지 않고 권력에 허리를 굽히지 않은 고귀한 품성과 민간인에 대한 봉사정신 등은 대대로 사람들의 존경심을 불러일으키고 있다.

화타가 백성들을 치료하고 생명을 구한 이야기가 민간에 많이 전해지고 있는데, 모두 그의 정밀한 의술과 고귀한 품성에 관한 것들이다. 이 때문에 지금도 의술이 뛰어난 의사를 칭찬할 때 "화타가 다시 살아났다"고 표현한다.

이 위대하고 걸출한 의사를 기리기 위하여 후세 사람들은 그가 오랫동안 의술을 베풀었던 쉬저우徐州에 그를 기념하는 묘지를 세웠으며, 고향에는 '화장華莊'이라는 생가를 복원하고 '화조묘華祖廟'를 만들었다.

【 의성 장중경 】

● 편작扁鵲의 재생으로 추앙받는 장중경張仲景

장중경은 과학적 연구를 토대로 질환의 원인은 세 가지에 불과하다고 명확히 지적했다. 즉 인체 내부의 원인, 환경적 원인, 사회적 원인이 그것이다.

2세기 중엽, 10여 세가량의 소년이 역사책에서 선진시대의 명의 편작扁
雀이 망진望診(바라보는 것으로 환자의 상태를 진단하는 법 : 옮긴이)으로 제나라
환후桓侯의 병을 치료한 이야기를 읽고 나서 의학에 흥미를 갖기 시작했
다. 이 소년이 바로 훗날 '의성醫聖'으로 불린 장중경張仲景이다.

장중경(150~219)은 이름이 기機이고, 남양군南陽郡(지금의 허난성 난양시南
陽市) 사람이다. 그는 화타와 거의 비슷한 시기인 후한과 삼국시대에 걸쳐
살았던 의학의 대가이다.

어릴 때부터 매우 총명했던 장중경은 성년이 된 후에는 같은 고을에 살
던 장백조張伯祖를 스승으로 모시고 의술을 배우기 시작했다. 장백조는
당시 아주 유명한 의사로, 평생 쌓아온 의술을 장중경에게 모두 전수했
다. 장중경은 장백조의 가르침을 받는 한편 옛 교훈과 처방을 부지런히
습득했으며, 그것들을 의술에 적용함으로써 중국의 의학을 한 단계 끌어
올렸다. 기록에 의하면, 장중경은 효성이 지극하고 청렴한 인물로 천거되
어 창사長沙의 태수를 지낸 바 있다.

장중경의 의학적 성취는 주로 그가 집필한 《상한잡병론傷寒雜病論》이란

저서에 들어 있다. 고대 의학에서 '상한'이란 현대 의학에서 말하는 '장상한腸傷寒'과는 전혀 다른 개념이다. 고대 의학에서 '상한'은 열이 나는 것으로 시작되는 모든 병을 통칭하는 용어로서 그 범위가 아주 넓다. 장중경의 이 책은 풍부한 임상경험을 체계적으로 종합해서 '변증법적 치료법'이라는 기본 원칙을 세운, 말하자면 이론·법칙·방법·약藥을 겸비한 명저이다.

이 책은 모두 16권이었으나, 전란으로 인해 집필 후 얼마 되지 않아서 모두 분실되었다. 이후 장중경의 제자인 서진西晉의 태의太醫 왕숙화王叔和가 장중경이 남긴 서적 36권을 《상한론傷寒論》과 《금궤요략金櫃要略》으로 정리했다. 우리가 지금 볼 수 있는 것은 나중에 북송北宋의 손기孫奇와 임억林億 등이 다시 교정한 것이다.

장중경은 평생 많은 의학서를 집필했으며, 이는 중국의 서지학 관련 저작에도 많이 기록되어 있다. 구체적으로는 《장중경방張仲景方》 15권, 《장중경변상한張仲景辨傷寒》 10권, 《장중경평병요방張仲景評病要方》 1권, 《장중경요부인방張仲景療婦人方》 2권 등이다.

【 난세의 명의 】

중국의 유명한 기상학자 주커전竺可楨 교수에 의하면, 후한시대의 날씨는 점차 추워지는 추세를 보였으며, 심지어 어떤 해에는 늦봄에도 혹독한 추위로 인해 도읍인 뤄양에서 사람이 얼어 죽는 일도 많았다. 조조는 동작대銅雀臺에 귤을 심었지만 꽃만 피고 열매는 맺지 않았다. 당시의 기후는 한나라 무제武帝 시기보다 더 추웠다고 한다.

225년 10월, 위나라 문제文帝 조비는 창장강 가에 있는 광릉廣陵의 옛 성터에 가서 "강변에서 군사훈련을 시찰하려고" 했는데, 뜻밖에도 너무나 혹심한 추위를 만나 "물길이 얼어붙어 배가 강으로 들어갈 수 없게 되자" 흥이 깨어져 돌아오고 말았다.

그때는 중국 역사상 전란이 가장 심했던 시기로 도처에서 전쟁이 빈번하게 벌어졌다. 게다가 추운 날씨 등으로 인해 질병도 크게 유행했다. 기록에 의하면 한나라 안제安帝 원초元初 6년(119)부터 헌제 건안 2년(217)까

환자를 진맥하는 장중경의
모습을 돌에 새겼다.

지 100년도 채 안 되는 동안 큰 전염병이 열 차례나 발생했고, 특히 건안 원년(196) 후에는 거의 해마다 대규모 질병이 유행했다고 한다. 시인 조식은 〈설역기說疫氣〉에서 당시의 참상을 다음과 같이 묘사했다.

"집집마다 시체를 놓고 슬퍼하며, 방마다 통곡 소리 애절했다. 식구 몇, 혹은 온 가족이 목숨을 잃었다."

건안 7자로 불리는 문인 중에서도 네 사람이 당시 유행하던 질병으로 앞서거니 뒤서거니 목숨을 잃었다. 장중경도 10년이 채 안 되는 사이에 가족의 3분의 2를 떠나보냈는데, 열에 일곱은 상한으로 목숨을 잃었다고 한다. 이처럼 경악할 만한 참

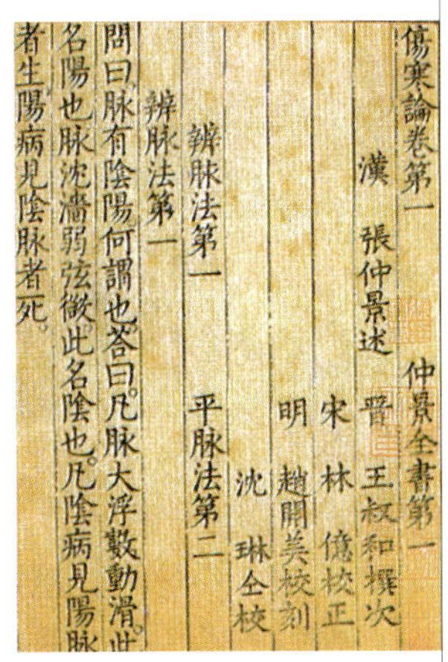

傷寒論卷第一　仲景全書第一
漢　張仲景述　晋　王叔和撰次
宋　林億校正
明　趙開美校刻
沈琳仝校
辨脉法第一　平脉法第二
辨脉法第一
問曰脉有陰陽何謂也答曰凡脉大浮數動滑此
名陽也脉沈濇弱弦微此名陰也凡陰病見陽脉
者生陽病見陰脉者死。

장중경의 명저인
《상한론傷寒論》

상에 직면하자 장중경은 사람들을 해치는 이 질병을 반드시 정복하고야 말겠다고 결심한다.

그 후 장중경은 의학서를 탐독하는 한편, 부지런히 교훈을 습득하고 갖가지 처방을 널리 수집하는 데 주력했다. 그 결과 옛사람들의 민간의학적 성과와 다년간에 걸친 자신의 임상경험을 종합하여 마침내 《상한잡병론》이라는 책을 저술해서 많은 사람들에게 이로움을 주었다. 장중경의 연구성과는 그가 살았던 시대에 깊이 뿌리내리고 있으며, 이 책은 의사로서 시대적 책임감을 보여주는 역작이다.

【 인류에게 복음을 전해준 《상한잡병론》 】

《상한잡병론》은 걸출한 의학서이다. 이 책에서 장중경은 《황제내경》의 학설을 발전시키고, 6경經을 변증법적 치료의 토대로 삼았다. 여기서 6경이란 바로 태양太陽, 양명陽明, 소양少陽, 태음太陰, 소음少陰, 궐음厥陰을 가리킨다.

장중경은 겉으로 열이 나는 병들을 그 증상의 기본적인 특징에 따라 여섯 가지로 나누었으니, 곧 태양병, 양명병, 소양병, 태음병, 소음병, 궐음병이다. 이 삼음삼양三陰三陽 병에는 각각의 진료체계가 있었는데 책에서는 매 편마다 전문적인 '논論'을 두어 변증에 중심을 두었다.

또한 '방方'란에서는 병을 치료하는 처방을 전문적으로 다루었다. 장중경은 모든 병에 대하여 일정한 증상을 주된 근거로 삼아 환자를 진단했는데, 이것이 바로 장중경의 변증법이다.

아울러 그는 이 여섯 가지 질병이 단독으로 존재하는 것이 아니라고

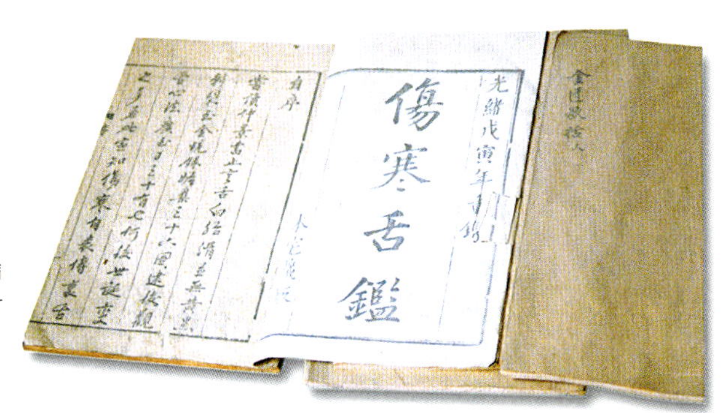

장중경의 의학 전문서
《상한잡병론傷寒雜病
論》가운데 〈상한설감
傷寒舌鑑〉

보았다. 진단 과정에서 그는 후세 사람들이 '8강綱'이라고 부른 변증법적 방법을 제시했다. 그것이 바로 변음양辨陰陽(음과 양을 변별함 : 옮긴이), 정표리定表裏(겉과 속을 결정함 : 옮긴이), 분허실分虛實(허와 실을 구분함 : 옮긴이), 변한열辨寒熱(차가움과 뜨거움을 변별함 : 옮긴이) 등이다. 이는 망望, 문聞, 문問, 절切 등 네 가지 전통적 치료법을 새로운 수준으로 끌어올린 것이다. 병을 치료하는 구체적 방법으로 장중경은 후세 사람들이 '8법法'이라 하는 여덟 가지 방법, 즉 한汗, 토吐, 하下, 화和, 온溫, 청淸, 보補, 소消 등을 고안했다.

《상한잡병론》의 가장 중요한 공헌은 그 안에 수록된 375가지 처방전, 214종의 약물, 20여 종의 약재 배합법 등이다. 이 책은 한 왕조 이전의 의학 이론과 임상경험을 종합하여 치료학의 기초를 확립한 것으로, 후세에 "병리학은 반드시 《내경內經》을 따라야 하고, 치료법은 반드시 장중경을 따라야 한다"는 말까지 나올 정도였다. 사람들은 장중경에게 '경방대사經方大師', '중방지조衆方之祖'라는 명예로운 이름을 붙여주었다.

【 편작의 재생 】

당시 사람들은 질병을 진단하는 기술이 뛰어난 장중경을 가리켜 '편작의 재생'이라고 격찬했다.

전하는 바에 의하면, 장중경이 수무현修武縣에서 의술을 행하고 있을 때 20여 세의 왕찬을 만났다. 왕찬은 한나라 말기의 저명한 문인으로 〈등루부登樓賦〉, 〈칠애시七哀詩〉 등 세상에 널리 알려진 작품으로 건안7자를 대표하는 인물이다. 장중경은 왕찬과 친분을 나누다가 그의 안색이 좋지 않음을 발견하고는 그의 몸에 마풍병麻風病의 요소가 잠복해 있다고 판단했다. 그는 왕찬에게 말했다.

왕찬王粲의 안색이 좋지 않음을 발견하고 약을 권하는 장중경

"그대 몸에 병이 들었으니 치료를 빨리 해야 하오. 즉시 오석탕五石湯을 먹으면 병을 완치할 수 있지만, 그렇지 않으면 마흔을 전후해서 눈썹이 떨어질 것이오. 그때가 되면 치료도 어려워지고 자칫하면 생명이 위험할 수도 있소."

하지만 왕찬은 한창 혈기왕성한 때라서 그 말을 불쾌하게 여겼고, 장중경이 자신의 의술을 자랑하기 위해서 한 말이라고 생각했다. 3년이 지나 두 사람이 다시 만났을 때, 장중경은 그에게 약을 복용했는지 물었다. 왕찬은 못내 귀찮아하면서 벌써 먹었다고 대답했다. 그러나 왕찬의 안색을 살펴본 장중경은 그가 약을 전혀 복용하지 않았다는 걸 알아차리고는 고개를 저으면서 말했다.

"약을 먹지 않았구려. 어째서 이토록 자신의 생명을 아낄 줄 모르시오?"

왕찬은 시종일관 장중경의 말을 믿으려고 하지 않았다. 40세가 되자 왕찬은 과연 눈썹이 떨어지기 시작했고, 그로부터 187일 후에 죽고 말았다. 이 일이 있고 나서 사람들은 장중경의 정확한 진단에 더욱 경탄을 금치 못했다.

【 사상자를 구하는 인술 】

장중경은 동시대를 살았던 화타처럼 매우 뛰어난 인술을 지녔던 의원이다. 당시에는 환자를 소홀히 대하는 의원이 많았는데, 심지어 어떤 의

허난성 난양시南陽市에
있는 의성사醫聖祠

원은 책임감 없이 사람의 목숨을 장난으로 여기기도 했다. 장중경은 이런 의원들에 대해 "가문의 기예를 이어받고는 늘 낡은 것만 고수한다"고 질타했다.

전하는 바에 의하면, 장중경은 창사長沙에서 태수를 지낼 때도 의원의 신분을 잊지 않았다. 그래서 매달 1일과 15일에는 공무를 보지 않고 관청의 대문을 열어놓은 채 질환으로 고통받는 백성들을 진료했다. 이 소문이 널리 퍼지자 초하룻날과 보름날만 되면 태수의 아문 앞은 병든 백성들로 가득 찼다. 후세 사람들은 장중경을 기리며 약방에 앉아 환자를 치료하는 의사를 가리켜 '좌당의생坐堂醫生'이라고 했다.

한편 당시에는 무당의 굿이 성행해서 일부 환자들은 의학과 무관한 미신에 의지했다. 그러나 장중경은 과학적 연구를 토대로 질환의 원인은 세 가지에 불과하다고 명확히 지적했다. 즉 인체 내부의 원인, 환경적 원인, 사회적 원인이 그것이다.

한번은 어떤 부인이 심한 충격을 받아 실성했다. 사람들은 몸에 귀신이

허난성 난양에 있는 장중경의 무덤과
그 안에서 출토된 침구인형

붙었다고 했지만, 장중경은 과학적인 진단을 거쳐서 침구와 탕약 등으로
부인을 치료하는 데 성공했다.

【 다방면에서 이룩한 의학적 성취 】

장중경은 선배들의 의학적 성과를 이어받는 동시에 여러 가지 새로운
의술을 고안했다.

당시에는 변비를 치료하기 위해 일반적으로 환자에게 열을 내리는 약
을 먹였다. 하지만 이 약은 정상인에게는 적합했지만 허약한 환자에게는
부작용이 심했다. 그래서 장중경은 새로운 치료법을 고안해냈다. 그는 꿀
을 끓이다가 그것을 가늘고 긴 대롱으로 뽑아서 '약정藥錠'을 만든 뒤에
조심스럽게 환자의 항문에 삽입했다. 그러면 장운동이 원활해지면서 변
비가 치료되었다.

오늘날 전 세계에서 광범위하게 통용되고 있는 인공호흡도 이미 1,700
여 년 전에 장중경이 처음 시도한 것이다. 그는 조난자를 널빤지에 반듯
이 눕힌 뒤에 이불을 덮어 체온이 떨어지지 않게 했다. 그리고 두 사람을
각각 환자의 머리 양쪽에 꿇어앉게 해서 한 사람은 가슴을 안마하는 한편
두 팔을 아래위로 운동시키고, 다른 사람은 손을 환자의 허리 밑에 넣어
올렸다 내렸다 하도록 했다. 이러한 방법은 오늘날의 인공호흡과 별로 다
르지 않다.

結 장중경의 대표작 《상한잡병론》은 지금까지도 의학 이론과 임상치료법을 배우고 연구하는 데 중요한 자료가 되고 있다. 이 불후의 명작은 1,700여 년 동안 후세 사람들이 끊임없이 연구하고 정리한 결과 수많은 주석이 붙었다. 통계에 의하면, 《상한잡병론》에 관해 연구한 저작만도 800여 종에 달한다.

화타는 《상한잡병론》을 읽고 감격에 겨워 "정말로 사람을 살리는 책이구나"라고 찬탄해마지 않았다고 한다. 남북조시대의 명의 도홍경陶弘景도 "장중경의 처방이야말로 여러 처방의 시조라고 할 수 있다"고 격찬했으며, 명나라 때 이렴李濂은 자신의 저서 《의사醫史》에서 장중경을 "의약 처방의 시조"라 칭했다. 청대에 이르러 장중경은 '의성醫聖'으로 추대되었다.

《상한잡병론》은 당나라 때 일본의 한 승려가 초록해서 본국에 전했고, 그 후 한국, 일본, 몽골, 베트남 등 여러 나라의 임상의학 발전에 큰 영향을 미쳤다.

【 제갈량 】

●제갈량諸葛亮의 초상

제갈량이 직접 지휘에 참여하지는 않았지만 적벽전은 그의 '융중
대'의 전략적 사상이 반영된 사례라고 할 수 있다. 이 전투를 계기
로 비로소 위, 촉, 오 삼국이 정립하는 형세를 이루었다.

제갈량諸葛亮(181~234)은 삼국시대의 걸출한 정치인이자 군사 전략가이다. 그는 수천 년간 지혜의 화신으로 추대되었으며, 이로 인해 그에 관한 많은 이야기가 민간에 널리 전해지고 있다.

제갈량의 본가는 지금의 산둥성 이난현沂南縣에 있었다. 제갈량은 부친 제갈규諸葛珪가 별세한 후 백부인 제갈현諸葛玄을 따라 형주荊州(지금의 후베이성, 후난성 일대)로 갔는데 17세 무렵에는 백부마저 병으로 세상을 떠났다.

성인이 된 제갈량은 기골이 장대한 훤칠한 모습이었고, 재능이 뛰어났으며, 영웅다운 기개를 지니고 있었다. 그는 융중隆中에 은거하여 농사를 짓고 책을 읽으며 세월을 보냈다. 한편 그는 자신을 춘추전국시대의 유명한 재상 관중管仲과 장수 악의樂毅에 견주기를 좋아했다. 제갈량은 후에 당시의 생활을 회고하면서 이렇게 말했다.

"난세에 성명性命을 온전히 할지언정 제후들에게 영달을 구하지는 않았다."

207년, 유비는 조조에게 크게 패해서 형주로 피난을 갔다가 제갈량의 명성을 듣고 친히 융중으로 찾아갔는데, 세 번 만에야 겨우 제갈량을 만날 수 있었다. 이것이 바로 유명한 고사성어 '삼고초려三顧茅廬'의 내력이다. 이 이야기는 유비가 얼마나 인재를 갈망했던가를 말해준다.

제갈량은 사적으로나 정치적으로 세상 사람들에게 모범을 보였다. 그는 아들에게 "담박하지 않으면 뜻을 밝힐 수 없고, 고요하지 않으면 멀리까지 도모할 수 없다"고 가르쳤는데, 이것은 실제로 자신의 생활태도를 반영한 말이다.

나라를 다스릴 때도 법가의 사상에 근거하여 법령을 엄격히 하고 상벌을 분명히 함으로써 공평무사한 원칙을 지켰다. 게다가 과학적인 두뇌를 가져서, 연이어 사격할 수 있는 연노連弩를 개발하고 편리한 운송 도구인 목우木牛와 유마流馬를 발명했다.

또 문학적 소양이 깊어서 그가 지은 〈융중대隆中對〉, 〈출사표出師表〉 등은 간결하여 이해하기 쉽고, 소박하면서도 무게 있는 훌륭한 산문으로 평가받고 있다. 그가 남긴 문장은 청나라 때 장주張澍라는 사람에 의해 《제갈량충무후문집諸葛亮忠武侯文集》에 수록되었다.

【 '융중대'에서 삼국의 정립까지 】

　서기 207년, 제갈량은 유비가 자신의 초가로 세 번이나 찾아오자, 수년 간에 걸친 관찰에 근거하여 방침과 책략을 제시했다. 그러자 의지할 곳 없어 갈팡질팡하던 유비는 홀연히 광명을 본 듯한 느낌을 받았다. 이를 역사에서는 '융중대'라고 한다. 당시 제갈량은 천하의 형세를 다음과 같이 분석했다.

　북방을 점령하고 있는 조조는 모략에 능하고 백만대군을 보유하고 있는 데다 "천자를 끼고 제후들을 호령하는" 형세를 이루었기 때문에 그와 직접 대적하기는 어렵다. 그리고 손권은 이미 3대에 걸쳐 강동江東 지역을 점령하고 있는 한편 천혜의 요새인 창장강에 기대고 있으며, 백성들의 마음도 그에게 기울어 수하에 유능한 사람들이 많기 때문에 그의 지역을 범하는 것도 온당치 않다.

　이러한 분석에 근거하여 제갈량은 공략 목표를 형주와 익주益州에 두어

제갈량의 초가를 세 번
방문하는 유비劉備

야 한다고 제안했는데, 그 이유는 다음과 같다.

익주는 지세가 험난하고 땅이 비옥하지만 통치자가 부패하고 무능하기 때문에 도모해볼 수 있으며, 형주는 교통이 사방으로 통하고 넓은 옥토가 있지만 통치자가 그 장점을 충분히 활용하지 못하고 있다. 따라서 유비가 형주와 익주를 공략해 그 지역에 있는 싼샤三峽의 수로와 익주 동부에서 형주로 통하는 험난한 교통의 요충지를 연결하여 방어선을 치면 익주와 형주는 철통같은 요새가 된다. 이 목표를 이루고 나서, 다시 동쪽으로 지금의 후베이성과 허난성 일대를 공격하고, 서쪽으로는 쓰촨의 한중漢中을 통해 관중關中으로 진입한다면, 조조를 격파하고 패업을 이루어 한나라 종실을 회복할 수 있다.

이상이 제갈량의 전반적인 구상이었다. 아울러 제갈량은 현 단계에서는 형주와 익주의 통치 기반을 공고히 하여 동쪽으로는 손권과 연맹을 맺고 서쪽과 남쪽의 소수민족과도 우호 관계를 유지해야 한다고 주장했다.

역사적 사실이 증명하듯, 제갈량이 제안한 이 '융중대'의 책략은 매우 합리적인 것이었다. 그는 유비의 입장에서 형주와 익주는 반드시 차지해야 할 요지라는 걸 파악했고, 조조·유비·손권의 세 세력이 정립의 형세를 이룰 것으로 예견했다.

이듬해인 208년, 천하통일의 일념에 불타는 조조가 대군을 거느리고 창장강 유역까지 남하해서 손권에게 항복을 강요했다. 이때 유비는 조조의 군대에게 쫓겨 남쪽으로 피난을 간 상태여서 만약 손권이 조조에게 항복한다면 유비도 패할 수밖에 없는 형국이었다. 이 위기 상황에서 제갈량은 직접 손권을 찾아가 조조에게 대항하는 연맹을 맺도록 설득하겠다고 자청했으며, 이렇게 해서 형성된 손권과 유비의 연맹은 적벽에서 조조의 군대를 대패시켰다. 조조는 세력이 크게 꺾인 채 북방으로 물러가서 한동안은 남쪽을 넘볼 역량을 갖추지 못했다. 비록 제갈량이 직접 지휘에 참여하지는 않았지만 적벽전투는 그의 '융중대'의 전략적 사상이 반영된 사례라고 할 수 있다. 이 전투를 계기로 비로소 위·촉·오 삼국이 정립하는 형세를 이루었다.

명나라 때 주첨기朱瞻基가 그린
〈무후고와도武侯高臥圖〉

융중에서 유비에게 책략을 제시할 때 제갈량은 겨우 27세에 지나지 않았으며, 유비는 이미 50세 가까웠다. 그런데도 유비는 제갈량을 극진히 대했는데, 그 때문에 부하인 관우와 장비가 불만을 갖자 이렇게 타일렀다.

"내가 제갈공명을 얻은 것은 마치 물고기가 물을 만난 것과 같으니, 자네들은 더 이상 이러쿵저러쿵 하지 말게나."

제갈량은 산에서 나와 마침내 유비가 기반을 잡을 수 있도록 전력을 다해 도왔으며, 적벽대전 이후 촉나라의 군정軍政을 총괄했다. 유비가 세상을 떠나자 제갈량은 그의 아들 유선劉禪을 도와 촉나라를 다스렸는데, 그야말로 죽을 때까지 노력을 멈추지 않았다.

【 인재의 등용에 힘쓰다 】

삼국의 싸움은 인재의 경쟁에 달려 있었다. 제갈량은 '융중대'에서 일찍이 "현명하고 능력 있는 자를 등용한 것"이 손권이 강성하게 된 요인이라고 지적했다. 그리고 유비에게 반드시 "영웅들을 모으고 유능한 자를 생각하는 것이 마치 목마른 사람과 같아야 한다"고 권했다. 촉나라를 세우고 나라의 부흥을 책임진 제갈량은 가장 먼저 현명하고 유능한 인재를 모집하는 데 주력했다.

제갈량은 여러 차례 명령을 내려서 유능한 인재를 추천하게 했다. 또 청두成都에 '독서대讀書臺'를 지어서 유생들을 널리 모집하고, 사방의 현명한 선비들을 접대했다. 그 결과 제갈량 생전에 재능과 덕을 겸비한 많은 인재들을 등용하게 되었다. 《삼국지》〈촉지蜀志〉에 의하면, 제갈량과 그 아들부터 시작하여 69명에 달했으며, 그중에서 38명은 제갈량에 의해 등용되거나 승진한 사람들이라고 한다. 이 밖에도 배송지襄松之의 《삼국지》 주석과 《화양국지華陽國地》 등의 문헌에는 제갈량에 의해 승진했거나 임용된 사람이 25명이라고 한다. 이렇게 본다면 총 63명이 되는 셈이니, 그야말로 한 폭의 '군영도群英圖'라고 할 수 있다. 여기서 우리는 지역과 집단의 한계를 타파하고 오직 재능에 따라 인재를 등용한 제갈량의 인재관을 엿볼 수 있다.

양홍楊洪은 원래 촉 땅 유장劉璋의 부하였다. 제갈량은 그가 매우 유능한 사람이라는 걸 알고 촉군의 태수로 임명했다. 강유姜維는 외부에서 귀순한 자였지만, 그의 능력을 높이 산 제갈량에 의해 중용되었다.

제갈량은 인재들의 장점을 살리는 것을 중시했다. 가령 양의楊儀와 위연魏延은 각각 문무에 뛰어났지만, 양의는 배포가 작고 위연은 자만해서 서로 사이가 좋지 않았다. 그러나 제갈량은 그들을 탓하지 않고 알맞은 일을 맡겼다.

제갈량은 또 재능과 덕을 겸비해야 한다는 등용의 원칙을 갖고 있어서 그가 중용한 사람은 대체로 품행이 단정한 이들이었다. 그렇지 않을 경우 제갈량은 오히려 품행 쪽을 더 중시했다. 사람들은 제갈량이 때때로 재능만을 믿고 자만하는 사람을 멀리한다고 했는데, 이는 제갈량이 질투해서가 아니라 임금에게 충성하고 나라의 이익을 도모하는 데 그들을 믿을 수 없었기 때문이다. 유비의 아들 유선은 너무나 우매한 임금이었다. 제갈량은 자신이 죽은 후에 유선이 나라를 제대로 다스리지 못할까봐 걱정되어 품행이 단정한 사람만 등용하는 책략을 썼던 것이다.

총체적으로 볼 때 제갈량의 독특한 인재 등용의 원칙 때문에 촉한은 비교적 오랜 세월 안정된 국면을 유지할 수 있었다. 제갈량이 죽은 후에는 그가 중용한 장완蔣琬, 비위費褘 등이 조정의 업무를 관장하여 촉한은 원래 모습을 오랫동안 지켜갈 수 있었다.

【 맹획을 일곱 번 사로잡다 】

제갈량은 '융중대'에서 소수민족과의 관계를 반드시 잘 이어갈 것을 암시했다. 맹획孟獲을 일곱 번 사로잡는 유명한 일화는 바로 그러한 책략을 실천한 것이다.

225년, 제갈량은 남쪽으로 진군하여 여러 차례 승리를 거두었다. 그 과정에서 남중南中에 있던 소수민족의 두령 맹획을 생포했다. 그러나 제갈량은 맹획이 남중의 소수민족들이 모두 우러러보는 두령이었기 때문에 그를 석방시키고 다시 싸우도록 했다. 이렇게 일곱 번을 반복하자 맹획은 결국 제갈량의 성의와 능력에 탄복해 스스로 귀순을 청했다. 말하자면 제

일곱 번 생포하고 일곱 번 풀어주어 맹획의 마음을 사로잡다.

갈량은 무력이 아닌 마음으로 소수민족을 귀순시킨 것이다.

기록에 의하면, 제갈량은 남중을 평정한 후에도 소수민족의 생산을 돕고 풍속과 관습을 존중했다. 윈난성 더훙德宏 지역에는 제갈량이 보낸 소로 경작을 했다는 전설이 지금까지 전해진다. 윈난성 바오산현保山縣 남쪽으로 4킬로미터쯤 되는 곳에 '제갈언諸葛堰'이라는 세 곳의 관개시설이 있는데, 이것 역시 당시 제갈량의 명령으로 건축한 것이라고 한다.

한편 제갈량은 현지 소수민족의 우두머리를 지방관으로 임명할 뿐, 촉한의 군대를 주둔시키지는 않았다. 그 목적은 한족과 소수민족 간의 상호 신뢰를 구축하여 화목하게 지내기 위함이었다. 그래서 이 지역의 소수민족은 오늘날까지도 제갈량에게 깊이 감사하는 마음을 갖고 있다.

제갈량이 맹획을 사로잡은 곳에 세운 기념비

【 가정교육의 전범 】

제갈량은 촉한을 세운 대신하로서 유비의 두터운 신임을 받았다. 하지만 그는 결코 손안에 쥔 권력으로 개인적인 이익을 도모하지 않았다. 그는 생전에 유비의 아들 유선에게 이러한 글을 올린 적이 있다.

청두成都에 뽕나무 800그루가 있고 전답 15경頃이 있는데, 자식과 아우들이 생계를 해결하는 데는 충분하다고 생각합니다. 외지에 부임했을 때도 모든 의

난양南陽에 있는
제갈량의 초가

식 문제를 관청에서 해결해주었기 때문에 별도의 준비가 필요 없었습니다. 신은 죽을 때까지 집 안에 비단을 쌓아놓거나 밖으로 재물을 긁어모음으로써 폐하를 저버리는 일은 하지 않겠습니다.

제갈량은 자신의 말대로 평생 동안 담백하고 청정하게 생활했고, 또 자녀들에게도 그렇게 살라고 가르쳤다. 제갈량에게 아직 자식이 없었을 때, 그의 형 제갈근諸葛瑾이 자신의 차남 제갈교諸葛喬를 양아들로 보내 장자로 삼게 하였다. 제갈량은 정벌을 나갈 때마다 제갈교를 데려가 다른 장수의 아들과 함께 군수물자를 운반하는 등의 일을 맡겨 자식을 단련시켰다.

그는 자식에게 "뜻은 응당 높고 먼 곳에 두어야 한다"고 가르쳤으며, 또 선배들을 배우고 의지와 지

서진西쯤 말엽에 세워진 난양의 무후사武侯祠

조를 굳게 지켜야 한다고 강조했다. 제갈량의 적자嫡子인 제갈첨諸葛瞻은 소년 시절부터 두뇌가 명석했는데, 제갈량은 아들을 엄격하게 가르쳤다. 그는 아들에게 "배우지 않고는 훌륭한 재능을 갖출 수 없으며, 의지가 없 이는 배움을 성취하지 못한다"고 늘 말했다.

견실한 가정교육으로 인해 제갈량의 아들들은 모두 나름대로 한몫을 담당하는 기둥으로 성장했다. 제갈교는 친형인 제갈각諸葛恪에 비해 재능 은 미치지 못했지만 품행이나 학문은 형을 능가했다. 제갈첨은 서예와 회 화에 능한 데다 매우 청렴했는데, 후에 촉나라가 외부의 공격을 받았을 때 아들 제갈상諸葛尙을 데리고 출전했다가 전사했다.

【 지혜의 화신 】

제갈량에 대해 민정民政을 관리하는 데는 능했지만 작전과 책략에는 약 했고, 군사를 훈련시키는 데는 강했지만 기병으로 적을 기습해서 승리하 는 데는 약했다고 한다. 하지만 실제로 매우 담대하고 탁월한 지략을 구 사했기 때문에 제갈량은 지혜의 상징으로 널리 통한다. 오늘날 중국인들 이 잘 알고 있는 경극 〈공성계空城計〉는 바로 그 점을 대변하는 하나의 사 례이다. 〈공성계〉의 이야기는 이러하다.

제갈량이 북쪽을 정벌하기 위해 양평陽平(지금의 산시성陝西省 닝창현寧強縣 서북쪽)에 갔을 때, 위연의 주력부대는 멀리 앞서가고 제갈량은 단지 1만 여 명의 병력만 거느린 채 양평성에 주둔해 있었다. 이때 위나라의 대장 사마의司馬懿가 20만 대군을 거느리고 길을 우회해서 곧장 양평성으로 쳐 들어왔다. 제갈량은 앞으로 위연의 부대를 따라갈 수도 없고 뒤로 후퇴하

경극 〈공성계〉의 한 장면

고 싶어도 이미 때가 늦어서 진퇴양난에 빠졌다. 하지만 그는 전혀 내색하지 않은 채 깃발을 내리고 북을 철수한 뒤 성문 밖에 누구도 나가지 못하게 단속하고 성문을 활짝 열도록 했다. 그리고 몇 명의 군사만 내보내서 길거리를 천천히 쓸도록 명했다. 그 모습을 본 사마의는 평소 제갈량의 신중함에 비추어볼 때 분명히 성에 복병이 있다고 판단했다. 그리하여 감히 성에 쳐들어가지 못하고 황급히 철수했다.

민간에 전해지는 제갈량에 관한 이야기는 이뿐만이 아니다. 그의 일화에서 비롯된 '삼고초려'와 같은 고사성어도 적지 않다.

제갈량은 과학적 지식도 풍부하게 갖추었으니, 가령 《삼국연의》에 나오는 "허수아비를 실은 배로 화살을 빌리다", "동풍을 빌리다" 등등의 이야기는 기상학에 관한 그의 탁월한 지식을 보여주는 대목이다. 그는 목재를 운반하는 수레인 목우와 유마를 발명했고, 군사를 조련하고 전투에 사용하는 팔진도八陣圖를 창안했는데, 위나라의 장수 사마의도 그것을 보고 제갈량을 "천하의 기재奇才"라며 탄복해 마지않았다고 한다.

結 제갈량은 뛰어난 능력과 안목으로 크나큰 업적을 세운 정치가이다. 그는 뜨거운 충정, 탁월한 지혜, 근면한 품성을 갖춘 인물로 세상을 떠난 이후에도 서남쪽의 여러 민족들이 그를 기리고 있다.

263년, 촉나라는 면양沔陽(지금의 산시성陝西省 몐현勉縣)에 있는 제갈량의 묘지 근처에 묘당을 건축했는데, 이것이 최초의 무후묘武侯廟이다. 304년에 청두의 소성少城에 세워진 공명묘孔明廟는 동진東晉의 전란 때 소성이 폐허가 되었을 때에도 온전히 보존되었다.

훗날 봉건 통치자들이 청두의 남쪽 교외에 다시 건립한 무후사는 당·송대부터 명승지가 되어 두보, 유우석劉禹錫, 이상은李商隱, 육유 등 많은 문인들이 거쳐갔다. 당나라 때 세워진 '촉승상제갈무후사당비蜀丞相諸葛武侯祠堂碑'는 당나라의 유명한 정치인 배도裵度의 작품으로, 글씨는 유공권柳公權의 형인 유공작柳公綽의 친필이다. 이 비문에서 배도는 제갈량에 대해 "나라를 세울 수 있는 능력"을 갖추고 "사람을 다스리는 법"에 능한 사람이라고 격찬했으며, 그를 역사상 유명한 대신인 강태공姜太公, 이윤伊尹, 관중, 소하蕭何 등과 비교했다.

청대에 이르러서도 조번趙藩이 시를 지어서 제갈량을 칭송했고, 청두 이외에 바이디청白帝城, 난양南陽, 샹양襄陽 등지에도 그를 기리는 무후사를 세웠다.

【 도연명 】

●도연명陶淵明의 초상

도연명이 살았던 동진 말년에는 내전이 한창이었고, 백성도 부패한 조정을 불신하며 힘겹게 살아가고 있었다. 그런 시대 상황에서 도연명은 천하를 구제하겠다는 희망을 갖고 지사志士의 뜨거운 열정으로 자신을 불태웠다.

도연명陶淵明(365~427)은 자가 원량元亮이었는데, 나중에 이름은 잠潛으로, 자는 연명淵明으로 고쳤다. 그는 심양군潯陽郡 시상현柴桑縣(지금의 장시성 주장시九江市 서남쪽) 사람으로서 진晉나라 말엽에서 송나라 초기까지 살았다.

젊었을 때 살던 집 옆에 다섯 그루의 버드나무가 있어서 스스로 호를 '오류五柳 선생'이라고 한 적이 있다. 41세 때 팽택彭澤 현령을 지낸 것을 계기로 사람들은 그를 '도팽택' 혹은 '도령陶令'이라고도 불렀다. 도연명이 세상을 떠난 후에는 친구들이 '정절靖節 선생'이란 시호諡號를 지어주었다.

도연명은 유학의 경전을 통달한 학자 주속지周續之와 유가, 불가, 도가 등에 두루 박식한 유유민劉遺民과 더불어 '심양삼은潯陽三隱'으로 불렸다. 남조 사람 종영은 도연명을 가리켜 "고금에 걸쳐서 은둔시인의 시조"라 했다. 도연명의 전원시田園詩는 중국 시의 역사에서 독창적인 유파로 후세에 널리 전해졌다.

현대의 유명한 문학가이자 사상가인 루쉰은 도연명을 가리켜 "중국의

잘 익은 술을 머릿수건으로 거르는 도연명. 도연명은 은거생활을 할 때 스스로 술을 빚어 마셨다.

가장 유명한 대은大隱"이자 위대한 "전원시인"이라고 했다. 도연명은 평생 시가詩歌 126수를 비롯하여 12편의 사부辭賦와 운문 및 산문을 남겼다.

【 웅대한 뜻이 사해에 널리 알려지다 】

도연명의 증조부는 동진의 개국 원로인 도간陶侃으로, 8주州의 군사 업무를 총괄하는 도독에 이르러서 장사군공長沙郡公에 봉해졌으며, 나중에는 대사마大司馬로 추증되었다. 도간은 혁혁한 공을 세웠을 뿐 아니라 정직하고 부지런하여 높은 품격과 기백을 가진 사람으로 알려졌다. 한편 도연명의 조부인 도무陶茂는 무창武昌 태수를 지냈다. 부친 도일陶逸은 안성安城 태수를 지낸 적이 있지만, 나중에 집에서 한가로이 지내면서 관직을 얻어도 기뻐하지 않고 관직을 잃어도 불평하지 않았다.

도연명의 외조부 맹가孟嘉는 오랫동안 정서征西 대장군 환온桓溫의 막료로 있으면서 크게 중용되었고, 특히 문장에 아주 능한 명사로 소문이 자자했다.

그러나 도연명이 태어날 무렵에는 집안 형편이 쇠락했다. 부친이 일찍 사망해서 어릴 때부터 가난하게 살았지만, 도연명은 훌륭한 가정교육을

장시성江西省 주장시
九江市 사사沙下에 있
는 도연명 기념관

받았다. 그는 《노자》와 《장자》를 배우고, 유가의 6경과 다른 역사서도 많이 읽었다. 친가와 외가에서 가장 큰일을 했던 도간과 맹가를 무척 좋아했기 때문에 그들의 영향을 많이 받았다. 어릴 때부터 배운 유가 사상을 통해 원대한 이상과 포부를 가질 수 있었으며, 큰일을 이루려는 갈망으로 충만했다.

도연명이 살았던 동진 말년에는 내전이 한창이었고, 백성들도 부패한 조정을 불신하며 힘겹게 살아가고 있었다. 그런 시대 상황에서 도연명은 천하를 구제하겠다는 희망을 갖고 지사志士의 뜨거운 열정으로 자신을 불태웠다. 다음 두 편의 시는 도연명이 젊은 시절에 품었던 뜻을 그대로 담고 있다.

내 젊은 시절을 돌아보건대
즐거운 일도 없는데 스스로 기꺼워했으니,
웅대한 뜻은 사해四海에 넘치고
깃을 쳐들고 멀리 날 것을 생각했노라.

내 젊은 시절 뜻도 장하고 포부도 커서

검을 차고서 홀로 먼 길을 돌아다녔네.

장액張掖에서 유주幽州까지 다녔거늘

누가 가까운 곳만 다녔다고 하는가?

수양산의 고사리로 굶주림을 채우고

역수易水의 물로 갈증을 풀었노라.

【 전원으로 돌아가리라 】

도연명은 큰 뜻을 품고 천하를 구제하려 했지만, 당시 동진의 정부는 부패했을 뿐 아니라 문벌을 중시했기 때문에 어려움을 겪을 수밖에 없었다. 심지어 도간과 같은 건국공신조차 "빈한한" 선비 출신이란 이유로 귀족 관료들에게 "개울가의 개", "소인"이라며 욕을 먹는 상황이었다. 도연명은 성품이 정직하고 강인한 데다 직설적이었기 때문에 하급 관리로서

〈귀거래혜도歸去來兮圖〉

여러 가지 제약과 타격을 받았
고, 따라서 관직생활에도 어려움
이 따랐다.

393년, 29세의 도연명은 처음
으로 관직생활을 하게 되는데,
강주江州의 좨주祭酒가 그것이다.
그러나 "관리의 직분을 감당하지
못하고" 불과 며칠 만에 스스로
사직한 뒤 집으로 돌아가고 말았
다. 나중에 주州에서 다시 주부主
簿로 초청했지만, 단호히 거절하
고 집에서 6~7년간 한가롭게 지
냈다.

도연명 기념관에 있는 귀래정歸來亭

400년에는 강릉江陵으로 가서
형주자사荊州刺史 환현桓玄의 막료가 되는 것으로 두 번째 관직생활을 시
작했다. 환현은 동진의 대군벌인 환온桓溫의 작은아들로서, 당시 창장강
의 중·상류를 통제하면서 기회를 틈타 황제의 자리를 빼앗을 궁리를 하
고 있었다. 도연명은 이번 벼슬길에서도 크게 실망하고 후회를 하다가 이
듬해 겨울 어머니의 상을 핑계로 사직했다. 나중에 다시 동진을 위해 일
하던 유유劉裕의 수하에 들어갔으나 역시 실망을 금치 못했다.

405년에는 가족의 생계와 은거생활에 필요한 돈을 마련하기 위하여 마
지막으로 집에서 100여 리 떨어진 팽택의 현령으로 부임했다. 하지만 80
여 일 만에 다시 사직하고 집으로 돌아갔는데, 거기에는 다음과 같은 사
연이 있다.

"저자에 초가집 짓고 살아도 수레 소리 말 소리 들리지 않는다네."

당시 독우督郵가 고을의 성城으로 시찰을 오게 되었다. 독우는 군郡의 일급 관리로 태수를 대신하여 현이나 향鄕을 시찰하는 책임을 맡은 관직이다. 독우가 팽택현에 왔을 때 고을의 아전들이 도연명에게 "관복을 차려입고" 공손하게 마중을 해야 한다고 말했다. 그러나 고고한 도연명은 당연히 반발하면서 이렇게 말했다.

"나는 다섯 말의 쌀을 위해 고을의 소인에게 허리를 굽힐 수 없소."

그리고 그날로 관복을 바치고 돌아가서 은거생활을 시작했다. 비록 이번 벼슬길도 결실을 맺지 못했지만, "다섯 말의 쌀을 위해 허리를 굽힐 수 없다"는 말은 봉건사회의 정치, 문화에 큰 파문을 일으켰다. 이는 위대한 시인으로서 자신의 존엄을 체득한 것이니, 도연명이 쓴 유명한 〈귀거래사歸去來辭〉에는 전원으로 돌아가려는 그의 의지가 담겨 있다.

부귀는 내가 원하는 바가 아니며, 신선의 경지도 미칠 수 있는 것이 아니다. 다만 날씨가 좋으면 홀로 거닐기도 하고 혹은 지팡이 꽂아두고 김을 매고 흙을 북돋우리라. 또 높은 언덕에 올라 길게 휘파람이나 불고, 맑은 시냇가에 이르면 시나 읊으면서 뜻을 노래하리라.

【 몸소 밭을 갈며 전원생활을 하다 】

도연명은 몸소 밭을 갈며 노동을 한 전원시인이다. 따라서 그의 시에는 전원생활의 짙은 분위기와 노동의 힘든 체험이 녹아 있다.

408년, 44세가 된 도연명은 그해 6월에 화재를 당해서 집과 재산을 일거에 날려버렸다. 거처할 곳이 없어진 그의 가족은 문 앞에 있던 한 척의 배에서 잠시 지내기도 했다. 410년에는 도연명의 고향 일대가 농민 반란군과 관군의 교전으로 전쟁터가 되어버렸다. 6개월여에 걸친 전쟁으로 곳곳이 폐허로 변했고, 도연명도 자신의 건강상태가 더 이상 풍파를 감당하지 못하리라는 것을 깨달았다. 하지만 그는 노동의 즐거움을 시에 담는 일을 멈추지 않았다. 그는 은거생활을 하면서 쓴 〈음주飮酒〉에서 이렇게 표현했다.

저자에 초가집 짓고 살아도
수레 소리 말 소리 들리지 않는다네.
그것이 어떻게 가능한가?
마음이 멀어지니 사는 곳도 절로 궁벽해지네.
동쪽 울타리 아래서 국화를 꺾어
아득히 멀리 남산을 바라보니
산속의 석양이 아름답기도 한데,

날아다니던 새들은 짝과 함께 돌아오누나.

이 가운데 참된 뜻이 담겼거늘,

그걸 밝혀내고 싶어도 이미 말을 잊었네.

　전원생활을 묘사한 이 시에는 유유자적하면서 한가롭게 지내는 그의 심경이 그대로 드러나 있다. 시인은 세속을 벗어난 호젓한 생활을 통해 자신만의 세계를 세속 밖에다 홀로 세워놓았다.

【 도화원 】

　사람들은 도연명의 이름만 들어도 즉시 '도화원桃花源'에 관한 이야기를 떠올린다. 이 이야기는 바로 도연명의 유명한 시문 〈도화원기병시桃花源記幷詩〉와 관련이 있다.

　도화원은 "땅이 고르고 넓으며, 가옥들이 정연하게 있는 곳"이다. 그곳

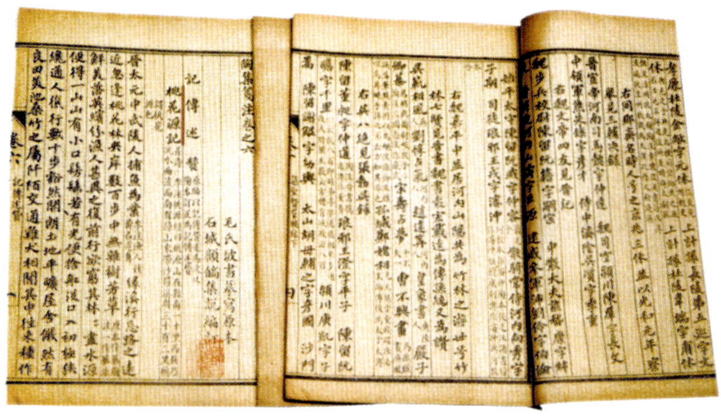

도연명의 명편 〈도화원기桃花源記〉

에 사는 사람들은 진秦나라 때 피난해 들어간 이후로는 "한漢나라를 모르고 위진魏晉을 논하지 않고서" 살 수 있었다. 그곳에는 국가와 임금과 신하는 물론 세금과 부역도 없어서 공동의 노동으로 단순하고도 소박한 생활을 하고 있다.

이 글의 마지막 부분은 "솔솔 부는 바람 따라서 나의 뜻에 맞는 조용한 곳을 찾아 떠나리라"는 흥미로운 내용인데, 가벼운 바람을 따라 높이 날아올라서 자기와 뜻 맞는 사람들이 살고 있는 도화원을 찾아가려는 염원이 담겨 있다. 이는 시원始原의 참됨으로 회귀하려는 시인의 갈망이다.

도연명의 〈도화원기병시〉는 후세 사람들의 창작의 영감을 자극했다. 당나라의 시인 왕유王維는 〈도원행桃源行〉을, 한유韓愈는 〈도원도桃源圖〉를, 북송의 시인이자 정치가였던 왕안석王安石은 〈도원행桃源行〉을 지었다. 북송의 시인 왕우王禹가 편찬한 《녹해인서錄海人書》에서는 어민들이 바다에서 겪은 기이한 만남을 기록했고, 남송 때 강여지康與之의 《작몽록昨夢錄》에는 양씨 형제의 기이한 인연에 관한 이야기가 담겨 있는데, 이러한 글에는 도화원에서 비롯된 환상의 흔적이 그대로 남아 있다.

【 호화로움이 끝나면 참된 순박함이 드러난다 】

한마디의 천연스러움이 만고에 새롭고,
호화로움이 끝나면 참된 순박함이 드러난다.

이는 원호문元好問의 〈논시論詩〉에 나오는, 도연명의 시를 찬미하는 구절이다. 도연명의 시는 마치 친한 벗들과 집안 이야기를 하는 것처럼 쉽

명대의 진홍수가 그린 도연명의 〈취주도醉酒圖〉

게 이해할 수 있다. 고사성어와 같은 함축된 내용이 적기 때문에 일부러 해석할 필요가 없을 정도로 자연스럽게 감정을 토로하고 있는 것이 대부분이다. 청나라의 심덕잠沈德潛은 "도연명의 시는 호탕하지만, 그 가운데 깊이를 헤아릴 수 없다"고 평했다.

도연명의 시는 색채가 담백하고 거의 매 편마다 '푸른 소나무', '흰 구름', '누런 머리칼' 등의 단어를 만날 수 있다. 또한 수많은 명구들이 있는데, 예를 들면 "서로 만나도 잡담은 없이 뽕나무와 삼베 이야기만 길게 하노라"라든지, "아침에 나가 황무지를 개간하다가 밤에 호미를 메고 돌아오노라" 등은 아무런 수식도 없고 형용사도 없는 묘사이다. 뽕나무, 삼베, 닭, 개 등과 같은 농촌의 평범한 경관은 도연명의 시 이전에는 절대로 만날 수 없었던 것이다. 따라서 사람들은 도연명의 시를 읽으면서 흥미를 갖지 않을 수 없었다.

도연명은 비록 은거생활을 했어도 세상일을 완전히 잊어버린 것은 아니었다. 그는 뜨거운 열정을 지니고 있었는데, 이 점에 대하여 청대의 시인 공자진龔自珍은 이렇게 평한 바 있다.

"도잠은 마치 와룡臥龍의 호걸과 흡사하니, 만고의 심양潯陽에서 자란 소나무나 국화처럼 고매하다. 따라서 시인이 끝내 평범하고 담백하다고

만 믿지 말지니, 두 푼의 〈양보음梁甫吟〉("복숭아 두 개가 세 장사를 죽이다"는 옛날 제나라 때의 이야기를 소재로 한 고체시 : 옮긴이)에 한 푼의 〈이소離騷〉도 함께했다."

송나라의 철학자 주희朱熹는 도연명의 시를 이렇게 평했다.

"도연명의 시에 대해 사람들은 평범하고 담백하다고 한다. 하지만 내가 보건대, 그는 스스로 호방하면서도 호방한 것을 깨닫지 못할 뿐이다. 그의 진면목을 보인 작품이 바로 〈영형가詠荊軻〉이다. 그가 평범하고 담백했다면 어떻게 그런 언어를 구사할 수 있겠는가."

"언어는 강건하지만 뜻은 한가로우니… 어떤 뜻이 없다면 그러한 글을 써낼 수 없다."

담사동譚嗣同은 심지어 도연명을 이렇게 평했다.

"비분강개한 노래를 부른 선비이지, 결코 세상에 대한 미련을 버린 자가 아니다."

장시성 주장에 있는
도연명의 묘

　도연명이 만년에 쓴 시 〈독산해경讀山海經〉 13수가 좋은 증거이다. 이 시에서 도연명은 정위精衛와 형천刑天이란 두 정령精靈이 운명에 굴복하지 않고 폭력에 맞서서 복수하는 광경을 노래했다. 또한 사람들은 대대로 태양을 쫓는 과보夸父를 비웃었지만, 도연명은 그들과 달리 태양과 견주어 보려는 그의 대담함을 높이 평가했다. 이러한 내용은 앞에서 그를 평가한 사람들의 견해가 결코 틀리지 않았음을 증명하고 있다.

도연명은 중국의 시인 중에서도 아주 숭고하다는 평가를 받고 있다. 그의 시는 당나라 때 폭넓은 애호가를 확보하기 시작해, 이백·고적高適·안진경顏眞卿·백거이 등은 인품과 절개를, 맹호연孟浩然·왕유·위응물韋應物·유종원柳宗元 등은 기풍과 시의 제재를 본받았다. 백거이도 도연명의 시를 본받았으니, 〈효도잠체시效陶潛體詩〉 16수가 바로 그 증거이다.

북송 이후 도연명의 문학적 지위는 더욱 높아져, 대문호 소식蘇軾은 그의 시풍을 본받은 작품을 무려 100여 수나 지었다. 남송 때에도 주희, 육구연陸九淵 등이 도연명의 작품을 높이 평가했다. 원·명·청대에 이르러서는 도연명의 시에 주석을 달고 그의 시를 평가하는 붐이 일어났다.

도연명의 작품은 외국의 문인들에게도 큰 영향을 미쳤다. 20세기 초 동양과 서양의 광범위하고 활발한 교류 이후 톨스토이, 로망 롤랑과 같은 세계적인 문호들이 도연명의 시를 특히 사랑했다. 중국에서는 5·4운동 이래로 도연명의 작품을 평하는 학자들이 많이 등장했는데, 량치차오梁啓超, 루쉰, 주쯔칭朱自淸, 천인커陳寅恪, 주광첸朱光潛 등이 대표적이다.

또한 장시성의 주장에서는 도연명 기념관을 건립하고 그의 동상을 세웠으며, 주장시의 사허沙河 거리에 도정절사陶靖節祠를 짓고 마후이링馬回嶺에 도연명의 묘지를 조성했다. 이런 사실들은 도연명에 대한 후세 사람들의 무한한 존경심을 말해주고 있다.

【 육조의 고승 】

●난징南京에 있는 남조 양梁나라 치샤栖霞의 사리탑
　마귀를 정복하는 모습을 조각했다.

육조시대 고승들의 불경 번역은 불교가 동쪽으로 전파되는 데 중
요한 역할을 했다. 지겸과 강승회는 삼국시대 오나라의 가장 유명
한 경전 번역가로서 불교가 강남으로 전해지는 데 크게 기여했다.

불교는 고대 인도에서 유행한 종교이다. 불교가 어느 시대에 중국에 전해졌는지는 아직도 통일된 견해가 없다.

장건張騫이 서역 정벌에 나섰을 때 대하大夏를 지나면서 비로소 불교가 전해졌다는 설이 있는데, 이 이야기는 《위서》〈석로지釋老志〉에 자세히 기록되어 있다. 이 밖에 비교적 신뢰할 수 있는 기록으로는 《삼국지》 제30권에 나오는 배송지의 주석이 붙은 〈위략魏略·서융전西戎傳〉인데, 이러한 내용이 기록되어 있다.

"한나라 애제哀帝 원수元壽 원년(기원전 2) 박사의 제자 경로景盧가 대월지大月氏 왕의 사신인 이존伊存에게서 《부도경浮屠經》을 구두로 전수받았다."

후한시대에 이르러 불교는 점차 중원으로 전파되었다. 당시 사람들은 부처를 황로黃老와 동등한 신으로 모시면서 황로와 부처에게 제사를 지내고 숭배의 대상으로 삼았다. "한나라와 위나라에서는 불법이 미약했지만, 진晉나라에 이르러서는 번성하게 되었다"고 하듯이, 동진시대에 와서 불교는 더욱 발전했다.

　육조시대는 한나라를 계승하고 당나라가 시작되는 전환기로서 중국 역사상 경제와 문화의 중심이 남쪽으로 이전되어가던 시기다. 수나라와 당나라의 번영은 전한과 후한을 훨씬 능가했는데, 육조가 창장강 유역을 개발한 것이 중요한 원인 중 하나였다. 수나라와 당나라의 경제는 전한과 후한보다 훨씬 높은 수준에 도달하여 문화면에서도 더 높은 단계에 이르렀다.

　경제 및 문화의 발전과 맞물려서 불교학 방면에서도 상당한 수준을 갖춘 승려들이 나타났다. 그들은 서역에 가서 각종 경전을 구해오는 한편, 그것들을 번역하고 참뜻을 연구하는 등 활발한 활동으로 불교 정착에 크게 공헌했다.

　육조시대의 고승 가운데 유명한 이로는 동오東吳의 지겸支謙과 강승회康僧會, 동진東晉의 축도잠竺道潛 · 지도림支道林 · 혜원慧遠 · 법현法顯 그리고 유송劉宋의 축도생竺道生, 제齊의 현창玄暢 · 승유僧柔 · 법도法度 · 승우僧祐, 양梁의 법운法雲 · 승민僧旻 · 혜교慧皎 등이 있다.

【 불경을 번역하다 】

　육조시대 고승들의 불경 번역은 불교가 동쪽으로 전파되는 데 중요한 역할을 했다. 삼국시대 오나라의 가장 유명한 경전 번역가인 지겸과 강승회는 불교가 강남으로 전해지는 데 크게 기여했다.

　지겸의 조상은 원래 대월지 사람이었으나 그의 조부인 법도法度가 한나라 영제 때 수백 명을 거느리고 귀화했다. 지겸은 중국에서 태어나 10세에 공부를 시작하고 13세에 주변 다른 민족의 글을 배워서 "6개국의 언어를 통달했다"고 한다. 그는 일찍이 뤄양에서 지참支讖의 제자 지량支亮을 스승으로 모시다가 한나라 말엽에는 전란을 피하여 남쪽 오나라로 갔다. 그 후 오나라의 회계왕會稽王 손량孫亮이 집권한 건흥建興 연간까지 불경을 번역하는 일에 종사했다. 지겸이 번역한 글은 간결하고 유창하며 대승과 소승의 경전을 두루 섭렵하고 있다. 주요 번역서로 《유마힐경維摩詰經》, 《대명도무극경大明度無極經》, 《태자서응본기경太子瑞應本起經》 등이 있다.

강승회는 조상이 강거康居 사람으로 대대로 천축에서 살다가 부친 때에 이르러 장사를 하기 위해 교지交趾로 이사했다. 그는 10세 때 부모를 여의고 출가해서 승려가 됐다. 적오赤烏 10년(247), 건업建業에 정착하면서 불경의 번역에 몰두했는데, 그가 번역한 불경 가운데《육도집경六度集經》,《문사전아文辭典雅》,《오품경吳品經》등이 지금까지 전해지고 있다. 강승회는 또《안반수의경安般守意經》,《법경경法鏡經》,《도수경道樹經》에 주석을 달고 서문을 썼다. 그는 서문에서 노자와 장자의 사상을 빌려 불교의 이치를 설명함으로써 불교의 현학화玄學化를 시작했다. 강승회는 또 인도의 그림을 오나라에 가져왔는데, 오나라의 화가 조불흥曹不興이 그린 불상은 모두 강승회가 가져온 그림들을 참조한 것이다.

《유마경주》

축도잠은《대품大品》과 같은 경서들을 깊이 연구했고, 반야般若학파의 본무종本無宗에 속했다. 지둔支遁은 반야학파의 즉색종卽色宗에 속했다. 이들을 통해 불교는 강남에서 점차 현학玄學을 대체하는 이론을 준비했다.

석혜원釋慧遠은 너그럽고 개방적인 사람이어서 여러 파벌의 불교학을 흡수할 것을 제창했다. 특히 그는 경서의 번역사업을 중시하여 100만여 자에 달하는 불경을 번역하는 업적을 남겼다.

축도생은 돈오성불頓悟成佛, 즉 "단박에 깨달아서 부처가 된다"는 사상을 주장했는데, 남조시대는 전반적으로 그의 사상에 영향을 받았다. 뿐만 아니라 그의 사상은 훗날 당나라의 고승 혜능慧能이 완성한 선종禪宗 사상의 연원이 되기도 했다.

【 서쪽으로 가서 법을 구하다 】

한나라 때 불교가 유입된 뒤로 동진시대에 이르자 중원의 승려들에게 서역에 가서 불법을 구하는 풍조는 하나의 유행이 되었다. 그들은 주로 서역에 가서 경전을 수집하고 천축의 고승들을 스승으로 삼았으며, 성지를 순례하는 등의 활동도 병행했다.

법현은 육조시대의 승려 중에서 서역으로 경전을 구하러 갔던 가장 대표적인 승려이다. 법현은 성이 공龔씨로서 평양현平陽縣 무양武陽(지금의 산시성山西省 친현沁縣 동남쪽) 사람이다. 그는 3세 때 사미가 되었고 20세 때 계를 받았다. 그는 늘 경전의 부족함을 한탄하면서 반드시 경전과 논서를 두루 구하겠다고 다짐했다.

동진 융안隆安 3년(399)에 법현은 혜경慧景, 도정道整, 혜응慧應, 혜외慧嵬 등과 함께 장안을 출발하여 사하沙河(지금의 둔황 서쪽에서 신장新疆의 뤄부포羅布泊호 부근까지의 사막지대. 당나라 이전에는 사하라고 불렀음)를 건넜다. 《법현전法顯傳》에는 이러한 기록이 있다.

사하에는 악귀와 같은 뜨거운 바람이 자주 불었는데, 일단 마주치기만 하면 결코 살아날 수 없었다. 하늘을 나는 새도 없고 땅 위를 다니는 짐승도 전혀 없으니, 눈길 닿는 곳 어디에도 숙박할 곳이나 의지할 곳이 보이지 않았다.

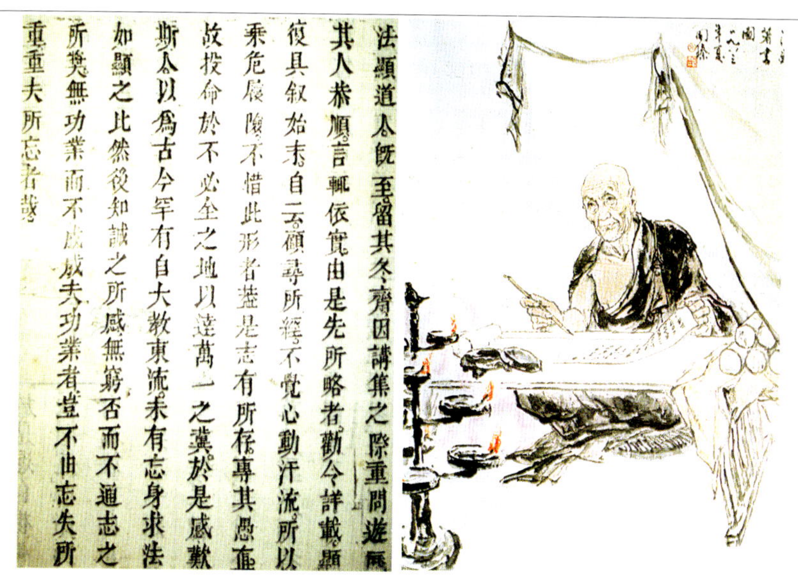

법현法顯의《불국기佛國記》와 책을 집필하는 법현의 모습

법현 일행은 사하를 건너고 험난한 산길을 지나서 천 길 절벽이 있는 총령葱嶺에 이르렀으며, 그 후 설산을 지나는 과정에서 혜경을 잃었다. 법현은 인도에 도착한 후 범어梵語와 범서梵書를 열심히 배우면서 "스승에서 스승으로 구전하여 기록된 책자가 없는" 계율들을 암기하는 데 특별히 노력을 기울였다. 훗날 그는 사자국師子國(지금의 스리랑카)에도 다녀왔다.

이 여행을 떠난 사람은 모두 열한 명이었으나 법현 한 사람만 성공했고 나머지는 중도에 포기했거나 죽었다. 그는《마하승기율摩訶僧祇律》,《살바다율초薩婆多律抄》,《장아함경長阿含經》등 다량의 불교 서적을 갖고 돌아왔으며, 귀국한 후에는 건강建康의 도량사道場寺에서 불타발타라佛馱跋陀羅와 함께 경서를 번역했다. 뿐만 아니라《불국기佛國記》(본래 명칭은《역유천축기전歷遊天竺記傳》)를 집필하여 고대 중앙아시아, 인도, 인도네시아 등 여러 나라의 역사, 지리, 풍토 등을 소개했다. 이 책은 중요한 사료적 가치 때문에 영어, 프랑스어, 일본어 등으로 번역되었다.

【 방외지사 축도잠 】

축도잠은 서진 말년에 난리를 피해서 강을 건넜고, 동진 건립 후에는 진晉나라 원제元帝, 명제明帝, 승상 왕도王導, 태위 경량庚亮 등에게서 높은 평가를 받았다. 그래서 늘 궁전을 출입할 수 있었는데, 당시 사람들은 그를 '방외지사方外之士'라고 불렀다.

339년 이후, 축도잠은 섬현剡縣(지금의 장쑤성 전장시鎭江市) 동쪽으로 80킬로미터쯤 떨어진 곳에 있는 앙산岬山(앙산仰山 혹은 섬산剡山이라고도 함)에 은거했다. 《세설신어世說新語》〈덕행편德行篇〉에 의하면 "10여 명과 함께 노닐면서 고고하고 활달하게 살았다"고 한다.

그는 동진시대의 반야학파인 '육가칠종六家七宗' 가운데 '본무이종本無異宗'을 창시한 사람 중 하나이다. 당시 불교를 숭상하던 애제는 축도잠에게 불도를 강의하도록 했는데, 축도잠의 《대품》 설법은 왕과 신하들에게 큰 환영을 받았다.

간문제簡文帝 시기에는 축도잠을 더욱 높이 예우했으니, 《세설신어》에는 이러한 이야기가 기록되어 있다.

축도잠이 어느 날 사마욱司馬昱(나중에 간문제가 됨)의 거처에서 유윤劉尹을 만났다. 그때 유윤이 이렇게 비아냥거렸다.

"도인이 어찌하여 부호의 집에 드나드는 것이오?"

축도잠은 태연하게 대답했다.

"그대는 부호라고 보시지만 빈승에게는 가난한 집과 같습니다."

불교의 수행 원칙은 세간의 권력이나 부귀에 따라 변하지 않는다는 것

축도잠竺道潛의 설법은
군주와 신하들에게 큰 환영을 받았다.

으로서, 자신의 언행이 결코 모순되지 않는다는 말이었다.

축도잠이 앙산에 은거하고 있을 때 그를 존경해 마지않던 지둔은 고려高麗의 도인에게 보내는 편지에서 축도잠의 덕행을 찬양했다. 동진의 명사 손작孫綽은 축도잠을 '죽림칠현竹林七賢'의 한 사람인 유령劉伶과 견주면서 도량이 원대한 사람이라고 평했다.

축도잠은 동진에서 가장 영향력이 컸던 승려로서 축법우竺法友, 축법온竺法蘊, 강법식康法識, 축법제竺法濟 등 뛰어난 제자들을 다수 배출했다.

【 그림자가 산을 나서지 않은 혜원 】

혜원은 동진 후기 남쪽의 불교계에서 가장 영향력 있는 인물이었다. 그는 여산廬山 동림사東林寺에 머문 30년 동안 한 번도 산을 내려간 적이 없었는데, "매번 손님을 배웅하며 호계虎溪를 넘지 않았고", "그림자는 산을 나서지 않고, 종적은 속세에 들어가지 않는" 것으로 유명했다.

여산은 경치가 아름답고 물이 맑기로 이름났다. 그곳에 있는 동림사는 "향로봉香爐峰을 등지고 있으며, 옆에 폭포를 긴 골짜기가 있는" 절로 사방이 산으로 둘러싸이고 입구는 호계에 임해 있어서 산수의 아름다움이 극치를 이루었다.

혜원은 태원太元 6년(381)에 여산으로 들어가 태원 11년(386)에 동림사가 건립되자, 그곳에서 31년간 수도하며 불법을 널리 전했다. 제자들을 모아서 강의를 하기도 했는데, 《반야경》 외에 《법화경》, 《열반경》 등도 함께 전수했다. 《세설신어》에 의하면, 혜원은 제자 가운데 나태한 자가 있으면 이렇게 말했다고 한다.

"석양의 빛은 멀리 비출 수가 없다. 다만 아침에 솟아오르는 해처럼 찬란해서 시대를 밝히기를 바랄 뿐이다."

여산 동림사東林寺에 있는 혜원慧遠대사의 초상과 혜원법사의 비문

그는 또 가르침을 직접 실천하여 "그를 따르는 자 100여 명이 모두 단정하고 질서가 있었다".

혜원은 산을 내려가지 않았지만, 사회의 상층부와 시종일관 폭넓고 긴밀한 관계를 유지했다. 그는 어떤 정치적 사건에도 말려들지 않았으며, 명민한 정치적 두뇌와 기민한 처세술의 소유자였다. 이 때문에 변화가 극심했던 시대에도 불교를 온전히 보호할 수 있었다. 혜원은 중원에서 불교를 더욱 발전시키기 위해 해박한 지식과 경륜으로 다른 사상이나 가르침과의 관계를 개선하는 데 노력했다. 그의 〈사문불경왕자론沙門不敬王者論〉은 후세에 오랫동안 깊은 영향을 미쳤으며, 그가 세상을 떠난 후에도 유교와 불교의 융합을 주장하는 역대의 관점들은 기본적으로 그의 이론을 벗어나지 못했다.

혜원은 경서의 번역을 주관하는 동시에 경서를 강의했으며, 또 여산에

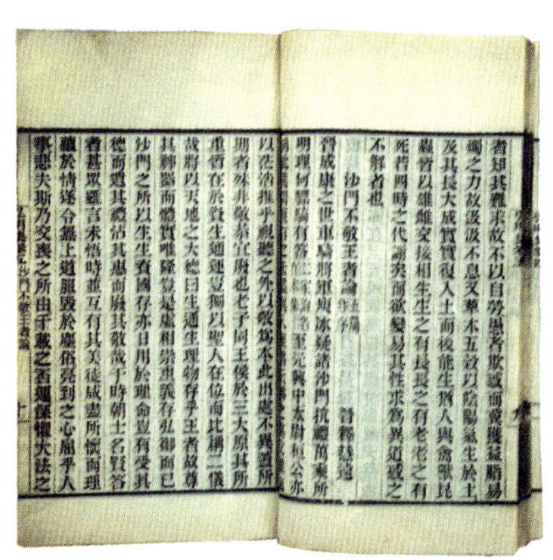

《굉명집宏明集》(청대에는 명대의 홍력弘曆을 회피해야 했기 때문에 '홍弘'을 '굉宏'으로 고쳤음)과 문집 중의 〈사문불경왕자론沙門不敬王者論〉

서 다량의 불교 저작을 집필했다. 현재 그의 저작들은 상당수 유실되었고, 전해지는 것은 남조와 당나라의 승려들이 편집한 《홍명집弘明集》, 《광홍명집廣弘明集》 등에 수록된 〈사문불경왕자론〉, 〈사문단복론沙門袒服論〉, 〈삼보론三報論〉, 〈명보응론明報應論〉 등 네 편의 중요한 논문과 일부 경전의 서문, 서신, 명찬銘贊 등이다.

완석도 머리를 끄덕이게 한 축도생

남조시대 송나라의 축도생은 15세 때 이미 강단에서 경전을 강의했는데, "강의와 질의 응답 내용이 모두 주옥같이 맑고 아름다웠다"고 한다. 훗날 여산에서 7년간 머물며 혜원을 스승으로 모시다가, 장안에 가서 구마라습鳩摩羅什 문하에서 수학하며 그를 도와 불경을 번역했다. 총명한 자질을 가진 그는 장안의 승려들에게 깊은 인상을 남겼고 "관내의 뭇 승려들이 그의 신령스런 깨달음을 말했다"고 한다.

축도생 이전에 중국의 불교계에는 성불成佛의 절차와 방법에 대해 다양한 설이 있었다. 어떤 사람은 수행의 결과로 공덕을 쌓아야 성불할 수 있다고 했고, 어떤 사람은 수행이 일정한 단계에 이르면 비약적인 변화가 생겨서 성불한다고 했다.

축도생은 새로운 견해를 제시했는데, 바로 "단박에 깨달아 부처를 이룬다"고 하는 돈오성불頓悟成佛이 그것이다. 그는 중국 불교사에서 돈오를 처음으로 제시했다. 실상實相(열반, 불성)은 완전하고 원만한 '이理'이고, '이理'는 분할할 수 없기 때문에 깨달음이 필요한데, 오직 돈오를 할 수 있어야만 "둘이 아닌 이치를 깨달음으로써 분리가 없는 이理에 부합한다"

고 주장했다. 축도생의 '견성성불見性成佛' 사상은 수나라와 당나라의 불교, 특히 선종에 큰 영향을 끼쳤다.

축도생은 돈오성불을 홀로 주장하다가 이단으로 몰려 경성에서 쫓겨난 뒤 고소성姑蘇城 서북쪽에 있는 후취산虎丘山으로 가서 법을 설했다. 전하는 바에 의하면, 후취산의 백련지白蓮池에 있는 완석頑石은 1,000년여의 풍상을 겪은 돌인데, 축도생이 한창 설법할 때면 그 완석조차 연신 머리를 끄덕이며 동감을 표했다고 한다. 그래서 그 완석은 '점두석點頭石(머리를 끄덕이는 돌 : 옮긴이)'이라는 별칭을 갖게 되었다. 1,000년여가 지난 오늘날에도 호구산의 완석은 의연히 그 자리를 지키며 "축도생이 불법을 설하니 완석까지 머리를 끄덕였다"는 전설을 전해주고 있다.

육조시대의 고승들은 중국 불교를 새로운 단계로 한층 끌어올렸다. 불교의 중국화라는 새로운 시대를 열었던 도안道安, 현학이 흥행하고 불학佛學이 성행했던 동진시대 강남의 지둔 등이 그런 역할을 했던 고승들이다.

혜원은 도안 이후 강남에서 불교의 유행을 주도했고, 축도생은 새로운 설법으로 불교의 영향력을 민중 속으로 확대함으로써 중국에서 불교가 절정을 구가하게 되는 토대를 마련했다.

승우는 다재다능한 인물로 불교예술 방면에도 조예가 깊었다. 그가 저술한 《법원집法苑集》에는 불교음악, 범무梵舞, 불상의 조성 등에 관한 내용이 많이 기록되어 있어서 그가 불교예술에 심취했음을 보여준다. 그의 예술적 재능은 특히 불상의 설계와 건축 방면에서 드러났는데, 그가 설계한 난징南京 치샤산栖霞山에 있는 천불암석굴의 석불들은 크기가 다양하고 자태가 천차만별이어서 그 명성이 멀리까지 퍼졌다. 해마다 가을이 되면 치샤산은 온 산을 물들인 단풍과 바위 위의 회백색 석불이 서로 비추면서 온갖 자태를 뽐낸다. '가을날의 치샤산'은 난징의 유명한 볼거리로 자리 잡았다.

육조의 고승들은 중국의 불교와 문화의 발전에 헤아릴 수 없을 정도로 크게 기여했고, 불교사와 문화사에 빛나는 업적을 남겼다.

【 왕희지와 그의 서예 】

●왕희지王羲之의 초상

왕희지는 소년기에 서예를 배우기 시작해 중년에는 다양한 서예의 전통을 섭렵했고, 명산을 유람하면서 만년에는 자신만의 독특한 문화적 수양을 통해 생기 넘치는 창조정신으로 시대의 부름에 응했다.

옛날 왕王씨와 사謝씨의 집에만 깃들이던 제비
이제는 백성의 집에도 예사로 날아드네.

　이 시구는 당나라의 유명한 시인 유우석이 영사시咏史詩(역사를 읊은
시 : 옮긴이)에서 발췌한 것이다. 시에서 가리키는 왕씨는 남북조시대 수
백 년 동안 문벌을 지켰던 대가족, 즉 산둥의 낭야琅琊 왕씨 가문을 말한
다. 낭야는 오늘날 산둥성의 린이현臨沂縣이다. 중국 문화사에서 '서성書
聖'으로 불리는 왕희지王羲之가 바로 양진兩晉의 이 유명한 서예 가문에서
태어났다.
　왕희지(303~361)는 자가 일소逸少이고 우군右軍장군과 회계會稽(지금의
저장성 사오싱紹興)의 내사內史를 지냈기 때문에 사람들은 그를 왕우군王右
軍이라고도 불렀다. 왕희지의 조부 왕정王正은 상서랑尙書郎까지 지냈고,
부친 왕광王曠은 회남淮南태수를 지냈는데 예서에 능했다. 당백堂伯인 왕
도는 승상, 태부太傅까지 지낸 사람으로 행서와 초서에 능했다. 그 밖에
왕념, 왕흡, 왕소, 왕회 등 사촌형과 아들 왕헌지, 조카 왕순, 왕민 등도

글씨에 아주 능했다.

왕희지는 깊은 문화적 수양과 서법書法의 능력을 토대로 장기간의 모색을 거친 뒤에 마침내 한자의 서법을 예서에서 해서로 전환하는 과정을 완성했다. 이는 서예에서 행서와 초서라는 새로운 장르를 위한 무대를 마련해주었으며 서법 예술에도 참신한 시대를 열었다.

당나라의 서예가 장언원張彦遠의 《법서요록法書要錄》에 의하면, 세상에 전해진 왕희지의 서예 작품은 모두 465점에 달한다고 한다. 하지만 애석하게도 왕조의 교체와 전쟁 등으로 인해 진품은 전해지지 않고 지금 볼 수 있는 것은 탁본이나 진품을 모델로 한 각본刻本이다.

왕희지의 대표작은 해서로는 〈악의론樂毅論〉, 〈황정경黃庭經〉, 〈동방삭화찬東方朔畵讚〉이 있고, 행서로는 〈난정서蘭亭序〉, 〈쾌설시청첩快雪時晴帖〉, 〈이모첩姨母帖〉, 〈봉귤첩奉橘帖〉, 〈상란첩喪亂帖〉, 〈공시중첩孔侍中帖〉, 〈득시첩得示帖〉 등이 있으며, 초서로는 〈십칠첩十七帖〉, 〈초월첩初月帖〉, 〈행양첩行穰帖〉, 〈원환첩遠宦帖〉 등이 있다.

【 천하구제에서 인격의 완성으로 】

왕희지의 청년 시절, 문인과 사대부 사이에 속되지 않은 청아한 풍조가 성행했는데, 왕희지는 그들과는 달리 크나큰 업적을 세우리라 갈망했다.

어느 날 사안謝安이 왕희지를 들놀이에 초대했다. 사안은 높은 곳에 서서 멀리 내다보며 고고한 선비들의 은둔을 생각하고 있었다. 왕희지는 즉시 사안의 사상을 이렇게 비평했다.

"지금 천하가 큰 혼란에 빠져 있소. 우리는 마땅히 하나라의 우왕, 주나라의 문왕을 본받아 무슨 일이든 해야 하오. 허망한 담론으로 할 일을 팽개치고, 들뜬 문장으로 중요한 일을 방해하는 것은 지금 우리가 할 일이 아닌 줄 아오."

그는 또 사안과 조정에 참여한 은호殷浩 등에게 국가의 사무와 민생에 관한 절실한 방책을 건의한 적도 있다.

왕희지의 생가에 있는 계주강사戒珠講寺와 묵지墨池

당시는 동진 왕조의 중앙과 지방정권 사이에 모순이 첨예화하면서 내우외환이 아주 심각했다. 왕희지는 자신의 상관이었던 은호에게 조정의 이익을 중요하게 여긴다면 안서安西장군, 형주자사 환온桓溫과의 관계를 잘 유지하라고 권유했다. 하지만 은호는 그의 말을 받아들이지 않았다. 353년, 은호는 북벌을 통해 자신의 세력을 확장하려고 했다. 왕희지는 당시의 정치, 경제, 군사적 상황을 분석한 후 성공 가능성이 없다고 판단하고 은호에게 글을 올려 북벌을 포기할 것을 권했다. 하지만 은호는 듣지 않고 북벌에 나섰다가 두 번이나 대패하고 말았다.

왕희지는 또 회계의 내사內史로 있는 동안 가뭄이 들자 권세를 두려워하지 않고 "곡창을 열어서 백성을 구제했으며", "1년 동안 금주하는 것으로 백성의 목숨을 구하자"고 제안했다. 하지만 나라와 백성을 위한 왕희지의 고심은 부패한 동진의 정치에서는 수용될 수가 없었다.

여러 차례 좌절을 맛본 왕희지는 355년 봄에 〈서묘문誓墓文〉을 쓰고 은퇴하면서, 다시는 벼슬을 하지 않겠다는 결심을 밝혔다. 결국 "벼슬길로 나아가 천하를 구제하는" 길이 막혔음을 감지하자, 할 수 없이 지식인이 궁지에 처할 때 선택했던 개인적 인격을 완성하는 길로 나아간다.

위진시대는 중국 역사에서 인간과 예술의 정신이 각성하던 시대였다. 중국의 서예도 바로 이 역사적 단계에서 새로운 시대를 열었다. 서예에 필요한 붓, 벼루, 종이, 먹의 발명과 개량 그리고 광범위한 보급은 서예의 발전에 물질적 토대를 제공했다.

왕희지는 7세 때 서예를 배우기 시작해서 11세 때 부친이 소장한 이전 시대의 서예 관련 저작들을 몰래 탐독했다. 숙부를 따라서 위衛부인에게서도 서예를 배운 적이 있는데, 숙부와 위부인은 해서의 대가인 종요鍾繇를 스승으로 모시고 있었기 때문에 왕희지는 어느 정도 종요의 영향을 받

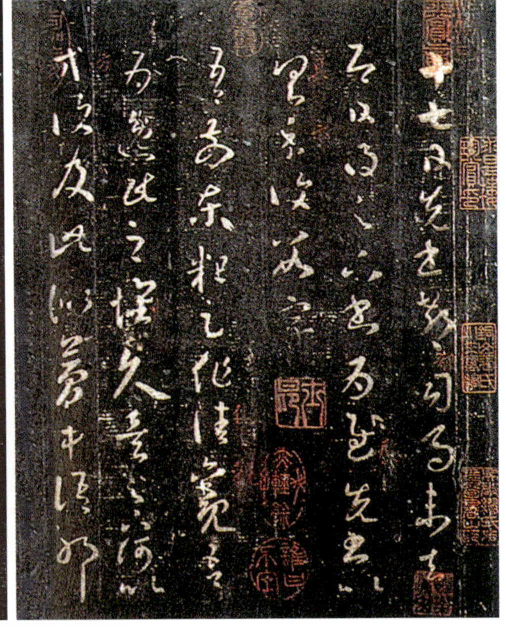

왕희지의 해서 작품 〈황정경〉과 초서 작품 〈십칠첩〉

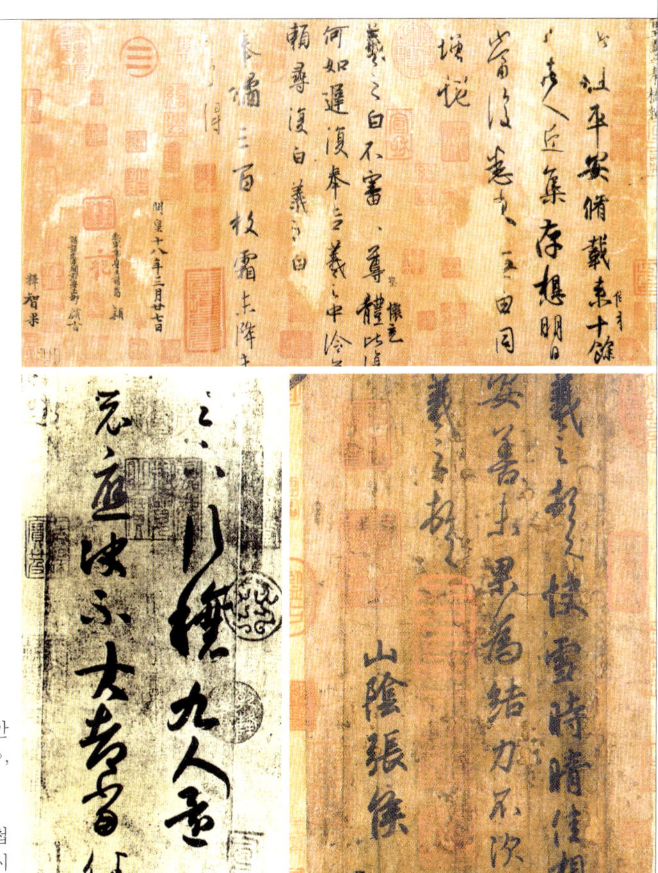

왕희지의 초서 작품인 〈평안
첩平安帖〉, 〈하여첩何如帖〉,
〈봉귤첩奉橘帖〉의 3첩(위)

왕희지의 행서 작품 〈행양첩
行穰帖〉과 초서 작품 〈쾌설시
청첩快雪時晴帖〉(아래)

았다. 하지만 나중에 "본 계통을 고쳐서" 직접 명가들의 유명한 비문碑文
을 본받고 여러 사람들의 장점인 "온갖 서체의 정수"를 널리 체득했다.

전하는 바에 의하면, 왕희지는 심지어 거위의 걸음걸이에서조차 독특
한 필법을 터득했다고 한다. 흰 거위를 아주 좋아한 그는 자신이 필사한
〈황정경〉을 몇 마리의 흰 거위와 바꾸었다고도 한다. 당나라의 대시인 이
백은 이 이야기를 소재로 하여 "산기슭의 도사를 만나자 〈황정경〉을 써서
흰 거위와 바꾸었네"라는 시를 쓴 적이 있다. 이러한 이야기들은 왕희지

가 서예에 얼마나 몰두했는가를 보여줄 뿐 아니라, 서예를 배우는 방법도 매우 자연적이었음을 말해준다.

왕희지는 소년기에 서예를 배우기 시작해 중년에는 다양한 서예의 전통을 섭렵했고, 명산을 유람하면서 만년에는 자신만의 독특한 문화적 수양을 통해 생기 넘치는 창조정신으로 시대의 부름에 응했다. 그는 해서의 시조인 종요 이후에 변혁기에 처한 중국 서예를 최종적으로 완성했을 뿐 아니라, 전혀 새로운 유미적인 서풍을 창조했다.

왕희지의 서법은 정교하고 독특한 품격을 갖추었다. 그의 해서 작품인 〈동방삭화찬〉과 〈황정경〉 등은 길쭉한 글자체에 좌측은 빽빽하고 우측은 느슨하며, 위쪽은 밀도가 높고 아래는 그 반대이며, 붓을 거둘 때는 거꾸로 거두기에 글자가 원만하게 되는 등 예서와는 전혀 다른 새로운 글자체였다. 이러한 글자체는 종요의 원만하고 돈독한 특징에다 명사名士들의 청아하고 탈속한 정조를 융합한 것이다. 종횡으로 열고 닫으면서 부드러움 속에 강함이 있는 왕희지의 글씨에 대해서 당나라의 서예가 저수량褚遂良은 "붓의 기세가 정묘하고 해서의 규칙이 잘 갖춰져 있다"고 평했다.

왕희지의 행서와 초서는 이전 시대와 동시대에 산발적으로 보이는 서예의 필법과 글자 구조의 장점을 흡수하여 종합한 뒤에 새로움을 가미해서 그 특색을 더욱 분명히 했다. 행서로 쓴 〈난정서〉와 〈상란첩〉 등은 예서, 장서章書, 초서, 소초서小草書 등의 특징들을 융합해 완전히 새로운 필체를 구사했는데, 마치 "천신이 조화를 부리듯 변화무쌍해서 종잡을 수 없다"고 했다. 또한 초서로 쓴 〈십칠첩〉은 종횡하는 기세가 마치 "용이 천문天門을 뛰어넘고 호랑이가 봉황의 보금자리에 누운 듯"해서 갖가지 틀을 완전히 깨고 새로운 초서의 흐름을 열었다.

절정에 이른 만년의 작품을 관찰하노라면, "산기슭을 따라 위로 가면서 마치 거울 속에서 노니는 듯" 청아하고 고매한 느낌을 받게 되어 위진시대의 기풍에 담긴 우주적인 깊은 정감을 만끽할 수 있다. 이러한 정감은 운치를 중시하는 진晉나라 사람들의 미학적 이상을 반영하고 있다. 어떤 사람은 한 시대의 미학적 이상이 왕희지의 서예 작품 속에 완벽하게 구현되었다고 말한다.

〔 고사성어에 반영된 왕희지의 성품 〕

중국의 고사성어는 그 오랜 연원으로 말미암아 왕성한 생명력을 지닌 언어의 보고이다. 왕희지의 생활이나 예술활동에서 유래한 흥미로운 이야기도 적지 않은데, 그중 몇 가지를 소개하겠다.

왕희지는 정직하고 꾸밈이 없었으며 예의범절에서도 격식에 매이는 것을 싫어했다. 왕희지가 20세 되던 해에 조정의 태위 치감郗鑒이 왕씨 가문의 자제들이 훌륭하다는 소문을 듣고 왕도의 집에 와서 사위를 고르려고 했다. 왕도는 서쪽 사랑채에 자제들을 모아놓고 색깔을 칠한 공을 던진 뒤에 그것을 받는 아들을 태위의 사위로 보낼 생각이었다. 많은 자제들이 공을 받고 싶어서 숨을 죽인 채 조용히 앉아 있었지만, 유독 왕희지만은 아무 일도 없다는 듯이 앞가슴을 풀어헤친 채 동상東床에서 술만 마셨다. 하지만 치감은 왕희지를 알아보고 그를 사위로 삼겠다고 했다.

'동상탄복東床坦腹(동상에서 배를 깔고 눕다 : 옮긴이)'이라는 고사성어가 바로 여기서 유래한 것이다. 이 고사성어는 당시 인물을 평가하는 기준의 일면을 보여주는 한편, 왕희지의 진정한 성품의 일단을 드러내고 있다.

다른 고사성어 '입목삼분入木三分(나무의 세 푼까지 들어가다 : 옮긴이)'도
왕희지에게서 비롯되었다. 전하는 바에 의하면, 왕희지는 널빤지에 글을
쓴 뒤 그것을 지우고 다시 쓰는 습관이 있었는데, 써놓은 글을 지우기 위
해서 나무판의 세 푼이나 되는 두께를 깎았는데도 깨끗이 지워지지 않았
다. 이 이야기는 왕희지의 글이 얼마나 힘이 있었는가를 보여주는 일화
이다.

이러한 고사성어는 왕희지의 두 가지 성품을 반영하고 있다. 하나는 예
법에 얽매이지 않는 솔직하고 자연스러운 모습이고, 다른 하나는 모든 일
에 진지하고 기백이 넘치는 모습이다. 전자는 진대晉代의 전형적인 풍조
이고, 후자는 당시의 문인이나 선비들보다 뛰어난 왕희지의 면모를 보여
주는 것이라고 할 수 있다.

【 다리 위에서 노파의 부채에 글을 써주다 】

왕희지는 평생 창장강의 남과 북을 오가며 곳곳에 흥미로운 이야기를
많이 남겼다. 이 이야기들은 오늘날까지 민간에 널리 전해지면서 각 지역
의 풍정風情이 되고 있다. 그 가운데 제선교題扇橋와 타파롱躱婆弄에 관한
이야기가 대표적이다.

제선교는 사오싱紹興 베이지산가北蕺山街 동쪽에 있는 길이 약 20미터의
아치형 돌다리다. 왕희지가 회계의 내사로 있던 어느 날 이 다리를 지나
는데 다리 위에서 한 노파가 여섯 묶음이나 되는 대나무 부채를 팔고 있
었다. 뙤약볕 아래 목청껏 소리쳐도 부채를 사는 사람이 별로 없었다. 왕
희지는 그 모습이 너무 측은해 즉시 벼루와 먹을 빌려 부채에다 각각 다

섯 글자를 써넣었다. 그러
자 노파는 못마땅한 표정
으로 이렇게 불평했다.

"이 부채를 팔아야 우리
식구들이 밥을 먹는데, 이
렇게 먹칠을 해버리면 어
찌 팔겠소?"

왕희지는 허허 웃으면서
대답했다.

"왕우군이 쓴 글이라고
하면, 부채 하나에 100문文
은 받을 수 있을 겁니다."

과연 왕희지가 글을 써
넣은 부채들은 대번에 모
두 팔려나갔다. 당시의 시
가로 부채는 단돈 20문에
불과했지만, 왕희지의 글
이 있는 부채는 100문에
팔려나갔다.

왕희지가 부채 파는 노파를 위해 글을 써준 제선교題扇橋

송나라의 유송년劉松年이 그린 〈곡수유상도曲水流觴圖〉 부분

왕희지의 명성이 당시에도 대단했다는 것을 알 수 있으며, 아울러 양진
兩쯥시대에 서예를 감상하는 심미적 풍조가 보편적으로 유행했음을 엿볼
수 있다.

봄날의 감흥을 실어 〈난정서〉를 쓰다

353년 3월 3일 맑은 봄날, 왕희지는 동진東晉의 명사인 손통孫統, 손작, 사안, 지둔 등 41명과 함께 회계성의 교외에 있는 난정蘭亭에서 모임을 가졌다. 당시에는 '수계修禊'라고 하여 매년 3월 3일에 물가에서 제를 지내어 부정한 것을 씻어내는 풍속이 있었다.

이날은 왕희지와 뜻을 같이하는 동료들이 함께 모였으니, 그야말로 "뭇 현자들이 모두 모여서 그때까지 보기 드문 모임"이었다. 아름다운 자연 풍경은 시흥을 불러일으켜 그 자리에서 37편의 시가 창작되었다. 왕희지는 흥이 도도하게 오르자 단숨에 〈난정집서蘭亭集序〉를 지어 그날의 연회를 기록했는데, 우아한 문장과 아름답고 묘한 글씨가 한데 어울려 천하에 보기 드문 글을 이루었다. 이 시편은 오늘날까지 중국 산문에서 유명한 작품으로 널리 전해지고 있다.

이 서예의 진품과 관련해서 '소익잠난정蕭翼賺蘭亭'이라는 흥미로운 이야기가 전해지고 있다.

전하는 바에 의하면, 당나라 태종太宗 이세민李世民이 왕희지의 서예를 특히 좋아했지만 아무리 애를 써도 〈난정서〉를 구할 수 없었다. 그러던 중 그 진품이 왕희지의 7대손인 지영智永 스님의 손에 있다는 소식을 접했다. 지영이 죽은 후에 작품이 다시 그의 제자 변재辯才의 손에 전해지자, 태종은 가장 총명한 감찰어사監察御史

못 시인들의 시심을 일깨운 사오싱의 난정蘭亭

소익蕭翼에게 영흔사永欣寺의 투숙객으로 가장해 그것을 가져오라고 명했다.

며칠 후 소익과 변재는 금기서화琴棋書畵(비파, 바둑, 서예, 그림 : 옮긴이)의 지기가 되었다. 소익은 의도적으로 미리 가져온 왕희지의 필묵 몇 점을 변재에게 보여주면서 자신의 안목을 은근히 자랑했다. 그의 술수에 말려든 변재는 서까래에 숨겨둔 〈난정서〉 진품을 꺼내왔고, 결국 며칠 후 소익은 그것을 태종에게 갖다 바칠 수 있었다. 변재는 진품을 잃고 나서 너무도 비통한 나머지 한을 품고 죽었다.

왕희지의 〈난정서蘭亭序〉 모본

이 전설은 당나라 초기의 위대한 화가 염립閻立에 의하여 창작의 소재가 되었다. 유감스럽게도 〈난정서〉 진품은 훗날 태종의 부장품으로 소릉昭陵에 묻혀 오늘날에는 볼 수 없게 되었다.

왕희지는 다양한 서체에 능한 서예의 대가이다. 그는 수많은 서예가 가운데 한 시대의 기풍을 창시한 천재로서, 그가 세상을 떠난 뒤부터 남제南齊에 이르는 100년간을 제외하고 후세에 줄곧 깊고 넓은 영향을 끼쳤다.

왕희지의 뒤를 이은 왕헌지王獻之는 그의 일곱째 아들이다. 왕희지는 친필 작품 〈악의론〉 한 부와 〈필세론筆勢論〉 한 편을 아들에게 견본으로 주었고, 일생 동안 쌓아온 창작의 경험을 친히 전수했다. 왕헌지는 부친의 창조정신을 이어받아 '대령체大令體'를 창시했는데, 이것은 해서와 초서 사이의 서체로서 행초行草 혹은 행해行楷라고도 한다. 초서로 된 그의 작품 〈중추첩中秋帖〉은 자유롭고 호방한 기세와 품격으로 "일필서의 비조―筆書之祖"라는 영예를 얻었다.

당나라 태종 이세민은 그를 격찬하며 《진서晉書》를 편찬할 때 직접 〈왕희지전王羲之傳〉을 썼다. 이 때문에 왕희지의 글을 모사하는 풍조가 한때 조정과 재야를 휩쓸었다.

회인懷仁이 모아서 정리한 〈집왕우군서성교서集王右軍書聖敎序〉에 따르면, 왕희지의 서법을 모방한 유파가 열여덟이나 되었고, 이로 인해 왕희지의 글씨는 멀리 나라 밖에까지 전해지게 되었다. 송나라 이후 서첩에 대한 학문이 일어나면서 왕희지의 작품이 서첩에 대거 수록되었는데, 청나라 중기 이후 비문학碑文學이 성행할 때까지 왕희지의 서법은 중국의 서예를 15세기 동안이나 지배했다. 그의 필법은 여러 왕조에 걸쳐 영향을 미쳤다. 역대의 중요한 서예가, 예컨대 당대唐代의 구양순歐陽詢·우세남虞世南·손과정·안진경, 오대五代의 양응식, 송대宋代의 소식·미불·황정견·채양, 원대元代의 조맹부 그리고 명대明代의 동기창, 심지어 현대의 위대한 서예가 선인모沈尹默까지도 왕희지의 필법에 영향을 받았다.

갈홍과 위진시대의 도교

● 도교道敎의 사상을 완성한 갈홍葛洪

신선이 될 수 있다는 갈홍의 논증은 도교의 이론을 더욱 충실하게 다졌다. 그는 신선이 되기 위한 수도가 세속의 일을 버리지 않고도 가능하다는 것을 주장했다.

갈홍葛洪(283~363)은 동진東晉시대의 도교 학자이자 유명한 연단가煉丹家, 의학자로서 자는 치천稚川, 호는 포박자抱朴子이다. 단양현丹陽縣 구용句容(지금의 장쑤성) 사람이며 삼국시대의 방사方士인 갈현葛玄의 조카 손자이다. 세상 사람들은 그를 소선옹小仙翁이라고도 불렀다.

그는 강남의 선비 가문에서 태어나 13세 때 부친을 잃고 가난한 환경에서 자랐지만 공부에 열중했다. 16세 때부터 《효경》, 《논어》, 《시경》, 《주역》 등 유가의 경전과 제자백가를 읽어서 점차 박식한 학자가 되었다.

갈홍이 청년기에 이르렀을 때 서진西晉은 이미 초기의 짧은 번영기를 지난 뒤였다. 303년, 오흥吳興 태수는 21세가 된 그를 세가世家의 자제라는 이유로 장병도위將兵都尉에 임명해서 토벌에 내보냈다. 전투에서 세운 공로로 다시 복파伏波장군으로 승진했지만, 천하가 혼란한 이때 더 많은 책을 읽어야 한다는 생각에 뤄양洛陽으로 갔다. 그러나 전란이 끊이지 않고 소원도 이룰 수 없게 되자 오래지 않아 고향으로 돌아왔다.

317년에 동진이 건립된 후 갈홍은 지난날에 세운 전공으로 관내후關內侯에 임명되었다. 그는 교지交趾(지금의 베트남)에서 연단鍊丹의 주 원료인 단사丹砂가 많이 생산된다는 소식을 듣고는 구루현勾漏縣(지금의 광시성)의 현령으로 가기를 자청했고 황제의 동의를 얻어 두 번째 남행을 감행했다. 광저우廣州를 지날 때 친구들이 만류하자 뤄푸산羅浮山으로 가서 도를 닦으며 단약丹藥을 만들고 저술에 전념하다가 363년에 세상을 떠났다.

갈홍은 평생 많은 책을 저술하여 《포박자抱朴子》 내편 20권과 외편 50권, 《비송시부碑頌詩賦》 100권, 《군사격문장표전기軍事檄文章表箋記》 30권, 《신선전神仙傳》 10권, 《은일전隱逸傳》 10권, 《금궤약방金櫃藥方》 100권, 《주후비급방肘后備急方》 여러 권이 있었으나 유감스럽게도 대부분 유실되었다. 《정통도장正統道藏》과 《만력속도장萬曆續道藏》에는 모두 13종의 저작이 수록되어 있지만 후세 사람들이 갖다붙인 잘못된 제목과 가짜 저술이 대부분이다.

【 갈홍과 연단술 】

갈홍은 연단에 관한 깊은 이론적 탐구와 실천을 통해 중국의 과학기술에 크게 기여했다. 《포박자》에 실린 〈금단金丹〉, 〈선약仙藥〉, 〈황백黃白〉 등 세 편의 글은 중국 고대의 연단술을 결집한 명저이다.

연단술은 옛사람들이 불로장생을 추구하며 만들었던 단약丹藥을 제련하는 기술을 말한다. 연단술은 고대 화학의 맹아로서 근대 화학이 탄생하는 데 선구적 역할을 했다. 오랜 실험 끝에 연단가들은 증류기와 반응기 같은 화학실험 기구들을 발명하고 제작했다. 그들은 또 수많은 약의 처방과 일련의 화학실험 및 화공품의 제조법도 파악하고 있었으며, 소박한 화학적 지식을 기록하고 한데 모았는데, 이는 훗날 근대 실험화학의 토대가 되었다.

지금까지 전해지는 연단에 관한 최초의 저작은 후한의 도사 위백양魏伯陽이 쓴 《주역참동계周易參同契》이다. 이 저서는 도교의 신도들에게는 "영

갈홍의 대표적인 저서인
《포박자抱朴子》

원한 단경丹經의 왕"으로 불리는데, 주로 내단內丹에 관한 내용이다.《주역참동계》가 나오기 전에는 일부 책에 산재되어 있는 간단한 연단 및 화학적 지식이 전부였다.

갈홍은 중국 고대의 연단술을 한층 높은 단계로 끌어올렸고, 그가 연단에 사용한 약물들은 후한의 위백양이 썼던 것보다 훨씬 진보한 것이었다. 《포박자》〈내편〉에 기록된 연단의 원료는 무려 20여 종이나 되며, 원료마다 해설, 특징, 생산지 등이 자세히 명시되어 있다. 뿐만 아니라 물질의 변화를 일으키는 과정의 특성과 법칙, 예컨대 화학반응의 가역성可逆性까지 설명해놓았을 정도다.

〔 유교와 도교의 융합 〕

도교는 대체로 후한 말년에 발생했는데, 그 증거로《태평경太平經》류의 도교 경전을 들 수 있다. 또 태평도太平道, 오두미도五斗米道(신도들에게 쌀

당나라 때 연단의 도구로 사용했던 은석류관銀石榴罐과 명나라 때의 연단로

다섯 두를 내게 한 데서 유래한 명칭 : 옮긴이) 등과 같은 도교 조직이 있었고, 일정한 종교적 규범과 의식을 갖추고 숭배하는 신이 있었다. 초기의 도교는 적극적인 행동을 취했는데, 이는 당시의 사회적 위기와 현실의 재난에 대응하는 사명과 관련이 있다.

한나라 말엽에 일어난 황건黃巾 반란군(농민들이 조직한 반란군으로 머리에 노란 수건을 썼다 하여 '황건의 난'으로도 불림 : 옮긴이)이 진압되고, 한중漢中 지역에 있던 장로張魯 정권이 멸망하자, 도교 역시 막대한 타격을 받았다. 위진시대에 접어들면서 통치자들은 민간인들의 종교활동을 엄격히 통제했다. 이로 인해 당시 초창기에 있던 민간의 도교 조직도 발전에 제약을 받았다. 오두미도는 민간에 전파되어 서남쪽의 한 귀퉁이에서 전국 각지로 퍼져 통치계급에까지 영향을 미치며 당시 도교의 주종을 이루었지만, 그 교의는 크게 발전하지 못한 채 "귀신으로 민중을 이끄는" 민간 종교단체의 성격에 머물렀다. 게다가 내부적으로 조직이 산만하고 기강이 해이하여 여러 유파로 분리되면서 민간 도교는 쇠퇴의 길을 걸었다.

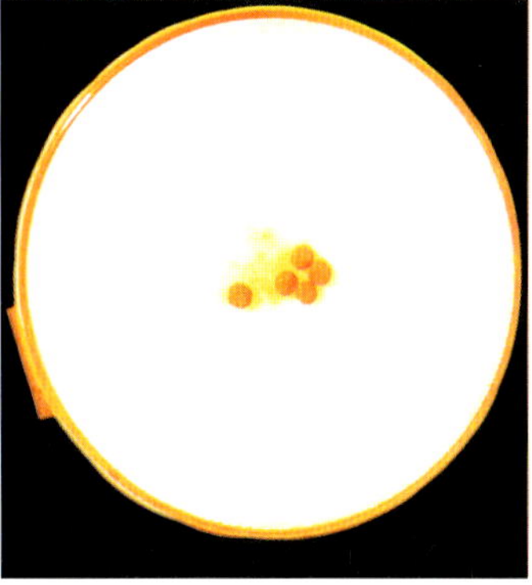

항저우杭州 거링葛嶺에 있는 연단정煉丹井. 갈홍이 이 샘물을 길어서 연단에 사용했다고 한다.(왼쪽)
상하이 중의中醫학원 박물관에 소장되어 있는 진晉 왕조 때의 단약(오른쪽)

　민간의 도교활동이 제약을 받은 반면, 위진시대 통치계급의 이익에 부합한 신선 도교는 오히려 흥성하기 시작했다. 오두미도를 신봉하던 일부 사족士族들도 민간 도교를 사족들의 신선 도교로 편입시켰는데, 갈홍은 바로 그 일파의 대표적 인물이다. 갈홍은 상층 도교인 단정도파丹鼎道派의 대표적인 인물로서, 시종일관 상층 도교의 입장에서 초기 도교를 역사적으로 결집하여 새로운 발전 단계로 이끌었다.

　갈홍은 초기 도교의 신선이론을 계승하고 개조했다. 그는 《포박자》〈내편〉에서 진晉 왕조 이전의 신선이론을 전면적으로 결집하고, 또 진 왕조 이전의 신선방술神仙方術(기氣의 운행과 방중술 등)을 체계적으로 정리했다. 아울러 신선방술과 유가의 강상명교綱常名敎(삼강오륜과 같은 유교의 가르침 : 옮긴이)를 결합하여 "신선이 되려면 충과 효, 화합과 순종, 인仁과 신信을 근본으로 삼아야 하고 덕행을 닦지 않으면 방술에 아무리 힘써도 장생長生할 수 없다"는 점을 강조했다. 그는 이러한 강상명교와 도교의 계율을 하나로 융합시켜 신도들에게 엄격히 준수할 것을 요구했다.

　신선이 될 수 있다는 갈홍의 논증은 도교의 이론을 더욱 충실하게 다졌다. 그는 신선이 되기 위한 수도가 세속의 일을 버리지 않고도 가능하다고 주장했다. 특히 유교와 조화를 이루어 서로 보완할 수 있다고 주장함으로써 도교를 지배계급의 구미에 맞추었는데, 이는 도교가 지배계급으로 진입하는 데 튼튼한 기초가 되었다.

갈홍은 또 '현玄'과 '현도玄道'를 자신의 선도仙道 학설에 도입하고, 거기다 위진시대의 현학玄學 사상까지 접목했다. 이것은 비록 크게 성공하지는 못했지만, 선비들이 도가에서 도교로 들어가도록 연결해주는 가교 역할을 톡톡히 했다. 신선도의 방술에 관한 자세한 논술은 도교가 한 단계 성숙하는 데 큰 도움이 되었다. 도교의 기본 교의는 갈홍을 거쳐 비로소 "태평을 이루는 것"으로부터 "신선이 되는 것"으로, 또 "세상을 구하는 것"에서 "세상을 넘어서는 것"으로 완성되었다. 도교는 육체를 초월하여 죽지 않고 신선이 되는 것이 기본적인 특징인데, 이러한 사상은 갈홍에 의하여 완성되었다고 해도 과언이 아니다.

【 갈홍과 의약학 】

의학에 관해서 갈홍이 저술한 책은 《금궤약방》 100권과 《주후비급방》 4권이다. 《금궤약방》은 장중경과 화타 등이 쓴 의학서와 100여 유파의 처방을 포함한 1,000여 권의 의학서를 읽은 위에 민간에 널리 전해지는 비방 그리고 갈홍 자신의 의료 경험을 집대성한 저서이다. 《주후비급방》은 《금궤약방》의 주요 내용을 추려서 편집한 것인데, '주후'란 바로 팔꿈치에 걸고 다니면서 편리하게 볼 수 있는 책이란 뜻으로, 응급처치 안내서처럼 사용할 수 있었다. 남조의 도홍경은 《주후비급방》을 증보해서 《주후

백일방肘后百一方》이란 이름을 붙였고, 금金나라의 양용도楊用道 등도 한 차례 증보해서 《부광주후비급방附廣肘后備急方》이라 했는데 이 책은 오늘 날까지 전해지고 있다.

갈홍은 전염병의 치료에도 조예가 깊었다. 《주후비급방》에 언급한 노창虜瘡은 천연두에 관한 세계 최초의 기록으로서, 서양 의학계가 인정한 아랍 의사의 기록보다 500년이나 앞섰다. 이 책에는 또 다른 전염병인 시주尸疰, 즉 요즘 말 하는 폐결핵 종류의 질병에 대하여 자세히 설 명되어 있는데, 이는 중국 의학계가 공인하는 폐결핵에 관한 최초의 기록이다. 그리고 양충 병恙蟲病(털진드기병 : 옮긴이)에 대한 설명은 미 국 의사가 이 질병에 대해 기록한 것보다 무려 1,500여 년이나 앞선 것이다. 이러한 급성 전 염병을 유발하는 원인에 대해 갈홍 이전에는 자세히 고찰한 적이 전혀 없었다.

한편 《주후비급방》에는 광견병의 면역에 대 한 기록도 있는데, 이는 근대 면역학의 견해를 초보적이나마 반영한 것으로 평가받고 있다.

갈홍을 도와 침구 치료에 주력했던 사람은 그의 아내였다. 갈홍의 아내는 중국 역사에 기 록된 최초의 여성 침구사로서 역사서는 그녀 를 '포고애鮑姑艾'라 부른다. 또 갈홍은 양생과 호흡법에 관해서도 깊이 연구하여 후세의 기 공요법에 적지 않은 영향을 미쳤다.

갈홍이 거주지를 옮기는 모습을 그린
〈갈치천이거도葛稚川移居圖〉

【 기민하면서도 배우길 좋아했다 】

갈홍은 소년 시절에 이미 집안이 쇠락하여 가난하게 살았지만, 선천적
으로 총명한 데다 공부도 열심히 했다. 당시는 마침 서진西晉에서 '팔왕八
王의 난(황족인 여덟 왕이 군사를 일으켜 권력을 다툰 16년에 걸친 내란 : 옮긴이)'이
일어났을 때인데, 그는 늘 낮에는 산에 가서 나무를 해서 시장에 갖다 팔
고 그 돈으로 종이와 먹을 사서 밤늦도록 공부에 열중했다.

그는 《포박자》〈서문〉에서 자신은 진취적인 재능이 부족해서 단지 연단
이나 도를 닦는 것만 즐긴다고 했으며, 부귀영화를 추구하는 벼슬에 흥미
가 없고, 가난하게 살더라도 마음 편하게 학문을 깊이 탐구하겠다고 했
다. 또한 조악한 나물밥에도 진수성찬의 감미로움이 있으며, 가난한 집에
서도 휘황한 궁전의 묘미를 느낄 수 있으므로, 부귀를 누리는 권력자라면
설사 눈앞에 있어도 찾아보지 않았고, 도나 학문에 조예가 깊은 사람이라
면 아무리 먼 곳이라도 반드시 찾아갔다고 했다.

폭넓게 공부하여 여러 기서奇書들을 고증하기란 쉽지 않은 일이니, 만
약 그 일에 심취하지 않는다면 심오한 내용을 파악하기가 매우 어려울 것
이다. 갈홍은 총명한 자질과 끈질긴 노력으로 그러한 부분들을 하나하나
공략해나갔다.

갈홍은 기민하면서도 배우는 것을 좋아하여 폭넓은 학식을 쌓았다. 당
시 강남의 학자들 가운데 그를 따를 자는 아무도 없었다. 《진서》에서는
갈홍의 저술이 반고班固나 사마천보다 더 많고, 대체로 논리가 정연하고
분석이 정밀하다고 평했다.

結　신선의 존재를 논증하는 것에서부터 시작하여 갖가지 수련 과정과 신선의 법술法術을 제기한 갈홍의 사상은 비과학적 인식을 토대로 형성된 것이 사실이다. 세상에 신선이란 없으며 불로장생 또한 불가능하다. 갈홍은 직관적이고 황당한 부분이 없지 않은 논리로 물리, 화학적 변화 및 인체의 변화를 혼동함으로써 어처구니없는 결론에 이르렀다.

그러나 한편으로 갈홍의 이론에 과학적 사상이 전혀 없는 것은 아니다. 그는 불로장생을 위한 수련 과정에서 양생학, 기공학, 의학, 약학, 화학 등의 분야에 일정한 기여를 했다. 이것들은 중국 과학기술의 발전에 적극적인 역할을 했고 후세에도 깊은 영향을 미쳤다. 갈홍의 학설 중에 만물은 변한다는 관념은 과학기술 발전의 중요한 이론과 방법 중 하나이다.

"변화의 기술로 무엇인들 하지 못하겠는가?"

변화는 우주의 불가항력적인 법칙이다. 변화에 대한 이러한 관념은 이후 명나라의 의학자 이시진李時珍에 이르기까지 의학의 중요한 사상적 토대가 되었다.

조충지

● 조충지祖冲之의 초상

조충지는 늘 한밤중에 일어나 별과 달의 운행을 관측했고, 모든 것을 직접 측량했으며, 계산하는 일도 절대 소홀히 하지 않았다. 그리하여 설득력 있는 자료들을 대량으로 수집할 수 있었다.

세계적으로 유명한 모스크바 대학의 홀에는 과학계 거장들의 초상화가 걸려 있다. 이곳을 찾는 사람들은 누구나 인류의 과학기술과 문명의 발전에 크게 기여한 그들에게 경의의 눈길을 보낸다. 그중에는 남북조시대의 걸출한 과학자 조충지祖冲之의 초상화도 있는데, 거장의 반열에 들기에 조금도 손색이 없는 그의 업적을 살펴보자.

조충지(429~500)의 자는 문원文遠이고 고향은 오늘날의 허베이성 라이수이현淶水縣이다. 그는 평생의 대부분을 남조의 송나라와 제나라에서 살았다.

당시 강남은 농업이 급속히 발전하면서 인구도 빠르게 증가했고 방직, 제련, 도자기, 조선 등 수공업 기술도 현저하게 발전했다. 특히 창장강 하류의 건강建康, 오군吳郡, 회계會稽 일대는 전국에서 가장 부유한 지역이 되었다. 조충지의 과학 연구는 바로 이러한 환경에서 이루어졌다.

조충지는 책의 향기가 짙은 사대부 집안에서 태어났다. 그의 증조부 조대지祖臺之는 동진東晉의 시중侍中을 지냈는데, 문학을 광적으로 좋아해서

《지괴志怪》라는 소설을 쓴 적도 있다. 조부 조창祖昌은 남조의 대장경大匠卿, 즉 건축을 관장하는 관리로 있었고, 부친 조삭지祖朔之는 봉조청奉朝請을 지냈다. 이들은 관직은 높지 않았지만 과학에 조예가 깊었다.

조씨 가문 사람들은 대대로 천문과 역법을 연구해왔는데, 그 영향으로 조충지는 어릴 때부터 과학과 문학에 흥미를 갖게 되었다. 특히 수학, 천문학, 기계 제조에 관심을 가지고 부지런히 연구하여 용기 있게 실천한 결과 그 분야에서 괄목할 만한 성과를 거두었다.

청년 시절에는 남서주南徐州(지금의 장쑤성 전장鎭江) 자사刺史의 수행원을 지낸 적이 있고, 이후 송나라의 수도 건강建康(지금의 난징)에서 공부참군公府參軍을 지냈으며, 그 밖에도 누현婁縣(지금의 장쑤성 쿤산昆山 동북쪽)의 현령 및 알자복야謁者僕射(조정의 연회와 예의를 관장하는 관리)를 지냈다. 남제南齊 때에는 장수長水의 교위校尉로 승진하여 4품의 봉록을 받았다.

이 걸출한 수학자이자 천문학자이며, 역법 개혁자이자 기계 발명가는 72세를 일기로 세상을 떠났다.

【 조충지와 원주율 】

조충지가 수학 분야에서 이룬 가장 큰 공헌은 바로 정확한 원주율(π)의 계산이다.

중국의 고대 수학에서 원은 가장 관심을 받은 연구 대상이었다. 사람들은 원의 둘레, 면적의 계산 및 원에 관련된 기하학 형태의 성질 연구뿐만 아니라, 건축이나 기계 제조의 각종 원형·구형 구조에 대한 계산, 바퀴와 크랭크의 모형 제조와 설계부터 계량기의 정확도까지 원주율과 밀접한 관계가 있다는 사실을 발견했기 때문이다.

천체의 운행궤도를 계산할 때 원주율은 반드시 정확하게 산출해야 하는 중요한 수치였다. 중국인들은 일찍이 원주율, 즉 원의 둘레와 지름의 비율이 일정한 상수常數라는 사실을 발견했다. 기원전 2세기에 저술된 《주비산경周髀算經》에는 "둘레가 3이면 지름은 1"이라는 기록이 있고, 삼국시대 위나라의 저명한 수학자 유휘劉徽는 원의 면적에 관한 과학적 계산법인 '할원술割圓術'을 발명하여 원주율을 계산하는 데 적용함으로써 원주율 π=3.14라는 수치를 얻어냈다.

하지만 조충지는 이 원주율이 정확한 수치가 아니라고 판단했다. 그래서 유휘의 이론과 그의 계산을 이어받아 흙판 위에다 지름 1장丈인 원을 그려놓고 밤낮으로 계산한 끝에 원주율의 수치가 3.1415926과 3.1415927 사이에 있다는 결론을 내고, 또 π의 약률은 22/7, 밀률은 355/113이라는 수치를 계산해냈다.

조충지는 원주율을 소수점 이하 일곱 자리 수까지 계산했는데, 이는 당시 세계에서 가장 정확한 원주율 수치였다. 원은 기하학적 도형의 연구에서 가장 핵심적인 부분이기 때문에 원주율에 대한 연구는 기하학적 도형의 성질에 관한 인식의 깊이를 나타내는 기준이 된다. 이 문제에 관하여 유명한 과학사가인 조지프 니덤은, 역사적으로 점차 정확해져온 원주율에 대한 계산은 각 시대 학자들의 수학적 재능을 가늠하는 척도가 될 수 있다고 했다.

원주율에 관한 조충지의 눈부신 성취는 세계에서 가장 앞선 것으로 그 선진적인 수준을 거의 1,000년여나 유지했다. 독일의 수학자 오토가 동일한 수준의 연구 성과를 얻었을 때가 1573년인데, 당시 유럽에서는 이를 세계에서 가장 빠른 것으로 알고 있었다. 하지만 실제로 1,000년여 전에 조충지가 이미 그 수준에 도달했다는 사실을 알고는 놀라움을 금치 못했다. 지금은 작고한 일본의 유명한 수학자 미가미 요시오는 이 때문에 원주율의 근사치 355/113을 '조충지 분수치分數値'라고 명명해서 조충지의

《수서隋書》〈율력지律曆志〉에 조충지의 원주율 계산에 관한 기록이 나온다.

공로를 기념하자고 제안했다.

조충지는 이러한 연구 성과에 근거하여 당시의 도량형 기구에 대해서도 깊이 연구하고 거듭 검토해서 '왕망곡두王莽斛斗'의 오차를 제기했으며, 훗날 사람들은 도량형 기구를 만들 때 조충지의 원주율을 이용했다.

【 대명력과 원가력의 논쟁 】

역법은 연, 월, 일과 절기를 계산하는 방법으로, 특히 절기는 농업 생산과 밀접한 관계가 있다. 역대 제왕들이 스스로 '천자'라 칭한 것은 이 역법의 반포를 황권의 상징으로 삼았기 때문이다. 따라서 관청에서든 민간에서든 천문과 역법을 중요하게 여겼다.

조충지는 청소년 시절부터 과거의 갖가지 역법에 대해 정밀하게 연구하고 오랜 시간 관찰한 결과, 당시 사용하던 하승천何承天의 원가력元嘉曆을 포함한 많은 역법에 적지 않은 오차가 있다는 것을 발견했다. 그리하여 여러 해 동안 연구를 거듭해서 새로운 역법을 만들어, 당시의 연호인 '대명大明'을 따서 대명법大明法이라고 명명했다.

새로운 역법은 한 해의 주기를 365.2428일로 규정했다. 이는 송나라의 통천력統天曆(1199년에 실시) 이전에 가장 실제에 부합하는 수치였다. 또 현대에 측정한 수치와 비교해도 단 50초 차이밖에 없고, 실제 오차는 60

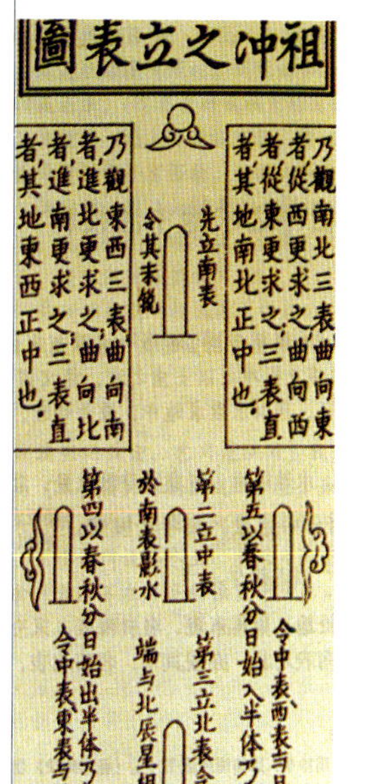

조충지의 입표도立表圖

조충지는 오랜 시간 역법에 대해 연구하고 천체를 관측하여 대명력을 완성했다.

만분의 1밖에 되지 않아서 600년 동안 가장 앞선 수준을 유지했다.

대명력大明曆은 역법을 제정할 때 '세차歲差'를 1도 차이가 나는 45년 11개월이라고 했는데, 이는 중국 역법의 2차 대개혁이었다.

462년(대명 6), 조충지는 자신이 발명한 대명력을 송나라 효무제孝武帝에게 바치며 그것을 채택해줄 것을 요청했다. 하지만 이 훌륭한 역법은 당시 권력을 장악하고 있던 관료 대법흥戴法興의 반대에 부닥쳤다. 대법흥은 조충지를 향해 "하늘을 속이고 경서를 배반한" 자라고 질책했고, 천체의 운행법칙은 "일개 범부가 측정할 수 있는 것이 아니다"라고 했으며, 또 "옛사람들이 정한 법도"는 바꿀 수 없으므로 "옛 법이 아무리 엉성할지라도 영원히 따라야 한다"고 주장했다.

그러나 조충지는 천문을 실제 관찰한 결과를 근거로 대법흥과 용감하게 논쟁한 끝에, 천체의 운행은 그 실체를 완전히 관찰할 수 있고, 수치도 계산할 수 있음을 밝혀냈다. 그는 논쟁하는 쌍방이 각각 증거를 갖고 다시 토론할 것을 제안하면서 아무 근거도 없는 논의는 삼가달라고 주장했다. 하지만 대법홍은 황제가 총애하는 대신인 데다 조정의 백관들이 그의 권세를 두려워했기 때문에 모두 대법홍의 의견에 동의했고 그 결과 대명력은 빛을 보지 못했다.

그러다 대명력은 조충지가 세상을 떠나고 10년이 지난 510년에 조충지의 아들이 재삼 표表를 올려서 요청한 결과 비로소 채택되었고, 이후 80여 년간 실시되어 천문역법사에 빛나는 한 페이지를 장식했다.

【 뛰어난 발명가이자 위대한 과학자 】

기계 제조 분야에서 조충지가 남긴 업적 역시 후세 사람들이 찬탄해 마지않는 것이다. 대표적인 업적으로 옛사람들이 사용하던 지남거指南車를 개량한 것을 들 수 있다. 기록에 의하면, 중국에서는 옛날에 이미 일종의 기계장치를 해놓은 지남거를 발명했다. 즉 수레 위에 나무인형을 설치했는데 수레가 어떤 방향으로 가든 나무인형의 손은 항상 남쪽을 가리켰다. 후한의 장형과 삼국시대의 마균馬鈞도 지남거를 발명했지만 오래 전해지지는 못했다.

훗날 송나라 말기의 재상 소도蕭道가 조충지에게 지남거를 만들라고 명했다. 이때 조충지는 수레 위에 있는 인형의 재질을 나무에서 구리로 바꿨다. 수레 위에 설치된 인형의 손가락이 수레가 어디로 움직이든 시종일관 남쪽을 가리키자 보는 사람들이 모두 탄복했다고 한다.

당시 강남에서는 수상 운송
이 비교적 발달했는데, 조충지
는 하루에 100여 리를 갈 수
있는 천리선千里船을 만드는 데
성공했다. 하지만 유감스럽게
도 이 배는 후세에 전해지지
못했다. 또한 그는 지방관리로
있을 때 사람들이 쌀을 찧거나
가루를 내는 데 너무 애쓰는
것을 보고 물을 동력으로 하는
물방아를 발명했다. 이 물방아
는 지금도 남방의 일부 지역에
서 사용되고 있다. 그는 또 제
갈량이 만든 목우와 유마에서

조충지는 확실한 과학적 근거를 얻기 위해
실측과 계산을 소홀히 하지 않았다.

영감을 받아 "바람이나 물을 사용하지 않고 인력도 필요 없는" 자동 운송
도구를 발명했다. 이 밖에도 시간을 계산하는 기구인 누호漏壺를 개조해
생산활동에 편리하게 사용하도록 했다.

조충지는 중국 역사에서 풍부한 학식과 뛰어난 능력을 가진 학자로 불
리기에 손색이 없다. 그가 아들과 함께 수학 연구를 집대성한 저작《철술
綴術》은 당나라 때 '산경算經 10서書'로 지정되어 수학을 공부하는 학생들
의 필독서가 되었다. 이 책은 훗날 한국과 일본에까지 전파되었으나 애석
하게도 원나라 때 실전되고 말았다.

한편 조충지는《역경》,《노자》,《장자》등의 경전에 대해서도 깊이 연구
했고, 악률樂律과 장기와 바둑에도 정통했으며, 열 권에 달하는 소설《술이

기술이기述異記》도 집필한 바 있다. 루쉰이 편찬한 《고소설구침古小說鉤沈》에서도 《술이기》가 언급되고 있다.

조충지는 만년에 무관으로 장수의 교위로 있을 때 《안변론安邊論》을 저술해서 "둔전을 개간하고 농업을 널리 보급해야" 한다는 부국강병론을 천명했다.

총체적으로 조충지는 남북조시대 백과전서와 같은 위대한 과학자라고 평가할 수 있다.

【 실천과 관측을 중시하고 권위에 미혹되지 않다 】

조충지는 여러 분야에서 세상 사람들이 주목하는 경이적인 성과를 거두었다. 그는 어릴 때부터 과학에 깊은 흥미를 보였고, 선인들의 과학적 성취에 대하여 진지한 태도로 쉬지 않고 공부했다. 그의 말을 들어보자.

"고금의 성과를 두루 섭렵하고 그 심오한 이치를 널리 탐구하는 동시에 당나라 글이든 하나라 책이든, 또는 주나라 것이든 한나라 것이든 일일이 살피고 검증하고 확인했다."

조충지는 늘 한밤중에 일어나서 별과 달의 운행을 관측했고, 모든 것을 직접 측량했으며, 계산하는 일도 결코 소홀히 하지 않았다. 그리하여 설득력 있는 자료들을 대량으로 수집할 수 있었다. 대명력에 확실한 과학적 근거를 부여하기 위하여 그는 8척이나 되는 장대로 태양의 그림자를 관측하는 일을 10년간이나 계속했다.

더욱 고귀한 것은 조충지가 옛사람이 했던 것이나 권위가 있는 것이라해서 미혹되지 않았다는 점이다. 그는 자신의 선배이자 유명한 천문학자인 하승천에게도 의문이 있으면 주저 없이 질문을 던졌다. 하승천과는 조부의 소개로 10세쯤에 만났는데, 당시 하승천은 이미 70세가 넘은 노인으로서 조충지에게 과학의 이치와 천문 관측법을 가르쳐주었다. 하승천은 수십 년간 관측하고 연구한 끝에 과거의 역법에 오류가 있음을 발견하고는 새로운 역법을 제정해서 그것을 원가력이라고 불렀다.

하지만 조충지는 다시 몇 년 동안 관측하고 계산한 뒤 자신의 스승이자 선배인 하승천의 원가력도 그다지 정밀하지 못하다는 결론을 내리고 새로운 역법을 제시했다. 그의 조부는 이 일을 알고 노여워하면서 조충지를 꾸짖었다.

"선생은 네가 무척 존경하는 학자가 아니냐? 그분은 70여 세에 비로소 원가력을 제정하셨다. 결코 쉬운 일이 아니지. 너는 이제 30여 세에 불과한데 어찌하여 그분의 머리 위에 오르려 하느냐? 경거망동하다가는 다른 사람들의 웃음거리가 된다."

조충지는 이렇게 대답했다.

"스승님은 부지런히 연구하여 예전보다 더욱 정밀한 역법을 발명했습니다. 이 점은 결코 부정할 수 없습니다. 저는 어릴 때도 그랬고 지금도 그분을 무척 존경합니다. 하지만 제가 정밀하게 계산해보니 그분의 역법에 타당하지 않은 점이 발견되어 그 부분을 고치려 하는데 무슨 잘못이 있습니까? 저는 스승님의 머리 위에 올라서고 싶은 생각은 전혀 없습니다. 하지만 원가력의 오류까지 안고 지닐 수는 없습니다."

대명 6년에 그는 기어코 자신이 발명한 대명력을 조정에 보내고야 말았다.

조충지가 죽은 후 아들 조항祖暅과 손자 조호祖皓가 그의 뒤를 이어 앞서거니 뒤서거니 하며 경이로운 과학적 성과를 거두었다. 특히 조호는 조부의 영향을 받은 데다 스스로 꾸준히 노력해서 천문, 수학, 목록학, 건축, 도량형 등의 영역에서 탁월한 능력을 발휘했다. 그가 발견한 '조항의 정리(수학에서 공의 체적을 계산할 때 쓰는 공식)'는 세계 수학사에서 1,000년여 동안이나 앞선 수준을 자랑했다.

오늘날 조충지의 이름은 세계의 유명 과학자들과 함께 프랑스 파리의 과학박물관 벽에 새겨져 있다. 구소련의 과학자는 달의 뒷면에 있는 크레이터 중 하나를 '조충지'라고 명명함으로써 이 위대한 과학자에게 경의를 표했다.

【 북위 효문제와 북방 민족 】

●순행을 나가는 효문제孝文帝

정치와 경제에서 중대한 개혁을 실행한 후 493년에 독립적으로
정사를 주관하게 된 효문제는 북위의 도읍을 북방에 치우친 평성
에서 중원의 뤄양으로 옮기는 결단을 내렸다.

386년, 북방의 소수민족이었던 선비족鮮卑族의 탁발拓跋 씨가 성락盛樂(오늘날 내몽골의 허린거얼和林格爾)에 북위 왕조를 건립했다. 고대 소수민족의 걸출한 황제였던 효문제孝文帝는 바로 이 왕조의 제6대 황제이다. 효문제는 집정기에 역사 발전의 흐름에 맞춰 갖가지 개혁을 실행하여 선비족의 발전을 추진하고 북방의 안정을 도모했다.

효문제의 이름은 탁발굉拓跋宏으로 467년에 평성平城(지금의 산시성山西省 다퉁大同)에서 출생했다. 기록에 의하면, 그는 생김새가 "희고 특이한 모습"이었다고 한다.

471년에 탁발굉이 등극하자 그의 부친 헌문제獻文帝는 태상황으로 추대되었는데, 이때 효문제는 겨우 5세에 지나지 않았다. 5년 후 태상황이 붕어하자, 당시 35세인 풍馮태후(효문제의 조부인 문성제文成帝의 황후 풍씨)가 "조정을 관장했다". 효문제는 풍태후의 손에서 성장했다. 한족이었던 풍태후는 유가의 경전과 한족의 나라를 다스린 경험으로 효문제를 가르쳤다.

효문제는 수많은 서적을 섭렵하며 손에서 책을 놓지 않았다. 그 결과 유학의 경전에 정통했고 제자백가와 역사서를 두루 읽었다. 효문제가 즉

북위北魏 무사의 인형

위한 후 풍태후는 과거 제왕들의 나라를 다스린 경험을 정리한 〈권계가勸誠歌〉 300여 장章과 〈황고皇誥〉 18편을 지어 효문제를 가르쳤다. 풍태후는 집정 당시에 이미 정치와 경제 분야 개혁을 실시했는데, 490년에 별세한 뒤에도 24세의 효문제는 깊고 두터운 문화적 소양과 정치 경험으로 개혁을 멈추지 않았다.

【 반란이 끊이지 않는 가혹한 현실 】

선비족은 중국 북방의 유목민족으로서 후한시대에 남쪽으로 이주했다.
북위의 이전 3대 황제는 반세기 동안의 전쟁을 통해 무력으로 북방을 통
일했지만, 사회는 아직 안정을 찾지 못하고 있었다.

개국 황제인 도무제道武帝는 한족 문화를 배워서
어느 정도 개혁을 추진했다. 그러나 보수적인 선비
족 귀족의 강한 불만을 사게 되면서 반란이 끊이지
않았다. 극도의 긴장 상태가 계속되자 도무제는 결
국 비명에 죽고 말았다.

그 뒤를 이은 몇몇 황제들은 한족의 모사謀士들을 등용
해서 그들의 책략과 선비족 군대의 무력으로 전공을 세
우는 한편, 약탈한 재물을 군사들에게 나눠주고 많
은 사람들을 노예로 만들었다. 이러한 일들은 사회

내몽골에서 출토된 북위
의 취사도구인 구리솥

의 모순을 더욱 격화시켜서, 효문제가 즉위할 때 북위는 사면초가의 위기에 처해 있었다. 471년에서 481년까지 불과 10년 동안 북방 여러 민족의 봉기가 20여 차례 일어났다는 사실은 당시의 상황에 대한 좋은 증거다. 북위는 이제 변혁을 꾀하지 않으면 곧 몰락할 지경이었다.

【 정치 및 경제의 개혁과 북방 민족의 융합 】

효문제는 즉위한 후에 풍태후의 뒤를 이어서 북위의 정치, 경제, 문화, 풍속 등을 평화적인 방식으로 개혁해나갔다. 그와 같은 광범위한 개혁은 괄목할 만한 성과를 거두었다.

485년, 효문제는 대신 이안세李安世의 건의를 받아들여 '균전조均田詔'를 반포하고 균전제를 실시했다. 조정에서는 땅이 없거나 부족한 농민들에게 황무지를 분배해주어 모든 농민이 땅을 소유하게 했다.

다음 해에는 이 제도와 맞물리도록 대신 이충李冲의 건의를 받아들여 삼

북위의 '전조무궁傳祚無窮' 와당(왼쪽)
동으로 만든 인장(오른쪽)

효문제가 주도한 북위 사회의 개혁은
중국 역사에 큰 영향을 미쳤다.

장제三長制를 실시해서 백성들의 호적제도를 정착시켰다. 이 제도에 따르면 이웃 사이에는 인장隣長(매 5호를 1린隣으로 정함)을 두고, 이里에는 이장里長(매 5린을 1리里로 정함), 당黨에는 당장黨長(매 5리를 당黨으로 정함)을 두어, 이를 통틀어 삼장三長이라고 했다. 삼장은 호구를 조사하고 요역과 병역, 세금 등의 징수를 책임지며 질서를 유지하는 직무를 수행했다.

이와 동시에 효문제는 조조제租調制를 실시하여 농민들의 세금 부담을 줄이는 한편, 한족 지배계급의 정치제도를 채용하여 관리제도를 정비했다.

484년에는 관직의 높고 낮음에 따라 백관의 봉록을 정하는 '반록班祿'을 실시하고, 탐관오리를 엄격히 벌하는 내용의 법률을 제정하여 관리들에 대한 감사제도를 완벽하게 갖추었다.

정치와 경제에서 중대한 개혁을 실행한 후, 493년에 독립적으로 정사를 주관하게 된 효문제는 북위의 도읍을 북방에 치우친 평성에서 중원의 뤄양으로 옮기는 결단을 내렸다. 도읍은 순조롭게 이전되었고, 이에 따라 개혁도 더욱 폭넓게 진행되어서 문화와 풍속의 심도 있는 개혁을 위한 홀륭한 토대를 닦았다. 효문제의 개혁은 탁발씨의 선비족 사회를 더 높은 문명 단계로 신속하게 진입시켰으며, 북방 여러 민족의 융합을 강력히 촉진했다.

【 농업 생산성을 자극하여 경제를 회복하다 】

효문제가 이끈 북위의 개혁은 중국 역사에 광범위하고도 깊은 영향을 남겼다. 예컨대 균전제는 지주의 이익 보호라는 전제하에 많은 농민에게 필요한 토지를 나눠줌으로써 지주와 농민 간의 충돌을 완화시켜 사회안정에 기여했다. 이러한 조치들은 북위에서 시작되어 당나라 중기까지 이어졌는데, 구체적 내용에서는 변화가 있었을지라도 기본적인 틀은 북위가 정한 테두리를 크게 벗어나지 않았다.

균전제, 삼장제, 조조제의 조화로운 실시는 농민들의 생산성을 자극하여 북방의 경제를 회복하는 데 긍정적인 역할을 했다. 농민들은 부지런히 노력하여 더 많은 황무지를 개간했고, 그 과정에서 경작기술도 한층 발전했다.

북위의 농업학자인 가사협賈思勰의 농업에 관한 저서 《제민요술齊民要術》에 의하면, 당시에는 개간, 비료 주기, 씨앗 고르기, 씨앗을 물에 담가 불리기, 수확 등에서 기술이 크게 개선되었으며, 야채와 과일의 재배법과 관련해서도 좋은 경험들이 쏟아져 나왔다. 이 책에는 또 86가지나 되는 작물의 품종에 대해서도 풍부하게 기록되어 있다. 이것들은 모두 효문제의 경제 개혁에서 비롯된 새로운 흐름이다.

【 법도가 있는 관리제도 】

안정된 사회와 튼튼한 정권은 반드시 효과적인 관리제도로 보장되어야 한다. 선비족의 탁발씨는 원래 유목민족이었지만 나라를 세운 후에는 완벽한 정치제도를 절실하게 필요로 했다.

북위 건립 초기 몇몇 황제가 나라를 다스릴 때는 탐관오리의 착취가 극심했는데, 각급 관리들의 수탈과 착복으로 백성들의 원성이 들끓었다. 황제의 명령으로도 탐관오리의 악행을 잠재우지 못할 정도였다. 그렇게 된 가장 큰 원인은 북위의 관리와 군졸들이 봉록을 받지 못했기 때문이다. 그들의 수입은 전쟁 과정에서 노략한 물자와 황제가 공로에 따라 상으로 내리는 것이 고작이었다. 그래서 대규모 전쟁이 끝나고 나면 전쟁 중의 노략질이 평화 시기의 횡령으로 전환되었다.

효문제는 이러한 사정을 파악하고 봉록제의 실시를 결정했다. 484년에는 '반록제班祿制'를 도입했는데, 과거의 선례와 경전에서 봉록제의 역사적 연원을 캐고 이론적인 근거를 마련한 후 구체적인 시행 방법과 규정을 반포했다. 이 제도를 순조롭게 실시하고 탐관오리들의 악습을 뿌리 뽑기 위해 효문제는 탐관오리를 처벌하는 법규도 마련했다. 그해 9월에 자사刺史 이하의 관리 중 지위를 남용하여 비위를 저지르다 발각되어 사형에 처해진 자가 무려 40여 명이나 되었다. 한편 사회의 기층 조직에서 실시한 '삼장제'는 북위 사회의 조직을 건전하게 했다.

이런 조치들을 취한 결과 북위 왕조는 중앙정부에서 사회 기층에 이르기까지 씨족제와 노예제를 완전히 탈피하면서 봉건사회로 신속히 진입했다.

【 유혈 없는 천도 】

　북위의 옛 도읍지인 평성은 외진 곳에 자리잡은 데다 날씨마저 추워 농업 생산에 적합하지 않았다. 또한 낙후한 경제로 인해 귀족 수구파는 기득권을 유지하며 영향력을 발휘했다.

　하지만 뤄양은 중원의 중심에 있는 교통의 요충지로서, 농업이 발달한 데다 경제력도 만만치 않아서 나날이 커져가는 북위의 조정을 충분히 지탱해줄 수 있었다. 문화의 오랜 도읍인 뤄양은 또한 문화적 잠재력을 갖추고 있어서 북위의 문화 발전에 상당한 도움을 줄 수 있었다. 이런 것들을 깊이 고려한 효문제는 뤄양으로 천도할 뜻을 품었지만, 수구파 대신들의 반대에 부닥쳐 고심했다.

효문제는 외진 평성에서 중원의 중심에 있는 뤄양으로 천도를 단행했다.

493년 8월, 효문제는 남조南朝를 공격한다는 명분으로 100만 대군을 거느리고 평성을 출발하여 남쪽으로 향했다. 9월이 되어 뤄양에 도착했을 때 마침 비가 계속 내려 더 이상 진흙길을 행군하기가 어려웠다. 북위의 군대는 예전에 남조와의 전투에서 피해를 입은 적이 있었고, 대신들은 이 원정을 달가워하지 않아 효문제에게 정벌을 중지할 것을 요청했다. 그러자 효문제는 원정하고 싶지 않다면 뤄양으로 천도하려는 자신의 뜻에 동의해달라고 요구했고, 대신들은 기꺼이 그의 의견에 동조했다.

이듬해 2월, 효문제는 뤄양 천도를 공식적으로 선포하면서 495년 9월까지 "6궁宮 및 문무대신들은 모두 뤄양으로 옮겨와야 한다"고 했다. 천도를 계기로 북위의 경제는 농업 위주로 전환되었으며, 효문제가 이끄는 개혁도 풍속을 바꾸고 선비족 사회를 개혁하는 새로운 단계로 접어들었다. 선비족 관리들은 한족의 복장으로 통일하고, 선비어 대신 한족의 언어를 사용하며, 선비족의 성씨도 단음절인 한족의 성으로 고치는 등 대대적인 조치를 취했다. 도읍의 이전은 북방의 소수민족과 중원 한족 간의 대융합을 촉진했다. 한족의 우수한 문화는 탁발씨 선비족의 신속한 발전을 이끌었고, 선비족 문화의 우수한 점은 오랜 교류 과정에서 중국 문명의 거대한 흐름 속에 흡수되었다. 선비족과 한족 간의 민족적 차이가 점차 사라지면서 남북 정권 사이의 민족적 성향도 약화되었다. 이는 훗날 수나라가 남북을 통일하는 데 튼튼한 문화적 토대가 되었다.

당시 뤄양과 중원으로 이주한 100만 이주자들의 후손 중에서는 걸출한 인물이 많이 배출되었다. 이에 대하여 송·원대의 인물 호삼성胡三省은 수나라와 당나라의 주요 정치인 및 문화예술인 가운데 이민족의 자손이 "열에 예닐곱은 될 것"이라고 했다.

結선구적인 황제인 효문제의 지도하에 북위는 원시사회 말기와 노예사회에서 일약 봉건사회로 진입할 수 있었으니, 이는 끊임없는 학습과 개혁의 성과였다. 효문제는 개방적인 태도를 취하는 한편 민족적 편견을 타파했으며, 새로운 문화를 배우고 싶어하지 않는 귀족들에게 선진 문화에 대한 학습을 강조했다. 효문제의 주도하에 선비족의 문화 수준은 한결 높아졌다.

효문제는 "한족과 오랑캐는 다르지 않다"는 새로운 이념으로 민족을 구분하지 않고 인재를 널리 등용함으로써 개혁을 위한 인적 자원을 풍부하게 확보했다. 그의 영도 아래 북방의 경제는 신속히 회복되었고, 16국의 전란 때부터 시작돼 200여 년에 달했던 혼란도 마침표를 찍었다.

특히 뤄양으로 천도한 후 번성하는 모습은 남조의 선비나 서민들마저 부러워할 정도였다. 《뤄양가람기洛陽伽藍記》에 의하면, 남조의 관리들은 뤄양을 둘러보고 남방의 건강으로 돌아가 사람들에게 이렇게 말했다.

"진晉과 송 이래 뤄양은 황무지라고 했다. 이것은 창장강 이북이 모두 오랑캐뿐이라는 뜻이다. 그런데 이번에 뤄양에 가보았더니 선비족의 의관이 중원과 다르지 않고, 예의도 극진했으며, 사람이든 물자든 무척 풍부했다."

북위 사회가 엄연히 문명의 단계에 들어섰음을 보여주는 대목이다. 효문제의 개혁은 북조에 깊은 영향을 주었다. 그 후 엎치락뒤치락하는 일도 있었지만, 그 뒤를 이은 동위東魏, 북제北齊, 서위西魏, 북주北周 등의 통치자들은 대개 효문제를 본받아서 개혁을 추진하고 사회의 진보를 촉진하는 데 기여했다.

【 윈강 석굴 】

● 윈강 석굴의 외부 전경

윈강 석굴은 인도 불교예술의 정수를 흡수하고 중국 각 민족의 전통문화를 융합한 결정체로서 그 규모가 방대하고 조각과 장식이 화려하다. 윈강 석굴에 나타난 예술의 표현 형식은 이후의 예술에 많이 채용되어 사람들의 환영을 받았다.

불교는 1세기에 중국에 유입되어 4세기 이후에 신속하게 전파되었다. 중국 고대 불교사에는 황제가 일으킨 전국 규모의 훼불 사건이 네 차례 있는데, 그 첫 번째가 446년에 발생한 북위北魏 태무제의 훼불 사건이다.

사원 안에 숨겨놓은 무기가 발견되자 일부 대신들이 세상에는 부처가 없으며 불자들이 거짓으로 사람들을 유혹하는 것이라고 태무제를 부추겼다. 황제는 대신들의 말을 경솔히 믿고 불교를 말살하라는 명령을 내렸다. 그 바람에 일부 승려들이 피살되었고 많은 절이 파괴되었다. 태무제는 폐불령廢佛令을 반포한 후 얼마 되지 않아 세상을 떠났다.

그 뒤를 이어서 즉위한 문성제(태무제의 손자)는 조부의 죽음이 훼불과 관련이 있다는 말을 듣고 불교를 회복시켰다. 그리하여 460년에 도읍지 평성平城(지금의 산시성山西省 다퉁大同)의 서쪽 교외에 있는 무주산武周山에 굴을 파고 불상을 조각하게 했으니, 무주산이 바로 지금의 윈강雲崗이다. 윈강 석굴은 바로 이때부터 조성되기 시작했다.

석굴 안에 불상을 모시는 이유는 종교활동에 필요해서이기도 하고, 물과 불 또는 도적들로부터 불상을 안전하게 지키기 위함이었다. 윈강 석굴과 같은 북방의 큰 석굴에는 호국護國과 호교護教가 세상에 영원히 전해지라는 뜻이 담겨 있다.

윈강 석굴의 조각은 460년에 시작되었는데, 당시 투입된 인력과 재력 등이 실로 엄청나서 놀랍다고 말할 수밖에 없다. 하지만 중국 문화사의 측면에서 보면 인류 문명에 남겨진 고귀하고 아름다운 유산이자, 북위시대 수많은 장인들이 완성한 위대한 예술의 결정체이다.

원강 석굴 내 제18굴의 입불상

【 평성의 모범적인 양식 】

원강 석굴은 동서로 15킬로미터나 이어져 있는데, 그중 1킬로미터 정도의 중간 구간에 석굴의 정수가 모여 있다. 이 구간은 석질이 비교적 좋아서 지금까지도 잘 보전되어 있으며, 산시성 다퉁에서 동쪽으로 15킬로미터 떨어진 원강의 남쪽 기슭에 있다.

원강 석굴은 대형 및 중형의 석굴 53개와 소형 석굴 1,100여 개로 구성되어 있다. 불상 가운데 가장 큰 것은 높이가 17미터에 달하고, 가장 작은 것은 10센티미터도 안 된다. 통계에 의하면, 이 석굴이 보유하고 있는 석상은 5만 1,000기에 달하는데, 그 제재가 다양하고 인물의 조형이 생동감 있어서 조각예술의 높은 수준을 보여준다.

원강 석굴은 중국 신장新疆 동쪽의 중원에서는 가장 일찍 출현한 석굴군이다. 당시 중국 북부를 통치하던 북위 황실에서 각 지역의 출중한 장인들을 모으고 대량의 재물을 들여 조성한 것이어서 그 다양한 양식은 당연히 중국 북부 석굴의 모범이 되었다. 그래서 일부 예술사가들은 이 석굴의 양식을 '평성 양식'이라고 부른다. 평성 양식은 동쪽의 랴오닝성 이현義縣의 만불당萬佛堂 석굴에서 시작하여 서쪽의 산시성陝西省과 간쑤성에 이르는 북방 각 지역의 북위시대 석굴, 심지어 허시후이랑河西回廊의 서쪽 끝과 위먼관玉門關 밖의 둔황 석굴에까지 영향을 미쳤다고 한다. 윈강 석굴은 이처럼 중국 고대 조각사에서 아주 중요한 위치를 차지하고 있다.

【 문화 교류의 새로운 기상 】

윈강 석굴 내에 조성된 불상은 두 가지 의미 있는 특징을 가지며, 당시 중국과 외국의 문화 교류 및 한족과 소수민족 간의 문화교류의 기상을 반영하고 있다.

인도 불교예술의 영향은 주로 담요5굴曇曜五窟(윈강 제16~20굴)에 표현되었는데, 이는 북위 문성제 시기 사문통沙門統 담요曇曜의 주관하에 조각된 석굴이다. 사문통은 북위시대 승려의 최고 관직으로서 불교의 업무를 모두 관장했다. 담요는 당시 양주涼州에서 온 승려로, 그의 주관하에 건축한 석굴을 담요5굴이라 불렀다.

석굴 안의 보살상

당시는 불교예술이 중원에 전해진 지 얼마 되지 않은 때여서 담요5굴의 공사를 책임진 장인들은 대부분 서부인 양주에서 왔고, 이 때문에 이 시기 동굴들은 대체로 인도 불교예술의 양식을 띠고 있다. 예컨대 불상이 걸치고 있는 가사는 대부분 "오른쪽 어깨를 드러내는 편단우견식偏袒右肩式" 및 "어깨를 다 드러낸 통견식通肩式"이다. 통견식 가사는 인도 간다라 예술에서, 편단우견식은 인도 말토라 예술에서 볼 수 있는 것이다.

또 다른 예로 보살의 상반신은 맨몸에 목걸이와 영락瓔珞을 착용하고 있고, 하반신은 주름 잡힌 큰 치마를 입고 있는 것이 인도 귀족의 모습과 흡사하다. 불상들의 얼굴이 각지면서도 둥글고, 가는 눈썹에 긴 눈매이며, 눈은 우묵하게 꺼지고 콧마루는 곧게 솟았으며, 가슴이 두터운 등의 특징도 모두 인도 불교예술의 흔적이다. 담요5굴의 주상主像은 두 어깨가 두텁고 넓으며 얼굴이 풍만한데, 척발씨 선비족을 모델로 하지 않았나 추측된다.

윈강 석굴 중 북위 효문제의 개혁으로 선비족의 풍속이 바뀐 뒤에 조성된 불상들에서는 한족 문화의 영향을 찾아볼 수 있다. 효문제는 486년부터 복식에 대한 개혁을 실시해서 선비족의 복장을 금지하고 일률적으로 한족의 복식을 착용하게 했는데, 그 후 조성된 윈강 석굴의 불상에는 한족의 복장이 보이기 시작한다. 불상의 복장은 모두 크고 두터워서 무거워 보이며, 허리띠와 장신구 등을 보면 남조 사대부들의 복장임이 확연하다. 한족의 복장을 한 불상은 489년에 최초로 나타났다.

또 다른 사례로 초기의 불상들은 대개 바닥에 앉아 있었으나, 이후 침상에 앉는 남조의 관습에 영향을 받아 불상들이 모두 높은 보좌에 앉게 되었다. 이 밖에도 석굴에는 한족의 건축 양식과 장식도 많이 보이는데,

이것은 효문제의 개혁 이후 원강 석굴에 나타난 새로운 변화로서 당시 북방 여러 민족의 교류와 융합을 반영하고 있다.

【 호방한 기풍 】

원강 석굴의 조성 연대와 기풍의 변화를 살펴보았을 때 담요5굴, 즉 원강 석굴의 중간에서 약간 서쪽으로 치우친 제16~20굴이 시기적으로 제1기에 조성한 석굴에 해당한다. 담요5굴의 조성 시기는 대체로 460~466년으로 잡는다. 담요는 부처와 불법의 연원이 오래되었음을 증명하기 위하여 과거불, 현재불, 미래불의 삼세불三世佛을 5굴의 주상主像으로 조각했다.

담요5굴의 가장 동쪽에 있는 제16굴의 완공이 조금 늦어진 것 외에 다른 네 개의 석굴은 조화를 잘 이루고 있다. 굴 안은 원형이고 평면도 모두 타원형을 이루고 있어서 높고 큰 불상을 수용했지만 나머지 면적은 아주 좁아서 석가모니 생전의 그리 넓지 않았던 거실을 모방한 것이 아닌가 추측된다. 석굴 안의 주상은 크고 웅장해서 대부분의 공간을 차지하고 있고, 주상 양 옆의 불상은 서거나 앉아 있는 모습이다. 이처럼 주종主從의 차이가 현격한 것은 후세의 삼세불이 모두 똑같은 높이로 앉아 있는 것과는 대조적이다.

담요5굴의 설계는 각 동굴의 형태와 규모, 조상造像의 내용, 조합 등에서 동일한 것도 있고 다른 것도 있지만, 모두 조화롭고 통일된 모습으로 각기 특색을 나타내고 있다. 예컨대 제20굴의 주상은 부처가 가부좌를 틀고 있는 모습이고 제19굴의 주상 역시 가부좌를 하고 있지만, 손 모양이

제20굴 석가모니의
좌상

마치 설법을 하는 것 같다는 점에서 서로 다르다.

이 시기의 석굴예술은 규모가 크고 내용이 풍부하며 배치가 아주 엄밀하다. 또 불상의 조형이 크고 웅장하며 비천상은 소녀의 모습을 하고 있다. 그 씩씩하고 표표한 모습은 북방 소수민족의 호방한 기상을 갖추어 진나라와 한나라 이래 조각예술의 비약적 발전을 보여준다.

【 평화와 기쁨과 안식의 모습 】

원강 석굴의 제2기 공사는 대체로 467~494년에 이루어졌다. 이때는 원강 석굴의 조성 공사가 가장 활발하게 진행된 시기로서 화려한 석굴들은 모두 이 시기에 완공되었다.

이 시기의 석굴은 대부분 일정한 조합을 이루고 있는데, 그중에서도 쌍굴 1조組가 가장 유행했다. 주요한 것으로 다섯 조가 있으니, 제7~8쌍굴, 제9~10쌍굴, 제1~2쌍굴, 제5~6쌍굴, 제11~13쌍굴이 그것이다. 이 석굴들은 구조적인 면에서 소재, 의복, 장식에 이르기까지 모두 복잡한 양식을 보이고 있으며, 동시에 외부에서 유입된 불교 석굴의 동방화를 분명하게 반영하고 있다.

이 몇 조의 쌍굴은 별개의 굴을 제외하고는 모두 평면에 정사각형의 전당식殿堂式과 탑묘식塔廟式 동굴로 이루어졌고, 다수가 앞과 뒤 2실로 나뉘어 있다. 굴 안의 본존불은 이전처럼 크게 조성한 제5굴을 제외하고는 일반적으로 모두 축소되어 뒷벽이나 탑 기둥의 정면 감실 안에 모셔져 있다. 제1기의 높고 크고 웅장한 모습과는 달리 평화와 기쁨과 안식의 모습으로 바뀌었다.

비천상의 모습은 아주 활발하고 교태가 넘치며 생동감 있다. 그 소재도 더욱 풍부해져서 석가모니 전생의 본생담本生譚부터 출생에서 죽음에 이르기까지의 과정을 설명하는 그림도 있는데, 이 모두가 윈강 석굴의 중기 작품이다. 불상의 복장도 점차 가볍고 부드러우며 몸에 붙는 형태로, 오

제8굴의 서쪽 벽에 있는 구마라천鳩摩羅天(왼쪽) 제11굴의 동쪽 벽에 있는 보살상(오른쪽)

른쪽 어깨를 드러내는 편단우견식 가사에서 넉넉하고 중후한 곤복袞服식
으로 바뀌었다.

〖 맑고 빼어난 기상 〗

윈강 석굴의 제3기 공사는 대체로 494년에서 효문제가 뤄양으로 천도
한 후인 524년까지 약 30년간 진행되었다. 당시 불상 조성의 중점이 뤄양
의 룽먼龍門 석굴로 옮겨갔기 때문에 이때 윈강 석굴의 대규모 굴 파기 공
사는 이미 중단된 상태였다. 단지 뤄양과 평성을 오가던 관리들과 평성
일대에 남아 있던 관민官民들이 계속 굴의 감실들을 만들었다. 그래서 윈
강 석굴 조성의 마지막 단계에서는 중·소규모 굴이 대량으로 조성되었
으며, 석굴 동서의 양쪽 끝과 중간의 낭떠러지 위에 분포되어 있다.

또한 이때 중·소규모 석굴을 파는 것 외에도 이전에 파놓은 벽면의 빈
곳을 이용해서 감실 속에 불상을 조성했다. 3기의 중·소규모 굴은 1기
와 2기 동굴의 형태를 포괄하고는 있지만 이전보다 축소되고 간소화되
었다. 하지만 그 배치는 정연하고 조각도 더욱 정교해졌으니, 그 공통적
인 특징은 인물의 조형이 모두 "맑고 빼어나다"는 것이다. 그리고 불상
이 걸친 옷 아랫부분에 운치 있는 주름이 있는 것이나 보살의 가슴 앞에
옥으로 고리를 만들어놓은 것 등에서 남조의 풍습이 끼친 영향을 확인할
수 있다.

정연한 배치의 중형 석굴, 가령 제26~30굴, 제33~37굴은 가장 전형적
이며, 제39굴의 다보탑은 지극히 표준적인 동방식의 5층 누각으로 된 높은
탑이다. 정교한 소형 석굴 안에는 6세기 초에 칠한 색채들이 지금까지 적

지 않게 보존되어 있다.

　이 밖에도 아주 드물지만 의관
이 깔끔한 공양인의 행렬, 부처와
보살을 받드는 음악수音樂樹와 같
은 조각도 있다. 그 가운데 불교
설화를 조각한 것은 북위 때 만든
감실 중에서도 아주 드문 것이다.
예를 들면 "독수리가 아난을 두렵
게 하다"는 조각은 아난이 산속의
굴에서 좌선할 때 독수리로 화한
마왕이 굴 밖에서 사납게 울부짖

제18굴에 있는 보살의 두상

어 아난이 크게 두려워하자, 석가모니가 내민 손이 굴의 벽을 통과해서
아난의 정수리를 어루만지며 위로했다는 이야기를 표현했다.

윈강 석굴은 인도 불교예술의 정수를 흡수하고 중국 각 민족의 전통문화를 융합한 결정체로서 그 규모가 방대하고 조각과 장식이 화려하다. 가령 유명한 제20굴의 본존불은 체구가 웅대한 데다 신령스런 자태가 편안하고 상서로우며, 눈빛이 맑고 밝은 모습으로 강력한 예술적 감화력을 갖추고 있어 윈강 석굴의 불상을 대표하며 북위 시대 조각예술의 높은 수준을 구현하고 있다.

윈강 석굴에 나타난 예술의 표현 형식은 이후의 예술에 많이 채용되어 사람들의 환영을 받았다. 그림들을 연결한 이야기인 연환화連環畵의 형식이 그중 하나이다. 윈강 석굴의 조각상에는 연환화의 형식을 운용한 것이 집중되어 있어서 그림마다 각기 이야기가 있을 뿐 아니라, 그림과 그림 사이에도 이야기의 연속성이 있다. 이 점에 대해 한 예술사가는《중국미술통사中國美術通史》에서 이렇게 찬탄했다.

"중국 미술사에서, 드라마틱한 이야기를 잘 표현하고 광범위한 대중성을 띤 연환화는 결국 종교예술에서 발전하고 성장했다."

중국의 위대한 사상가이자 문학가인 루쉰은 소품문小品文의 위기를 언급하면서, 윈강의 장팔丈八 불상과 만리장성을 함께 논하고, 그것들이 모두 "바람과 모래가 휘몰아치는 가운데 우뚝 솟아 있는 대건축"이자 "견고하면서도 위대한" 예술이라고 평한 바 있다.

조주교와 교량 건축

●중국의 가장 오래된 교량인 조주교

1,400여 년간 조주교는 다리의 노면을 통상적으로 보수한 것 외에 다른 부분들은 크게 보수한 적이 없다. 다리의 기초와 대부분의 돌은 수나라 때 조성된 것인데 이는 세계 교량사에서 보기 드문 일이다.

세계 고고학에 따르면, 중국은 교량이 가장 일찍 출현한 나라이다. 중국의 교량은 춘추전국시대 또는 그 이전에 등장한 것으로 추정된다. 가장 오래된 다리는 양교梁橋, 부교浮橋, 조교弔橋이고, 후한에 이르러 비로소 아치교가 출현했다. 중국에 현존하는 옛날 교량은 주로 석교石橋로서 대략 10만 개에 달하며, 현縣 단위 이상에서 문화재 보호 대상으로 지정된 다리만 해도 수백 개나 된다.

허베이성에 있는 조주교趙州橋는 그중에서 가장 뛰어난 교량으로서 아주 오래된 단공원호單孔圓弧의 아치형 돌다리다. 조주교는 수나라의 개황開皇 11년부터 19년(595~599) 사이에 건축되었다. 이춘李春이 설계하고 장인인 이통李通과 이응李膺이 축조했기 때문에 '이춘교李春橋'라고 부르기도 한다. 이 아름다운 아치형 다리는 1,400여 년 동안 사용되고 있지만 아직도 온전한데, 이는 세계에서도 유일무이한 사례이다.

중국 고대의 교량은 독특한 구조와 품격을 지니고 실용성과 예술성을 갖추었을 뿐 아니라 과학기술 수준의 상징이기도 하다.

조주교 돌난간에 돋을새김으로 표현한 용

【 뛰어난 솜씨의 조주교 】

　조주교는 일명 안제교安濟橋라고도 하며 허베이성 자오현趙縣 남쪽 교외를 흐르는 샤오허洨河강 위에 가로놓여 있다. 다리의 총길이는 50.82미터로 주된 아치는 28개의 반달 모양으로 구성되었고, 아치 정상 부분의 너비는 9미터, 아치 밑동의 너비는 9.6미터이다.

　조주교의 아치 길이는 37.02미터로서, 전 세계에서 가장 긴 아치라는 기록을 730여 년 동안 유지하다가 1321년에서 1339년에 걸쳐 프랑스에서 건설된 한 아치교에 1위 자리를 내주었다. 중국에서는 1,300년 동안 그 기록을 유지하다가 1959년 후난성 황후강黃虎港 다리의 건설로 기록이 깨졌다.

　조주교의 아치 높이와 길이의 비례는 1 : 5.12인데, 이 비율이 적을수록 기술은 더 진보한 것이다. 이 기록은 약 1,000년 동안 유지되다가 1567년 피렌체에 성삼위일체교가 건립되고서야 깨졌다.

　1,400여 년간 조주교는 다리의 노면을 통상적으로 보수한 것 외에 다른 부분들은 크게 보수한 적이 없다. 다리의 기초와 대부분의 돌이 모두 수나라 때 조성된 것인데, 이는 세계 교량사에서 보기 드문 일이다. 그래서 역사에서는 조주교를 가리켜 "천하의 으뜸"이라고 했다.

　조주교를 건설하기 위해서는 반드시 샤오허강의 난폭한 흐름의 역학적 변화 원리와 육상교통이 어느 정도 복잡한지를 파악해야 했는데, 이는 상당히 고난도의 작업이었다. 교량을 설계한 이춘과 시공을 담당한 이통 등은 조주교의 토대로 샤오허강 옆의 평평한 땅을 선택했다. 교대橋臺(다리의 양쪽 끝을 받치는 기둥 : 옮긴이)가 받는 하중은 제곱센티미터당 3.4킬로그램이 되었는데, 이곳은 제4기 지질시대에 형성된 충적층으로서 지층이 안정되고 토질이 균일해서 지진의 피해를 줄일

조주교를 설계한 이춘

수 있었다. 1979년 5월 베이징시 관찰소의 측정에 의하면, 조주교의 양쪽 기반의 높이가 겨우 5센티미터 내려앉았다. 이는 조주교의 부지를 선정할 당시 현지의 토양과 구조역학의 관계에 대한 인식과 기술적 처리가 이미 대단한 수준이었음을 보여준다.

　조주교에서 가장 특이한 점은 그 구조이다. 일반적으로 아치형 돌다리를 쌓을 때는 반원형을 채택하고 돌기둥을 세우는데, 조주교는 돌기둥을 두지 않은 채 아치형만으로 강을 가로질렀고 중간에 교각이 없다. 그리하여 마치 "초승달이 구름을 뚫고 긴 무지개가 강물을 마시는 듯한" 모양을 하고 있다. 이 역시 조주교가 세계에서 가장 먼저 채용한 양식으로서 세계 교량사의 기적으로 꼽히는 부분이다.

【 고대 교량의 예술적 특징 】

중국 고대의 교량은 기능과 예술이 결합되어 끊임없이 발전해왔으며, 다음과 같이 선명한 예술적 특징이 있다.

첫째, 교량의 외부 형태와 내부 구조가 주변의 자연 환경과 혼연일체를 이룬다. 고대 중국에서는 교량을 건축할 때 부지의 선정, 교량의 조형, 건축자재와 장식 등에서 강물의 흐름, 지질 상태, 주변 환경, 기후 및 토양 상태와 자연스럽게 조화를 이루어 상호 보완하는 예술적 결합을 추구했다. 따라서 모든 교량은 각기 독특한 예술적 특징이 있는데, 예컨대 "풍교楓橋의 저녁 종", "패교灞橋의 늘어진 버들", "노구蘆溝의 새벽 달", "동개洞開의 달은 초전법륜初轉法輪을 굴린다"고 하는 허베이성 자오현趙縣의 영통교永通橋, "장제長堤의 봄 버들"이라고 일컫는 시후西湖호의 대홍교大虹橋 등이 있다. 이처럼 인문 경관과 자연 환경이 이룩한 혼연일체는 고대 교량의 중요한 예술적 특징이다.

둘째, 교량의 건축자재들이 보여주는 상이한 심미적 효과를 들 수 있다. 돌다리는 무게가 있어 보이고, 나무다리는 가벼우며, 밧줄다리는 모험적인데, 이러한 다리에는 저마다 특색이 있다. 황실의 정원에 있는 다리는 보통 백옥을 정교하게 조각해서 고매한 품격을 구현하지만, 깊은 산이나 숲속에 있는 외나무다리, 징검다리, 대나무다리 등은 산과 들의 자연적인 개성과 멋을 표현한다.

셋째, 실용과 낭만의 결합이다. 중국의 옛 다리는 과학적 합리성으로 견고한 내구성을 확보하는 한편, 풍부한 상상력으로 낭만적 색채를 가미했다. 따라서 잘 만들어진 교량은 정교하고 아름다운 예술품과 같다. 예컨대 조주교는 전반적인 구조가 매우 아름답다. 물과 다리가 서로 비추어

노구교蘆溝橋 난간에 늘어선 사자상

선의 흐름이 명쾌하고 웅장한 가운데 영롱함이 빼어나며, 엄숙함 속에 부드러움이 있어 관상용으로도 가치가 있다.

넷째, 보조 건축물들의 역할로 다리가 더욱 돋보인다. 조주교를 예로 들어보자. 다리 난간과 난간의 기둥 20개가 모두 정교하고 아름다운 돋을새김으로 되어 있는데, 그 가운데 나는 듯이 달려가며 서로 얽혀 있는 동물들이 다리에 생동감을 더해준다. 그리고 5개의 아치 윗면 앙천석仰天石가에 있는 돋을새김은 일정한 거리를 둔 8개의 연꽃으로 장식되었다. 연꽃은 진흙 속에 피어나면서도 더러움에 물들지 않아서 고귀함을 상징하는데, 사람들은 이 다리를 걸을 때 "걸음걸음마다 연꽃이 피어나는" 느낌을 받는다. 이러한 보조 건축물과 정교하고 아름다운 장식은 금상첨화로서 교량에 이채를 더한다.

천공天工의 솜씨를 보여주는 아름다운 조주교는 대대로 시인과 화가들에게 창작의 영감을 주었다. 당나라의 시인 이고李翺와 유환劉煥 등의 시에는 다리에 대한 찬사가 담겨 있다. 최순崔恂은 〈석교영石橋詠〉에서 조주교의 완벽함과 아름다움을 이렇게 노래했다.

"세월이 흘러도 제방은 더욱 견고하고 해가 가도 돌계단은 무너지지 않으니… 마치 교룡이 약동하는 듯하네."

원나라의 시인 유백희劉百熙는 조주교를 건널 때 그 아름다움에 매혹되어 떠나기를 아쉬워하면서 다음과 같은 7언율시를 남겼다.

옛날 여와女媧의 하늘을 땜질하던 돌이
인간세상의 길을 고를 줄을 누가 알았으랴.
야밤에 산을 옮기니 귀신이 울부짖고
한 가닥 무지개가 가로지르니 바다의 신이 놀라네.
물은 벽옥의 고리를 꿰뚫고 흐르며
사람은 창룡蒼龍의 등 위를 지나다니네.
해질녘 난간에 기대어 바다 북쪽을 바라보니
장사의 마음은 더 이상 노를 때리지 못하네.

송나라 때 자사刺史를 지낸 두덕원杜德源은 〈안제교安濟橋〉라는 시에서 조주교의 교통과 운송 그리고 건축 수준과 탁월한 조형에 대해 다음과 같이 찬미했다.

돌로 된 날렵한 들보에 무지개 하나 걸리니

푸른 용이 무언가에 쏘인 듯 등을 허공에 문지르네.

평탄한 길은 화살처럼 곧아서 수많은 사람이 건너고

역마가 달리면서 만국으로 통하네.

구름이 달을 토하는 듯 높은 아치가 북쪽을 향하고

봄비는 강물에 합류해 동쪽으로 흐르더라.

인간세상에 신선이 남긴 자취라고 자랑하지 말지니

예부터 신과 같은 장인이 이런 솜씨를 부렸노라.

【 고대의 각종 교량 】

갖가지 자태를 자랑하는 옛날의 교량들은 중국의 대지를 장식하는 경관의 하나이다. 전국 곳곳의 산수를 잇는 수많은 교량은 크게 부교, 삭교索橋, 양교, 공교拱橋의 네 가지 유형으로 분류할 수 있다.

부교는 주교舟橋라고도 하며 물 위에 뜨면서 연결 가능한 물체로 양쪽 기슭을 잇는 교량이다. 물 위에 띄우는 물체로는 일반적으로 목선木船을 쓴다. 부교는 공사 속도가 빠르고 비용이 저렴하며, 이동이 편리하고 해체와 결합이 쉽다는 특징이 있다. 저장성 란시蘭溪 마궁탄馬公灘의 부교, 장시성 위산玉山 둥진東津의 부교 등이 대표적인 교량이다.

삭교는 현교懸橋 또는 승교繩橋라고도 일컫는다. 이 다리는 밧줄이나 대나무 줄기 또는 쇠줄로 만든다. 쇠줄로 만든 철삭교 중 가장 유명한 것은 윈난성의 징둥청景東城 서남쪽 란창강瀾滄江에 있는 난진교蘭津橋이다. 이 밖에도 쓰촨성의 노정교瀘定橋, 구이저우성의 판장盤江강 철삭교 등도 유명하다. 넝쿨로 만든 다리로 유명한 것은 티베트의 모퉈墨脫와 윈난성 누장怒江강에 있는 등넝쿨다리이다.

양교는 들보를 다리 기둥에 걸쳐놓은 교량을 말한다. 이는 아치형에 비해 상대적으로 평평한 다리이다. 교량을 가설하는 재료에 따라 죽량교竹梁橋, 목량교木梁橋, 석량교石梁橋로 나뉜다. 대나무와 나무로 된 교량은 가설이 쉬운 반면 수명이 짧다는 단점이 있다.

석량교는 다시 천연적인 것과 인공적인 것으로 나뉜다. 천연적으로 이루어진 석량교는 흔히 볼 수 없는데, 저장성 톈타이산天臺山의 '석량비폭石梁飛瀑'이 천연의 기기묘묘한 장관으로 꼽힌다. 인공 석량교 가운데 가장 유명한 것은 푸젠성 취안저우泉州의 낙양교洛陽橋로, 뤄양강이 바다로 유입되는 지점에 서 있다. 1059년에 세워진 남송시대의 대표적인 건축물이며, 길이 834미터에 다리 기둥 46개가 전부 화강석으로 이루어진 중국 양교의 대표작이다. 이밖에도 항저우杭州 시후西湖의 구곡교九曲橋, 쑤저우蘇州 쥐정위안拙政園의 곡교曲橋, 베이징 이허위안頤和園의 서제교西堤橋, 시안西安의 패교灞橋 등이 독특한 기풍을 지닌 석량교에 속한다.

공교, 즉 아치교의 구조는 양교나 삭교보다 복잡하다. 아치교는 다리 기둥 사이의 아치형 구조가 다리의 하중을 떠안는다. 아치형은 자체가 받는 수직 방향의 중력을 아치형 구조에 의지하여 수평의 압력으로 분산시킨다는 점에서 일종의 선진적인 교량 구조라고 할 수 있다. 돌로 된 아치형 교량은 중국의 중요한 교량 양식으로 채택되어왔다.

아치형 다리는 다시 몇 가지로 나눌 수 있다. 아치의 면이 비교적 평온한 것을 평공교平拱橋라 부르며, 앞에서 사례로 든 조주교가 이에 해당한다. 또 물 위와 물 밑에서 완전한 원을 이루는 구조를 전원공全圓拱이라 하며, 난징南京의 칠옹교七瓮橋가 여기에 해당한다. 다리의 지상부가 반원

청나라 건륭제 때 세워진 이허위안의 십칠공교. 황실의 정원에 가설된 가장 큰 아치형 돌다리이다.

쑤저우 동남쪽에 있는 당나라 때의 보대교. 경제적이고 실용적이며 관상용으로도 가치가 있는 걸작이다.

을 그리는 구조를 반원공半圓拱이라고 하며, 쑤저우의 풍교楓橋, 베이징 이허위안의 십칠공교十七孔橋 등이 여기에 해당한다. 또 타원형으로 된 구조를 원단공圓蛋拱이라 하는데, 베이징 이허위안의 옥대교玉帶橋가 대표적이다. 이 밖에도 과저공鍋底拱, 절변공折邊拱 등 여러 가지가 있다.

장쑤성 쑤저우蘇州는 석교의 도시라고 할 수 있다. '동방의 베네치아'로 불리는 이 도시의 《쑤저우부지蘇州府志》에 의하면, 교량이 가장 많을 때는 무려 359개에 달했다고 한다. 그중에서 가장 장관인 것은 당나라 때 건설된 보대교寶帶橋로서 길이 136.8미터에 53개의 아치가 연속적으로 이어진 다리이다. 1,100여 년 동안 풍상을 견디면서 지금까지도 하나의 보대처럼 징항京杭대운하에 놓여 있다.

쑤저우의 또 다른 유명한 교량으로 역시 당나라 때 건설된 풍교가 있는데, 이는 단공교單孔橋로서 이름을 날리고 있다. 이 다리는 당나라 시인 장계張繼가 지은 〈풍교야박楓橋夜泊〉으로 세상에 널리 알려졌다.

쑤저우의 뤼먼閭門 밖에 있는 당나라 때의 풍교　　　　청나라 강희제 때 세워진 다두강大渡江의 노정교瀘定橋

달 지고 까마귀 우는 찬 서리 가득한 밤에

강가의 단풍과 고깃배의 등불 보면서 시름으로 잠 못 드는데

고소성 밖 한산사에서 울리는

한밤의 종소리가 나그네의 배에 들려오누나.

【 패릉교와 풍우교 】

송대에는 기둥 없이 아치로만 이루어진 홍교虹橋라고 불리는 나무다리가 있었다. 이것은 아주 탁월하고 창조적인 작품이어서 송대의 유명한 그림 〈청명상하도清明上河圖〉에도 나온다. 〈청명상하도〉에 그려진 홍교와 비슷한 특징을 가진 것으로 간쑤성 웨이위안渭源의 패릉교灞陵橋가 있는데, 이 역시 고대의 다리를 살필 수 있는 귀한 보물이 아닐 수 없다.

패릉교는 명나라 홍무洪武 연간(1368~1399)에 건축되었다. 교량의 길이가 30미터에 달하고 양쪽 끝은 네 겹으로 된 목현비량木懸臂梁(팔 모양의 들보 : 옮긴이)이 건너편 기슭을 향해 뻗어 있고 홍량虹梁의 구조가 그것을 이어받고 있다. 다리 위에는 모두 지붕이 있으며 이 역시 다리의 구조와 맞물려 교량의 형태를 더욱 완벽하게 만들고 있다.

중국은 여러 민족이 어우러져 사는 나라이다. 그러다 보니 소수민족이 거주하는 지역에는 독특한 교량도 있다. 가령 둥족이 거주하는 지역에서는 풍우교風雨橋가 널리 유행했다. 풍우교는 일종의 복도식 나무다리로, 현존하는 것은 모두 청나라 이후에 세워졌고 구이저우성에만 300여 개가 있다.

풍우교 중에서 가장 유명한 것은 구이저우성 리핑黎平에 있는 지평풍우교地坪風雨橋이다. 이 다리는 강에 돌기둥을 두고 양쪽 기슭에는 의지할 축대를 쌓아, 그 축대 위를 종횡으로 양목梁木과 방목枋木이 층층으로 교차하면서 맞은편으로 뻗어나가, 마지막엔 긴 들보로 이어지면서 다리의 노면을 형성한다. 다리 양 옆에는 긴 복도가 있고 난간 사이에는 쉼터도 마련돼 있다. 중간의 석돈石墩(조석으로 쓰이는 평평한 받침돌 : 옮긴이) 위에는

〈청명상하도〉에 등장하는 홍교

큰 정자를 지어 마치 그 고장의 고루鼓樓와 비슷한 형태를 하고 있다. 그리고 양끝의 축대에는 각각 3중으로 된 건축물을 지어서 전반적인 조형미를 더하고 있다.

풍우교는 행인들에게 교류의 자리일 뿐 아니라 비바람을 피할 수 있는 휴식처가 되기도 하는 등 여러 가지 장점을 지니고 있다. 또 그 특이한 조형은 한 폭의 아름다운 풍경화 같은데, 그것을 통해 둥족 사람들의 미의식을 엿볼 수 있다.

간쑤성 웨이위안의 패릉교. 아치형으로 만들어 교량이 받는 하중을 양쪽으로 분산시켰다.

結 조주교가 세워진 뒤로 한때 아치형 돌다리가 유행하면서 교량의 건설에 큰 영향을 끼쳤다. 자료에 의하면 자오현에 있는 영통교永通橋, 제미교濟美橋, 사하점교沙河店橋, 허베이성에 있는 천위군교天威軍橋, 산시성山西省 위안핑현原平縣에 있는 보제교普濟橋, 이퉁진義同鎭에 있는 내선교來宣橋가 모두 조주교를 모방하여 세운 것이다. 중화인민공화국의 건국 후에 세워진 쓰촨성 펑두豊都의 구계구대교九溪溝大橋, 윈난성 판장盤江강의 장홍교長虹橋, 청쿤成昆 철로선에 있는 일선천철로교一線天鐵路橋 등도 조주교의 건축 원리에서 영감을 얻어 건설한 것이다.

세계적으로 유명한 중국 과학사가이자 영국 학자인 조지프 니덤은 조주교가 이룩한 성취를 이렇게 평가했다.

"이춘은 분명 하나의 학파와 기풍을 형성했으며, 이는 수세기 동안 지속되었다."

미국의 건축 전문가 엘리자베스 모크는 1949년에 출판한 《교량건축예술*Arichitecture of Bridges*》이란 저서에서 조주교에 대해 이렇게 평가했다.

"구조가 이처럼 논리와 미학적 요구에 딱 들어맞다니! 이에 비하면 서양의 옛 교량들은 대부분 너무나 둔중하고 불명확한 부분이 많다."

【 대운하 】

●베이징에서 항저우로 이어지는 징항대운하

송나라는 패배해서 남으로 철수할 때도 운하에 의지했다. 남송이 항저우에 도읍을 정한 사실만 보아도 운하가 당시 사람들의 마음 속에 얼마나 굳건하게 자리했는지를 알 수 있다.

중국은 세계에서 운하를 비교적 일찍 건설했을 뿐 아니라 운하의 분포 밀도도 비교적 높다. 특히 1,000여 년 전의 수나라와 당나라 그리고 북송 때의 운하는 정권의 중심과 사면팔방을 긴밀히 연계시키는 데 중요한 역할을 함으로써 세계 문명사에 찬란한 한 페이지를 장식했다. 대운하는 당시 종횡으로 연결되면서 사통팔달하던 운하 네트워크를 대표한다.

중국의 강은 모두 서쪽에서 동쪽을 향하여 바다로 흘러들고 있지만, 유독 대운하만은 남북을 관통하여 창장강, 황허, 화이허淮河강, 하이허海河강과 첸탕강錢塘江의 5대 강을 연결했으니, 그 공로는 놀랍다.

1793년 산업혁명을 완성한 영국은 건륭제에게 축수祝壽를 드린다는 명분으로 대규모 사절단을 파견했다. 그들은 청더承德의 피서산장에서 건륭제를 알현한 후 배를 타고 이 대운하를 따라 남하하여 광저우廣州에서 중국을 떠났다. 배를 타고 대운하를 따라가는 과정에서 그들은 순조로운 항로와 주변의 특이한 풍경에 사로잡혀 감탄을 금치 못했다고 한다.

"이것은 그야말로 천재적인 공정이다. 운하의 완공으로 제국의 남북 여러 성省 사이의 왕래가 더욱 자유로워졌다."

옛 운하의 제1교인 항저우 공진교拱辰橋. 대운하의 남쪽 기점이다.

"이 걸출한 공사는 유럽의 그것과는 다르다. 중국의 운하는 넓을 뿐 아니라 물살도 더 세다."

"장장 1,500킬로미터나 되는 운하에 72개의 갑문이 있다니! 나는 예전에 이런 모양의 갑문을 본 적이 없다. … 매번 배를 들어올려 다시 물에 띄우기까지 3~4분을 넘지 않는다."

【 만리장성과 견줄 수 있는 위대한 공정 】

운하는 인류가 삶의 질을 높이기 위하여 창조한 하나의 공정으로, 고대 국가에서는 국력을 상징했다.

중국에는 강이 많아서 배를 이용하기에 여러모로 유리하다. 하지만 서쪽이 높고 동쪽이 낮은 지세로 인해 대부분의 강이 동해로 흘러들기 때문에 남북 간의 교류에는 수상 운송을 하기가 어려웠다. 따라서 여러 지역의 경제 교류와 정치적 통일에도 일정 부분 영향을 끼치게 되었다. 남북을 관통하는 대운하를 건설하려는 염원은 바로 이러한 계기에서 비롯되었다.

기원전 5~6세기 춘추시대, 창장강 이남에서는 이미 인공적으로 수로를 파서 동서로 창장강, 화이허강, 황허강을 타고 중원에 이르러 제후들과 회합한 사례가 있었다. 그 후 전국시대, 진秦, 한漢 그리고 위진시대에 이르기까지 인공적으로 물길을 개척했던 사례는 여러 역사책에 기록되어

북운하는 서쪽이 높고 동쪽이 낮아서, 선박의 운항을 위해 연도에 11개의 갑문을 설치했다.

있다. 이러한 초기의 운하는 훗날 남북을 관통하는 대운하를 개척하는 토대가 되었다.

589년, 수나라는 전국을 통일한 후 도읍지인 대흥성大興城(오늘날의 시안)과 동남의 부유한 지역과의 연계, 남북 간 경제 교류의 추진과 북부 변방의 강화를 위하여 대규모 운하의 건설을 도모한다. 그리하여 북쪽의 탁군涿郡(오늘날의 베이징 부근)에서 남쪽의 항저우杭州에 이르는 운하가 이때부터 열리게 되었다.

수나라와 당나라의 운하는 모두 네 구간으로 이루어졌는데 남쪽에서부터 본다면 장난허江南河, 한거우邗溝, 퉁지취通濟渠, 용지취永濟渠 순이다. 수나라와 당나라의 운하는 지금의 베이징, 톈진, 산시성陝西省, 허난성, 허베이성, 산둥성, 안후이성, 장쑤성, 저장성 등 9개의 성시省市를 경유하여, 서쪽으로는 관중關中 분지, 북쪽으로는 허베이 평원, 남쪽으로는 타이

우시無錫에서 쑤저우蘇州 구간의 운하

후太湖 유역에까지 이른다. 이는 세계에서 유례를 찾아볼 수 없는 엄청난 대공사였다.

당나라와 송나라 이후 모래와 진흙이 쌓이면서 황허강의 수로가 바뀌자 운하의 일부 구간은 점차 운행이 불가능하게 되었다. 그래서 원나라 때에 북쪽의 대도大都(지금의 베이징)에서 지금의 항저우에 이르는 새로운 운하를 개발했는데, 이를 징항京杭대운하라고 한다. 이 운하의 길이는 총 1,800킬로미터로서 현재까지도 대부분의 구간이 활용되고 있다.

【 대운하와 국력 】

수나라 양제煬帝 시대에 개척한 남북의 대운하는 그 후 600여 년 동안 당·송 왕조의 대동맥이 되었으며, 운하의 운행 여부가 두 왕조의 국력에

양저우揚州 구간의 운하

막대한 영향을 끼쳤다. 운하의 운행이 거침없을 때는 경제의 중심인 남방과 정치 및 군사의 중심인 북방이 연계가 잘 되어 국운이 융성했다. 하지만 운하의 운행에 지장이 생기면 남북의 교류가 막히면서 각 지방과 중앙 왕조의 괴리가 확대되면서 국력도 쇠퇴할 수밖에 없었다.

당나라 때 안사安史의 난이 일어나기 전에는 운하의 운행도 막힘이 없어서 남방의 물자를 북쪽으로 대량 운송하여 중앙정권을 지지해주었다. 북송시대에도 운하는 여전히 제 역할을 발휘해서 무력이 강하지 못했던 북송도 의연히 정권의 상대적 안정을 유지할 수 있었다. 하지만 안사의 난 이후 운하가 끊어지면서 남방에서 오는 물자를 제때에 공급받을 수 없게 되자, 당나라는 힘을 잃고 비바람에 흔들리는 처지가 되었다. 송나라는 패배해서 남으로 철수하면서도 운하에 의지했다. 남송이 항저우에 도읍을 정한 사실만 보아도 운하가 당시 사람들의 마음속에 얼마나 굳건하게 자리했는지 알 수 있다.

운하를 따라 남방 시찰
에 나선 청나라 강희제

  운하의 개통은 그 연안에 있는 상업도시의 흥기와 번영을 촉진했다. 전 장鎭江, 창저우常州, 쑤저우, 항저우는 일찍부터 상업의 맹아가 싹텄지만, 대운하가 개통된 후에야 비로소 비약적으로 발전할 수 있었다. 단투丹徒, 양저우揚州, 과주瓜州 또한 운하가 강과 만나는 접점에 있는 나루터로 점차 유명한 시진市鎭이 되었다. 태창太倉의 심송시深松市, 상숙常熟의 조시趙市, 가정嘉定의 전문당시錢門塘市 등도 모두 운하에 힘입어 상품 교역의 중심지가 되었다.

  운하의 개통은 또한 조선업의 발전을 자극해서 당나라, 오대, 북송, 남송 때의 조선업을 급속히 발전시켰다. 당나라의 유명한 이재가理財家 유안劉晏은 조운漕運을 정비하여 양저우에서 2,000여 척의 배를 만들었는데, 선박 한 척이 실을 수 있는 중량이 1,000곡斛(1곡은 10말에 해당 : 옮긴이)이었다. 당·송 시기의 조선업은 생산 규모, 수량, 종류, 기술에서 당시 세계적인 수준이었다.

【 곽수경과 대운하 】

곽수경郭守敬(1231~1316)은 원나라의 걸출한 과학자이다. 위로는 천문, 아래로는 지리에 통달했고 경험이 풍부해서 일찍이 대운하 퉁후이강通惠江 구간의 수원水源과 노선의 문제를 과학적으로 해결했다.

원元 28년(1291)에 곽수경은 베이징에서 퉁저우通州에 이르는 22킬로미터 구간의 개통을 책임지게 되었다. 당시 창핑昌平과 베이징 사이에는 두 개의 낮은 골이 있어서 물을 끌어들이기가 아주 불리했다. 곽수경은 현지에 가서 정밀하게 조사한 후 문제를 극복하고 풍부한 수원을 확보할 수 있는 노선을 선정했다. 그리

곽수경의 동상

하여 금金나라 때 해결하지 못했던 난제, 즉 모래가 많고 물이 적으며 물살이 너무 세다는 문제를 원만히 해결했다. 게다가 불과 1년도 안 되어 공사를 끝내고 일거에 성공했으니, 측량과 시공 기술의 정교함을 엿볼 수 있다. 그래서 당시 사람들은 곽수경을 가리켜 ‘교사절인巧思絶人(공학적 사

원나라 때 곽수경이 주관
하여 건설한 퉁후이강

대운하는 북쪽 양저우의 과주 나루터에서 남쪽 전장의 간벽 나루터까지 창장강을 가로로 관통하고 있다.

고가 뛰어난 사람 : 옮긴이)′이라고 불렀다.

【 외국과의 교류에 새로운 통로가 되다 】

운하는 남북의 경제와 문화를 교류하는 젖줄로 외국과의 교류에도 큰 역할을 했다.

당나라 때 중국과 일본의 교류는 당나라의 사신이나 고승이 일본에 가는 한편 일본의 견당사遣唐使, 유학생, 학승學僧 등이 중국에 오면서 이루어졌는데, 이들이 왕래하는 노선은 모두 운하와 관련이 있었다. 630년에서 894년까지 일본은 견당사를 열여섯 번이나 파견했고, 그중에 아홉 번은 운하를 통해 뤄양과 장안에 이르렀다.

당나라 때 아랍인과의 무역에서도 화물과 향료 등은 모두 광저우를 지나 양저우로 갔다가 다시 운하를 따라 관중으로 보내졌다. 8세기 중엽에서 9세기 말엽까지 바다를 항해해서 도착한 페르시아와 대식국 상인들은 운하의 양쪽 기슭에서 활발한 상업활동을 했는데 그 수가 늘 수천을 헤아렸다.

송나라의 조정은 운하에 더욱 의지해, 운하를 통과한 뒤 해상 교통망을 이용하여 외국과 무역을 했다. 《송사宋史》〈하거지河渠志〉에 의하면, 당시

변하汴河와 강남의 운하가 담당한 운송량이 가장 많아서 "수로를 통한 운수는 남해까지 그 이익이 미쳤으니, 천하의 절반에 해당하는 재부財賦와 산간 지역에 보낼 온갖 물자가 모두 이곳을 거쳐 들어왔다"고 한다.

송대의 운하는 중국의 도자기를 생산지에서 직접 고려, 일본, 남아시아, 페르시아, 나아가 아프리카, 유럽으로 수송하는 데도 편리했다. 도자기는 운송 과정에서 깨어지기 쉬운 화물이라 육로보다는 수상 운송이 훨씬 안전했다.

운하는 또 중국과 외국 간의 문물 교류에서 통로 역할을 했다. 당·송대에 고려로 수출하는 중국 서적들도 모두 이 운하를 통해 운송했다. 송나라 고종高宗 이후 남송은 고려에 많은 책을 보냈는데, 역시 운하를 통과하여 명주明州에 이르러서 바다로 나갔다. 이러한 사실로 운하는 경제 및 문화의 교류와 발전에 크게 기여했음을 알 수 있다.

베이징 이허위안의 쿤밍호昆明湖는 원나라 때 곽수경이 주관한 공사로
통후이강의 첫째가는 저수용 호수가 되었다.

【 운하 양쪽 기슭의 유적들 】

대운하의 북쪽 끝에 있는 허베이성 창핑昌平의 바이푸 취안白浮泉

대운하는 1,000년여에 걸친 오랜 세월 동안 중국의 남북을 연결하고 있다. 산둥운하 동쪽에 있는 취푸曲阜의 고성古城은 사상가이자 교육자인 공자의 고향으로서 공묘孔廟, 공부孔府, 공림孔林 등이 안팎으로 널리 알려져 있다.

산둥운하의 남쪽 페이현沛縣은 산둥성, 안후이성, 장쑤성의 경계에 위치해 있으며, 한나라의 개국 황제인 유방의 고향이기도 하다. 당시의 유명한 대신인 소하, 주발, 조참, 번쾌 등의 고향도 모두 이곳이다. 유방은 페이현에서 거사한 후 초한楚漢전쟁을 거쳐서 비로소 서한 왕조를 건립했다.

대운하의 중추지대인 양저우揚州는 맹호연, 왕창령王昌齡, 이백, 고적, 두보, 유우석, 이신李紳, 백거이, 두목 등이 아름다운 시로 찬미해 마지않던 고장이다. 박식하고 재능 있는 고승 감진鑑眞도 양저우에서 태어나 양저우 대명사大明寺의 주지로 있었다.

이상에서 알 수 있듯이, 호호탕탕 흐르는 운하는 수천 년에 걸쳐 무수한 유적들을 지켜보면서 스스로 더 많은 의미를 부여하고 있다.

結 옛날 제왕들의 순행이나 정벌, 또는 물자를 조달하는 데 큰 역할을 했던 대운하는 중국 남북의 경제와 문화의 교류에서 커다란 통로 역할을 했고, 외국과의 교류에서도 교량 역할을 했다. 대운하의 원활한 소통이 남북의 경제와 문화를 촉진시켰다는 기록은 여러 역사책에서 쉽게 찾아볼 수 있다. 가령《당국사보唐國史補》에는 이렇게 적혀 있다.

강남의 타이후太湖 유역은 뽕과 누에의 생산이 비교적 발달했지만, 방직업은 북방에 뒤졌다. 설겸훈薛兼訓이 강동절제江東節制로 부임했을 때 결혼하지 않은 청년들을 군사로 모집해서 운하를 통해 북방으로 보냈다. 그래서 방직에 능한 북방 여성을 아내로 맞이하여 남쪽으로 귀환케 했는데, 1년에 수백 명의 여성들이 남쪽으로 이주했다. 타이후 유역 사람들은 그들로부터 북방의 앞선 방직기술을 익히게 되었고, 당나라 후기에는 그들의 기술이 북방을 따라잡았다.

중화인민공화국이 건립된 후 대운하는 한때 북쪽의 석탄을 남쪽으로 운송하는 동맥 역할을 했다. 21세기에 들어선 지금도 남쪽의 수자원을 북쪽으로 끌어가는 데 일익을 담당할 것이다.

【 당나라의 장안성 】

● 당나라의 대명궁大明宮 함원전含元殿을 복원한 그림

당 왕조는 경제가 번영하고 국력이 강성했으며, 장안성 또한 국제
도시로서 문화 교류의 중심지가 되었다. 넓은 도시, 호방하고 탁
트인 흉금과 포용의 정신은 각국의 학자와 관리, 상인, 승려 들을
끊임없이 끌어들였다.

　　당나라의 도읍지인 장안長安은 지금의 산시성 시안시다. 당나라의 시인 두보는 장안에 대해 "진중秦中(관중의 별칭 : 옮긴이)은 예부터 제왕의 고을"이라고 찬미했다. 역사적으로 서주西周에서부터 진秦, 전한前漢, 전조前趙, 전진前秦, 후진後秦, 서위西魏, 북주北周, 수隋, 당唐에 이르기까지 1,000년여 동안 무려 열 왕조가 이곳에 도읍을 정했다. 따라서 중국 역사에 깊은 영향을 남긴 수많은 역사적 사건들이 이곳에서 발생했다. 이곳의 산과 강, 성곽과 촌락에 남아 있는 많은 유적은 사람들에게 지나간 이야기들을 들려주고 있다.

　　장안성은 웨이허渭河분지에 자리잡고 있다. 남쪽에는 친링秦嶺산맥에 속하는 타이바이산太白山, 중난산終南山, 리산驪山, 화산華山 등의 봉우리와 지맥이 있고, 북쪽에는 베이산北山, 서쪽에는 거대한 룽산隴山이 있으며, 황허강이 그 옆을 흐르고 있다. 당나라의 시인 두목은 이곳의 아름다운 풍광에 대해 "봄빛은 수놓은 그림인 듯 진천秦川이 환하네"라고 찬탄했다.

강산이 아름답다고는 하지만 고대인들이 지혜로운 두 손으로 창조한 빛나는 문화는 그런 아름다움을 무색케 한다. 당나라의 장안은 중국 고대 문명의 찬란한 보석과도 같은 고대 도시다.

지금의 시안성은 기본적으로 명나라 때에 건축된 것이다. 당나라 때의 장안은 지금의 시안성보다 열 배 정도는 더 컸으며, 당시 동양에서 가장 큰 도시였다. 이후 장안은 봉건시대의 도시 건설에 전범이 되었다.

장안성 내 흥경궁興慶宮 그림의 탁본 조각

【 웅대한 고대 도시 】

당나라의 장안성은 일정한 계획과 설계를 토대로 건축되었다. 수나라 문제文帝 개황開皇 2년부터 시작한 축성 공사는 수나라와 당나라의 장인들이 부지런히 일한 결과 점차 골격을 갖추었다. 당나라 고종 영휘永徽 5년(654) 3월과 11월에는 장안성 외곽에 성을 축성하여 도성都城을 둘러싸게 했다.

전한이 도읍을 정하고부터 수나라에 이르기까지 근 800년 동안 여러 차례 전란이 일어나면서 장안성은 어느 정도 훼손을 피할 수 없게 되었다. 게다가 장안은 지대가 낮아서 생활폐수가 장기간 오염시킨 결과 수질의 염화가 나타났다. 상황이 이런데도 궁실이 성곽의 절반을 차지하고 또 도시 건설 계획에 대한 구상이 전혀 없었기 때문에 장안은 나날이 발전하는 사회경제적 수요를 만족시킬 수 없었다.

수나라 문제 양견楊堅은 전국을 통일한 이듬해에 새로운 성곽을 건축

시안 대명궁 유적지에서 출토된 당나라의 건축 재료. 수면문獸面紋 벽돌과 꽃무늬 벽돌

하는 일에 착수했다. 그 일의 기획을 맡은 사람은 우문개宇文愷로, 공사를 책임진 공부상서工部尚書 염입덕閻立德과 함께 경험이 아주 풍부한 건축 기술자였다. 염입덕의 부친 염비閻毗는 유명한 공예가였는데, 가문의 이런 전통은 건축 수준을 최고의 경지로 끌어올렸다. 《구당서舊唐書》에서는 그에 대해 "생각이 기발하고 교묘하다"고 칭찬하고 있다.

당나라의 장안성은 세 부분으로 나눌 수 있다. 북쪽 가운데에 자리 잡고 있는 궁성은 황제와 황후, 왕비 및 태자들이 거주하는 곳이고, 궁성의 남쪽은 황성皇城이라 하여 정부 관리들이 사무를 보는 곳이며, 궁성과 황성을 제외한 나머지 지역은 백성과 관리들의 주택이 밀집한 곳이자 장안성의 상업 지역이다. 장안성의 대체적인 형태는 사각형으로 둘레가 약 37킬로미터에 달한다. 성 안에는 동서로 뻗은 열네 갈래의 큰 거리와 남북으로 뻗은 열한 갈래의 큰 거리가 있어서 장안성을 무수한 사각형의 구역으로 나누고 있다.

이 사각형의 지역에는 동쪽과 서쪽에 각각 시장이 있으며 사원 및 명승지를 포함하는 한편, 대부분은 주택지에 속한다. 당시 이 사각형 지역을 '방坊'이라고 부르면서 각각의 '방'마다 서로 다른 이름을 붙였다.

남쪽을 드나드는 세 개의 문과 동서의 여섯 개 문을 관통하는 여섯 갈래의 거리는 중심 도로로서 비교적 넓다. 연평문延平門에서 연흥문延興門에 이르는 동서의 큰 거리가 너비 55미터인 것을 제외하면, 다른 거리는 모두 100미터 이상이었다. 특히 성 안의 중심축을 이루는 주작朱雀거리의 너비는 155미터나 되는데, 오늘날 베이징 창안長安거리의 두 배에 달한다. 거리 양 옆에는 배수구를 파고 회나무와 느릅나무를 심었다.

당나라 장안성의 특징은 다음 세 가지로 요약할 수 있다.

첫째, 황궁 및 문무백관들의 관청, 주택, 시장 등의 구역으로 나뉘어 있다.

둘째, 분포가 균일하고 정연하다.

셋째, 거리가 넓고 녹화를 중시한 흔적이 뚜렷하다.

이런 특징들은 훗날 중국의 봉건 통치자들이 도읍을 건설할 때 훌륭한 모범이 되었다.

장안성 서쪽 내원內苑에서 출토된 하수도의 철갑문

重玄門
玄武門
麟德殿
大明宮
含元殿
光化門 景福門 芳林門 玄武門 西內苑 興安門 建福門 丹鳳門
修眞 安定 修德 掖庭宮 宮城 太极宮 東宮 光宅 翊善 長樂 人苑
普遠 休祥 輔興 永昌 來庭 大寧 興寧
開遠門 安福門 承天門 延喜門 通化門
義寧 金城 頌政 永興 安興 永嘉
居德 醴泉 布政 順義門 皇城 景風門 崇仁 胜業 興庆宮
含光門 朱雀門 安上門 春明門
群賢 延壽 太平 光祿 興道 務本 平康 道政
西市 東市
懷德 光德 通義 開化 崇義 宣陽 常樂
崇化 懷遠 延康 興化 豐樂 安仁 長興 東仁 安邑 靖恭
豐邑 長壽 崇賢 崇德 安樂 光福 永樂 永寧 宣平 新昌
延平門 待賢 嘉会 延福 休貞 崇義 靖善 靖安 永崇 昇平 昇道 延興門
永和 永平 永安 重義 永達 蘭陵 安善 昭国 修行 立政
常安 通軌 敦義 豐安 道德 開明 大業 晉昌 修政 致化
和平 歸義 大通 昌明 光行 保寧 昌樂 通善 靑龍
永陽 昭行 大安 安樂 延祚 安義 安德 通濟 曲池
安化門 明德門 啓夏門
永渠 清渠 明渠
图例 — 唐代城墻及城门 □ 唐代街道及坊门 ～ 明清西安城

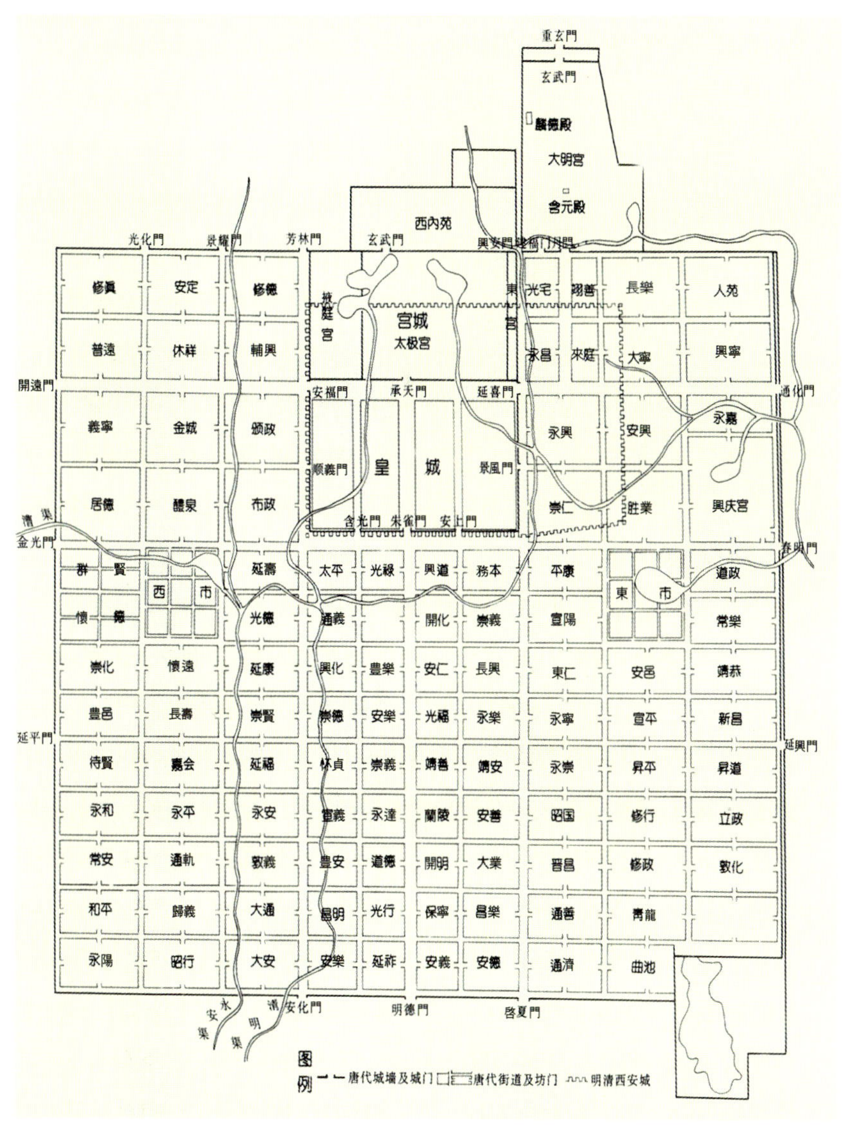

당나라 장안성의 구역도

【 국제 도시 】

당 왕조는 경제가 번영하고 국력이 강성했으며, 장안성 또한 국제 도시로서 문화 교류의 중심지가 되었다. 넓은 도시, 호방하고 탁 트인 흉금과 포용의 정신은 각국의 학자와 관리, 상인, 승려 들을 끊임없이 끌어들였다. "구천九天의 천문天門이 궁전을 개방하니, 만국의 사람들이 면류관에 절을 하네"라는 왕유의 명구는 시인의 상상이 아니라 당시 대명궁 내 인덕전麟德殿에서 70여 개국의 손님을 접대했던 광경을 묘사한 것으로, 그 외국 사절들은 유럽, 아시아, 아프리카 등 300여 곳에서 온 사람들이었다. 100만 인구의 장안성에는 상업, 유학, 종교활동 등의 일로 상주하는 외국인이 1만여 호가 넘었다.

서로 다른 문화, 심지어 서로 충돌하는 종교조차도 장안에서는 평화롭게 공존했다. 장안성 내에 있던 절은 모두 159개로, 그중에는 비구 사원, 비구니 사원, 도사관道士觀, 여관女觀, 페르시아 사원 등도 있었다. 기독교의 네스토리우스파를 중국에서는 경교景敎라고 했는데, 페르시아에서 전해졌기 때문에 포교 장소 역시 페르시아 사원이라고 하다가 후에 대진사大秦寺로 개칭했다. 당나라 덕종 건중建中 2년(781) 의령방義寧坊에 세운 대진사에는 지금도 '대진경교유행중국비大秦景敎流行中國碑'가 보존되어 있다. 마니교 역시 페르시아에서 시작된 종교로 장안에 대운흥명사大運興明寺를 남겼다.

최근 시안에서 동로마와 아랍의 금화 및 사라센 왕조의 은화가 출토되었는데, 이는 당시 외교의 한 측면을 보여준다. 이 밖에도 많은 외국인이 장안에 관리로 있었으며, 페르시아 사람 아로한은 당나라를 대표하여 동로마 제국에 사신으로 파견되기까지 했다.

　　장안에 온 유학생들은 주
로 신라인과 일본인들이었
다. 당나라 문종文宗 개성開成
5년(840)에는 공부를 끝낸 신
라 유학생들이 한꺼번에 105
명이나 귀국하기도 했다. 유
명한 신라의 최치원崔致遠은
12세 때 장안에 와서 18세
때 진사에 급제했는데, 그가
집필한 《계원필경집桂苑筆耕
集》은 오늘날 당나라의 역사
를 연구하는 데 귀한 사료로
쓰이고 있다. 일본에서도 많
은 유학생과 승려들이 왔고,

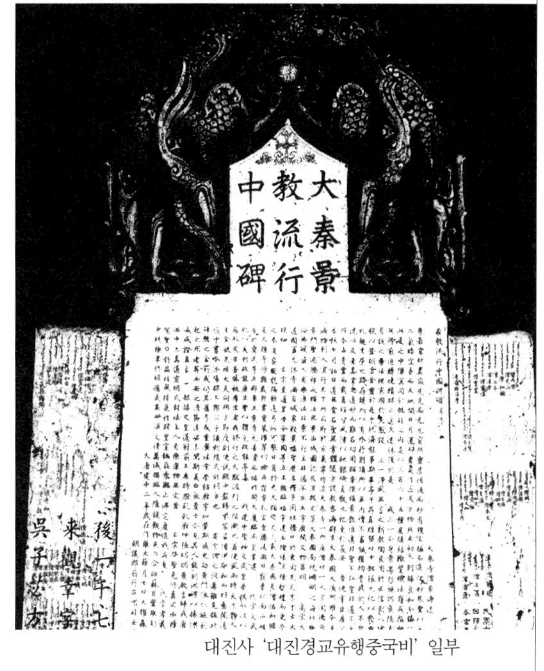

대진사 '대진경교유행중국비' 일부

많은 사신을 파견했다. 일본 유학생과 승려, 선원, 궁노수, 화가, 의원, 번
역가, 관리들을 포함한 500~600명이 큰 배 네 척에 나누어 타고 당나라
를 방문한 적도 있다. 당나라는 유학생들이 장안에서 편안하게 공부할 수
있도록 여러모로 도와주어 어떤 유학생은 장안에서 수십 년을 보내기도
했다.

　　당나라는 외래 문화의 수용을 매우 중시했기 때문에 당시 장안에서는
호악胡樂과 호무胡舞가 널리 유행했다. 조국曹國(지금의 우즈베키스탄) 사람
인 조씨 일가는 모두 비파에 능했는데, 시인 백거이는 비파 연주를 듣고
난 뒤의 감흥을 "줄을 퉁길 때마다 그 뜻이 다양하고, 이국의 언어가 영
롱하구나"라고 표현했다. 춤은 지금의 우즈베키스탄인 강국康國, 안국安

國, 사국史國, 석국石國에서 전래한 호선무胡旋舞와 호등무胡騰舞가 있었다. 바라문婆羅門(지금의 인도)의 곡곡曲은 후에 〈예상우의곡霓裳羽衣曲〉으로 개칭했는데, 이는 중국과 인도의 문화가 결합한 것이다.

장안 사람들은 생활문화에서도 외국의 영향을 많이 받았다. 무더운 여름에 양전凉殿이나 자우정自雨亭(자동적으로 비가 내리도록 장치가 되어 있는 정자)을 지은 것이 그 대표적인 예이다. 당나라 현종의 양전은 궁전의 네 귀퉁이에서 물이 흘러내리게 만들어졌는데, 마치 물 병풍처럼 둘러싸서 물방울이 흩날림으로써 궁전 안이 아주 시원했다고 한다. 경조윤京兆尹이라는 벼슬을 한 왕홍의 저택에는 자우정이 있어서, 무더운 여름날이면 빗물이 지붕에서 사방으로 흩날려 정자 안에 있는 사람은 가을과 같은 시원함을 느낄 수 있었다고 한다. 물을 활용한 이런 건축은 바로 대진국大秦國(로마 제국)에서 배운 것이었다.

장안성에는 또 외국의 영향을 받아서 손목을 조인 작은 소매가 달린 옷이 유행했다. 특히 식생활에서 외국의 영향을 많이 받았는데, 호병胡餠은 당시 서북부의 민족을 '호胡'라고 한 데서 유래한 것이다(대부분 진秦나라와 한나라 때의 흉노를 가리킨다). 호복胡服이나 호식胡食도 마찬가지다. 호식의 종류에는 필라畢羅(주먹밥), 소병燒餅, 호병胡餅 등이 있었다. 호병은 마병麻餅 또는 노병爐餅이라고도 했으며, 이런 병餅에는 소를 넣을 수도 있었다. 당나라의 도읍인 장안성에서는 호병을 먹는 것이 대유행이었다. 필라는 근斤 단위로 팔았는데, 그 속에 마늘을 넣어 먹기도 했다. 장안성에는 또 페르시아에서 건너온 삼륵주三勒酒 등도 있었다.

【 번화한 상공업 】

당나라 때 장안은 물질문명이 고도로 발달하여 상공업에서도 상당한 번영을 이루었다. 상업은 주로 동시東市와 서시西市 두 시장에 집중되었으며, 동일한 업종의 점포 조직을 행行이라고 불렀다. 동시에는 220행이 있었고, 금시金市라고도 불렀던 서시에는 보물을 수집하는 호상胡商과 페르시아 상인들이 많았다. 고고학자들은 여기서 술집과 음식점 그리고 도자기 매매 장소의 흔적을 많이 발견했다.

당나라 중기와 말기에 이르자 각 방坊에는 상점과 수공예 작업실이 많이 생겼다. 가령 장안성의 동쪽에 있는 장흥방長興坊에는 필라 가게가 유명했고, 승평방升平坊에서는 장안에서 유명한 호병을 팔았다. 백거이는 시에서 "호마병胡麻餠 만드는 법을 모두 장안에서 배우니, 화로에서 새로 나온 호병 바삭바삭하고 구수한 기름내 풍기네"라고 했다. 이는 각지의 사람들이 장안에 와서 호병 만드는 기술을 전수받았음을 말해준다.

이 밖에도 선평방宣平坊의 기름, 신창방新昌坊의 음료, 개화방開化坊의 술집, 연홍문 밖의 술집(일부는 호인들이 개설한 것임) 등이 있었다. 이백이 시에서 "호희胡姬가 흰 손으로 부르니, 주객들이 연이어 금준金樽에 취하네"라고 한 것을 보면, 당시 술집 종업원들은 대부분 호인 소녀였음을 알 수

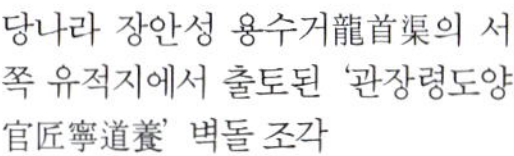

당나라 장안성 용수거龍首渠의 서쪽 유적지에서 출토된 '관장령도양官匠寧道養' 벽돌 조각

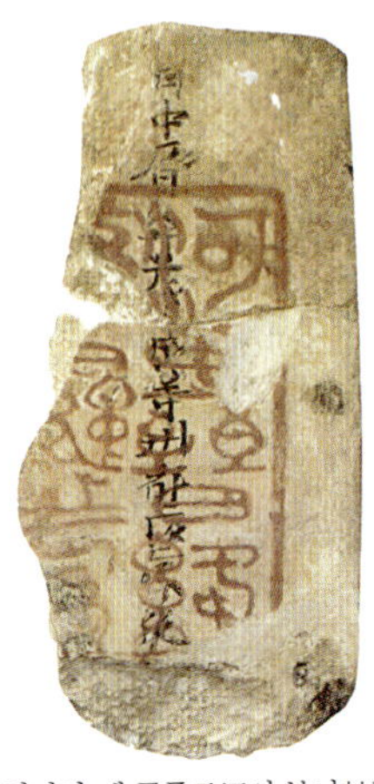

당나라 때 공주貢酒의 봉니封泥와 당나라 때의 식품

있다.

또한 영창방永昌坊에는 찻집, 선양방宣陽坊에는 비단가게, 안읍방安邑坊 부근에는 책방, 숭인방崇仁坊에는 악기를 제조하고 수리하는 곳이 모여 있었으며(특히 유명한 곳은 남과 북의 두 조가趙家였다), 성곽 서쪽의 연수延壽 坊방에는 금은과 주옥을 파는 가게들이 있었고, 회덕방懷德坊에는 밥집들 이 있었다.

기록에 따라 이 가게들을 분류해보면, 곡식을 취급하는 미행米行, 맥행 麥行, 단자점團子店, 병사餅肆를 비롯하여 부식을 취급하는 육행肉行과 어 행魚行이 있고, 음식업을 관할하는 술집, 음식점, 찻집, 과자점 등이 있었 다. 이 밖에도 돈을 보관할 수 있는 궤방櫃坊, 물건을 맡기고 파는 기부보 寄附鋪 그리고 악기점, 평행秤行, 여인숙 등이 있었다.

장안성 동쪽의 숭인방은 황성의 동쪽 문인 경풍문景風門에서 가깝고, 남 쪽으로 춘명문春明門 거리에 임해 있으며, 동남쪽의 쌀시장과도 가까워서 "밤새도록 떠드는 소리 그치지 않고 불빛이 사라지지 않았다"고 한다. 서 시 동쪽의 연수방은 북쪽 금광문金光門 거리에 면해 있어서 "가장 번화한 곳으로 손꼽혔다".

이러한 동시와 서시가 발전하는 상공업 수요를 충족시키지 못하자, 주민들이 거주하던 지역에서 야시장이 출현했다. 정부에서 "야시장은 중단하는 것이 바람직하다"고 했지만, 이것은 사실 야시장에 대한 암묵적인 허락이나 다름없었다. 어떤 경조소윤京兆少尹이 군졸을 거느리고 장안성 내에서 야밤 순찰을 하다가, 방坊 안에서 사람들이 경축행사를 하는 것을 발견했다. 그는 행사를 제지하지 않았을 뿐 아니라, 순찰을 멈추고 구경하다가 말에서 내려 술까지 받아 마셨다고 한다.

상공업이 점점 발달하면서 봉건적인 이방里坊제도 역시 파탄을 면할 수 없었다. "돌아다니면서 먹는 것을 금지하고 상공업을 억제하는" 봉건제국의 이념이 흔들리면서 사람들은 담을 허물어 가게를 여는 것에 익숙해졌다. 폐쇄적이고 군사적인 성격이 강하던 옛 장안이 드디어 역사적 사명을 다하고 개방적인 대도시로 거듭나기 시작한 것이다.

찬란하게 꽃핀 문학

당나라의 장안은 경제만이 아니라 문학에서도 전에 없던 번영을 누렸다. 당시 전국의 유명 시인들이 길게든 짧게든 장안에서 생활한 적이 있는데, 한결같이 주옥같은 작품들을 남겼다.

문학가 한유의 집은 정안방靖安坊에 있었고, 유종원의 집은 친인방親仁坊에 있었다. 당시에는 문학이 융성해서 누가 좋은 시를 썼다 하면 그 소문이 삽시간에 장안성에 퍼졌다. 이백은 장안에 있을 때 권력을 가진 관리들을 멸시했다고 하는데, 전하는 바에 의하면 현종 앞에서 당시 가장

세력을 떨치던 환관 고력사高力士에게 자신의 신발을 벗기게 했다. 두보
는 평생 1,400여 수의 작품을 남겼으며, 그중 장안에 있을 때 쓴 시만 200
여 수가 넘는다.

시인 가도賈島, 한유, 유우석은 모두 장안성의 정안방, 연수방, 홍복방興
福坊, 안인방安仁坊, 홍덕방興德坊 등의 주민이었고, 그 밖에 시인 맹호연,
왕창령, 왕유, 고적, 잠삼岑參, 위응물, 맹교孟郊, 이하李賀, 이익李益, 장적
張籍, 왕건王建, 원진, 두목, 온정균溫庭筠, 이상은, 피일휴皮日休 등도 장안
에 거주한 바 있다.

【 예술의 도시 】

찬란한 예술의 도시인 장안성에는 유명 예술인들이 많이 살았다. 인물
화가 염입본閻立本은 연수방에, 산수화가 이사훈李思訓은 통의방通義坊에,
서예가 저수량은 평강방平康坊에, 구양순은 돈화방敦化坊에 살았다. 염입
덕과 염본초閻本初는 공동으로 〈문성공주항번도文成公主降藩圖〉를 그렸고,
염입본의 〈능연각공신이십사인도凌煙閣功臣二十四人圖〉는 당나라 초기의
대표작이다. 오도자, 이사훈, 한간韓幹, 장훤張萱 등의 작품은 당시 궁정,
관청, 사원과 사당, 귀족들의 집 등 도처에서 볼 수 있었다.

현종은 오도자에게 쓰촨으로 가서 자링강嘉陵江의 산수를 그려오라고
명했는데, 오도자는 아무것도 그리지 않은 채 빈손으로 돌아왔다. 하지만
그 풍경을 마음속에 담아왔기 때문에 단 하루 만에 자링강의 300리 산수
를 홍경궁興慶宮 대동전大同殿에 그려놓았다. 이사훈도 몇 달간 작업한 끝
에 대동전에 그림을 그렸다. 현종은 두 사람의 그림에 대해 "절묘함이 극

산시성陝西省 가무극원에서 연출한 대형 무악 〈진왕파진악秦王破陣樂〉

에 달했다"고 칭찬했다. 이 두 사람 외에 한간은 말을 잘 그렸고, 한황韓滉과 주방周昉, 왕유, 조패曹霸 등도 산수화나 인물화 혹은 새나 짐승 등을 잘 그렸다.

당나라 궁정 내에는 교방敎坊이 있었고, 장안과 뤄양에도 외교방外敎坊이 있어 춤과 노래에 능한 인재들을 배출했다. 〈파진악破陣樂〉과 같은 대규모 무악舞樂은 군인들의 전투 장면을 그린 것이다.

한번은 현종이 흥경궁 길가에 있는 근정무勤政務 본루本樓에서 연회를 베풀었는데, 구경꾼들이 시끌벅적하게 모여들어 수습하기 어려울 정도로 질서가 문란해졌다. 현종이 그 광경을 보고 연회를 끝내려 하자, 환관 고력사가 허영신許永新을 무대로 불러 노래를 부르게 해서 혼란을 수습하자고 제안했다. 그리하여 허영신이 무대에 올라 노래를 부르니, "광장이 조용하여 사람 하나 없는 듯했고, 기분 좋은 사람은 그 노래에 흥이 올랐으며, 수심에 찬 사람은 애간장이 끊어지는 듯했다"고 한다.

당나라 때의 〈궁락도宮樂圖〉 일부와 구양순이 쓴 '황보탄비皇甫誕碑'

　당대의 서예 또한 중국 서예사에서 절정기를 이루었다. 당시 장안성에는 수많은 서예가들이 몰려 있었는데, 바로 구양순, 구양통歐陽通, 이양빙李陽氷, 장욱張旭, 회소懷素, 저수량, 우세남, 이옹李邕, 안진경顔眞卿, 유공권, 한택목韓擇木 등이 그들이다.

　두보는 "장욱은 술 석 잔에 초서의 성인으로 전해지니, 모자를 벗고 머리를 드러내어 왕공王公 앞에 서면, 종이 위에 붓을 놀리는 것이 구름과 연기 같다네"라고 했다. 이백은 이양빙에 대해 "붓을 떨어뜨려 전문篆文을 지으니, 그 자리의 모든 사람을 놀라게 하더라"고 했다. 유공권의 서예 작품은 외국인들에게 인기가 있어서 외국인이 장안에 올 때면 늘 봉투에 돈을 넣어 "이것으로 유 선생의 글씨를 사고자 한다"는 글을 써서 유 공권을 찾았다. 구양순도 "필력이 힘차서 한 시절의 최고였으니, 사람들 은 그가 쓴 편지라도 얻어서 다투어 글을 흉내 내었다. 특히 고려인이 그 의 글씨를 좋아하여 사신을 보내 구한 적도 있다"(《구당서》〈유공권전柳公權 傳〉)고 한다.

한편 장안의 사원에서는 속강俗講이 크게 유행했다. 속강이란 승려가 청중에게 경전 속의 이야기나 전설을 강독해주는 것이다. 속강은 때로 역 사 이야기를 가리키기도 했는데, 순임금과 왕소군王昭君, 오자서 등의 이 야기는 훗날 탄사彈辭, 보권寶卷 등 속강문학의 기원이 되었다.

당나라 말기 회창會昌 연간(841~846)에는 문숙文淑이라는 승려의 속강이 가장 환영을 받았다. 그가 강의를 할 때면 백성들이 구름같이 몰려와 절 이 꽉 찰 정도였으며, 그 아름다우면서도 유장한 어조는 사람을 감동시켜 나중에 교방의 악공까지 그의 목소리를 배우려 했다고 한다.

당나라의 장안은 중국과 중앙아시아, 서아시아, 유럽 각국을 잇는 실크로드의 기점이었다. 장안성 서쪽 성벽의 가장 북쪽에 있는 안원문安遠門 밖의 이里를 기록한 토보土堡에는 "서쪽으로 안서安西까지 9,900리"라고 쓰여 있는데, 이는 실제 거리를 말하는 것이 아니라 장안에서 나라의 서쪽 끝까지 "만 리의 여로"에 지나지 않는다는 뜻이다. 이는 당나라의 호방한 기상을 보여주는 것으로, 당시 사람들의 웅대한 포부를 나타낸다고 할 수 있다.

당나라의 장안은 거대한 포용력으로 국내외의 여러 민족과 문화적으로 광범위하게 교류했으며, 그 결과 당나라의 문화 수준은 세계적으로 앞서게 되었다. 또 장안성의 건축은 나라 밖에도 큰 영향을 미쳐서, 일본의 고대 경성京城과 당대의 장안의 구조는 아주 흡사하다. 일본 평안경平安京(지금의 교토)의 궁전 건축은 장안의 대명궁 함원전을 본딴 것이고, 평성경平城京(지금의 나라奈良) 역시 장안의 건축 양식을 적잖이 모방했다. 일본 승려 엔닌은 견당사를 따라 장안에 와서 《입당구법순례행기入唐求法巡禮行記》를 집필했다.

【 당나라 태종과 정관의 치세 】

●당나라 태종의 초상

'정관의 치세'는 결코 태종 한 사람만의 성과가 아니라 임금과 신하가 힘을 합쳐 이룩한 것이다. 특히 태종이 뛰어난 점은 뭇 신하들의 의견을 광범위하게 경청해서 그들의 지혜를 충분히 활용했다는 것이다.

627~649년은 당 왕조의 정관貞觀 연간이다. 이 시기에는 정치가 올바르고 경제가 번영해서 태평성대를 이루었는데, 이로 인해 이 시대를 이끌었던 황제 이세민은 요임금이나 순임금에 견줄 수 있는 명철한 임금이라는 평가를 받았다.

이세민은 당나라 고조 이연李淵의 차남으로 수 왕조 개황 연간에 태어나 수나라 말기 농민전쟁이 일어나던 시절에 성인이 되었다. 이연은 원래 수나라 타이위안太原의 유수留守였다. 그는 농민의 봉기로 수나라가 멸망할 것을 예견하고 대업大業 13년(617)에 타이위안에서 거사하여 맏아들 이건성李建成과 둘째 아들 이세민에게 좌우의 군사를 맡겨 관중으로 진입했다. 그 이듬해에 이연은 자신의 소원대로 당나라를 세우고 장안에 도읍을 정했다.

그 후 이건성은 태자의 신분으로 장안에 체류하면서 부친을 도와 나라를 다스렸지만, 이세민은 진秦 땅의 왕, 즉 제후의 신분으로 상서령尙書令에 부임하여 군사를 거느리고 여러 무장집단을 멸망시키면서 전국을 통일했다. 무덕武德 9년(626), 이세민은 현무문玄武門의 변을 일으켜서 궁성의 북문인 현무문에 병사를 매복시켜 형 이건성을 살해하고 고조를 협박해서 황제의 지위를 자신에게 물려주도록 했다. 이렇게 왕위에 오른 이세민이 역사적으로 유명한 당나라 태종太宗인데, 그의 연호가 바로 정관이다.

당나라는 개국 당시에는 국력이 쇠약했다. 그러나 태종이 즉위한 후 대신들과 함께 역대 왕조의 흥망성쇠와 수나라 멸망에서 얻은 경험과 교훈을 잘 정리하여 나라를 다스리는 방침을 새롭게 확립하고부터 활기를 되찾았다. 태종은 민생을 중시하고 현명한 인재들을 널리 등용했으며, 간언도 허심탄회하게 받아들이고 법으로 나라를 다스렸다.

태종과 대신들이 함께 노력한 끝에 당나라의 경제와 문화는 급속히 발전했고, 사회가 안정되고 민족이 화합하면서 전에 없던 강성함을 구가했다. 그리하여 이 시기를 중국 역사에서는 '정관의 치세貞觀之治'라고 일컫는다.

【 물은 배를 띄울 수도 있고 뒤엎을 수도 있다 】

역사적으로 뛰어난 군주는 대체로 민본주의 사상을 가진 인물들이 많았다. 민본주의는 맹자의 "백성이 귀하다"는 인정仁政 이론과 일맥상통한다.

태종은 일찍이 정관 초기에 "임금이 된 자는 반드시 백성을 먼저 생각해야 한다"고 피력했다. 그는 대신들과 흥망성쇠를 논할 때《순자》〈왕제王制〉에 나오는 "임금이란 배와 같고 백성들은 물과 같으니, 물은 배를 띄울 수도 있고 뒤엎을 수도 있다"는 말을 반복해서 인용했다.

이런 사상을 바탕으로 태종은 정치에 심혈을 쏟고 백성들을 사랑했으며, 허심탄회하게 다른 사람들의 의견이나 간언을 받아들였다. 나라의 중요한 일은 언제나 대신들의 의견을 충분히 들어본 후 그것을 정리해서 최후의 결정을 내리는 등 결코 독단적으로 행동하지 않았다. 간언을 받아들이는 태도는 역대 황제들 가운데서도 특히 유명했다.

정관 4년, 태종은 뤄양에 건원전乾元殿을 세우려고 고집했다. 그때 급사중急事中 장현소張玄素가 생산이 아직 활발하지 못한 상황에서 토목공사를 크게 일으키면 백성들의 부담이 가중되는데, 그러면 백성들은 임금을 옛날의 우매한 걸왕桀王이나 주왕紂王처럼 볼 것이라고 했다. 태종은 그러한 간언이 자신을 거역하는 것이라 생각하지 않고 그의 의견을 받아들인 뒤에 비단 200필을 하사했다. 그 밖에도 유명한 대신 위징魏徵과의 갖가지 일화도 미담으로 널리 전해지고 있다.

태종은 또 군주와 신하가 모두 법령을 엄격하게 준수해야 한다고 강조했다. 모든 일은 법을 준거로 삼아야지 황제의 일시적인 희로애락의 감정이나 몇 마디 말을 준거로 삼아서는 안 된다고 했다. 법의 집행에서도 개인적인 감정에 얽매이지 말 것을 강조해서, 현무문 사변에서 자신을 황위에 오르게 도와주었던 국구國舅 장손무기長孫無忌가 칼을 차고 입궁하자 그를 법에 따라 엄벌에 처했다. 태종은 이에 대해 다음과 같은 의미심장한 말을 남겼다.

"법이란 짐 한 사람의 법이 아니라 천하의 모든 사람이 다 지켜야 하는 것이다. 무기가 황실의 친척이라 해서 어찌 법을 유린할 수 있단 말인가!"

산시성陝西省 리취안禮泉 정인태鄭仁泰의 무덤에서 출토된 문리文吏 인형(위)과 무관武官 인형(아래)

【 치세의 지혜가 담긴《정관정요》】

'정관의 치세'는 대체로 다음 몇 가지 국면을 포괄한다.

첫째, 황제는 허심탄회하게 다른 사람의 의견을 경청하고 간언을 받아들이며, 널리 현명하고 유능한 인재를 등용했다. 대신들도 직분에 충실해서 임금과 신하가 합심하는 정치 국면을 이루었다.

둘째, 생산을 회복하고 사회의 안정을 도모해서 역대 정치가와 사상가들이 추구했던 정치적 환경을 조성했다.

셋째, 비교적 열린 민족정책을 실시하여 여러 민족이 화목하게 지내도록 했다.

넷째, 문화의 발전을 이룩했다. 태종은 열심히 공부했으며, 전국을 평정한 후에는 궁궐 서쪽에 문학관을 설치해 방현령房賢齡, 두여회杜如晦, 우세남, 공영달孔穎達 등 18명의 고위 관리에게 학사를 겸하게 했는데, 그들이 바로 유명한 '진부십팔학사秦府十八學士'들이다. 아울러 태종은 교육을 중시해서 유생들을 널리 모집해 국학의 교수로 임명하고, 기숙사 1,200여 칸을 증설해 학생 모집 인원을 늘렸다. 그 결과 당시 장안의 학자는 8,000여 명

《정관정요》

에 달했다.

그렇다면 어떻게 이런 태평세월을 구가할 수 있었을까?

역사학자 오긍吳兢이 분류하고 집대성한 《정관정요貞觀政要》에는 태종이 역대 왕조들의 흥망성쇠와 수나라 멸망에서 얻은 경험과 교훈에 관해서 대신들과 논의한 내용이 기록되어 있는데, 이는 임금과 신하가 어떻게 하면 정치를 잘할 수 있는가에 관해 논의한 중요한

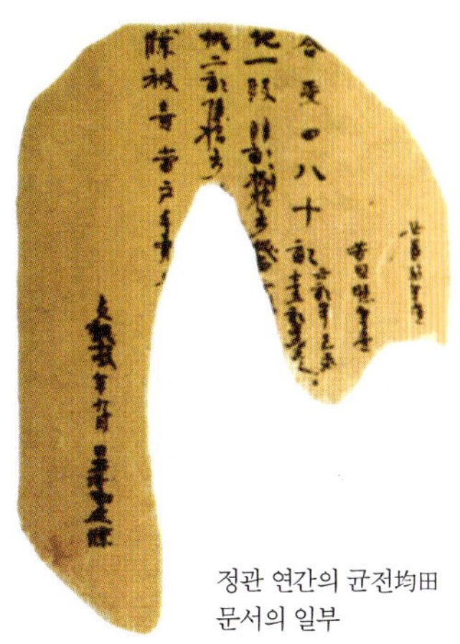

정관 연간의 균전均田
문서의 일부

기록이다. 임금과 신하 모두 책에 기록되어 있는 이론과 관점대로 실행했기 때문에 그렇듯 위대한 업적을 남길 수 있었다.

훗날 사마광司馬光이 《자치통감資治通鑑》을 편찬하면서 그중의 많은 내용을 수록했고, 남송의 원추袁樞는 《통감기사본말通鑑紀事本末》에서 〈정관군신논치貞觀君臣論治〉라는 제목 아래 시간 순으로 다시 새롭게 편집했다.

【 정치의 요체는 사람을 얻는 데 있다 】

태종은 "정치의 요체는 사람을 얻는 데 있다"고 했으며, 이 때문에 관리를 등용하고 사람을 쓰는 일을 매우 중시했다. 그는 다방면으로 노력해서 측근에 대신들을 두었는데, 방현령은 "부지런히 나라를 받들고, 알면 행하지 않음이 없었으며", 위징은 "항상 간언을 자기 일로 삼아서 자신의 임금이 요·순임금에 미치지 못하는 걸 부끄럽게 생각했고", 이정李靖은 "문

무를 겸비하여 나가서는 장수가 되고 들어와서는 재상이 되었으니", 이들 모두 저마다 큰 장점을 가진 한 시대의 준걸이었다.

태종은 또 지방관리들의 우열을 살피는 일도 중시하여, 평소에 각지의 도독과 자사들의 이름을 병풍 위에 써놓고 "그들의 선악에 관한 소문이 있으면 그 이름 밑에 모두 기록함으로써 악한 자를 내쫓고 어진 관리를 등용하는 근거로 삼았다."

인재를 선발할 때 태종은 유능하다면 친소親疏를 불문하고 등용했으니, 가령 위징과 왕규王珪 같은 정관시대의 명대신들은 한때 이세민의 적으로서 태자 이건성의 부하들이었다. 또한 태종은 새로운 인재를 잘 찾아냈다. 중랑장中郞將 상하常何의 문객인 마주馬周가 상하를 대신해서 20여 가지 의견을 피력한 글을 썼는데, 태종은 그것을 보고 찬탄을 금치 못했다. 그러나 일개 무관에 지나지 않는 상하가 이런 글을 지을 수 없다고 생각하여 누가 쓴 것인지 추궁했다. 그 결과 29세 청년을 찾아내게 되었고, 상하는 "인재를 알아본" 공로로 비단 300필을 상으로 받았다. 15년 후 마주는 마침내 재상으로 임명되었다.

태종은 과거를 계속 실시하는 한편 제도를 완벽하게 정비했다. 과거시험은 상거常擧와 제거制擧 두 가지가 있어서, 전자는 부문별로 나누어 명경明經과 진사進士 두 과를 가장 중시했고, 후자는 황제가 직접 주관하는 시험이었다. 이리하여 인재를 선발하는 경로가 이전의 구품중정제九品中正制보다 더욱 넓어졌다.

태종의 대신을 지낸 방현령

【 태종과 위징 】

위징은 젊은 시절 와강채瓦崗寨의 반란군에 참여했다가 당나라에 귀순하여 이건성의 부하가 되었으며, 나아가 이건성에게 먼저 손을 써서 이세민을 제거하라고 제안하기까지 했다. 하지만 태종은 즉위한 후 위징의 과거를 개의치 않았고, 오히려 자신의 직무에 충실했음을 높이 사서 재상으로 임명했다.

태종은 위징에게 이렇게 물었다.

"어떤 사람이 뛰어난 군주이고 어떤 사람이 우매한 임금인가?"

위징이 대답했다.

"군주가 뛰어난 것은 겸손하게 경청했기 때문이요, 우매한 것은 편파적인 의견만 수렴했기 때문이지요."

이것이 바로 "겸손하게 경청하면 뛰어나고, 편파적으로 믿으면 우매하다兼聽則明, 偏信則暗"는 명언의 유래이다. 태종은 신하들의 간언이 중요함을 잘 알고 있었기에 그것을 충분히 활용하여 자신의 과오를 시정하는 수단으로 삼았다. 위징은 바로 정관 시기의 명신들 중에서 태종에게 직언을 가장 많이 한 대신으로 꼽힌다.

위징은 종종 대신들 앞에서 태종에게 이의를 제기하여 황제를 난처하게 만들기도 했다. 어느 날 태종이 조회를 마치고 후궁에 들어가서 노기충천하여 이렇게 부르짖었다.

태종에게 직언을 가장 많이 한 위징

"내 반드시 그 촌놈을 죽여버리고 말리라."

장손長孫황후가 깜짝 놀라서 물었다.

"누구를 말입니까?"

"위징이 매번 조정에서 날 모욕하오."

그러자 장손황후는 이렇게 권했다.

"임금이 명철하면 대신이 정직한 법이니, 위징의 직언은 폐하의 명철함을 말해줍니다."

태종은 그 말을 듣고 문득 깨달은 바가 있어서 위징을 죽이지 않고 오히려 더욱 중용했다. 위징은 늘 "편안할 때 위기를 생각해야 하고, 처음처럼 마지막도 신중해야 한다"고 태종을 깨우쳤다.

정관 17년에 위징이 죽자, 태종은 그에 대한 그리움을 가눌 길 없어서 측근의 신하에게 이렇게 말했다.

"무릇 구리를 거울 삼으면 의관을 바로잡을 수 있고, 옛일을 거울 삼으면 흥망성쇠를 알 수 있으며, 사람을 거울 삼으면 득실에 밝을 수 있다. 이제 위징이 떠나고 말았으니 거울 하나를 잃었구나!"

【 천가한으로 추대되다 】

수나라 말년에 돌궐족의 세력이 강성해지자, 타이위안에서 거사한 이연도 처음에는 돌궐의 신하로 자처했다. 당 왕조가 건립된 후에도 돌궐은 습격을 멈추지 않았으니, 심지어 힐리가한頡利可汗과 돌리가한突利可汗이 두 차례나 군사를 이끌고 관중을 침범하여 장안 부근까지 쳐들어왔다. 이와 동시에 돌궐은 대내적으로 여러 민족을 잔혹하게 착취했다.

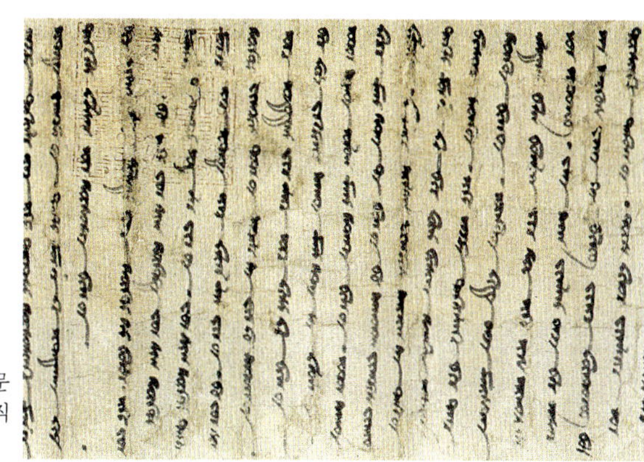

신장 투루판에서 출토된 회흘문
의 필사본 두루마리. 회흘의 관직
제도에 관한 내용이다.

627년(정관 원년), 인산陰山 이북의 설연타薛延陀, 회흘回紇, 발야고拔也古 등의 부족이 군사를 일으켜 막북漠北에 설연타한국薛延陀汗國을 건립했다. 초원의 동부에 있던 해奚, 거란契丹 등의 부족은 앞서거니 뒤서거니 돌궐을 배반하고 당나라에 귀순했다.

629년, 태종은 돌궐족 내부의 분열을 기화로 이정과 이적 등을 행군총관行軍總管으로 삼아 10만 대군을 출정시켜 동돌궐제국을 멸망시켰다. 당나라의 군대는 여세를 몰아 서돌궐제국과 서역 쟁탈전을 벌였고, 642~648년까지 연승을 거두었다. 그리하여 톈산天山 남쪽의 작은 나라들이 다투어 당나라에 귀순했다. 당나라는 안서도호부安西都護府를 구자龜玆로 옮긴 후 구자, 카라샤르, 우전, 카슈가르 등 서역의 군사 요충지를 지키게 하고 이 네 곳을 안서사진安西四鎭이라고 불렀다.

당 왕조는 비교적 열린 민족정책을 실시했다. 정관 15년, 태종은 토번의 우두머리인 송찬감포松贊干布의 청혼을 받아들여 문성文成공주를 그에게 시집보냈다. 그리하여 만국의 사람들이 장안을 찾아왔고, 당나라의 수도 장안은 여러 민족이 들끓는 '국제 대도시'가 되었다.

정관 21년에 당나라가 설연타를 멸하자, 막북의 회흘과 동라同羅 등 여

산시성山西省 푸진두浦津渡 다리 머리에 있는 당나라 때의 철인鐵人. 이들은 각각 당시 주변의 네 민족을 대표하는데, 한족의 형성은 바로 다민족이 융합한 결과이다.

러 부족이 당나라에 귀순했다. 당나라는 그 지역에 6부府 7주州를 설치했다. 그곳의 부족들은 태종을 천가한天可汗으로 추대했으며, 아울러 회흘 이남과 돌궐 이북에 큰 길을 닦아서 참천가한도參天可汗道라고 명명했다. 그리하여 당나라는 돌궐을 대체해 북방 여러 민족 가운데 가장 높은 지위를 차지했다.

結 정관의 치세는 중국사에서 가장 찬란한 한 페이지를 장식했다. 태종 이후로 이른바 정치가라면 정관 시기를 목표로 삼지 않은 자가 없었으며, 역대의 제왕들도 태종과 대신들이 정치에 관해 묻고 답한 내용을 정리해놓은 《정관정요》를 정치의 지침서로 삼았다. 태종처럼 생전에 위대한 업적을 남기고, 세상을 떠난 후에도 후세의 제왕들에게 정치적으로 큰 영향력을 행사한 이는 역사에서 찾아보기 어렵다. 이것이 바로 태종이 중국사에서 가장 유명한 제왕이 된 이유이다.

물론 '정관의 치세'는 결코 태종 한 사람만의 성과가 아니라 임금과 신하가 힘을 합쳐 이룩한 것이다. 특히 태종이 뛰어난 점은 뭇 신하들의 의견을 광범위하게 경청해서 그들의 지혜를 충분히 활용했다는 것이다.

【 서역의 경전을 가져온 현장 】

●〈현장부급도玄奘負笈圖〉

광풍이 회몰아쳐 모래가 하늘을 뒤덮었으며, 낮에는 뜨거운 열기를 내뿜고 밤에는 살을 에는 듯한 추위가 생명을 위협했다. 현장은 4박 5일 동안 물 한 모금 마시지 못한 채 죽을 고비를 몇 번이나 넘기고 홀로 사막을 건넜다.

소설 《서유기西遊記》를 보면, 당나라의 승려가 서역으로 경전을 얻으러 가는 이야기가 나온다. 당나라 승려 현장玄奘이 제자 손오공, 저팔계, 사오정을 거느리고 갖은 고초와 '81가지 난관'을 겪은 후 마침내 서역에 도착해서 여래불을 만나 경전을 얻는다는 이야기다. 이야기 속의 현장은 선량하다 못해 어찌 보면 약간은 바보 같은 캐릭터이다.

삼척동자도 알 만큼 유명한 《서유기》는 명나라의 소설가 오승은吳承恩이 쓴 소설이지만, 그 등장인물과 이야기는 역사적 사실을 바탕으로 한 것이다. 현장은 중국 역사의 실존인물로서 당나라의 고승인 것도 사실이다. 뿐만 아니라 그가 서천西天, 즉 오늘날의 인도에 가서 경전을 구해온 것 역시 사실이다.

현장의 본명은 진위陳禕로서 수나라 때 낙주洛州 구씨현緱氏縣의 진보곡陳堡谷, 즉 오늘날의 허난성 옌스거우스진偃師緱氏鎭의 천허촌陳河村에서 태어났다. 그의 출생연대는 학자들 사이에 논쟁이 되고 있는데, 가장 널리 인정받는 주장은 수나라 문제 개황 20년(600)에 태어났다는 것이다.

현장은 출가하여 스님이 된 후에 얻은 법명이다. 그가 당나라 때의 인

현장이 번역해서 편찬한 저작

물이기 때문에 사람들은 습관적으로 당 현장이나 당승唐僧 혹은 삼장법사 三藏法師라고도 부른다.

현장은 당나라 정관 원년(627년이지만 일설에는 정관 3년인 629년이라고도 함)에 인도로 경전을 구하러 떠났다가 정관 19년(645)에 장안으로 돌아왔다. 그 후에는 불경 번역에 몰두하여 75부 1,335권, 약 1,300만 자를 번역했다. 이는 중국의 문화유산을 더욱 풍부하게 했을 뿐 아니라 인도의 수많은 서적을 보존하는 데도 어느 정도 기여했다.

【 현장과 경전 번역 】

현장은 출가한 후 이름난 스승과 벗을 찾아다니면서 불법을 연구했다. 그런데 불법에 대해 공부하면 할수록 더 많은 의문이 생겨 불교의 발상지인 인도에 가서 경전을 구해 불법을 공부해야겠다는 생각을 하게 되었다. 이것이 바로 당시 사람들이 말하는 '서천'으로 경전을 구하러 간다는 이야기이다.

현장은 인도를 방문해서 10여 년간 거주했다. 초기에는 인도에서 가장 크고 유명한 날란다 사원에서 1만여 명의 승려들과 함께 불법을 공부했다. 현장이 서역을 찾은 목적은 《유가사지론瑜伽師地論》이라는 경전을 얻기 위함이었다. 이 경전은 인도 대승불교 유가행파瑜伽行派의 중요한 경전 중 하나였다. 날란다 사원의 주지인 계현戒賢(시라바드라)이 당시 이 경전에 가장 정통했는데, 나이도 많은 데다 관절염을 앓았음에도 불구하고 현장을 위해 15개월에 걸쳐 이 경전을 강의했다. 현장은 그 강의를 세 번이

현장법사 좌상

나 듣는 한편, 다른 경전과 인도의 서적들을 폭넓게 공부했다.

날란다 사원에서 5년간 공부한 현장은 다시 인도의 불교 성지를 찾아다니며 고승과 학자들을 만났고, 현지의 풍토와 인정, 산물, 기후, 지리, 역사, 언어, 종교 등을 조사했다. 그는 이러한 자료를 근거로 귀국한 후 《대당서역기大唐西域記》를 집필했다.

현장은 인도에서 유학하는 동안 인도의 불교를 충실히 공부했을 뿐 아니라 나름대로 독창적인 견해도 갖추었다. 그가 산스크리트어로 쓴 《회종론會宗論》은 불법을 토론한 것인데 여기에는 그 자신의 관점도 들어 있다. 이처럼 불교에 정통했기 때문에 훗날 현장이 번역한 경전의 수준도 양적인 면과 질적인 면에서 그 이전의 번역을 훨씬 능가했다. 현장은 귀국 후 경전의 번역에 전념했는데, 양도 많았고 질도 최고 수준이었다.

중국에서 불경 번역은 한나라 말기에 시작되었다. 초기에는 대부분 외

후세 사람들이 현장의 기록을 바탕으로 그린 〈오천축도五天竺圖〉. 그림의 붉은 선은 현장이 서역으로 갈 때 지나간 나라와 지역을 표시한 것이다.(왼쪽)
간쑤성 안시安西의 천불동 벽화에 있는 〈당승취경도唐僧取經圖〉(오른쪽)

국에서 온 승려들이 번역을 담당했고, 일부는 외국의 승려가 주된 번역을 하고 중국인이 보조 역할을 했다. 외국인은 경전의 언어에는 정통했지만 중국어 수준은 그에 미치지 못했고, 중국인은 또 그와 상반되는 상황이다 보니 번역의 질이 낮았다. 어떤 경우에는 지나치게 의역을 해서 본래의 의미를 상실했고, 또 어떤 경우에는 지나치게 직역을 해서 중국인이 읽어도 난해한 부분이 너무 많았다.

이러한 상황에서 현장은 경전의 번역에 대해 "반드시 정확한 내용을 반영하지만 반드시 쉽게 이해할 수 있도록 해야 한다"는 원칙을 세웠다. 말하자면 원문에 충실하면서도 사람들이 쉽게 이해할 수 있도록 해야 한다는 것이었다. 현장의 번역문이 이전 시대의 번역을 능가한 것도 바로 이 원칙 덕분이다. 그의 번역은 정확해서 믿을 수 있었고, 세련되고 정교해서 원문의 풍모가 잘 보존되어 있을 뿐 아니라 중국어의 우아함과 유창함이 살아 있었다. 당시 사람들은 그가 번역한 불경을 '신역新譯'이라 하고, 현장 이전의 번역을 '구역舊譯'이라 부름으로써 불경 번역의 역사를 두 단계로 나누어 고찰했다. 현장은 이런 점에서 한 시대의 획을 그은 불경 번역가라고 할 수 있다.

【 현장과 법상종 】

현장은 인도에서 대승불교의 중요한 경전인《유가사지론》에 대해 깊이 연구했다. 귀국 후에는 이 경전을 완역하는 한편, 이 학파의 학설을 소개하는 데도 힘을 아끼지 않았다. 현장이 주관하는 번역소에는 당시의 유명 불교학자들이 모여들었다. 그들은 현장에게서 경전 번역을 배웠는데, 그 가운데서 훌륭한 번역가들이 많이 배출되었다.

현장의 제자 규기窺基도 그중 하나였다. 그는 현장을 따라 우타이산五臺山, 타이위안太原, 박릉博陵 등지에 불법을 전했으며, 학문을 닦고 저술활동을 활발히 하여 '백부소주百部疏主'라는 칭호를 얻었다. 그리하여 규기는 새로운 불교 종파인 법상종法相宗을 창건했다.

법상종은 인도의 유가행파 중에서도 특히 호법護法 계통의 사상을 계승했다. 불교의 한 유파로서 그 철학사상은 주로 현장이 편찬한《성유식론成唯識論》에 바탕을 두고 있다. 규기의 말에 의하면, 현장이 이 책을 편찬한 것은 바로 자신의 제안을 받아들인 결과라고 한다.

규기의 제자 가운데 유명한 이로는 혜소慧沼, 지통智通, 지달智達 등이 있다. 혜소는 처음에 현장을 스승으로 모시다가 훗날 규기를 스승으로 모셨다. 지통과 지달은 일본에서 온 구법승이다. 법상종의 학설은 당나라 초기에 유행하다가 일본에 전파되어 지금까지 이어지고 있는데, 그 뿌리를 캐어보면 현장에까지 이른다.

현장은 인도에서 '인명因明', 즉 인도 고대 불교의 논리학을 공부한 바 있다. 그래서 귀국 후에도 특별히 인명학 관련 저작을 전수하고 번역했다. 그 결과 인명학은 점차 현학顯學이 되어 중국의 철학과 논리학의 발전에 새로운 내용을 보탰다.

【 불가의 '천리마' 】

현장의 조상은 북조北朝 때 관리를 지냈고, 그의 부친도 수나라 때 강릉江陵 현령을 지내다가 수 왕조 말엽 정부의 부패에 실망하여 관직을 버리고 고향으로 돌아갔다. 수·당대의 불교는 중국 사회에 막대한 영향을 끼쳤으며, 현장의 가족도 그 영향으로 모두 불교를 믿었다.

구씨현은 뤄양에서 그리 멀지 않은데, 당시 뤄양에는 유명한 불교 사원이 많았다. 현장의 둘째 형 장첩長捷은 뤄양 정토사淨土寺의 승려였다. 현장이 10세 되던 해에 부친이 별세하자, 그 이듬해에 장첩이 그를 뤄양에 데려가 불경 공부를 시켰다.

현장이 13세 되던 해 조정에서 품행과 학업이 우수한 자를 승려로 선발했다. 현장은 연령이 차지 않아서 자격이 없었지만 출가하려는 마음이 간절했던지라 관아를 찾아가 문 앞에서 기다렸다. 시험관은 대리경大理卿 정선과鄭善果였는데, 현장을 보고는 어느 집 자식이며 무엇을 하고 싶은지 물었다. 현장은 자신의 이름을 말한 뒤 승려가 되고 싶다고 했다. 정선과가 무엇 때문에 승려가 되고 싶으냐고 묻자, 현장은 이렇게 대답했다.

"부처님의 뜻을 이어받아 불법을 널리 펼치기 위해서입니다."

그 대답에 크게 탄복한 정선과는 특례로 그를 받아들이면서 앞으로

현장이 큰일을 할 것이라고 예언
했다.

현장은 총명한 데다 노력하는 학
구파였다. 불법의 이치를 탐구하면
서 허심탄회한 태도로 가르침을 구
했으며, 여러 학파의 학설이나 주장
을 융합하는 데 주의를 기울여 성적
이 아주 우수했다. 그리하여 그가
장안에 있을 때 사람들은 그를 불가
佛家의 '천리마'라고 불렀다.

산시성陝西省 퉁촨銅川 옥화궁 유적지에서 출토된
불좌. 현장이 제명題名을 남겼다.

【 서역에 가서 불법을 구하려는 간절한 마음 】

현장은 인도로 가서 불법을 구하겠다고 마음을 먹었지만 그 일은 간단
치 않았다. 길도 멀거니와 당시는 당나라 건국 초기여서 국내 정세가 안
정되지 않았기 때문에 국경을 벗어나는 일이 엄격히 금지되었다.

627년 가을, 장안 일대의 곡식 수확이 여의치 않자 관리들은 백성들이
장안을 떠나 살 길을 찾아가는 것을 허락했다. 현장은 이 기회를 틈타 굶
주린 백성 틈에 섞여서 장안성을 벗어나 만 리 길의 여정에 올랐다.

서역으로 가는 길에 현장은 먼저 양주凉州(지금의 간쑤성 우웨이武威)에 도
착했다. 양저우 도독 이대량李大亮이 현장의 출국 소식을 접하고는 즉시 장
안으로 돌아가라고 명령했다. 다행히 그곳에 있던 혜위慧威법사가 은밀히
제자를 시켜 현장을 과주(지금의 안시安西)까지 배웅해주었다. 이때 현장의

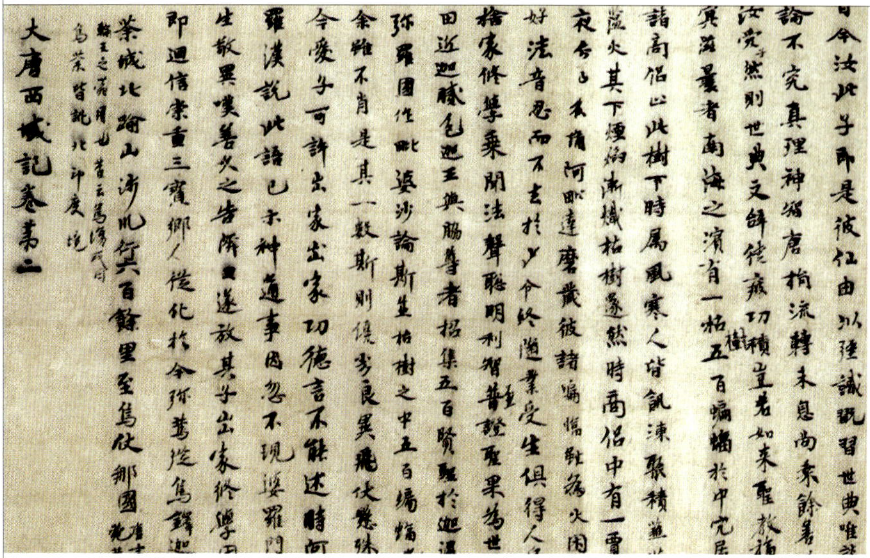

《대당서역기》에 현장이 서역으로 가는 과정이 기록되어 있다.

출국을 막기 위해서 양주에서 보낸 공문이 과주에 도착했다. 그러나 과주의 자사와 관리들도 현장을 체포하지 않았을 뿐 아니라, 오히려 하루 빨리 서쪽으로 떠날 수 있도록 도와주었다.

과주를 떠난 현장은 여로에서 갖은 고생을 겪었다. 과주에서 서역으로 가자면 반드시 위면관을 지나야 했다. 위면관 밖에는 다섯 개의 봉화대가 있었는데, 각 봉화대 사이가 800리 정도인 데다 물도 없고 풀도 자라지 않는 황량한 땅이었다. 다섯 개의 봉화대를 지나면 '800리 모래의 강'이라 불리는 대사막이 나타났다. 사막에는 맹수나 날짐승조차 없고, 종종 광풍이 휘몰아쳐 모래가 하늘을 뒤덮었으며, 낮에는 뜨거운 열기를 내뿜고 밤에는 살을 에는 듯한 추위가 생명을 위협했다. 호인胡人 하나를 안내자로 삼았는데 얼마 가지도 못해서 더는 못 가겠다고 했다. 현장은 어쩔 수 없이 4박 5일 동안 물 한 모금 마시지 못한 채 죽을 고비를 몇 번이나 넘기고 홀로 사막을 건넜다.

현장이 사막을 건너는 이야기는 나중에 약간의 가공을 거쳐 《서유기》에서 유사하流沙河를 건너고 사오정을 항복시키는 부분이 되었다. 현장은 사막을 지나서 이오伊吾(지금의 신장 하미)를 거쳐 고창高昌(지금의 신장 투루판)에

도인이든 속인이든 모두 길에 뛰쳐나와 온 도읍이 정성을 다해서 경전을 가지고 돌아오는 현장을 맞이했다.

도착했다. 당시 고창국은 독립왕국으로서 국왕 국문태麴文泰가 불교 신자였다. 왕은 현장에게 경의를 표하고 지극히 환대하면서 그가 고창국에 남기를 은근히 바랐다. 현장이 호의를 사절하자, 왕은 그가 떠나지 못하도록 막았다. 이에 현장은 단식으로 항거하며 사흘간 먹지도 마시지도 않은 채 단정히 앉아 있었다. 왕은 그 모습에 감동한 나머지 그를 놓아주고 행장과 말까지 준비해주었다.

현장은 서역으로 가는 길에 몇 번이나 생사의 고비를 넘겼지만 결코 후회하지 않았으니, 불법을 구하려는 그의 단호한 의지를 엿볼 수 있다.

〖 대승천과 해탈천 〗

현장은 인도의 유명 사원들을 방문하여 불교의 이치를 정밀히 연구해서 큰 성취를 이루었다. 당시 인도의 대승불교는 주로 중관파中觀派와 유

가행파로 나뉘었는데, 두 유파의 논쟁이 아주 치열했다. 현장은 그들의 이론에 같은 점도 있고 다른 점도 있다고 여겨서 산스크리트어로 《회종론》을 집필했다. 계현법사와 기타 승려들은 그의 저서를 읽고 모두 입을 모아 칭찬했다.

날란다 사원에는 당시 불교의 삼장三藏(경장, 율장, 논장을 총칭함 : 옮긴이)을 깊이 터득한 열 명의 대덕大德이 있었는데, 현장도 그중 한 사람이었다. 그래서 현장은 훗날 당삼장唐三藏 혹은 삼장법사로도 불렸다. 당시 인도 소승불교의 한 승려가 《파대승론破大乘論》을 집필하여 대승을 비판하자, 현장은 《파악견론破惡見論》을 써서 반박했다.

현장이 박식하다는 소문은 급속히 인도 전역으로 번졌다. 당시 인도에서 세력이 가장 컸던 갈약국도국의 계일왕戒日王이 소문을 듣고 특별히 현장을 초청했다. 계일왕은 중국에 '진왕파진악秦王破陣樂'이라는 음악이 있다는 얘기를 들었던지라 현장에게 그것에 관해 물었다. 현장은 중국을

허난성 뤄양에 있는 백마사白馬寺. 불교가 중국에 전파된 후 건축된 최초의 사원이다.

자세히 소개하면서 당 왕조의 문화를 선전했는데, 이로써
일시 중단되었던 중국과 인도의 관계가 회복되었다.

　계일왕은 갈약국도국의 도읍인 곡녀성曲女城에서 대회를
열어 현장을 논주論主로 모셨다. 그리고 인도 국왕 20여 명
과 승려 4,000여 명, 기타 종교인 2,000여 명을 참석시켰다.
현장은 이 대회에서 논문을 발표했는데, 18일이 지나도록
누구 하나 반박하는 자가 없었다고 한다. 그리하여 대승의
승려들은 현장에게 '대승천大乘天'이라는 아름다운 이름을
지어주었다. '천天'은 인도 말로 '신神'을 뜻하며, 최고의
존경과 찬사의 의미를 담고 있다. 중국의 고승 현장의
이름은 이렇게 인도 전역에 널리 알려지게 되었다.

당나라의 저수량이 쓴 '대
당삼장성교지서大唐三藏
聖教之序' 비

홍교사興教寺의 당삼장탑

현장은 서역에 가서 불법을 구해온 대표적 인물이라고 할 수 있다. 그는 75부에 달하는 불경의 번역을 주관했고, 불경 번역 사업을 새로운 단계로 끌어올려 후세의 모범이 되었다. 또 양적으로나 질적으로 수준 높은 불경을 수입하는 한편, 인도의 경전을 보존하는 데도 기여했다.

현장의 저작은 다양한 학파를 융합해서 스스로 일가를 이루었다. 법상종은 당시에 큰 역할을 했으며 그 영향은 후세에도 널리 전해지고 있다. 현장이 인도에서 들여온 인명학은 중국의 철학적 유산을 풍성하게 했을 뿐 아니라 논리적 사유의 깊이를 더하는 데도 크게 공헌했다. 현장의《대당서역기》12권은 당시 서역이라고 불린 100여 개 국과 여러 지역의 풍토와 인정, 산물, 기후, 지리, 역사, 언어, 종교에 대해 자세히 기록하고 있어서 지금도 중앙아시아와 남아시아의 고대사 및 지리 연구에 필수 자료가 되고 있다.

현장이 서역에 가서 불경을 가져온 이야기는 오늘날 중국뿐 아니라 인도에도 널리 알려졌으며, 옛날 날란다 사원이 있던 터에는 현장기념관이 세워졌다.

【 대안탑과 소안탑 】

●대안탑과 소안탑

불탑은 번영하는 사회의 상징물이었다. 오늘날 우리는 대안탑과 소안탑의 깨끗하고도 간결한 모습 그리고 소박한 탑신을 통해 옛 장안성의 풍모와 당나라 문화의 웅혼한 시대정신을 엿볼 수 있다.

"탑 하나 푸른 하늘을 배경으로 보이고, 아득한 천 리에 아침 햇살 비꼈네."

탑은 풍경의 시각적 중심이자 한 시대, 한 지역의 정신과 문화를 상징하고 기념하는 건축물이다. 탑은 그 자체로도 아름답지만 하늘 또는 산과 어울려서 훌륭한 경관을 이루기도 한다. 따라서 어느 지역에 보탑寶塔이 있다면, 그것은 천지와 자연과 환경을 융합한 조화의 관계를 나타낸다고 할 수 있다.

고탑古塔은 중요한 문화유산의 일부이다. 당나라의 대안탑大雁塔과 소안탑小雁塔은 성당盛唐 문화(성당은 713~766년까지 50여 년간으로 당나라 최고의 전성기임 : 옮긴이)의 중요한 상징물이다. 대안탑은 중국에 현존하는 최초의 누각식 전탑塼塔이며, 소안탑은 당 왕조 때의 전형적인 밀첨식密檐式(처마를 차곡차곡 겹치는 방식 : 옮긴이) 탑의 대표 격이다. 당 왕조의 문명은 오랜 세월을 거치면서 상전벽해가 되었지만, 대안탑과 소안탑은 여전히 당시의 자태를 자랑하고 있다.

탑은 원래 불교의 건축물로서 인도에서 유래했으며, 스투파 혹은 탑파

대안탑 서쪽 문설
주의 탁본 조각

塔婆, 도파兜婆, 부도浮圖, 불도佛圖 등의 이름으로 번역되기도 한다. 탑은 원래 부처와 조사祖師를 기념하는 건축물이었는데, 중국에 유입되면서 속칭 보탑 또는 탑이라고 불리게 되었다. 고대 중국인들은 보통 탑을 부도浮屠라고 불렀다. "사람 목숨 하나 구하는 것이 7층짜리 부도를 쌓는 것보다 낫다"는 말에서 부도는 바로 불탑을 가리킨다.

탑은 중국에 유입된 후 그 외형이 점차 중국화되는 동시에, 위대한 인물을 기념하는 분묘에서 정신과 문화의 신성한 상징을 기념하는 건축물이 되었다.

【 대안탑과 소안탑의 유래 】

대안탑은 시안시西安市 남쪽 4킬로미터 지점의 자은사慈恩寺 안에 자리 잡고 있다. 이 사원은 당나라 고종 이치李治가 돌아가신 어머니 문덕文德 황후를 기리기 위하여 지은 것이다. 대안탑은 자은사의 서쪽 뜰에 있으며 영휘永徽 3년(652)에 세워졌다.

정관 19년, 현장은 인도에서 경전을 가지고 귀국한 후 우선 홍복사弘福寺에서 번역 작업을 시작했다. 그러다 자은사가 건립되자 번역한 불경을 이곳에 옮겨놓는 한편, 법상종을 창립하면서 대안탑을 세우자고 제안했다. 대안탑은 장경탑藏經塔으로서 현장이 인도에서 가져온 불경을 보관하던 곳이다.

'안탑雁塔'이라는 이름에 대해서는 두 가지 설이 있다. 하나는 《천축기天竺記》의 "달친국達親國에 가섭(석가의 10대 제자 중 한 사람 : 옮긴이) 부처의 가람이 있다. 돌산을 뚫어 5층탑을 지었는데, 아래층이 안형雁形(기러기 형

태 : 옮긴이)이었다"는 말에서 유래했다 하고, 다른 하나는 석가모니가 몸을 던져서 생명을 구한 이야기와 관계가 있다고 한다. 그리고 당나라 사람들은 기러기를 좋아해서 모든 새를 기러기로 대체하는 관습 때문에 자은사의 탑을 안탑이라 명명했다고도 한다. 이 밖에도 탑을 세울 때 기러기가 상공을 날아가다가 떨어져서 탑 아래 묻혔기 때문에 그런 이름을 붙였다는 설도 있다.

소안탑은 시안시의 남쪽의 천복사薦福寺 안에 자리하고 있다. 천복사는 당나라 때 여행가

대안탑은 현장이 인도에서 가져온 불경을 보관하기 위하여 세운 탑이다.

이자 번역가인 승려 의정義淨이 불경을 번역하던 곳이다. 의정은 25년 동안 30여 개국을 여행하면서 산스크리트어로 된 불교 경전 400여 부를 가져왔다. 그는 중국 불교사에서 5대 역경가譯經家의 한 사람으로 꼽힌다.

대안탑은 벽돌로 겉면을 쌓고 흙으로 속을 메운 사각형의 5층탑이다. 탑의 기초 부분은 동서로 45.9미터, 남북으로 48.8미터이고, 높이는 42미터이며, 지면에서 꼭대기까지의 높이가 64.1미터에 달한다. 탑의 아래 두 층은 아홉 칸, 3층과 4층은 일곱 칸, 꼭대기 층은 다섯 칸으로 되어 있다.

소안탑은 당나라 경룡景龍 원년(707)에 건축하기 시작했으며 총 15층으

로 되어 있다. 아래층의 각 변의 길이는 11.25미터, 높이는 46미터이다. 탑은 모두 벽돌로 쌓았고, 각 층은 정사각형을 이루면서 남북에 각각 두 개의 문을 두었는데, 위로 올라갈수록 그 둘레가 점차 줄어든다.

【 문명의 증거 】

대안탑과 소안탑은 1,000년여의 역사를 자랑하고 있다. 이 두 개의 탑은 그 자체로 당 왕조의 막강한 국력을 상징한다. 당시 당나라는 경제가 크게 번영해서 국력이 널리 알려졌으며, 사원의 정치경제적 지위도 아주 높았다. 이러한 상황은 외국의 고승들을 불러들여 불법을 전하도록 했으

천복사에 자리한 소안탑

며, 아울러 중국의 승려들이 서역으로 가서 경전을 가져오는 데에 기여
했다.

그때의 장안은 국제 문화의 중심지였다. 불교의 흥성은 마치 당나라에
피어난 한 떨기 꽃과 같았고, 불탑은 번영하는 사회의 상징물이었다. 오
늘날 우리는 대안탑과 소안탑의 깨끗하고도 간결한 모습 그리고 소박한
탑신을 통해서 옛 장안성의 풍모와 당나라 문화의 웅혼한 시대정신을 엿
볼 수 있다.

대안탑은 당나라 고종 영휘 3년에 처음 건축하고, 무측천武則天 장안
長安 연간(701~704)에 중수하여 7층으로 확장했으며, 대력大曆 연간에
10층으로 개축했다. 소안탑은 명나라 성화成化 23년(1487), 장안에 대지
진이 일어났을 때 꼭대기에서 탑의 아래층까지 한 자 정도가 갈라졌으
나, 명나라 정덕正德 말년(1521)에 또다시 지진이 일어나자 무너지기는
커녕 오히려 그전의 지진으로 벌어졌던 틈이 봉합되었다. 마치 신의
보살핌인 것 같지만, 사실은 탑의 구조가 천리天理와 지리地理의 순환
원리에 맞게 설계되어 견고한 데다, 탑의 기초가 흙을 다진 반구형이
어서 지진의 진동으로 인한 압력을 골고루 분산시킬 수 있기 때문이었
다. 이런 점으로 볼 때 1,000여 년 전의 건축기술이 이미 상당한 수준
에 이르렀음을 알 수 있다.

명나라 가정嘉靖 연간에도 장안에 대지진이 일어났지만, 소안탑은 정상
부분만 허물어졌을 뿐, 탑신은 손상 없이 원래의 모습을 유지했다.

【 대안탑과 소안탑의 예술성 】

　대안탑은 사방의 석문과 문설주에 건축 장식과 불상이 정교하게 새겨져 있는데, 그 가운데 서쪽 문설주 위의 아미타불 설법도가 가장 생동감 넘친다. 탑문의 안쪽에는 길이 1.67미터, 너비 0.33미터의 석각화石刻畵가 있고 그 위에는 사방불四方佛, 보살, 명왕明王 등의 초상이 있다. 석각화의 밀종호법신왕密宗護法神王은 그 모습이 아주 위엄 있다.

　탑의 남문 양 옆에는 당나라의 위대한 서예가 저수량이 쓴 〈대당삼장성교서大唐三藏聖敎序〉(당나라 태종 이세민의 글)와 〈대당삼장성교서기大唐三藏聖敎序記〉(당나라 고종 이치의 글)가 새겨진 두 개의 비가 있고, 그 옆에는 음악에 맞춰 춤추는 사람의 모습을 돋을새김으로 조각했다. 이들 비석이 보여주는 서법은 중국 서예의 명품으로 평가된다.

　소안탑에는 영롱한 첨각이 있고, 탑 아래 남북 입구의 궁형으로 된 청석青石 문설주에는 꽃무늬와 천인天人 공양도가 새겨져 있는데, 그야말로 정교하고 아름답기가 이를 데 없다.

천복사 문설주의 장식

천복사 청석문의 첨각

대안탑과 소안탑에는 당나라 조각예술의 아름다움이 그대로 함축되어 있다. 대안탑이 방패를 들고 1,000년 고도를 지키는 무사와 같다면, 소안탑은 곱고 아름다운 자태를 가진 당나라의 궁녀와도 같다. 당 왕조의 궁전은 이미 흔적도 없이 사라졌지만, 대안탑과 소안탑은 의연히 그 자리에 우뚝 솟아 건축예술의 진수를 자랑하고 있다.

【 시인에게 영감을 준 천고의 명탑 】

자은사는 규모가 아주 커서 가장 흥성할 때는 10여 개의 정원에 1,897칸의 방이 있었다. 이 사원은 풍경이 아름다운 곡강曲江 부근에 있었기 때문에 당대의 시인들은 장안에 들르면 반드시 이 사원을 찾아서 탑에 올라가 장안의 풍경을 감상했다. 대안탑의 내부는 누각식으로 만들어 사방에 문을 내었고, 계단은 나선형으로 정상까지 통하게 되어 있다.

시인들은 높은 곳에서 멀리 장안의 풍경을 바라보다가 감흥에 겨워 시를 지었다. 《전당시全唐詩》에는 자은사에 관한 작품이 아주 많은데, 그중

에서도 두보의 시 〈여러 공들과 함께 자은사 탑에 올라同諸公登慈恩寺塔〉가
가장 유명하다.
고적과 잠삼도 훌륭한 시를 남겼다. 고적의 시를 보자.

간밤에 가을바람 불더니,
변방이 더욱 맑고 깨끗해졌네.
세상은 어찌하여 푸르고 푸른가.
오릉五陵의 성대함이 이어졌기 때문일세.

잠삼도 그와 같은 시를 읊었다.

가을빛이 서쪽에서부터 찾아와
관중關中에 창연함이 가득하네.
오릉五陵은 북쪽 언덕 위에 있으면서
오랜 세월 동안 푸른빛만 어렴풋하네.

대력 연간의 시인 장팔원章八元의 〈자은사 탑에 제함題慈恩寺塔〉도 구상
이 기발하여 대시인 백거이가 찬탄을 금치 못한 걸작이다.

10층이 불쑥 허공에 솟아 있고
마흔 개 문이 열리면서 바람을 맞아들이네.
이상한 새가 평지를 날아오르는 듯하니
사람들이 입을 벌린 채 말을 못하네.

【 천추에 길이 남을 절경 】

당나라 때는 과거제도가 성행했다. 진사에 급제한 사람들은 먼저 곡강에서 곡강회曲江會라고 하는 연회를 베풀었다. 연회가 끝나면 다시 자은사에 모여서 진사에 급제한 사람들의 명단을 벽돌에 새겼는데, 그 명단이 "묘하게 행렬을 이루어서 마치 기러기 떼 같았다"고 한다. 이러한 '안탑제명雁塔題名(안탑에 이름을 올리는 일 : 옮긴이)'은 당시 문인들이 가장 소망하던 일이었다.

백거이는 27세 때 진사에 급제했으며, 같이 급제한 17인 가운데 가장 젊었다. 그는 "자은사 탑 아래에서 이름을 올리니, 17인 중에서 가장 나이가 어리네"라는 시를 지었다.

후세의 문인들도 '안탑제명'을 고상한 일로 여기고 그것을 모방했다. 명나라 때에도 과거시험의 향시에 급제한 문인이나 무인들이 각각 대안탑과 소안탑 아래 모여 당대 사람들의 이야기를 본받아 입석立石에 이름을 올렸는데, 이 역시 '안탑제명'이라 불렀다.

안탑신종雁塔晨鐘은 유명한 관중팔경(장안팔경이라고도 함)의 하나이다. 이 안탑신종에 대해 "종소리가 은은하다"는 당나라 때의 기록이

관중팔경의 하나인 안탑신종

있다. 금나라 명창名昌 3년(1192)에 이르러 다시 2만여 근에 달하는 대형 철종이 주조됐다. 이른 새벽이면 예불 종소리가 멀리 퍼져서 사람들을 꿈에서 깨워주곤 했다. 청나라의 시인 주집의朱集義는 안탑신종을 이렇게 노래했다.

이른 새벽 은은히 붉은 안개로 물들이고
저녁 무렵 천천히 넓은 벌판을 채우네.
들려오는 소리에 잠에서 깨어나니
천 년의 뛰어난 자취가 아득하구나.

結 대안탑과 소안탑은 시안에 있는 당나라의 유적으로서 역사적 의미가 깊은 건축물이다. 이 두 탑은 1,000여 년 전의 건축 문화를 생생하게 보여주고 있다.

당나라의 고승인 현장과 의정 등은 이 탑 아래에서 불경을 번역하고 불법의 이치를 연구했으며, 그러한 정신은 고금에 빛을 뿌리면서 대안탑과 소안탑에 문화적 의미를 더하고 있다.

이 두 탑은 당나라의 불교 건축, 조각, 회화를 농축하고 있다. 오늘날까지 전해지는 '안탑제명' 이야기는 당나라 과거제도의 융성함을 말해주고, 안탑신종은 장안의 유명한 경관으로 손꼽힌다.

中國文明 大視野

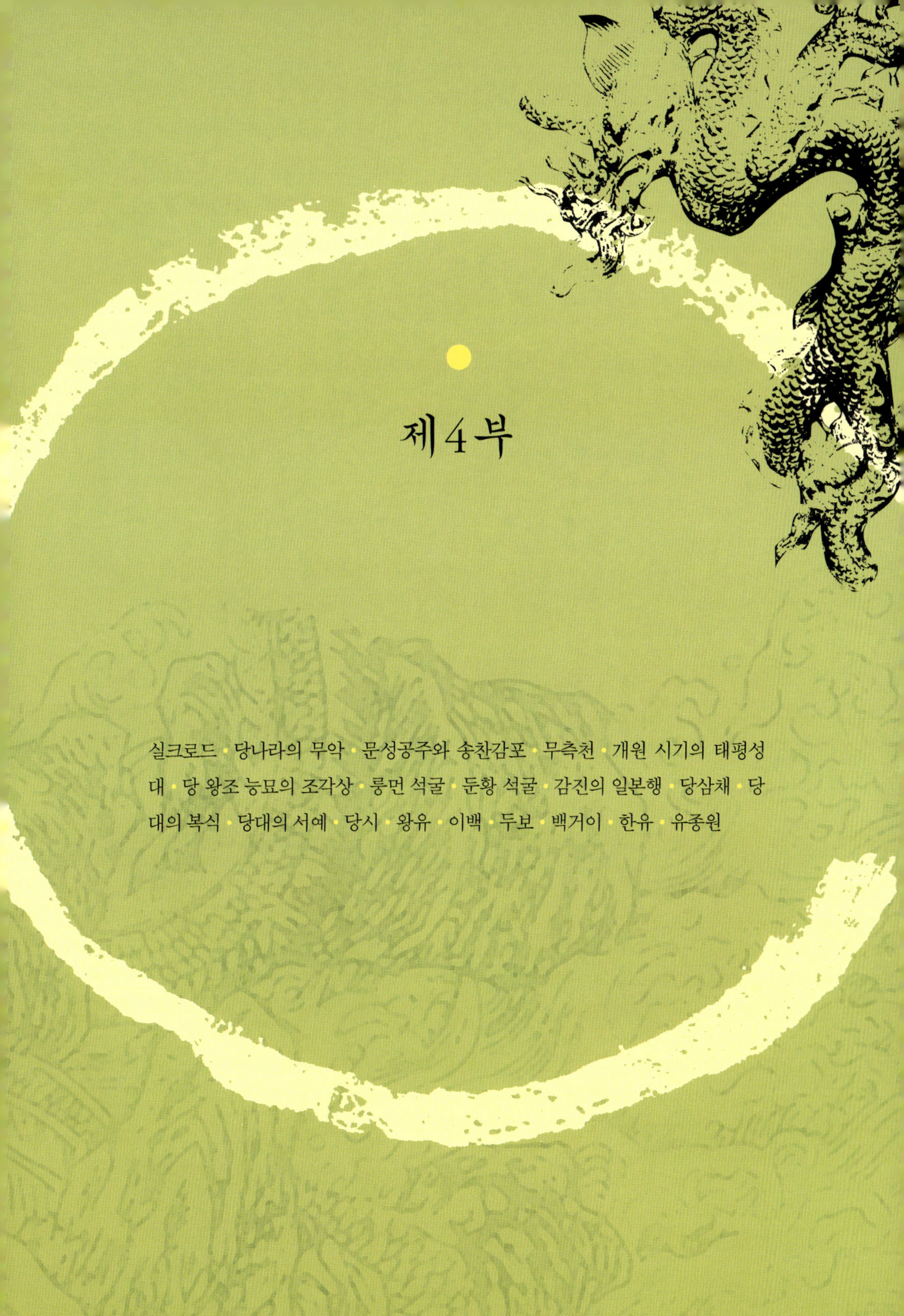

제4부

【 실크로드 】

●실크로드의 기점인 시안의 서쪽 성문에 있는 상인들의 조각

장건이 두 차례나 서역에 사신으로 다녀와서야 비로소 동서를 잇는 길이 열렸다. 이를 위해 소요된 시간은 무려 10여 년이었으며, 그 과정에서 갖은 고통과 고난으로 많은 수행원이 불귀의 객이 되었다.

오늘날 서쪽으로 여행을 한다면 서아시아나 인도, 심지어 유럽까지도 매우 편리하게 갈 수 있다. 항공편으로 가면 길어야 20여 시간이면 목적지에 도착할 수 있다. 하지만 옛날에는 육로든 뱃길이든 지금보다 훨씬 많은 시간이 걸렸을 뿐 아니라 여로에서 겪는 고초도 심했다.

다른 나라들과의 교류를 위해 지금으로부터 2,000여 년 전인 전한시대에 이미 동서의 문명을 잇는 육상 교통로를 개척하기 시작했는데, 이것이 바로 그 유명한 실크로드이다.

실크로드 개척은 결코 간단한 일이 아니었다. 전한의 장건이 두 차례나 서역에 사신으로 다녀와서야 비로소 동서를 잇는 길이 열렸다. 이를 위해 소요된 시간이 무려 10여 년이었으며, 그 과정에서 갖은 고통과 고난으로 많은 수행원이 불귀의 객이 되었다. 훗날 실크로드가 존속할 수 있었던 것도 많은 사람의 노력이 있었기 때문이다. 후한시대의 반초班超, 감영甘英, 둔황의 태수 창자倉慈 등도 실크로드의 보호와 확장에 힘썼던 인물들이다.

당 왕조의 세력은 점차 타림분지에 있는 서역의 여러 왕국을 통제했고,

실크로드의 연도에 있는
누란의 옛 땅

톈산天山 이북과 총령葱嶺 서쪽 여러 왕국의 종주국이 됨으로써 동서 왕래의 앞날을 예고했다. 당나라 고종 때에는 한 걸음 더 나아가 쇄엽碎葉을 수복함으로써 한동안 막혔던 실크로드를 재개통하여 동서 왕래의 장애를 제거했고, 문화의 교류도 전에 없던 번영을 누렸다.

실크로드는 고대 동서 교통의 요체로서 동서양의 경제와 문화의 번영에 크게 이바지했다.

【 실크로드의 방향 】

실크로드의 기본 방향은 전한시대에 형성되었으며, 대체로 장건이 서역에 사신으로 갔던 노선을 따랐다. 훗날 지리적 환경의 변화와 정치 상황 그리고 종교 상황이 변함에 따라 새로운 노선을 개척했고, 일부는 방향이 바뀌고 사라지는 노선도 없지 않았지만, 그럼에도 실크로드의 기본적인 방향에는 큰 변화가 없었다.

유라시아 대륙을 관통하는 이 옛 길은 동쪽의 장안(지금의 산시성 시안)에서 시작하여 허시후이랑河西回廊을 거쳐서 북으로 하미哈密에 이르고, 다시 북쪽 변방의 지무싸얼吉木薩爾, 우루무치烏魯木齊, 이닝伊寧을 거쳐 이리강伊犁江을 따라 내려가서 이해里海의 연안에 이르는데, 이 구간을 북로北路라고 한다. 허시후이랑에서 시작하여 둔황, 위먼관을 거쳐 한 왕조의 장성을 따라 옛 누란樓蘭 땅을 지난 다음, 다시 타림분지 북쪽을 따라 쿠얼러庫爾勒, 룬타이輪臺, 쿠처庫車, 바이청拜城, 아커쑤阿克蘇, 카스喀什를 경유하여 이란과 지중해 연안의 여러 곳에 이르는 노선은 중로中路라고 한다. 이 밖에 허시후이랑에서 둔황을 거쳐 고양관古陽關 방향으로 꺾어져서 뤄창若羌, 체모且末, 위톈于田, 허톈和田, 예청葉城, 사처莎車를 따라 난장南疆(신장 위구르족 자치구 남부)을 지나 타시쿠르칸塔什庫爾干에 이르고, 남쪽으로는 인도의 카슈미르, 서쪽으로는 아프가니스탄과 이란에 이르는 노선을 남로南路라고 한다.

이른바 남로, 북로, 중로의 세 길은 대강의 방향에 따라 붙인 이름이기 때문에 서로 완전히 다른 노선이 아니며, 실제로는 교차되거나 중첩되는 부분도 없지 않다. 이렇게 이루어진 동서를 잇는 교통의 요로는 총길이가 무려 약 7,000킬로미터에 달했다.

【 실크로드라는 이름의 유래 】

초기에는 동서의 자유로운 왕래를 보장하는 이 길에 별다른 명칭을 부여하지 않았다. 그러다 1877년, 독일의 지리학자 리히트호펜이 자신의 저서인 《중국》에서 처음으로 한나라에서 중앙아시아 남부와 서부 그리고 인도 사이에 비단무역을 위주로 하는 교통로를 실크로드라고 불렀다. 그 후 독일의 역사학자 히만이 새롭게 발견된 유물과 고고학 자료에 근거하여 실크로드의 범위를 지중해 서안과 소아시아 지역까지 확장했다. 즉 고대 중국에서 중앙아시아를 경유하여 남아시아, 서아시아 및 유럽과 북아프리카에 달하는 육상무역의 교통로라는 것이다. 바로 이 길을 통해 중국의 비단이 대량으로 서양에 전해졌기 때문에 실크로드라는 이름도 이때부터 널리 사용되었다.

실크로드는 아주 구체적이고 정확한 이름이다. 중국은 세계에서 가장 일찍 뽕나무를 재배하고 누에를 쳐서 비단을 생산했다. 상商 왕조 때부터 전국시대에 이르기까지 중국의 비단 생산기술은 이미 상당한 수준에 이르렀다.

【 장건의 '착공'과 감영의 원행 】

기원전 2세기 한나라 무제武帝는 흉노족을 격파하기 위하여 장건을 두 차례나 서역에 파견하여 동맹을 맺게 했다. 장건과 그의 수행원들은 비록 구원병을 청하는 데는 성공하지 못했지만 대완大宛, 강거, 대월지, 안식安息, 신독身毒 등 여러 나라를 지나면서 서역의 정치와 지리적 상황에 대해

실크로드의 요충지인 신장 자오허交河의 고성 유적

전면적인 조사를 할 수 있었다.

　두 차례에 걸친 서역행은 비단무역에 대한 유목민족의 독점을 깨고 중앙아시아, 남아시아, 서아시아 여러 왕국과의 직접적인 무역관계를 정립하는 계기가 되었다. 장건이 올린 보고서는 외부 세계에 대한 중국인 최초의 인식으로서 참된 지식과 탁월한 소견을 갖춘 것이었다. 이는 사마천과 반고에 의해 각각 《사기》〈대완열전大宛列傳〉과 《한서》〈서역전西域傳〉에 기록되었으며, 이때부터 서방에 대한 신화와도 같은 중국 고대의 믿음은 종말을 고하게 된다. 장건의 이런 역사적 공헌 때문에 사마천은 그를 '착공鑿空'이라고 불렀는데, 그것은 예전에 없었던 일을 했다는 뜻이다.

　후한시대에 서역도호西域都護 반초는 부하 감영을 대진大秦(로마 제국)에 사자로 보냈다. 감영은 곧장 페르시아 만의 유프라테스 강과 티그리스

실크로드 북로의 요충지인 신장의 쿠얼쑤바스庫爾蘇巴什 고성의 유적

강이 바다로 이어지는 곳까지 가서 바다를 건너 서쪽으로 가려고 했다. 하지만 동방과 로마의 무역을 독점하려는 안식인安息人(고대 이란의 왕국인 파르티아 사람 : 옮긴이)들의 방해로 더 이상 서쪽으로 가지 못했다. 감영은 애초에 목적했던 곳까지는 가지 못했지만, 중국인으로서는 처음으로 가장 멀리까지 간 사신이다. 그는 실크로드 대부분의 노선을 지나갔으며, 남쪽 페르시아 만에서 아랍 반도를 지나 로마 제국에 이르는 항로를 발견했다.

이처럼 장건의 '착공'과 감영의 원행은 동양과 서양을 직접적으로 연결시켰다.

【 빈번한 상인무역 】

중국이 세계에 퍼뜨린 가장 아름답고 실용적인 선물은 바로 비단이다. 유라시아에서 흔히 보는 일부 식물은 본래 중국산이 아니다. 예를 들면 '호胡' 자가 붙은 식물들로 호두〔胡桃〕, 오이〔胡瓜〕, 양파〔胡葱〕, 후추〔胡椒〕, 당근〔胡蘿卜〕 등이 있는데, 이 가운데 적지 않은 것들이 중앙아시아나 서아시아에서 전해졌다. 한나라 초기 이후 서쪽에서 전해진 것은 식물뿐 아니라 서양의 진귀한 짐승이나 가축, 유리그릇, 보석, 향료 등도 있었다. 당 왕조에 이르러 실크로드는 전례 없는 번영을 누렸다.

소그드인의 고향은 중앙아시아 소그디아나 지역으로 이란 문화 계통에 속하며, 강康·안安·조曹 등 아홉 개의 오아시스 왕국으로 나뉘어 있었다. 당나라 때에 많은 호인들이 중국으로 이주하기 시작했는데, 대체로 상업에 종사하는 사람들로서 실크로드 연도의 여러 성城과 진鎭에 그 흔적을 남겼다. 그들로 인해 당나라의 도시에 '호풍胡風'이 일어났다.

이백은 "꽃같이 아름다운 호희胡姬가 술집에서 화사한 웃음꽃 피우네"
라는 시구로 술집에 있는 호인 여자를 묘사했고, 잠삼은 "비파와 피리 소
리 한데 어울리는데, 강족羌族 사나이의 노랫소리 은은히 들려오네"라는
시구로 호인들이 노래하는 모습을 그렸다. 또 백거이는 "천보天寶 계년季
年에 세월이 변하더니, 신하와 후궁들이 빙글빙글 도는 춤을 배우는 데
여념이 없네, 그중에 양귀비와 안녹산이 있으니, 두 사람이 호선胡旋에 가
장 능하더라"는 표현으로 양귀비가 당시 유행하던 호선무를 잘 추었음을
묘사했다. 이러한 시구를 통해 우리는 당시 장안에서 유행한 '호화胡化'의
일면을 감지할 수 있다.

이상의 사실로 볼 때, 상인무역이 활발하게 이루어지는 동시에 서양의

시안에서 출토된 페르시아의 은화와 배점정제국의 금화

배점정拜占庭제국(지금의 터키 : 옮긴이)의
첩화반구貼花盤口 유리병

중앙아시아풍의 짐승 머리 모양의 마노잔

음악과 춤, 서커스 등의 오락 그리고 음식과 의복 등 생활문화도 그 붐을 타고 함께 밀려들어 중국 문화에 큰 영향을 미쳤음을 알 수 있다.

【 수많은 불교의 석굴 】

실크로드는 물질문화의 교류와 함께 정신문화 교류의 중요한 통로이기도 했다.

세계 3대 종교의 하나인 불교는 일찍이 전한 말엽 중국에 전해졌으며, 위진남북조시대의 빈번한 전란은 불교의 발전에 훌륭한 토대가 되었다. 수나라와 당나라 때에 이르러 불교는 민간에 깊숙이 침투했고, 중국의 고승들도 중국화한 종파를 창립했다.

오늘날에도 불교의 인과응보 사상이 깊이 자리잡고 있으며, 도처에서 불교 사원을 볼 수 있다. 일상적으로 사용하는 언어 가운데 사용 빈도가 비교적 높은 '찰나刹那', '영향影響', '수유교융水乳交融(물과 젖의 융합 : 옮긴이)' 등과 같은 단어들도 모두 불교의 산물이다.

특히 사람들의 이목을 끄는 것은 실크로드 연도에 수많은 불교 석굴이 있다는 점이다. 그 석굴 가운데 특히 구자龜玆의 커쯔얼 석굴, 둔황의 둔황 석굴, 안시安西의 위린굴楡林窟, 톈수이天水의 마이지 산麥積山 석굴, 다퉁大同의 윈강雲崗

채색 도자기로 표현한 호인과 비단을 운반하는 낙타

실크로드의
험준한 요지인
파미르 고원

실크로드에 있는 양관陽關 옛터

타림분지에 진입하기 위해 반드시 지나야 하는
지철문관地鐵門關

간쑤성 둔황에 있는 웨야취안月牙泉

실크로드에 있는 훠옌산火焰山

푸젠성 취안저우泉州에 있던 송나라와 원나라 때의 국제항구

석굴과 뤄양의 룽먼龍門 석굴 등이 유명하다. 이러한 석굴들은 동서양의 예술적 기풍을 함축한 것으로서 실크로드를 통해 이루어진 활발한 문화 교류의 증거이다. 이 석굴들은 옛 실크로드 연도에 마치 실에 꿴 구슬처럼 이어져 있는 중요한 문화유산이다.

불교 외에도 당시 조로아스터교, 마니교, 경교, 이슬람교 등이 중국에 유입되었다.

結 기원전 2세기부터 기원후 15세기까지 실크로드는 세계 육지 면적의 3분의 1을 차지하는 유라시아 대륙을 잇는 역할을 했다. 그 결과 중국, 인도, 페르시아, 그리스, 로마 등 당시 문명국 간에 활발한 교류가 이루어지면서 서로에게 영향을 미쳤다.

10세기 중엽 이후에는 육상 실크로드의 역할이 점차 쇠퇴하기 시작했다. 송나라 이후 경제와 문화의 중심지가 남쪽으로 옮겨갔고, 그에 따라 해외무역이 발달하면서 중국과 서양 여러 나라 사이에 새로운 교통로가 개척되었다.

송나라와 원나라의 상인들은 해상 운송로를 통해 서방의 여러 나라와 왕래했으며, 남송시대에는 해외 50여 개 지역과 무역을 했다. 당시 상인들은 대부분 남쪽의 광저우廣州와 취안저우泉州의 항구를 통해 바다로 나가서 동남아시아, 인도, 아랍의 여러 나라에 도달했고, 멀리는 아프리카의 동해안까지 이르렀다. 이외에도 서남쪽의 전滇, 면緬 등의 노선을 경유하여 지금의 미얀마 남부를 통한 해로를 거쳐 서쪽으로 항해하거나 중앙아시아와 인도차이나 반도의 여러 항구에서 서쪽으로 가는 경우도 있었다. 사람들은 이러한 해상무역 노선을 ‘해상 실크로드’라고 통칭했다.

상대적으로 볼 때 송나라와 원나라 이전에는 중국의 사상이 서양에 전파되기보다 서양의 영향을 더 많이 받았다. 그러나 서양에 전파된 중국의 생산물과 기술은 통계를 낼 수 없을 정도도 많았다. 실크로드를 통해 중국의 뽕나무 재배법, 방직기술, 화학, 제지술, 인쇄술 그리고 칠기와 도자기 등이 서양에 전파되면서 세계 문명의 발전에 크게 기여했다.

【 당나라의 무악 】

● 〈당인궁악도唐人宮樂圖〉

공손대랑의 검무는 사방에 소문이 나서 구경꾼들이 구름처럼 모
여들었다. 공손대랑의 씩씩하고 민첩한 동작과 기세는 마치 아홉
개의 태양을 쏴서 떨어뜨렸다는 예와 같고, 용을 타고 날아다니는
신선과 같았다.

남북조의 민족 대융합 시기를 거치면서 소수민족들의 음악과 외국음악 등이 끊임없이 중원에 유입되었고, 그에 따라 중원의 무악도 바야흐로 한 차례 심각한 변혁을 겪었다. 수나라 양제 때에는 9부악部樂을 설치했는데, 이는 궁정에서 이미 국내외의 대표적인 무악을 두루 수집했음을 말해준다. 당 왕조의 무악은 바로 이러한 역사적 사실을 배경으로 발전했다.

당나라가 전국을 통일한 후 경제가 발전하고 사회가 안정되자, 그에 따라 수많은 전문 예능인과 아마추어 예능인들이 이전 시대의 무악을 계승하고 국내외 여러 민족, 여러 지역의 작품과 소재를 널리 수집해서 그 자양분을 섭취하기 위해 노력했다. 그리고 그 작품과 소재들을 끊임없이 정리하고 반복적으로 연습함으로써 민족적 특색을 갖춘 풍부하고 다채로운 당 왕조의 무악을 창조했다.

당나라 태종은 기존의 9부악을 10부악으로 고쳤다. 이 10부악은 고종 이후에 점차 도태되어 앉아서 연주하는 좌부기坐部伎와 서서 연주하는 입부기立部伎를 형성하게 되었다. 현종 때에는 교방을 확대하여 민간의 무악

시안에서 출토된 채색 설창說唱 인형

을 관할하게 하고, 궁중에 전문극단을 두어서 궁녀들로 하여금 노래와 춤을 배우게 했다. 이러한 조치들로 인해 당 왕조의 무악은 전면적인 번영의 단계로 접어들었다.

당나라에는 유명한 음악가와 무용가가 많았는데, 특히 조효손祖孝孫, 왕장통王長通, 이구년李龜年, 조선경曹善慶 및 양귀비와 공손대랑公孫大娘 등이 유명했다. 당나라 때 음악에 맞춰 노래했던 가사가 지금도 전해지는데 그것이 바로 시詩와 사詞이다. 둔황의 벽화에서도 당나라 무악의 흔적을 엿볼 수 있으며, 무악과 관련한 당시唐詩도 무악에 대해 구체적이고 생동감 있게 설명해주고 있다.

【 당 왕조의 무악기관 】

당나라의 무악기관인 태상시太常寺(예악을 관장하는 부서) 관할하의 태악서太樂署, 고취서鼓吹署, 교방은 각각 아악雅樂, 예의악禮儀樂, 속악俗樂을 관리했다.

속악은 주로 민간의 무악을 가리킨다. 교방은 처음부터 궁중에 설치한 것으로 규모가 비교적 작았다. 현종 개원開元 2년(714)에는 궁중의 교방 외에 장안과 뤄양에도 교방을 증설했다. 이때 교방은 태상시를 벗어났으므로 따로 조정에서 파견한 내관內官이 관리했다.

고종 때에는 음악을 앉아서 연주하는 좌부기와 서서 연주하는 입부기로 나누었다. 좌부기는 3~12명 정도로 규모가 작았고, 입부기는 60~180명 정도로 비교적 컸다. 대체로 좌부기에서 가르칠 수 없는 자는 입부기로 보냈고, 그래도 수준 미달인 자는 아악을 가르쳤다. 좌부기와 입부기는 종합적인 공연을 할 수 있는 대형 무악으로서 궁정 무악의 진전을 말

당나라 때의 벽화에 표현된 무악을 연주하는 광경

해준다.

당나라 현종은 음률에 정통한 황제였다. 그래서 궁정에 별도의 극단을 설치하고 좌부기 자제들을 선발하여 교육시켰는데, 이들을 '황제이원제 자皇帝梨園弟子'라고 불렀다. 그들은 전문적으로 속악을 익혔으며, 이러한 무악기관은 민간의 무악을 수집하고 악공을 양성하는 곳이자, 무악의 수준을 높이고 그것을 전파하는 곳이었다.

【 당나라의 무악곡 】

당나라의 무악은 현종 때 절정에 달했는데 크게 아악雅樂, 청악淸樂, 연악燕樂의 세 종류로 나눌 수 있다.

시안에서 출토된 도자기 비파(왼쪽)
소라를 박은 당 왕조의 전비파鈿琵琶(오른쪽)

아악은 가탁된 성왕聖王의 유음遺音으로, 조정의 의식에만 사용되었다. 하지만 당시 아악의 실제 지위는 셋 중 가장 낮았다. 청악은 위진남북조 시대 이후 민간에서 일어난 청상악淸商樂이다. 연악은 서역의 음악 또는 서역의 영향을 받은 중원이나 강남의 음악을 말하는데, 이후 궁정의 연회 나 오락에서 즐기던 민간속악을 총칭하는 명사가 되었다. 연악은 당 왕조 의 새로운 음악으로서 그 시대 음악의 특징, 방향 및 성과를 대표한다.

당나라 악곡의 수량은 정말 많았다. 당시 가장 유행한 악곡은 교방에서 채집하여 부르다가 다시 널리 퍼져나갔다. 최영흠崔令欽의 《교방기敎坊記》 에는 잡곡雜曲의 곡명이 343수, 대곡大曲의 곡명이 59수 보존되어 있다. 또 《갈고록羯鼓錄》과 《악부잡록樂府雜錄》, 송나라 사람 왕부王溥의 《당회요唐會 要》 등에도 곡명과 그에 관한 자료가 적지 않게 보존되어 있다.

당나라의 악곡은 형식과 구성에 따라 잡곡과 대곡 두 종류로 나눌 수 있다. 잡곡은 독립적인 곡목으로 대체로 짧은 편이다. 대곡은 많은 악장을 포함하고 있는 고정적인 구조의 대형 모음곡으로 독립적인 소곡들의 조합이라고 할 수 있다. 당나라의 대곡 자료는 전해지는 것이 많지 않지만, 송나라의 대곡은 당나라의 기초 위에서 발전한 것이다. 대곡의 음악과 표현 형식은 송나라와 원나라 희곡의 발전에 큰 영향을 미쳤다.

【 〈예상우의무곡〉 】

〈예상우의무곡霓裳羽衣舞曲〉은 당 왕조의 유명한 연악 대곡으로서, 현종이 인도의 〈바라문곡婆羅門曲〉을 첨삭 및 편곡해서 만든 것이라고 전해진다. 전 곡은 세 부분으로 구성되는데, 첫째는 자유로운 리듬으로 연주하지만 노래나 무용이 없으며, 둘째는 서정적이고 느린 곡조를 위주로 노래와 춤이 있으며, 셋째는 리듬이 빠르고 음이 강하지만 노래나 춤은 없으며 곡이 끝날 무렵에는 리듬이 점차 느려진다. 백거이의 〈비파행琵琶行〉에서 "처음에는 '예상霓裳'이요 나중에는 '육요六么'이다"라는 시구에 나오는 '예상'이 바로 이 곡을 가리키고, '육요'는 당 왕조의 또 다른 대곡을 말한다.

예상우의무는 당 왕조 때의 가장 유명한 춤이다. 현종이 처음 만들었을 때부터 당나라 말기에 이르기까지 무용의 동작은 조금씩 달라졌지만, 전체적인 방향은 신선 같은 표표한 자태와 그 경지를 추구하는 것이었다. 따라서 배우들의 복장도 다양한 변화를 보였는데, 유독 저고리인 '우의羽衣', 즉 공작취의孔雀翠衣의 기본 형식만은 변하지 않았다. 전하는 바에 의하면, 양귀비는 바로 이 예상우의무를 잘 추었다고 한다. 취중에 그녀가 춤추는 모습을 보고 현종은 이렇게 찬탄했다.

〈홍의무녀도紅衣舞女圖〉

둔황 벽화를 모사한 〈호선무도胡旋舞曲〉

"바야흐로 눈보라 치고 바람이 불매, 하늘도 돌고 땅도 도는 걸 알겠구나."

예상에는 독무만이 아니라 군무도 있다. 기록에 의하면, 현종의 생일에 궁중 예능인들이 예상을 공연했는데, 공연이 끝나자 땅에 떨어진 주옥과 패물이 무더기를 이루었다고 하니 무희들이 얼마나 많았는지 가히 짐작할 수 있다.

문종文宗 개성開成 원년(836), 교방에서는 19세 이하의 무희 300명을 모집해서 예상을 추었으며, 선종宣宗 때에도 궁중에서 수백 명이 예상을 공연한 바 있다. 백거이가 원화元和 연대에 궁중에서 구경했던 것은 쌍인무雙人舞로, 그는 〈예상우의가〉에다 이런 시구를 남겼다. "표연히 몸을 돌리니 가벼운 눈발이 날리는 듯, 교태롭게 몸을 빼니 교룡이 놀라는 듯." 이 시구는 예상의 동작과 운치를 생동감 있게 묘사했다.

당나라의 기풍을 재현한 예상우의무 공연 장면

【 공손대랑의 검무 】

당나라의 무용은 연무軟舞와 건무健舞로 구분되는데, 예상은 그중 연무에 속한다. 하지만 두보가 관람했던 공손대랑과 그 제자의 검무는 전형적인 건무에 속한다. 어린 시절 두보는 당시의 유명한 무용가 공손대랑의 춤 '검기혼탈劍器渾脫'을 보고 가슴이 뛸 정도로 깊은 인상을 받았다. 그로부터 50년이 지난 후 두보는 우연히 공손대랑의 제자 이십이랑李十二娘의 같은 공연을 보고 과연 "명사의 휘하에 수준 높은 제자가 난다"는 말을 실감했다. 이때 공손대랑은 이미 사망했으며, 사회 혼란으로 이십이랑도 타향을 떠돌고 있었다. 춤솜씨를 제외하고는 모든 것이 예전과 딴판이었다. 두보는 감개무량하여 〈공손대랑의 제자가 검무를 추는 것을 보고觀公孫大娘弟子舞劍器行〉라는 시를 썼는데, 그 서두는 이러하다.

옛날에 아름다운 여인 공손씨가 있었으니
한번 검기劍器의 춤을 추면 사방이 들썩였네.
산처럼 많은 구경꾼들 아연실색하고

하늘과 땅이 오래도록 오르락내리락했네.

예羿가 아홉 개의 해를 떨어뜨리듯 섬광이 번뜩이고
뭇 신선들이 용을 타고 나는 듯 공중을 날았네.
시작은 천둥과 벼락이 분노를 거두는 듯하고
끝은 강과 바다에 푸른빛이 어리는 듯하네.

공손대랑의 검무는 사방에 소문이 나서 구경꾼들이 구름처럼 모여들었다. 공손대랑의 씩씩하고 민첩한 동작과 기세는 마치 아홉 개의 태양을 쏴서 떨어뜨렸다는 하나라 때의 제후 예와 같고, 용을 타고 날아다니는 신선과 같았다. 긴장한 구경꾼들은 하늘과 땅이 돌아가는 듯해서 안색이 변하지 않을 수 없었다. 그의 춤이 끝난 후 광장은 의연히 검의 그림자에 둘러싸여 마치 수면에 한 줄기 맑은 빛이 어린 듯했다.

둔황 벽화의
가무 공연 장면

두보의 시를 통해 공손대랑의 검무가 최고의 경지에 도달했음을 알 수 있다. 전하는 바에 의하면, 초서의 대가 장욱은 공손대랑의 검무에서 깨달음을 얻어 서예를 한층 발전시켰다고 한다.

【 당대의 가사 】

당대의 가사歌詞는 두 부분으로 나뉘는데, 바로 우리가 고전의 시사詩詞를 말할 때 늘 사용하는 시詩와 사詞이다. 시는 구조가 정연하고 대부분 5언과 7언의 절구체이다. 이는 중국어로 된 민가民歌의 기본 형식으로 악곡에 맞출 때 광범위하게 적용할 수 있다. 게다가 율시는 음운을 강조하여 그 자체로 이미 음악적 특징을 갖고 있기 때문에 노래할 때 악곡의 선율에 맞추고, 리듬을 적절하게 처리하면 곡조와 맞출 수 있었다. 사실상 당시唐詩는 대체로 읊조리고 노래할 수 있는 음악성을 강하게 띠고 있다.

당나라 사람 설용약薛用弱의 《집이기集異記》에는 다음과 같은 이야기가 수록되어 있다.

시인 왕지환王之渙, 왕창령, 고적 등이 술집에서 만났는데 마침 네 명의 가희歌姬가 노래를 부르고 있었다. 왕지환은 그 가운데 가장 예쁘고 노래도 잘 하는 가희를 가리키면서 말했다.

"만약 그녀가 부르는 노래 가사가 나의 시가 아니라면 평생 자네들과 위아래를 다투지 않겠네. 반대로 그녀가 부르는 노래가 나의 시라면 자네들은 내게 절하면서 나를 스승으로 섬겨야 하네."

과연, 그녀가 부른 노래는 왕지환의 〈양주사凉州詞〉였다. 세 사람은 크게 웃고 말았다. 당 왕조 때의 〈양주凉州〉 대곡은 바로 〈양주사〉에 근거하

둔황 벽화의
가무 공연 장면

여 지은 것이다.

사詞는 곡자사曲子詞라고도 하여 대부분 시구처럼 정연하지 않고 들쭉날쭉해서 일명 장단구長短句라 부르기도 했다. 사는 악곡의 박자와 성조에 엄격히 맞추어 썼으며, 가사를 삽입한 악곡을 사조辭調라 하여 당나라 악곡의 일부를 차지했다. 사조의 대부분은 민간 악곡에서 나왔다. 가령 〈장상사長相思〉는 본래 명칭이 〈상비원湘妃怨〉으로 민간에서 아황娥皇과 여영女英(둘 다 요임금의 딸로 나란히 순임금에게 출가했음 : 옮긴이)의 제사를 지낼 때 사용한 악곡이다.

곡자사는 민간에서 먼저 나왔고, 당나라 중기에 이르러서야 비로소 문인들이 쓴 곡자사가 선을 보였다. 이때부터 사詞를 짓는 풍조가 음악활동과 함께 활발하게 전개되기 시작했다.

당 왕조의 무악은 후세에 많은 영향을 끼쳤다. 우선 무악의 역사라는 관점에서 본다면, 당나라의 무악은 송나라 무악에 수많은 자료를 제공했다. 당 왕조에서 연악 대곡이 발달했던 덕분에 송 왕조의 대곡은 당 왕조 대곡의 일부를 수용함으로써 발전할 수 있었다. 대곡의 음악과 표현 형식은 송나라와 원나라 희곡의 발전에도 큰 영향을 미쳤다.

당나라 무악은 서예와 회화 등 관련 예술에도 영향을 끼쳐서 그 분야의 발전을 촉진했다. 장욱은 공손대랑의 검무를 보고 초서에서 비약적인 발전을 보였으며, 오도자는 배민裴旻의 검무를 보고 벽화 대관大觀을 완성했다. 이와 같은 아름다운 이야기는 음악·춤·서예·회화 등의 예술이 서로 통했으며, 그것이 예술의 발전뿐 아니라 당대 문화의 전면적인 번영에 중요한 요인이었음을 말해준다.

특히 중요한 것은 당나라의 음악이 그 시대는 물론이고 후세의 문학과도 깊은 관련이 있다는 점이다. 곡자사는 민간에서 발생했지만, 이후 문인들이 배우고 모방해서 당나라 말엽과 오대五代에 성행했으며, 남송과 북송시대에 크게 흥성해서 송나라 문학의 전범이 되었다. 사詞는 남송 이후에 악보를 벗어났지만, 본래 음악에서 비롯된 것이다. 이런 점에서 당 왕조의 음악은 송 왕조의 문학을 배태했다고 할 수 있다.

이 밖에도 당나라 무악은 서역과 외래의 무악을 융합한 기초 위에서 발전했고, 중국 민족의 특색을 잘 구현하고 있다. 따라서 당대에 발전한 무악은 외래 문화를 어떻게 수용할 것인가 하는 문제와 관련하여 훌륭한 경험을 제시하고 있다.

문성공주와 송찬감포

●문성공주가 시짱에 들어가는 모습을 담은 벽화

태종은 한족과 짱족의 우의를 돈독히 하기 위하여 문성공주를 송찬감포에게 시집보냈다. 그리하여 문성공주는 당 왕조의 기대를 한몸에 받으며 한족과 짱족 간 친선의 가교 역할을 해야 했는데, 과연 기대했던 대로 그녀는 여러 가지 일을 해냈다.

티베트에는 금빛 찬란한 포탈라 궁이 있다. 전하는 바에 의하면, 당나라 정관 연간에 토번吐蕃의 찬보贊普(왕) 송찬감포가 당 왕조의 문성공주를 아내로 맞아들일 때 건축한 것이라고 한다. 지금도 궁전 내부 초기 건축물의 하나인 법왕동法王洞 안에는 송찬감포와 문성공주 그리고 당시 당나라에 신부를 맞이하러 갔던 대신 녹동찬祿東贊의 채색 조각상이 세워져 있다. 금방이라도 살아날 듯한 그 조각상을 보고 있노라면 마치 1,300년 전의 과거로 돌아간 듯한 느낌을 받게 된다.

6세기 시짱西藏 고원에는 세 개의 강대한 세력이 있었다. 서부의 양동羊同, 북부의 소비蘇毗, 서남부의 토번이 그들이다. 이후 토번은 소비를 병탄했다. 통일을 완성하기 위해서 토번의 찬보 송찬감포는 당나라의 강대한 세력과 번영한 중원 문화에 깊은 관심을 갖고 당 왕조와 우호적인 관계를 맺고자 했다. 송찬감포는 여러 차례 당나라에 사신을 파견해서 청혼을 했고, 태종은 그들과의 우호가 중요하다는 생각에서 문성공주를 시집 보내기로 결정했다.

문성공주는 시짱으로 대량
의 경서와 역사서, 시문, 불경,
불상 그리고 공예, 의약, 역법
에 관한 서적들을 가져가서 중
원 문화의 정수를 전파하는 데
큰 역할을 했다. 뿐만 아니라
종자와 생산도구들을 가져가
서 중원의 선진적인 농업과 수
공업 기술도 전수했다. 당나라
와 시짱 간의 이 혼인은 한족
과 짱족藏族 두 민족이 경제와
문화의 교류를 활성화하는 데

칭하이 타얼사塔爾寺의 라마승이 술과 기름과 꽃으로, 문
성공주가 시짱으로 들어가는 의식을 재현하고 있다.

촉매 작용을 함으로써 두 민족의 관계에 중요한 한 페이지를 장식했다.

【 토번 왕 송찬감포 】

송찬감포는 토번 왕조(629~846)의 창립자이다. 그는 선친의 유업을 계승하여 칭짱青藏 고원(중국의 시짱과 칭하이성青海省을 망라한 고원으로 평균 해발 약 4,000미터임 : 옮긴이)을 통일하고 중앙집권적 정치, 군사제도를 확립했다. 그의 통치 기간에 토번은 문자를 창조했고 성문법전인 십선법률十善法律을 제정했다.

당 왕조와 혼약을 맺은 후 송찬감포는 귀족 자제들을 장안의 국자학國子學으로 유학을 보내는 한편, 당나라 사람을 초빙하여 토번의 문서를 관리하게 했다. 그 후 당나라와 토번의 양식을 결합한 건축이 라싸에 출현했다.

송찬감포는 문성공주와 결혼한 후 당 왕조의 책봉을 받아들였다. 정관 22년(648), 당나라 태종은 우위솔부장사右衛率府長史 왕현책王玄策을 인도에 사자로 보냈는데, 도중에 중천축의 아라나순阿羅那順에게 겁탈을 당하는 일이 발생했다. 왕현책은 송찬감포에게 구원을 요청했고, 송찬감포는 즉시 1,200명의 군사를 파견하고 또 다른 속국의 도움을 받아 반란을 평정했다. 이 사실은 송찬감포가 당 왕조와의 우호관계를 매우 중시했음을 보여준다.

토번 왕조를 세운 송찬감포

【 토번 왕과 결혼한 문성공주 】

태종은 한족과 짱족의 우의를 돈독히 하기 위하여 문성공주를 송찬감포에게 시집보냈다. 그리하여 문성공주는 당 왕조의 기대를 한몸에 받으며 한족과 짱족 간 친선의 가교 역할을 해야 했는데, 과연 기대했던 대로 그녀는 여러 가지 일을 해냈다.

시짱으로 들어가는 도중에 문성공주는 한족의 장인들에게 수력으로 작동하는 방아를 만들게 한 후 그것을 짱족에게 전해 수력을 이용하게 했다. 훗날 문성공주는 택당澤當이라는 곳에 살았는데, 전하는 바에 의하면 그곳의 농민들은 그녀의 영향 아래 전답을 고르고 잡초를 제거하는 등 갖가지 농업기술을 전수받았다.

토번에는 원래 공식적으로 사용하는 역법이 없었고, 단지 밀이 여무는 3월을 새해의 시작으로 삼고 있었다. 그러다 문성공주가 가져간 당 왕조의 천문역법을 사용하여 열

포탈라 궁 법왕동에 있는 문성공주 금상

태종이 송찬감포의 사자를 접견하는 장면을 그린 염입본의 〈보련도〉

두 띠와 60갑자에 따라 날짜를 계산하게 되었는데, 이는 농업의 발전에도 상당히 기여했다. 또 문성공주는 토번의 여성들에게 방직기술을 가르치고 염색과 디자인에서 여러 가지 제안을 함으로써 토번의 양탄자가 특색 있는 토산품이 되도록 도왔다.

송찬감포가 죽은 후에도 문성공주는 당나라와 토번의 친선과 단결을 공고히 하기 위한 노력을 멈추지 않았다. 680년에 문성공주가 사망하자 토번은 성대한 장례식을 치르고 그녀와 송찬감포를 짱족 왕의 묘에 합장했으며, 이 사실을 짱족의 문자로 된 역사책에 기록했다.

【 혼인을 청하러 온 사자를 다섯 번 시험하다 】

정관 14년(640), 토번의 사자 녹동찬이 토번 왕의 명을 받아 진귀한 보물들을 갖고 장안으로 청혼을 하러 왔다. 당 왕조의 화가 염입본의 명화 〈보련도步輦圖〉는 바로 태종이 송찬감포의 사자를 만나는 장면을 그런 것이다.

짱족의 전통 연극 중에 〈문성공주〉가 있는데, 역시 문성공주가 시짱에 시집가는 내용을 다룬 것이다. 연극에는 태종이 여러 부족에서 구혼하러 온 사자들을 다섯 가지 어려운 문제로 시험하는 부분이 있다.

첫째, 실로 구곡九曲의 구슬을 꿰는 것이다. 녹동찬은 가느다란 실을 개미의 허리에 매어서 그 개미가 구슬 속에 들어가도록 했다.

둘째, 사신들에게 각각 100마리의 양과 100개의 술단지를 준 뒤 하루 안에 양을 다 잡고 가죽을 벗겨서 가죽용품을 만들고 아울러 그 고기와 술을 다 먹고 마셔야 한다고 했다. 녹동찬은 자신이 데리고 온 100명의 수행원들을 한 줄로 세워서 그 모든 일을 거뜬하게 해치웠다.

셋째, 똑같이 생긴 암말과 새끼 말을 한 무리 끌고 와서 어미와 새끼 관계를 가려내라는 것이었다. 녹동찬은 새끼 말들을 따로 가둬놓고 하루 동안 물 한 방울 먹이지 않다가 어미의 무리 속에 몰아넣었다. 그러자 새끼 말들이 각기 어미를 찾아가서 젖꼭지에 매달렸고, 이로써 어미와 새끼 관계를 쉽사리 밝혀낼 수 있었다.

넷째, 아래위 굵기와 모양이 똑같은 나무토막 100개를 가져와서 어느 쪽이 아래이고 어느 쪽이 위인지를 가려내는 문제였다. 녹동찬은 나무토막들을 물에 넣어 아래로 향하는 부분이 나무의 밑동임을 밝혀 냈다. 이처럼 녹동찬은 총명함과 슬기로움으로 모든 시험을 가뿐하게 통과했다.

마지막으로 태종은 공주와 똑같은 차림을 한 궁녀들 속에 공주를 서 있게 한 후에 공주를 찾아내라고 했다. 녹동찬은 공주의 유모로부터 미리 공주의 미간에 붉은 사마귀가 있다는 정보를 얻었기 때문에 아주 쉽게 공주를 찾아냈다.

문성공주가 시짱으로 갈 때 지나간 '당번고도唐蕃古道(당나라 번진의 옛
길 : 옮긴이)'에는 문성공주에 관한 수많은 전설과 관련된 유적이 전해진다.

칭하이성의 칭짱靑藏 도로가 지나는 곳에는 르웨산日月山이 있다. 전하
는 바에 의하면, 문성공주가 시짱으로 출가할 때 태종은 특별히 국보인
일월보경日月寶鏡을 그녀에게 선물했다. 가족과 고향이 그리울 때 그것을
들여다보며 향수를 달래라는 것이었다. 녹동찬은 그 보경이 공주의 마음
을 심란하게 할까봐 몰래 석경石鏡으로 바꾸었다. 그리고 황제의 뜻이라
며 "토번과 혼인을 맺고 마음을 굳게 먹어라"는 말로 공주를 설득했다.

공주는 츠링산赤嶺山 봉우리에 이르렀을 때 서쪽으로 초원을 바라보다
가 문득 고향 생각이 나서 수행원에게 일월보경을 꺼내라고 했다가 곧 자
신의 사명을 생각하고 마음을 고쳐먹었다. 일신의 사사로운 정으로 큰일
을 그르치고 다른 사람의 마음까지 흔들리게 할까봐 그녀는 보경을 보지

당번고도에 있는 르웨산

않고 산 아래로 던져 깨버린 뒤에 갈 길을 재촉했다. 후세 사람들은 공주의 넓은 도량과 높은 정조를 기리기 위하여 그 산의 이름을 르웨산이라고 개칭했다.

【 대소사 】

대소사大昭寺는 라싸의 중심에 있는 유명한 불교 사원이다. 이 사원은 설계에서 시공에 이르기까지 문성공주가 적극적으로 개입했다고 한다. 건축 당시 대소사의 규모는 지금보다 작았으며, 나중에 원·명·청 세 왕조를 거치면서 확장하여 지금과 같은 모습이 되었다.

대소사는 동쪽을 등지고 서쪽을 향해 있으며, 한족과 짱족의 건축 양식을 융합한 대표적인 건축물로 그 형태가 아주 독특하다. 대전大殿 안에 있는 여러 벽화 가운데 가장 눈에 띄는 것은 〈문성공주 진장도進藏圖〉이다.

문성공주는 대소사의 설계에서 시공에 이르기까지 적극적으로 관여했다.

한복판에는 문성공주가 산 넘고 물 건너 중원에서 직접 가져온 불상이 모셔져 있고, 곁채에는 송찬감포와 문성공주의 조각상이 있다. 전하는 바에 따르면, 문성공주는 사원을 건축할 때 대문을 서쪽으로 내서 "서역에 가서 경전을 구하는" 것을 상징하자고 제안했다. 사원이 낙성된 후 문성공주는 직접 사원의 문 앞에 버드나무를 심었다. 그 나무가 바로 유명한 '당류唐柳' 또는 '공주류公主柳'이다.

지금도 대소사 문 앞에는 당번회맹비唐蕃會盟碑가 있는데, 이는 토번의 찬보 적덕조찬赤德祖贊이 당 왕조 장경長慶 3년(823)에 당과 토번의 회맹을 기념하기 위하여 세운 것이다. 당과 토번의 우호 및 왕래의 역사와 회맹의 경과가 새겨진 이 비석은 한족과 짱족의 단결을 보여주는 역사적 증거가 되고 있다.

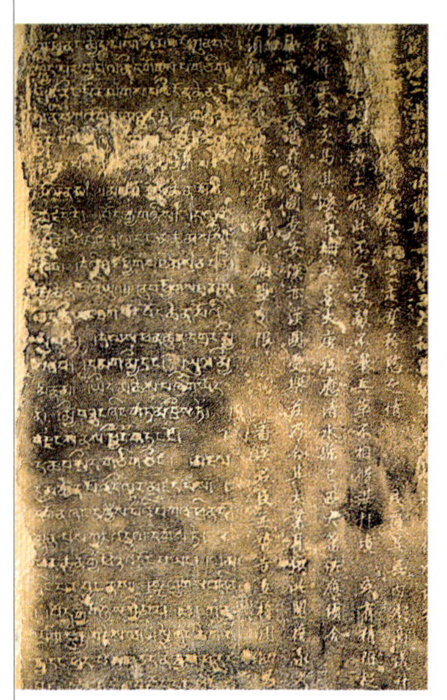

당번회맹비의 부분

송찬감포는 지혜와 결단력으로 한족과 짱족 간의 친선과 왕래의 서막을 열었고, 문성공주의 시짱행은 두 민족의 경제와 문화의 활발한 교류를 촉진했으며, 특히 토번 백성들의 생활과 생산에 깊은 영향을 미쳤다. 이것은 이후 당과 토번의 회맹 및 13세기 시짱의 공식적인 중국 편입에서 중대한 의의를 갖는다.

토번으로 출가한 문성공주는 현지 주민들의 깊은 사랑을 받아 1,000년이 지난 후에도 그녀의 자취가 민가, 희곡 등의 형태로 널리 전해지고 있을 정도이다.

경운景雲 원년(710), 당 왕조는 또다시 금성공주를 적덕조찬에게 출가시켜 한족과 짱족의 교류를 한층 강화했다.

【 무측천 】

●무측천의 초상

무측천은 나라를 잘 다스리려면 반드시 여러 사람의 책략과 힘을 모으고 인재를 널리 구해야 한다는 것을 알고 있었다. 그녀는 관리를 임용하는 갖가지 방법을 시행하고 직접 시험문제를 내서 인재를 등용했다.

중국 고대사에는 황후나 황비가 정치에 참여한 사례가 비일비재하니, 전한의 여후呂后와 두후寶后, 북위北魏의 풍태후馮太后 등이 당시의 정치에 중대한 영향을 미쳤다. 그러나 진정으로 황제의 보좌에까지 오른 사람은 당 왕조의 무측천武則天 한 사람뿐이다.

무측천은 당 왕조의 개국원로 무사확武士彠의 둘째 딸로 14세에 태종의 재인才人으로 뽑혀 궁궐에 들어갔다. 재인의 지위는 후后, 비妃, 육의六儀, 미인美人 다음으로서 내관 중에서는 등급이 가장 낮았으며, 주로 황제의 침식을 담당했다. 태종이 세상을 떠날 때 그녀의 나이 26세였고, 당시의 제도에 따라 감업사感業寺에 보내져 여승이 되었다.

얼마 후 그녀는 자신보다 네 살 아래인 고종에 의하여 다시 황궁으로 들어가 소의昭儀로 책봉되었다. 소의는 육의 중의 한 직책으로 그 지위는 황후와 왕비 다음이었다. 무측천은 용모가 출중하고 머리도 대단히 총명했다. 어릴 때부터 훌륭한 가정교육을 받았고, 궁궐에 들어온 후에는 다방면에서 소질을 발휘했으며, 겸허하고 조신하여 고종의 환심을 살 수 있었다.

655년, 고종은 여러 사람의 반대에도 불구하고 무측천을 황후로 책봉했다. 683년 12월에 고종이 서거하자 무측천은 당나라의 실질적인 최고 통치자가 되었으며, 690년에는 국호를 주周로 고치고 정식으로 황제가 되었다. 이때 그녀의 나이 이미 70세에 가까웠다. 그 후 705년에 장간지張柬之 등이 무측천을 타도하고 중종이 황제의 지위를 계승했다. 얼마 후 무측천은 뤄양에서 병사했다.

무측천은 여자의 몸으로 갖은 저항을 극복하고 봉건시대의 최고통치자가 됨으로써 탁월한 정치적 재능을 발휘했다. 무측천의 통치 기간에 당 왕조는 경제 발전을 이룩했다.

【 무측천이 황제에 오른 이유 】

무측천이 황제가 된 것은 내적 요인과 외적 요인이 작용한 결과이다.

무측천이 황후가 된 지 얼마 지나지 않아 고종은 빈번한 현기증으로 많은 정무政務를 무측천에게 맡겨 처리하도록 했다. 이를 계기로 무측천은 갖가지 상황을 광범위하게 접하고 전국의 형세를 깊이 이해했을 뿐 아니라, 예리한 관찰력과 탁월한 정치적 능력을 키웠다.

674년에 무측천은 고종에게 열두 가지 건의를 했다. 주요 내용은 군사 행동과 부역, 요역, 세금의 감면 등이었다. 그녀는 전쟁을 중지할 것을 주장하고 변방에 대한 전략을 공격에서 방어로 바꿀 것을 제안하며, "도덕으로 천하를 감화시켜야 한다"는 점을 강조했다. 또 《노자》, 즉 도가의 사상을 중심으로 한 무위이치無爲而治(무위로 다스림 : 옮긴이)의 통치 방침을 정했으며, 부역을 삭감함으로써 백성의 부담을 덜어주었다.

그녀가 건의한 열두 가지 문제는 객관적인 상황을 반영하고, 기본적인 국가정책을 전환하며, 많은 구체적 문제에 대한 묘안을 제시하여 정치에 큰 영향을 미쳤다. 고종은 임종 시에 특별히 황후의 제안에 따라 정책을 집행할 것을 조정에 당부했는데, 이 사실을 통해 우리는 무측천의 정치적 능력을 확인할 수 있다.

무측천이 고종에게 열두 가지 건의를 하다.

당시 당 왕조의 사족土族과 귀족 문벌들은 이미 쇠퇴의 길을 걷고 있었고, 신흥 지주들이 일어나 새로운 계층의 질서를 확립하는 단계에 들어섰다. 무측천은 당나라 초기 새롭게 부흥한 귀족 출신으로, 어떤 의미에서 그녀의 득세는 신흥 지주 계층의 이익을 대변하는 것이어서 시대의 조류와도 부합했다.

사회의 변혁은 새로운 관념의 발생을 수반했으니, 전통적인 유가 사상과 문벌 사상의 동요는 남존여비의 고정된 관념까지 뒤흔들었다. 여성을 존중하는 북방 민족의 풍습은 당나라의 사회 풍습에 큰 영향을 미쳤으며, 당 왕조의 부녀들은 이를 계기로 비교적 독립된 사회적 지위를 확보해 재능을 발휘할 수 있는 기회를 얻었다. 무측천은 이러한 배경에서 여자의 몸으로도 황제가 될 수 있었다.

〈무측천 행종도行從圖〉

【 무측천의 정치적 업적 】

무측천의 첫째가는 업적은 바로 보수적인 문벌 귀족을 타파하고 북주北周 이래로 1세기 동안 지속된 귀족 통치를 마감함으로써 사회의 진보와 경제의 발전을 꾀하는 데 좋은 환경을 만들었다는 것이다.

둘째, 경제의 발전을 촉진했다. 무측천이 통치할 때 사회는 비교적 안정을 유지했고, 농업·수공업·상업 등이 크게 발전했다. 그리하여 고종 초기 380만 호이던 호구 수가 615만 호로 증가했는데, 연평균 증가 속도가 0.91%였다. 이것은 고대 사회에서는 매우 높은 성장률로 무측천 시기 경제의 발전을 말해준다.

셋째, 변방의 형세를 안정시켰다. 무측천은 토번을 격파하고 안시安西의 네 진鎭을 수복했으며, 거란과 돌궐의 공격을 물리치고 변경에 군사를 주둔시켜 둔전제도를 실시함으로써 군사들이 양식을 자급자족하게 했다.

넷째, 문화의 전면적인 발전을 촉진했다. 무측천은 과거제도를 중시했으며, 특히 과거 출신자들 중에서 고위 관리를 선발하는 데 주의를 기울임으로써 지식인들의 학습 열정을 고양시켰다. 문화의 보급은 문화의 전면적인 발전을 촉진했으니, 유명한 시인이자 문학가인 최융崔融, 이교李嶠, 송지문宋之問, 심전기沈佺期, 두심언杜審言, 진자앙 등이 모두 이 시기에 등장한 문인들이다. 또한 조각과 회화 등 예술 분야 역시 전례 없는 성과를 거두었다.

무측천의 다섯째 업적은 훌륭한 인재들의 발굴과 양성이다.

【 등극을 위해 여론을 조성하다 】

무측천은 황후가 되고 이어 황제가 되는 과정에서 여러 세력의 반대에 부닥쳤다. 초기에는 정권을 장악한 귀족들이 그녀가 황후가 되는 것을 방해했고, 그 뒤를 이은 권력 교체기에는 개국공신의 자손들과 일부 실의失意한 문인들이 나서서 무측천이 천자를 대신하여 정사를 보는 것을 반대했으며, 마지막에는 당 왕조의 황족 종실이 그녀가 황제라고 칭하는 것을 반대했다. 무측천은 무력으로 반항을 진압하는 한편, 가혹한 관리들을 임용하여 불만을 표시하는 자들을 가차 없이 탄압했다. 그리하여 그녀의 세력은 점점 커졌고 지위도 더욱 확고해져서 더 이상 대항할 세력이 없었다. 그럼에도 무측천은 황제라고 칭하는 일만은 함부로 하지 못했다.

당시 법명法明이라는 승려가 있었다. 그는 불교의 경전인 《대운경大雲經》을 공개하며 무측천을 미륵불의 화신이라고 주장했다. 무측천은 전국

무측천이 쓴 '승선태자비昇仙太子碑'

각 주州에 대운사大雲寺를 세운 뒤 사원에 《대운경》을 모시고 고승으로 하여금 사람들에게 강의를 하도록 명했다. 황제의 지위에 오르기 위해 종교적 미신을 이용하여 자신에게 유리한 여론을 조성하려 했던 것이다.

이어서 그녀는 관리 부유예傅遊藝에게 수백 명의 사람들을 규합해서 "황제의 지위에 오를 것을 권하는" 연극을 꾸몄다. 이리하여 종실, 외척, 문무백관 그리고 수도에 있던 소수민족들의 대표 및 승려와 도사까지 모두 6만여 명이 줄지어 글을 올려서 당 왕조를 주周로 개칭할 것을 호소했다. 마침내 천수天授 원년(690), 무측천은 국호를 '주'로 개칭하고 호를 성신聖神 황제라고 했다.

【 말을 훈련시키는 정신 】

태종에게 사자총이라는 말이 있었다. 그런데 이 말은 성질이 너무 사나워서 누구도 범접할 엄두를 내지 못했고 그 등에 올라탄다는 것은 상상조차 할 수 없었다. 그 사실을 알고 무측천이 말했다.

"저에게 그 말을 항복시킬 방법이 있는데, 그러자면 세 가지 물건이 필요합니다."

태종은 호기심이 동해서 물었다.

"무슨 물건이오?"

"무쇠채찍 하나, 무쇠추 하나 그리고 비수 한 자루가 필요합니다. 저 말이 말을 듣지 않는다면 무쇠채찍으로 때리고, 그래도 듣지 않으면 무쇠추로 치고, 도저히 말을 듣지 않을 때는 비수로 찔러 죽일 겁니다."

이 이야기는 무측천의 성격의 일면을 드러낸다. 그녀는 집정한 후에 말을 훈련시키는 이러한 정신으로 신하들을 다스려 자신의 지위를 수호했다.

무측천이 통치 수단의 하나로 가혹한 관리를 임용한 것은 그냥 넘어갈 수 없는 문제이다. 무측천의 본뜻은 자신이 황제의 자리에 오르는 것을 반대한 세력과 여론을 가혹한 형벌로 진압하는 데 있었지만, 실제로는 자신을 반대하는 자들의 역량을 과대평가함으로써 무고한 살상을 수없이 하게 되었다. 하지만 그녀가 처형한 사람들은 주로 귀족 관료나 그 일당이었고 일반 백성에게는 해가 미치지 않았다. 처형당한 자들 중에는 귀족도 일부 있었다. 그들은 장기간 권력을 누려 당 왕조 초기에는 이미 수구 세력의 대표가 되어 있었다.

무측천은 그들을 가혹하게 탄압해서 점차 정치판에서 사라지게 했는데, 객관적으로 볼 때 그녀의 행동은 역사의 발전에 따른 것이라 할 수 있다. 총체적으로 무측천의 결단성, 담대함, 패기 등은 긍정적으로 평가할 수 있지만, 잔인하고 가혹한 면은 비판을 받아야 할 부분이다.

【 인재를 아끼다 】

서경업徐敬業(나중에 이경업으로 개명함)이 군사를 일으켜 모반하자, 유명한 시인 낙빈왕駱賓王은 거사에 참여해 유명한 격문 〈이경업을 대신해서 무씨를 성토하는 격문代李敬業討武氏檄〉을 써서 무측천을 호되게 비판했다. 하지만 그 격문을 본 무측천은 노여워하기는커녕 오히려 낙빈왕의 글 재주를 높이 평가하면서 몹시 아깝다는 듯이 말했다.

"이 사람을 쓰지 못하는 것은 재상의 잘못이오!"

그리고 사람을 보내서 낙빈왕의 시문詩文을 수집하게 했다.

무측천은 나라를 잘 다스리려면 반드시 여러 사람의 책략과 힘을 모으고 인재를 널리 구해야 한다는 것을 알고 있었다. 그녀는 관리를 임용하는

무측천은 자신을 비판하는 글을 쓴 낙빈왕의
글재주를 높이 평가했다.

갖가지 방법을 시행하고 직접 시험 문제를 내서 인재를 등용했다.

이전에는 지방에서 공물을 앞세운 뒤에 사람을 천거했지만, 무측천은 자신이 집정한 후에는 먼저 사람을 천거하고 나중에 공물을 보내게 함으로써 인재의 등용을 중시하는 태도를 보였다. 뿐만 아니라 각지에 사람을 파견해서 인재를 발굴해 시험에 낙방하고 시골에서 글을 가르치던 수재들이 다시 빛을 볼 수 있도록 했다. 그녀는 또 신하들에게 인재를 추천할 것을 요구했으며, 심지어 자기 자신을 추천하는 것도 격려했고, 시험에 합격하면 반드시 임용했다. 동시에 엄격한 제도를 도입하여 직무에 적합하지 않은 자는 즉시 파면하고, 진정으로 실력을 갖춘 자는 하루빨리 중요한 직무에 임할 수 있게 했다.

무측천은 예리한 관찰과 정확한 판단에 근거하여 당시의 걸출한 인재들을 주변에 불러모았는데, 이소덕李昭德·적인걸狄仁傑·누사덕婁師德·이교·서유공徐有功 등이 바로 그들이다.

무측천과 고종의 합장묘에 있는 무자비無字碑
"시비와 공과는 후세의 평가에 맡긴다"는 뜻이다.

무측천이 통치한 50년 동안, 당나라의 사회와 경제는 최고에는 이르지 못했어도 분명히 안정과 번영을 누렸다. 그리고 무측천의 통치는 나중에 개원開元(현종의 통치 시기 : 옮긴이)의 태평성대에 밑거름이 되었다. 개원과 천보天寶 연간에 문화가 고도의 번영을 구가할 수 있었던 것, 그리하여 "아버지는 자식을 가르치고 형은 동생을 가르치며", "오척동자도 문장을 모르면 부끄럽게 생각하는" 풍조가 형성된 것은 무측천 시대에서 그 기원을 찾아야 할 것이다.

무측천은 또 개원 시기에 활약하게 될 인재를 길렀으니 요숭姚崇, 송경宋璟, 장열張說, 장구령張九齡 등이 모두 무측천 시대에 양성 또는 임용된 사람들이다. 이처럼 무측천의 정치적 업적은 부정할 수 없는 사실이므로 그녀의 역사적 공로는 충분히 인정해야 한다.

그 밖에 하나 짚고 넘어갈 것은 무측천이 여성의 지위를 향상시켰다는 점이다. 고종에게 건의한 열두 가지 문제에서 그녀는 "부친이 계실 때는 모친을 위하여 1년 상을 지킨다"는 것을 "3년 상을 지킨다"로 고쳤으며, 또 《열녀전烈女傳》의 편찬을 명하여 걸출한 여성들의 행적을 널리 알리도록 했다. 이런 일이 남존여비의 오랜 관습을 근본적으로 바꾸지는 못했지만, 당시 여성들에게 비교적 자유로운 사회적 환경을 만들어주는 데에는 결코 적지 않은 공헌을 했다.

【 개원 시기의 태평성대 】

●당나라 현종 이융기

개원 시기에는 경제와 문화가 고도로 발달했으며, 당 왕조는 제국의 명성을 세상에 널리 떨치면서 세계의 강국으로 부상했다. 통치자들이 경제의 발전을 위해서 취한 갖가지 노력과 조치는 후세 사람들에게 유익한 노하우를 제공해주고 있다.

712년, 당나라 현종 이융기李隆基가 황제에 즉위했다. 그 이듬해가 바로 개원開元 원년으로, 그해에 태평공주太平公主 일파를 제거하고 무측천 말년부터 혼란에 빠진 국면을 수습하면서 당 왕조는 다시금 전성기에 들어섰다.

개원 시기에 황제와 대신들은 폐습을 타파하고 정치를 개선함으로써 면모를 일신했다. 깨끗하고 밝은 정치는 경제의 안정과 발전 그리고 문화의 전면적인 번영을 가져왔다. 이처럼 현종을 비롯한 새로운 정치세력의 주도와 백성들의 노력을 바탕으로 당 왕조는 무측천이 닦아놓은 터전 위에서 한 걸음 더 번영의 길로 나아갔다. 비록 사회적 모순이 점점 격화되어 위기가 도사리고 있긴 했지만, 적어도 표면적으로 당 왕조는 전례 없이 발전했고 국력도 강성해졌다.

경제 분야에서 농업, 수공업, 상업이 크게 발전하고 물가가 안정되면서 유명 도시였던 장안은 세계적 수준의 번영을 이룩했다. 문학에서는 고전 시가가 새로운 황금기를 맞았으니, 많은 유파와 다양한 기풍이 생겨나면서 그야말로 성황을 이루었다. 이백과 두보는 각각 낭만주의와 현실주의의 기수로서 가장 빛나는 문학의 별이었다.

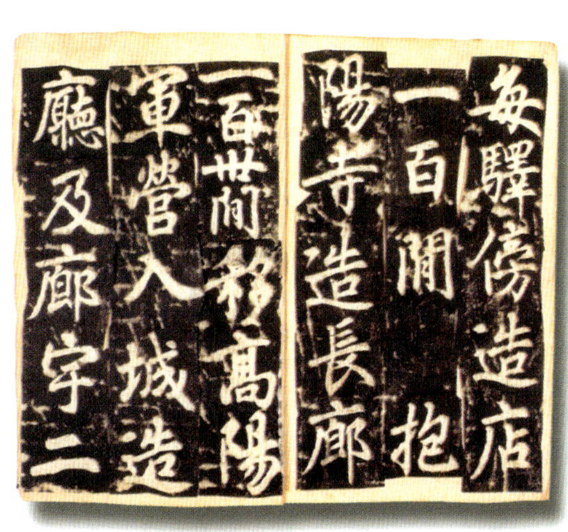

'역주철상비易州鐵像碑' 의 탁본 조각.
당 왕조 시기 상업과 교통의 발달상을 담고 있다.

이 밖에도 회화, 서예, 무악, 조각 등에서도 명가名家가 많이 등장했고 과학과 기술, 천문과 역법, 의학과 건축 등의 영역에서도 적지 않은 성과가 나타났다. 개원 시기의 태평성대는 당 왕조의 절정기였을 뿐 아니라 봉건 왕조의 발전사에서도 중요한 한 시기를 장식했다.

【 개원 시기의 천자, 현종 】

현종이 황제의 지위를 이어받았을 때 그의 나이 28세였다. 그는 요숭, 송경, 장구령 등을 재상에 임용했는데, 이들은 역사에 길이 남을 유명한 재상으로서 황제에게 직간을 함으로써 혁혁한 정치적 업적을 쌓았다. 개원 연간에 관료사회가 청렴해지면서 "오직 현자만을 임용하고" 상벌이 분명해지자, 사회의 생산력도 점점 발전했다.

현종 본인도 음악가이자 극작가, 시인으로서 다방면에 예술적 소양을 갖추고 있었다. 그는 학술문화의 발전을 중시하여 도서의 편집을 직접 검사했으며, 장안과 뤄양에 집현서원集賢書院을 설립해서 전국의 유명한 학자들을 모집하여 책을 편찬하게 했다. 또 많은 명사와 학자들을 학술 고문으로 초빙했는데 그 가운데는 천문학 고문으로 초빙되어 유명한 '대연력大衍曆'을 만든 탁월한 천문학자이자 승려인 일행─行도 있었다. 평민 출신인 이백은 공봉한림貢奉翰林에 초빙되어 후한 대우를 받으며 당시 문

현종이 쓴 〈척령송鶺鴒頌〉(왼쪽)과 〈기태산명紀泰山銘〉(오른쪽)

화계에 큰 영향을 끼쳤다.

개원 연간의 전반적인 개혁은 경제와 문화의 발전을 가속화했는데, 이러한 전성기를 구현하기까지 현종의 공로가 실로 가장 컸다고 할 수 있다.

【 경제의 번영 】

당 왕조의 통일에서 개원 말년에 이르기까지 전국의 대부분 지역은 안정 속에서 100여 년을 보냈다. 그 사이 농민과 수공업자들이 축적한 부는 더욱 풍부해졌고, 경작지의 면적과 호구의 수도 증가세를 보였다. 천보 13년(754)에 이르자 당 왕조의 호구 수는 906만 호, 인구는 5,288만 명에 달했다. 부유한 집안은 곡식을 수년간 곳간에 쌓아둔 채로 있었고, 국고에도 곡식이 차고 넘쳐서 썩어나갈 정도였다.

천보 8년(749)에는 국고에 비축된 곡식이 약 1억 석이었는데, 그중에 뤄양의 함가창含嘉倉에 저장한 곡식이 583만 석으로 가장 많았다. 1971년에 중국의 고고학자들이 발굴한 함가창 유적지는 길이 700미터, 폭 600미터에 총면적이 약 42만 평방미터에 달했다. 함가창은 수백 개의 양식 창고로 이루어져 있었으며, 무려 50만 근의 곡식이 그대로 탄화炭化되어 있었다.

물가의 장기적인 안정은 개원 13년(725)부터 천보 연간까지 지속되어, 장안과 뤄양의 쌀값은 항상 한 말에 15~20문文 정도였고, 비단도 줄곧 한 필에 200문 선을 유지했다.

개원 연간에는 수공업도 크게 발전하여 기술, 제품의 종류, 제조 규모 등에서 모두 이전 수준을 훨씬 능가했다. 특히 관영 수공업 작업장은 규모도 큰 데다 공정이 세밀하게 분업화되어 제품의 질이 상대적으로 좋았다.

전통 수공업 중에서는 방직업이 가장 발달했는데, 특히 제조기술이 발달하면서 견직물의 종류가 다양해지고 품질도 더욱 정교해졌다. 또한 모직업과 면직업이 출현하여, 현종 때에 벌써 장안성 안에 흰 천을 파는 점포가 생겼다. 개원 연간에 사람들은 이미 '인人' 자 무늬의 방직물을 만들 수 있었다. 자영 수공업도 마찬가지로 상당한 규모여서 허베이河北 정주定州의 하명원何明遠이란 사람은 집에 500여 대의 기계를 갖추고 있었다고 한다.

한편 제련업도 급속히 발전했다. 엽전의 주조소만 해도 천보 말년에 전국적으로 99곳이나 되어 해마다 엽전 32만 7,000관 정도를 만들어낼 수 있었다.

그리고 도자기업, 인쇄업, 금속주조업 분야에서도 기술이 현저히 발전했다. 형주邢州의 백자는 마치 흰 눈과 같았고, 월주越州의 청자는 옥이나 얼음장 같았으며, 강서江西의 창남진昌南鎭(지금의 징더전景德鎭)에서 생산된 자기는 '가옥기假玉器'라는 이름을 얻었다. 당삼채唐三彩 도자기는 그 색채의 선명한 아름다움 때문에 지금도 진귀한 유물로 꼽히고 있으며, 그 밖에 각종 금은 장식품과 기물들도 특유의 조형미와 디자인으로 당시의 높은 예술 수준을 자랑하고 있다.

개원 연간에는 농업과 수공업이 발전함에 따라 도시의 상업도 크게 번성했고 수륙 교통도 편리하게 발전했다.

개원 시기의 번영을 목격한 시인 두보는 〈과거를 추억하며憶昔〉라는 시에서 이러한 글을 남겼다.

지나간 개원의 전성기를 돌이켜보매,
작은 읍에도 만석의 집들이 있었네.
양곡과 기름 그리고 이런저런 곡식이
관의 창고든 개인의 곳간이든 어디에나 가득하네.

지난날을 돌이켜보며, 시인은 개원 시기 백성들의 풍요로운 생활상을 구체적으로 그려내고 있다.

현명하고 유능한 재상, 요숭

요숭은 무측천이 임용한 재상으로 예종睿宗 때 파면을 당했다. 그 후 현종이 즉위하자 개원 초기의 재상이 되었고, 현종의 개혁을 도와 많은 공을 세워서 현명하고 유능한 재상으로 역사에 남은 인물이다.

요숭은 현종에게 열 가지를 주청했는데, 그 내용은 황제의 친척들이 정치에 간섭하는 것을 철저히 금하고, 불교와 도교 사원의 신축을 엄격히 금하며, 대신들의 간언을 장려해야 한다는 것 등이었다. 현종은 정사를 처리할 때 요숭이 제안한 것들을 많이 참조하고 수용했다.

당시 일부 부호들이 삭발하여 승려가 되는 방법으로 부역이나 세금을 회피했기 때문에, 승려들이 토지를 겸병하는 현상이 커다란 사회문제로 떠올랐다. 심지어 "세상 재물의 7 내지 8할이 불교 사원에 있다"는 말이 나올 정도였다. 이런 문제에 직면하자 현종은 요숭의 제안을 받아들여 개원 2년(714)에 법령을 반포하고 그 집행을 요숭에게 일임했다. 요숭은 가짜 승려 1만 2,000여 명을 색출해서 속인으로 돌아가라고 명령했으며, 관리들과 승려들의 부당한 거래를 차단함으로써 사원의 지주세력을 견제했다.

개원 3년과 그 이듬해에 관동關東에서 연이어 메뚜기 떼에 의한 재해가 일어났다. 관동의 백성은 귀신의 장난으로 생각해서 향을 피우고 메뚜기에게 머리를 조아리기까지 했다. 요숭은 전문가를 파견하여 현지 관리들이 메뚜기 퇴치에 주력하도록 독려하고, 각지에 메뚜기 퇴치 실적을 사실대로 보고하게 해서 그것을 포상이나 징벌의 근거로 삼았다. 이때 메뚜기를 너무 많이 잡으면 화기和氣를 상하게 된다는 말들이 떠돌았지만 요숭은 일체 무시하고, 만약 재앙이 일어난다면 자신이 모든 책임을 지겠다고 했다. 이로써 그는 몇 년간 메뚜기로 인한 재난을 막을 수 있었다.

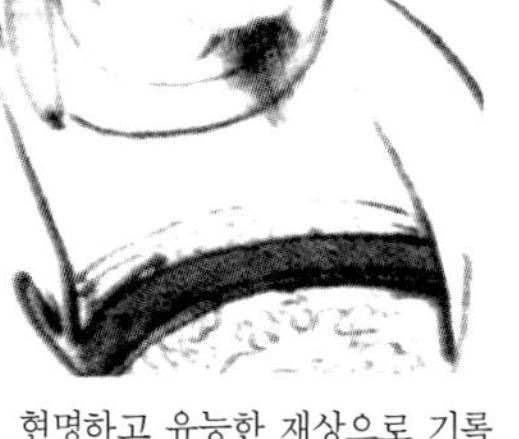

현명하고 유능한 재상으로 기록된 요숭

【 정교한 수공예품 】

당나라 전성기에는 수공업의 발달로 방직, 금은 제품 및 도자기 등 정교한 예술품이 많이 쏟아져 나왔다.

실크로드의 투루판 등지에서 발굴한 당 왕조 때의 방직물 중 짙은 녹색 바탕에 옅은 녹색의 수렵도가 그려진 견직물은 특히 유명하다. 사냥꾼이 말을 타고 활을 쏘는 장면이 생생하게 그려져 있고, 배경으로 흘러가는 구름과 날아가는 새 그리고 산과 돌, 나무가 있는데, 그 아름다움과 정교함이 찬탄을 금치 못하게 한다.

1970년, 시안의 남쪽 교외에 있는 허자촌何家村에서 대량의 금은 유물이 발견되었다. 안사(안녹산과 사사명 : 옮긴이)의 난을 겪을 당시 한 귀족의 재산으로 추정되는 그 매장물 중에는 금이 298냥, 은이 3,700냥에 달했다.

그중 눈에 띄는 것으로 순금으로 만든 그릇이 있다. 이 그릇은 옆면에 많은 꽃잎이 새겨져 있고, 그 꽃잎에는 또 아름답고 정교한 잎과 다양한 자태의 봉황이 있으며, 그릇 밑에도 아름답고 화려한 꽃무늬가 새겨져 있다. 또 속이 빈 은훈구銀薰球는 중간에 두 개의 고리가 있고 회전축이 수직으로 되어 있어서 그 속에 향료를 담아 태울 수 있었다. 기이한 점은 그것을 아무리 돌려도 향료가 절대로 쏟아지지 않는데 그 원리가 실로 오묘하다.

이러한 유물들은 보편적으로 절삭, 광택 내기, 용접, 리베팅, 도금, 조각 등의 기술을 사용해서 그 이음매를 찾을 수 없을 정도로 매끈하고 정교할 뿐 아니라, 나선형 무늬도 선명하게 드러나 있다.

녹색 바탕에 수렵도가 그려진 견직물(왼쪽) 속이 빈 은훈구(오른쪽)

원앙과 화려한 꽃무늬를 새긴
순금 그릇

【 번화한 도시 】

　당 왕조 전성기에는 상업, 교통, 도시 등이 매우 번성했다. 당나라 초기에는 수 왕조의 오수전五銖錢을 폐지하고 새로이 개원통보開元通寶를 주조했다. 화폐의 주조량이 증가한 것은 그만큼 상업이 번영했음을 말해준다. 또한 화물을 운송하는 도로망도 전국을 관통해서 육로든 수로든 두루 편리했다. 실크로드를 매우 중시한 현종은 그 원활한 통행을 강화하여 외국과의 경제와 문화의 교류를 활성화했다. 이 교통로에서 장안과 뤄양, 양저우揚州, 광저우廣州 등 유명 도시들이 나타났다. 그중에서 가장 크고 유명했던 도시는 물론 장안이다.

　장안의 동시東市와 서시西市는 유명한 상업 지역이었다. 특히 서시는 상가가 많아서 견직물, 저울, 과자, 의약품, 장신구 따위를 파는 가게 등 여러 상점이 밀집해 있었다. 서역에서 온 상인들도 그곳에서 활발한 상업활동을 했고, 그들이 운영하는 술집에서 파는 감미로운 포도주와 호희胡姬들의 춤이 특히 유명했다. 이 밖에 페르시아 상인들도 큰 활약을 했는데, 그들은 주로 보석을 취급했다.

　개원과 천보 연간에 상인들의 세력은 무시할 수 없을 정도로 강해졌다. 당시 현종이 대상大商인 왕원보王元寶에게 재산이 얼마나 되는지 묻자, 왕원보는 이렇게 대답했다고 한다.

　"신이 남산의 나무 한 그루 한 그루에 비단 한 필씩을 걸어놓고자 한다면, 아마 나무가 모자랄 것입니다."

　당시 비단은 상품인 동시에 화폐의 역할도 했으므로 왕원보가 얼마나 부유했던가를 짐작할 수 있다.

개원 시기에는 경제와 문화가 고도로 발달했으며, 당 왕조는 제국의 명성을 세상에 널리 떨치면서 세계의 강국으로 부상했다. 통치자들이 경제의 발전을 위해 취한 갖가지 노력과 조치는 후세 사람들에게 유익한 노하우를 제공해주고 있다.

당시에 만들어진 견직물, 도자기, 금은 유물 등은 아직도 많이 전해져서 감상과 연구의 대상이 되고 있다. 당 왕조 전성기의 시가, 서예, 회화, 무악, 조각 등과 승려 일행의 대연력 등은 당시로서는 독보적인 것이었으며 후세에도 큰 영향을 미쳤다.

개원 시기의 태평성대는 당 왕조의 정치, 경제, 문화 등 전반에 걸친 번영의 절정기였을 뿐 아니라 봉건시대에서도 손꼽을 수 있는 찬란한 시대로 역사에 길이 남았다.

【 당 왕조 능묘의 조각상 】

● 순릉에 있는 사자상

당 왕조의 능묘 조각은 자연의 아름다움을 효과적으로 이용해 전
반적인 조화를 중시한 것이 특징인데, 이는 중국 조각사와 미술사
에서 특별한 의미를 가진다.

능묘의 조각상은 능묘의 지면에 있는 장식적인 조각이나 돋을새김을 가리키는 것으로, 신도神道에 있는 석상, 비석, 망주望柱, 궐厥 및 능묘의 주변에 배치되어 있는 석인石人, 석수石獸, 패방牌坊 등을 망라한다. 중국의 능묘 조각은 상고시대 때부터 있었지만, 그 유물들이 제대로 전해지지 않아 아쉬움을 남기고 있다. 한나라에 이르러 능묘 조각은 다시 흥성하기 시작했고, 남조 때에는 비교적 성숙한 모습을 보였으며, 수나라와 당나라에 이르러서는 찬란하게 꽃을 피웠다.

당나라 제왕의 능묘는 20여 기에 달한다. 허난성 몐츠沔池에 있는 소종昭宗의 화릉和陵과 산둥성 허쩌荷澤에 있는 애제의 온릉溫陵 외에는 모두 산시성 셴양咸陽에 있는 얼다오위안반二道原坂에 위치하고 있으며, 이를 '관중關中 18릉'이라 부른다. 이 능묘들은 모두 웨이베이渭北와 관중에 분포되어 있고, 능묘 앞에는 많은 석조물이 있어서 300리에 달하는 노천 박물관을 이루고 있다. 그리고 석조물들은 제재나 조각 기법에서 모두 이전 시대 능묘의 석조물 수준을 훨씬 능가하는 것으로 평가되고 있다.

고대 제왕들의 능묘에 있는 조각상은 보통 기념비적 성격을 띠고 있는

고종과 무측천의 합장묘인 건릉

데, 역사적 사건을 기념하거나 국력의 강성함을 선전하기 위한 것이다.
당 왕조의 능묘에 있는 조각들도 그러한 정치적 의미를 띠고 있다. 당 왕
조 조각예술의 중요한 부분인 능묘 조각상의 제재, 표현 기법, 예술의 기
풍 등은 석굴에 조성된 불상과 크게 구별되면서 독특한 풍경을 보여주고
있다.

【 당 왕조 능묘 조각의 시기 구분 】

당 왕조 제왕들의 능묘 조각은 그 기풍과 양식에 따라 대체로 세 시기로 구분할 수 있다.

당나라 초기에 조성된 헌릉獻陵, 소릉昭陵, 순릉順陵의 석조물들은 제1기에 해당한다. 이 시기에는 제도가 아직 완전히 확립되지 못했기 때문에 석조의 제재나 배열 방식이 당 왕조 전성기 때와는 전혀 다른 모습을 보이고 있다. 헌릉의 네 문에는 한 쌍의 호랑이상이 있고, 내성內城 남문의 남쪽에는 석치石稚와 돌기둥이 있다. 그러나 소릉은 남쪽의 지세가 험난하기 때문에 석조물들이 대개 북산 뒤의 사마문司馬門 내에 몰려 있고, 오랑캐 우두머리의 상像과 육준六駿이 있다.

당 왕조의 전성기는 제2기에 해당하며 공릉恭陵, 건릉乾陵, 정릉定陵, 교릉橋陵 등의 능묘 석조가 있다. 제왕 능묘의 석조물은 공릉 건축 시에 처음으로 만들기 시작했고, 건릉을 건축할 당시 비로소 제도적으로 완비되

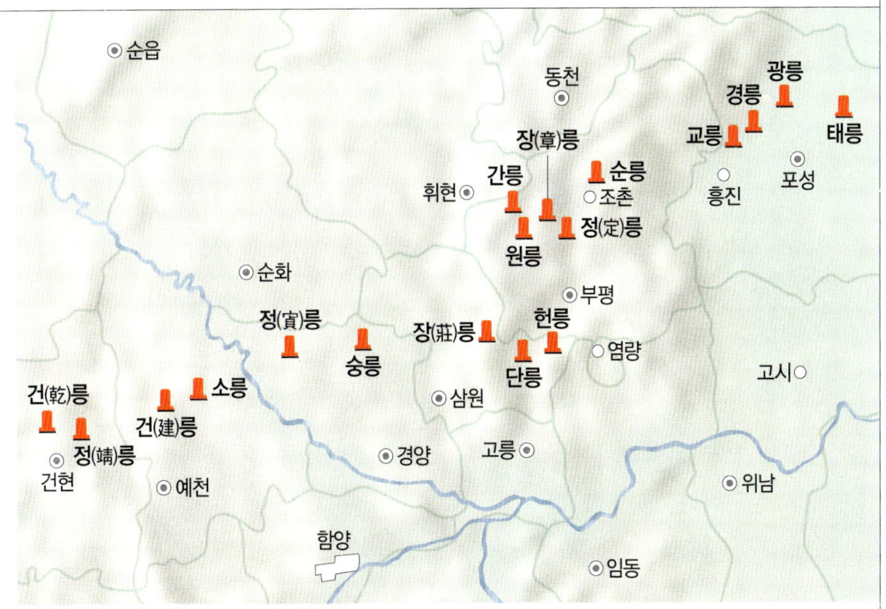

당 왕조 18릉의 분포도

었는데, 그 후 제왕의 능묘는 대체로 이 제도에 따라 조성되었다. 일반적으로 사각형을 이룬 성의 네 문에는 각각 사자상을 두고, 신도에는 돌기둥, 익조翼鳥, 타조, 의장에 쓰는 말과 마부, 문무대신, 덕을 기리는 기념비와 왕의 내빈상 등을 세웠다. 이 시기에 석조의 조성이 제도화되었는데 그 규모도 대부분 웅장하다.

당나라 중기 이후는 제3기로 분류한다. 이 시기의 석조 공예는 비교적 거칠고 조잡한 데다 빈약하고 무기력한 모습이어서 형태도 그다지 선명하지 않다.

당나라 왕후장상의 무덤 앞에는 각기 돌사자가 줄지어 서 있으나, 그 종류에는 엄격한 제한이 따랐다. 일반적으로 사용되는 것은 석인石人, 석호石虎, 석양石羊, 석주石柱 등 네 종류이고, 기풍과 품격은 앞서 서술한 세 시기의 변화와 거의 비슷하다.

【 당 왕조 능묘 조각의 예술적 성취 】

　　당 왕조의 능묘 조각은 예술가들의 직접적인 노력의 결정체이다. 헌릉과 소릉은 걸출한 공예미술가 염입덕의 주관하에 조성된 것이라고 한다. 그의 동생인 위대한 화가 염입본은 소릉 앞에 있는 왕의 내빈 14인의 초상화를 그렸는데, 이것을 소릉의 '열상도列像圖'라고 한다.

　　당 왕조의 능묘 조각은 대단히 정교한 데다 조형이 풍만하고 기세가 웅장해서 예술적 성취가 아주 높다. 그 대상은 동물이든 사람이든 생생하고 사실적이다.

　　가령 소릉에 있는 육준六駿의 조각은 서 있고, 걷고, 달리고, 질주하는 말의 일련의 자세를 생생하게 묘사했다. 공릉의 사자상도 대퇴부를 비스듬히 해서 가슴을 받치고 고개를 들어 앞을 바라보는 형상으로 기세가 웅장하고 조형이 사실적이다. 석조물이 가장 많은 건릉도 100여 점의 작품이 배열에 순서가 있고 높낮이에도 차이가 있으며 크기도 달라 특유의 리듬감을 주고 있다. 이런 우수한 조각품은 순릉에도 적지 않은데, 가장 탁월한 것으로 앞문에 세워진 한 쌍의 사자상을 들 수 있다. 동물들의 순간적인 자세를 영원한 예술품으로 승화시켜 놓았으니, 그 정교한 예술은 맹수들의 강인하고 사나운 기세를 그

정릉에 있는 사자상

대로 그려놓고 있다.

　당나라의 조각 작품은 웅대한 기개가 있는데, 이는 당시 사회의 풍요함과 국력의 강성함에서 그 원인을 찾을 수 있다.

　건릉에 있는 날개 달린 말은 높이가 5미터에 달하고, 순릉의 사자상은 4미터이며, 독각수獨角獸는 무려 6미터에 달하는 등 각기 날쌔고 맹렬한 기세를 생생하게 보여주고 있다. 이 장엄한 동물 석상들은 능 앞에 모셔 놓은 왕의 내빈상들과 조화를 이루며 한 편의 장엄한 송가를 들려주는 듯하다.

【 소릉의 육준 】

　소릉의 육준은 최고 가치를 지닌 기념비적 조각이다. 당나라 태종 이세민은 전쟁을 할 때 자신이 탔던 여섯 필의 준마를 기리기 위해 장인들에게 명하여 소릉(오늘날 시안의 주쭤산九嵕山)에 있는 북사마北司馬 문 안의 동서 회랑에 말들의 모습을 새기게 했다. 이 여섯 필의 말 이름은 각각 삽로자颯露紫(왕세충王世充과 싸울 때 타던 말), 권모왜拳毛騧(유흑달劉黑闥과 싸울 때 타던 말),

정릉에 있는 날개 달린 말

육준의 십벌적

육준의 특륵표

육준의 권모왜

청추青騅(두건덕竇建德과 싸울 때 타던 말), 십벌적什伐赤(왕세충, 두건덕과 싸울 때 타던 말), 특륵표特勒驃(송금강宋金剛과 싸울 때 타던 말), 백제오白蹄烏(설인고薛仁杲와 작전할 때 타던 말)이다.

태종이 전공을 세운 이 여섯 필의 준마를 조각하게 한 실제 이유는 당나라 역사의 서막을 열었음을 칭송하고 당 왕조 초기의 무공을 기리기 위함이었다. 따라서 소릉의 육준은 대당大唐제국의 개국 기념비라고 할 수 있는 조각품이다.

소릉의 육준은 예술적 가치가 대단히 높다. 이 말들은 실물보다 조금 작으며, 그중 특륵표와 권모왜는 천천히 걷는 자세를 취하고 있다. 또 삽로자는 대장이 말의 몸에 박힌 화살을 뽑아내는 모습을 담고 있는데, 화

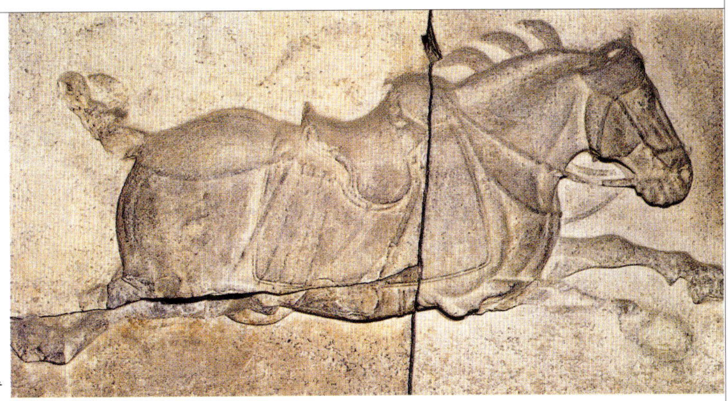

육준의 청추

육준의 삽로자

육준의 백제오

살을 뽑는 대장 구행공丘行恭의 세밀한 표정과 아무렇지도 않다는 듯 의연한 말의 자태가 선명하게 드러나 있어서 그 의도가 신선하고 독특하다. 다른 세 필의 말은 달리거나 숨을 몰아쉬는 자세로 역시 날쌔고 용맹한 모습이다.

이 조각품들은 생동감 있는 조형, 균형감 있는 구조, 뚜렷한 윤곽으로 말의 발달된 근육까지 자세히 드러내고 있어서 가히 고대의 기념비적 조각이라고 할 만하다. 권모왜와 삽로자는 1914년에 도난당해서 현재 미국에 있고, 나머지 넉 점은 산시성陝西省 박물관에 소장되어 있다.

【 순릉의 사자상 】

순릉은 산시성 셴양의 북쪽 교외에 자리잡고 있는 무측천의 모친 양楊씨의 무덤이다. 이곳에는 크기가 다른 석조물 두 점이 있다. 방성方城 안 중심축이 되는 선의 오른쪽에 있는 작은 것은 양씨가 세상을 떠났을 때 왕비의 예를 갖춰 장례식을 거행하면서 남긴 유적이다. 방성과 신도神道 양 옆에 있는 큰 것은 무측천이 양씨를 충효태후忠孝太后로 추존하면서 묘지를 능으로 개축할 때 증설한 것이다.

순릉의 동쪽, 서쪽, 북쪽 세 개의 문 앞에는 각각 앉아 있는 사자상이 한 쌍씩 있다. 서쪽 문에 있는 것은 높이가 약 3미터로, 현존하는 앉아 있는 사자상 중에서 가장 크다. 그 사자들은 피비린내 나는 입을 쩍 벌리고 있어서 그 옆에 서기만 해도 울부짖는 소리가 들리는 듯하다.

남문에 있는 달리는 사자상은 높이 약 4미터로 머리를 높이 치켜들고 입을 벌린 채 울부짖는 모습이다. 발달한 근육이 불거져서 위풍당당한 모습을 한껏 드러내고 있다. 사자상을 조각한 장인은 사자의 머리, 가슴, 다리를 극히 과장되게 표현함으로써 사자의 체내에 함축된 무한한 힘을 보여주고 있다.

신도 양 옆에 있는 한 쌍의 독각수도 눈에 띈다. 이것은 높이 6미터로 반듯한 형태와 위엄 있는 기세가

순릉의 천록天祿

신비로운 색채를 띠고 있어서 두려움마저 불러일으킨다.

순릉의 이 사자상들은 고대의 사자상 가운데 신품神品에 속한다. 그것들은 딱딱한 석상이 아니라 생생하게 살아 숨쉬는 동물의 왕으로 군림하고 있다. 또 체구의 거대함만이 아니라 깊고 넓은 정신적 기질을 아울러 과시하고 있다.

【 건릉의 석조물 】

산시성 첸현乾縣의 서북쪽 량산梁山에 있는 건릉은 당나라 고종 이치와 무측천을 합장한 능묘이다. 네 개의 성문 밖에 각각 세워져 있는 한 쌍의 사자상 외에도 현무문 앞에 또 한 쌍의 말이 있고 주작문 앞에는 인물상 두 기가 세워져 있다. 신도의 양 옆에는 석조물이 집중되어 있다.

두 번째 문에서 주작문에 이르기까지 남북으로 늘어서 있는 것들을 순서대로 보면 망주望柱 한 쌍, 날개 달린 말 한 쌍, 타조 한 쌍, 말과 마부 다섯 쌍, 문무의 신하 열 쌍, 성인을 기리는 기념비와 무자비無字碑가 각각 하나씩 있고, 또 61기에 달하는 왕의 내빈상이 있다. 능묘를 수호하고 의장儀仗의 기능을 하는 것 외에도, 이 석조물들은 위엄을 떨치며 당 왕조의 이씨 정권을 공고히 하고 백성들의 마음을 귀의케 하려는 의도를 담고 있다.

건릉에 있는 대형 석조물들은 그 수가 많지만 질서정연하게 높이와 크기에 따라 상당히 리드미컬하게 구성되어 있으며, 서로 다른 거리에서도 감상할 수 있도록 시각적 효과도 충분히 고려하고 있다.

외국의 왕들을 표현한 석상은 모두 호복胡服 차림으로, 소매가 좁은 상

건릉의 인물상과 석마

건릉의 신도에 세워진 인물상

건릉의 날개 달린 말

건릉에 있는 왕의 내빈상들

의에 허리띠를 두르고 두 손을 공손히 가슴 앞에 모으고 있다. 타조와 날개 달린 말은 상서로움의 상징으로서, 특히 이 말은 양 날개에 아름다운 무늬가 있고 허리가 풍만하며 네 발굽이 아주 크다. 망주의 기둥에는 갖가지 무늬가 새겨져 있고, 주춧돌에는 짐승 모양의 형상이 화려하고 기이하게 조각되어 있다. 무자비는 매우 고결한 느낌을 준다.

네 쌍의 사자상 가운데 주작문 앞에 있는 한 쌍이 가장 다채롭다. 두 마리 사자 모두 앞발을 내밀고 몸은 뒤로 약간 주저앉아서 태산처럼 안정된 느낌을 준다. 또 목, 가슴, 엉덩이 부분의 곡선도 생동감 있게 처리해서 사자상 조형의 진품이라고 할 수 있다.

건릉의 석조물들은 주변의 산세와 혼연일체를 이루어서 천인합일天人合一의 느낌을 준다. 다중적인 의미가 융합된 그 분위기는 수많은 세월이 지났어도 여전히 무한한 상념을 이끌어내고 있다.

結 당 왕조의 능묘 조각은 제재나 표현 기법, 규모, 창의성 등에서 모두 이전 시대의 조각 수준을 훨씬 능가한다. 소릉의 육준처럼 기념비적 의미를 가진 조각과 무리를 이루고 있는 건릉의 웅장한 석조물 등은 이전 시대의 능묘에서는 볼 수 없었던 것들이다. 당나라 전성기 때의 능묘 조각은 더욱 웅장하고 활발한 기세로 독특한 기풍을 형성함으로써 다른 왕조의 것과 분명한 차이를 보이고 있다.

더욱 중요한 것은 제왕의 능묘 조각에 관한 제도가 당 왕조에 이르러 거의 완비되었다는 점이다. 이후의 능묘들은 모두 이때 확립된 제도를 따랐으며, 설사 변화가 있다 해도 미미한 정도였다. 오대와 북송의 능묘 조각은 당 왕조의 체제를 그대로 이어받아서 그 품격과 기풍이 똑같았다. 궁현鞏縣에 있는 송릉宋陵은 모든 석상이 동일한 양식이며 배치 역시 마찬가지인데, 당 왕조의 능묘와 견주어보면 그 힘이나 기세가 조금 약하다는 것뿐이다.

고대 능묘의 석조물은 상대적으로 독립된 예술품으로서 지속적인 발전을 거듭하며 그 자체로 특색을 지닌 표현 양식을 갖게 되었다. 이 양식은 당 왕조에 이르러 정형화의 단계에 들어섰다. 당 왕조의 능묘 조각은 자연의 아름다움을 효과적으로 이용해서 전반적인 조화를 중시한 것이 특징인데, 이는 중국 조각사와 미술사에서 특별한 의미를 가진다.

【 룽먼 석굴 】

●룽먼 석굴 내 봉선사奉先寺의 노사나불

당나라 석굴예술의 특징은 부처, 보살, 천왕, 역사 등의 형상이 더욱 생동감 있고 저마다 성격적 특징을 갖추었다는 것이다. 인물의 조형도 풍만해서 당대 사회의 심미안과 취향을 잘 반영하고 있다.

뤄양은 북위北魏의 효문제, 선무제宣武帝 때의 도읍지로서 정치, 경제, 문화의 중심지였다. 북위 왕조는 뤄양으로 도읍을 옮긴 후 한화漢化정책을 펼치는 한편, 외부에서 유입된 불교에 계속 도움을 청해서 백성들을 통치하는 정신적 지주로 삼았다. 그래서 대규모 인력과 물자를 동원하여 화려한 불교 사원, 불탑, 석굴 들을 많이 건축했는데, 룽먼龍門 석굴도 그중 하나이다.

룽먼 석굴은 산시성 다퉁大同의 윈강 석굴, 간쑤성 둔황의 둔황 석굴과 함께 중국 고대 불교 석굴예술의 3대 보고로 불리고 있다. 룽먼 석굴은 뤄양시의 난이南伊강 양안에 있는 룽먼산과 샹산香山에 있으며, 북위 태화太和 17년(493)부터 조성하기 시작해 동위東魏, 서위西魏, 북제北齊, 북주北周, 수隋, 당唐을 거치면서 방대한 석굴군으로 발전했다. 그중에서 북위와 당나라 전기에 개척한 부분이 가장 중요하다.

룽먼 석굴의 특징 중 하나는 불상이 많고 불경이나 불교 전파와 관련된 이야기를 형상화한 것은 적다는 점이다. 북위와 동위시대에 조성된 불상은 주로 삼세불三世佛(과거 가섭불, 현재 석가모니불, 미래 미륵불을 아울러 일컬

간경사看經寺 남쪽 벽에 있는 나한상과 천장의 비천상

음 : 옮긴이)이나 석가불이며, 그 조합은 대부분 1불 2보살 혹은 1불 2제자, 2보살, 2역사力士로 이루어져 있다.

현존하는 석굴은 2,100여 개, 조각상은 10만 기, 불탑은 40여 기, 비석에 새긴 제기題記는 2,800점에 달해 고대의 역사와 예술을 연구하는 데 중요한 자료가 되고 있다.

【 룽먼 석굴의 특징 】

북위는 다퉁에서 뤄양으로 도읍을 옮긴 후 제도와 문물 그리고 풍속까지 점점 한족화했는데, 석굴의 조각도 이때 새로운 단계로 진입하게 되었다. 이 시기의 조각 양식은 부처든 보살이든 나한이든 비천상이든, 모두 얼굴이 비교적 여윈 모습이다. 부처와 보살의 형상은 일반적으로 이마가 넓고 볼은 좁으며, 목이 길쭉하고 양 미간이 넓으며, 표정은 담백하다. 비천상은 맑고 수려하면서도 준수하다.

이러한 특징은 빈양중동賓陽中洞의 조각상에서 시작되어 동위, 서위시대까지 줄곧 이어졌다. 이런 종류의 예술 양식은 당시 남조南朝의 위대한 화가 육탐미陸探微의 회화에서 창조된 형상이며, 아울러 남조의 조각가 대규戴逵 일파의 빼어나고 맑은 기풍과 완전히 일치한다.

조각의 복식에도 일정한 변화가 있었다. 부처의 편삼식偏杉式(오른쪽 어깨를 약간 덮는 형태 : 옮긴이) 가사는 발전해서 한 쌍의 옷깃을 아래로 드리

뤄양 룽먼 석굴의 외관

우고, 넓은 옷과 띠를 착용한 방식의 겉옷이 되었다. 보살은 그 절대다수가 당시 한족 여성들 사이에 유행한 것과 같은 어깨 위에 피백披帛(일종의 숄 : 옮긴이)을 걸친 모습이다. 이것은 바로 석굴예술과 한족 문화가 결합된 표현이라고 하겠다.

룽먼 석굴에 있는 북조시대 전기의 조각상은 대체로 수려하고 맑은 형상이어서 육조 명사들의 풍류에서 나오는 품격으로 보인다. 하지만 동위와 북제시대에 이르러 점차 건장하고 풍만하게 바뀌는 등 새로운 양식이 출현했다.

당나라 석굴예술의 특징

당나라의 조각상은 아미타불이 현저히 증가하고 석가모니불이 감소하며 관음보살의 비중이 늘어나는 변화를 보여, 당시 불자들 사이에 유행한 정토淨土 신앙을 반영하고 있다.

당나라 석굴예술의 특징은 부처, 보살, 천왕, 역사 등의 형상이 더욱 생동감 있고 저마다 성격적 특징을 갖추었다는 것이다. 당 왕조의 조각상은 의관과 복식이 더욱 동양화되었고, 인물의 조형도 풍만해서 당대 사회의 심미안과 취향을 잘 반영하고 있다. 형체도 풍부한 변화를 갖추고 인물의 형상도 실제와 같아서 사실적 기교를 여지없이 발휘하고 있다. 그리고 철의鐵衣의 육중함과 비단옷의 가볍고 부드러움 그리고 면직 가사의 단정함과 튼실함 등이 선명한 질감을 구현하고 있다.

천왕과 역사의 형상만을 보아도 조각가들은 인체의 정확한 구조와 체질을 토대로 해서 근육의 긴장감과 건장함을 과장되게 표현했다. 그리하여 조각상들이 마치 살아 있는 사람 같은 인상을 준다.

【 봉선사 】

봉선사奉先寺에 있는 대노사나상감大盧舍那像龕은 고종과 무측천을 위해서 만든 대마애상감大摩崖像龕으로서 룽먼 석굴 가운데 규모가 제일 크고 예술성도 가장 뛰어난 대표적인 석굴의 하나이다. 이 석굴은 대략 당나라 고종 초년에 시작해서 상원上元 2년(675)에 준공된 것으로 추정된다. 함형咸亨 3년(672)에 무측천은 황후의 신분으로 이 사원을 건축하는 데 사재 2만 관貫을 기부했다.

룽먼 시산西山의 남쪽에 있는 이 사원은 동쪽을 향하고 있으며 깊이는 약 40미터, 폭은 약 33미터, 높이는 약 35미터에 달한다. 주요 불상인 노

봉선사 정벽正壁에 있는 보살상

사나대불은 높이가 17.14미터로, 머리의 길이가 4미터, 귀의 길이가 1.9 미터에 달한다. 이 불상은 팔각형의 연꽃 수미좌須彌座(지금은 파손되었음) 에 가부좌를 하고 있으며 풍만한 용모에다 입가에 미소를 띠고 있어서 안 정되고 함축적인 느낌을 준다.

좌우에는 높이 10미터 이상의 두 제자상이 있는데, 가섭은 이미 풍화해 서 훼손되었지만 아난은 이목구비가 단정하고 준수한 모습이다. 문수보 살과 보현보살의 높이는 각각 13미터에 달하며, 용모가 풍만하고 단정해 서 아름다움을 완연히 드러내고 있다. 남북 양 옆에는 각각 천왕과 역사 를 하나씩 조각해놓았다. 북쪽 벽의 천왕은 높이 10.5미터로 투구와 갑옷 을 걸치고, 왼손은 허리를 짚고 오른손은 탑을 받들었으며, 위엄이 서린 얼굴에 야차를 밟고 있어서 그 기세가 무섭다. 역사는 상의를 걸치지 않 은 채 눈썹을 찌푸리고 눈에는 노기를 띠고 있으며, 울뚝불뚝한 근육이

용맹함을 자랑하고 있다. 오른쪽 벽에 있는 천왕과 역사의 대부분은 훼손된 상태이다. 정벽正壁의 양 옆에는 부처에게 공양하는 두 여자가 있다. 이상 11기의 조각상은 주인과 시종이 분명하고 조각 솜씨 또한 정교해서 당나라 불교예술의 극치를 보여주고 있다.

【 고양동 】

고양동古陽洞은 룽먼 석굴 가운데 가장 일찍 조성한 동굴로 룽먼산 서쪽 남단에 위치해 있다.

동굴 내의 정벽에는 3존尊의 주상主像이 있다. 주존主尊은 높이가 7.8미터에 달하는 석가모니 불상으로서 가부좌를 하고 사각형의 높은 대에 앉아 있다. 불상은 머리에 마광고육계磨光高肉髻가 있으며, 용모는 길고 원만하면서 청수하고, 몸에는 포의박대식褒衣博帶式 가사를 걸치고 있다.

주상의 양 옆에는 약 4미터에 달하는 협시보살(주상을 좌우에서 모시고 있는 보살 : 옮긴이)이 있다. 머리에는 보관寶冠을 쓰고 긴 치마 차림으로 연화좌 위에 서 있는데, 얼굴이 약간 길쭉한 모습으로 소박하고 준수하며 희미하게 미소를 머금고 있다.

남북 양 옆의 벽에는 3열의 불감佛龕이 있다. 제1열에 있는 여덟 개의 큰 감실은 대부분 황제와 북위의 권세가들을 위하여 만든 것이다. 예컨대 북쪽 벽의 동쪽에서부터 첫 번째 감실은 비구 혜성慧成이 돌아가신 부친인 낙주洛州의 자사 시평공始平公을 위해 만든 것이고, 세 번째 감실은 북위의 명장 양대안楊大眼이 효문제를 위해 만든 것이다. 남쪽 벽의 동쪽에서부터 첫 번째 감실은 비구 법생法生이 효문제와 북해왕北海王 원상元祥

고양동에 있는 석가모니상과 양대안이 만든 감실

모자를 위하여 만든 것이다. 이 여덟 개의 감실 안에는 석가모니의 좌상과 양쪽에 서 있는 두 보살이 균등하게 조각되어 있다.

제2열에 있는 여덟 개의 큰 감실에는 7기의 미륵보살상이 조각되어 있다. 이 조각상의 조합에 일정한 변화가 있으니, 바로 주상의 양 옆에 협시보살 외에 두 제자의 조각상이 늘었다는 것이다.

고양동 안의 조각상 감실에는 왕공과 귀족 외에 비구와 비구니들의 조각상 감실도 있다. 이 밖에도 고양동에는 수많은 조각상의 제기題記, 비각 명문銘文, 서예 작품 그리고 세상에 전해지는 '룽먼 20품品' 중의 19품이 있다.

【 빈양삼동 】

《위서》〈석로지釋老志〉에 따르면, 경명景明 초기에 선무제는 윈강 석굴을 모방하여 룽먼에 효문제와 문소文昭황태후를 위한 석굴을 각각 하나씩 조성하도록 명했다. 영평永平 연간에는 또 선무제를 위하여 석굴 하나를 조성했다. 이 세 개의 석굴이 지금 '빈양삼동賓陽三洞'으로 불리고 있다. 그 가운데 당시에 완공된 것은 중동中洞이고, 나머지 두 개의 굴은 당 왕조에 이르러 비로소 완공되었다.

빈양중동은 폭이 11.4미터, 높이는 9.5미터, 깊이는 9.85미터에 달한다. 동굴의 천장에는 연화보개蓮花宝盖 및 악기를 연주하는 팔신八身의 비천이 조각되어 있고, 그 주위는 비늘 무늬와 삼각형의 유소流蘇(오색 실로 만든 술 : 옮긴이)로 장식되어 있어 화려한 느낌을 준다. 주상은 석가모니와 두 제자, 두 보살로서 용모가 비교적 길고 여윈 편이다. 부처의 가사는 이제 전형적인 한족의 복식으로 바뀌어 있다.

동굴 문의 양 옆에는 대형 돋을새김이 있는데, 위에서 아래로 네 층은

빈양동의 〈제후예불도〉

빈양중동의 정벽과 북벽에 있는 불상

'유마변維摩變', '불본생고사佛本生故事', '제후예불도帝后禮佛圖', '십신왕상十神王像' 등이다. '제후예불도'는 두 부분으로 되어 있고, 각각의 높이가 2미터, 폭은 4미터로서 효문제와 문소황태후를 중심으로 남북에서 서로 대하는 예불 행진 대열로 구성되어 있다. 그 구조가 엄격하고 조형이 정확해서 룽먼 석굴 가운데 규모가 가장 크고 예술적 가치도 가장 높은 것으로 평가된다. 하지만 애석하게도 도굴되어서 지금은 미국의 박물관 두 곳에 소장되어 있다.

남쪽 동굴과 북쪽 동굴의 주불은 당나라 때 유행한 아미타불이다. 남쪽의 불상은 고졸하고 소박한 북위의 기풍을 지니고 있고, 북쪽의 앞벽에 있는 남북의 두 천왕상은 위풍당당한 모습으로 당나라의 색채를 띠고 있다.

結 룽먼 석굴의 경관은 눈을 떼기 힘들 정도로 웅장하며, 석굴 내에 표현된 예술적 묘사도 실로 풍부하고 다채롭다. 앞에서 간략히 소개한 것 외에도 연화동蓮花洞, 약방동藥方洞 역시 특색 있는 동굴이다.

연화동은 천장에 조각해놓은 커다랗고 정교한 연꽃 때문에 붙여진 이름이다. 연꽃은 청정과 고결의 상징으로 불교예술에서는 극히 중요한 장식으로 사용된다. 약방동의 벽에는 고대의 수많은 약 처방, 즉 환丸·산散·고膏·탕湯 등이 조각되어 있다. 또한 질병은 내과, 외과, 부인과, 소아과, 오관과五官科 등까지 중국 의약학의 발전사를 연구하는 데 진귀한 자료가 되고 있다.

룽먼 석굴에 있는 3,000여 개의 비각 명문 또한 무시할 수 없는 자료이다. 이는 석굴 안 감실의 조성 연대는 물론이고 룽먼 석굴의 건축사, 중국 불교의 발전사, 나아가 중국의 역사를 연구하는 데도 귀중한 자료를 제공하고 있다. 그리고 명문의 글자는 중국 서예의 발전사를 연구하는 소중한 자료가 되고 있다.

남북조시대는 중국의 서예사가 바뀌는 과도기로서 위나라 비문의 글자 구조는 긴밀하고 굳세며 소박해서 한 시대를 대표하고 있다. '룽먼 20품'은 학자들이 칭송하는 위나라 비碑의 명품이다. 당나라의 비각으로는 저수량의 '이궐불감비伊厥佛龕碑'가 가장 유명하다.

연화동의 천장에 있는 연꽃

【 둔황 석굴 】

●둔황 석굴의 전경

당나라 때에 경제가 공전의 발전을 이루면서 정치적 힘도 강성해졌
다. 그래서 웅장함과 화려함은 예술가들이 추구하는 시대적 풍조가
되었다. 둔황의 조각상들은 이러한 시대적 배경에서 태어났다.

둔황敦煌은 간쑤성 서북부, 허시후이랑河西回廊의 끝에 자리잡고 있다. 이곳은 고대의 중요한 교통로인 실크로드의 요충지였다. 불교가 유입됨에 따라 불교 신자들은 사원을 짓고 석굴을 조성해 불상을 조각하고 벽화를 그려서 신앙 활동의 욕구를 충족시켰다. 둔황 석굴은 바로 이 때문에 중국에서 규모가 가장 큰 석굴예술의 보고가 될 수 있었다.

둔황 석굴은 둔황의 서천불동西千佛洞, 모가오굴莫高窟, 안시安西의 위린굴 그리고 수이샤水峽 입구의 소천불동小千佛洞 석굴 등으로 구성되어 있는데, 그중에서 모가오굴이 가장 대표적이며 속칭 천불동千佛洞이라고도 한다.

모가오굴은 밍사산鳴沙山 동쪽 기슭의 절벽 위에 마치 벌집처럼 자리했으며, 상하 5층으로 장관을 이루고 있다. 현존하는 동굴은 493개이고 채색 조각상은 2,440여 점이며, 벽화의 면적은 4만 5,000평방미터에 달한다. 당나라와 송나라 때의 목조 건축으로 된 굴의 처마가 다섯 개이다. 이

밖에 장경동에는 경권經卷, 문서, 견직물 등을 망라한 5만여 점의 문물이 소장되어 있으니 실로 보기 드문 보물 창고가 아닐 수 없다.

당하堂河 절벽의 북쪽에 있는 서천불동은 현존하는 동굴이 모두 166개이고 그 벽화와 조각상은 모가오굴과 동일한 계통이다.

위린굴은 만불협萬佛峽이라고도 하며, 간쑤성 안시 서남쪽으로 75킬로미터 떨어진 산골짜기에 자리해 있다. 동굴은 산골짜기의 동서 양 옆을 뚫어 동쪽 절벽에 34개, 서쪽 절벽에 11개의 굴이 있고, 그 형태와 예술적 기풍은 모가오굴과 비슷하다.

둔황 모가오굴은 전진前秦의 건원建元 2년(366)부터 조성하기 시작해 북조, 수, 당, 오대, 송, 서하, 원 등 여러 왕조를 거쳐 완공되었다. 수나라와 당나라 때 불교 조각예술이 전성기를 구가했던 덕에 현존하는 석굴 가운데는 수 왕조의 굴이 95개, 당 왕조의 굴이 213개 있다. 또한 수당은 규모가 크고 내용도 풍부해서 모가오굴이 가장 흥성했던 시기이기도 하다.

【 조각예술 】

채색 조각은 둔황 석굴 예술의 중요한 부분이다. 주존主尊의 조각상은 태반이 둥글게 조각되었고 시종의 형상도 마찬가지다. 주위에 있는 공양보살, 비천, 천불千佛 등은 대개 영소影塑 기법을 채용했다. 모가오굴은 지질 관계로 인해 조각상은 전부 진흙을 사용했고, 조각상에 채색을 하여 색채의 미감을 더함으로써 사실적이고 풍부한 형상을 창조했다. 채색은 모가오굴 조각상의 가장 큰 특징이다.

수나라와 당나라 때는 불교예술이 극치에 이르러 석굴의 조각상에도 군상群像이 출현했을 뿐 아니라 대형 불상들도 나타났다. 형상의 조각에서 부처의 장엄함, 보살의 부드러움, 가섭의 함축성, 아난의 소탈함 그리고 천왕과 역사의 건장함과 위엄을 완벽하게 표현해서 전대미문의 성숙함과 완전한 아름다움을 선보였다.

둔황 모가오굴의 외경

【 벽화예술 】

둔황의 벽화는 규모가 크고 내용도 풍부하다. 대체로 장식 그림, 불경 이야기 그림, 경변經變의 그림 및 대량의 공양인 상像들이다. 그중에서 가장 눈에 띄는 것은 비천상으로, 날개도 없고 구름에 기대지도 않은 채 단지 몸에 걸친 몇 개의 띠에 의지해 하늘을 날아다니는 아름다운 자태를 보여주고 있다.

불경 이야기 그림 중 불교 전파와 관련한 이야기는 석가모니의 일대기이다. 제290굴의 인자파人字坡 천장에는 20여 미터에 달하는 6조條의 벽화가 있는데, 마야 부인의 꿈속에서 신인神人이 코끼리를 타고 부인의 태중에 들어가 아이를 잉태하는 것부터 시작해, 69개의 그림에서 석가모니의 출가와 보리수 아래 수행까지의 과정을 그려내고 있다. 이는 초기의 불교 전파 이야기 그림 중에서 가장 완벽한 한 폭의 작품이다.

제256호 굴에는 장의조張儀潮가 그린 두 폭의 큰 벽화가 있다. 하나는 장의조 부인의 출행도이고 다른 하나는 장의조의 출행도이다. 그림은 개

모가오굴 제194호 굴의 조각상

모가오굴 제196호 굴의 조각상

모가오굴 제259호 굴의 조각상

모가오굴 제159호 굴의 조각상

선하는 거대한 행렬을 표현했
는데, 남녀가 음악을 연주하고
춤을 추는 장면과 수레와 수행
원이 앞뒤에서 호응하는 장면
이 웅장하면서도 생동감 넘친
다. 이는 이전 시대의 벽화에
서는 결코 찾아볼 수 없는 것
이다. 장의조는 당나라 때 귀
순한 절도사로, 이 벽화는 자
신의 업적과 무공을 드러내기
위해서 그린 역사풍속화이다.

둔황 석굴 벽화의 장식 중에
는 변형된 식물 무늬, 동물 무

모가오굴 제61호 굴의 북벽에 있는 그림

늬, 천상天象의 무늬, 기하학적 무늬 등이 많은데, 대부분 상징적 의미를
가지고 있다. 예컨대 연꽃은 순결함과 정토淨土를 의미하고, 용과 봉황과
기린은 상서로움을 상징하며, 석류는 풍요와 다산을 상징한다.

모가오굴의 남대상과 북대상

당나라는 경제가 공전의 발전을 이루면서 정치적 힘도 강성해졌다. 그
래서 웅장함과 화려함은 예술가들이 추구하는 시대적 풍조가 되었고, 둔
황의 조각상들도 바로 이러한 시대적 배경에서 태어났다.

현존하는 제156호 굴의 〈모가오굴기莫高窟記〉에는 이런 기록이 있다.

비단에 그린 비천상은 채색을 중시하는데, 현재 프랑스 파리 박물관이 소장하고 있다.

"개원 연간에 승려들이 속가에 살면서 마을 사람 마사충馬思忠 등과 남대상南大像을 만들었는데, 그 높이가 120척에 달했다."

"연재延載 2년에 영은靈隱 선사가 거사居士 음조陰祖 등과 함께 북대상北大像을 만드니 높이가 130척에 달했다."

여기서 말하는 남대상은 바로 모가오굴 제130호 굴에 있는 높이 26미터의 미륵대상을 가리키고, 북대상은 제96호 굴에 있는 높이 33미터의 미륵대상을 말한다.

남대상은 당나라 조각상의 원형을 잘 보존하고 있다. 다만 오른손은 후대에 다시 조각한 것이다. 불상은 장엄하고 자애로우며, 휘어진 눈썹에 풍만한 턱 등이 적당한 비율로 조화를 이룬다. 또 체구가 건장해서 굴의 거의 절반을 차지할 정도이다. 이 불상은 너무나 높고 커서, 관람객이 밑에서 그 자애로운 용모를 올려다보는 걸 돕기 위해 조각가는 특별히 불상의 눈꺼풀과 입술 중간에 안쪽을 향한 사면斜面을 만들어 자연적으로 그림자가 드리워지게 했다. 그 결과 비교적 낮은 곳에서도, 또 어두운 굴 안에서도 불상의 오관과 용모를 똑똑히 볼 수 있다. 남대상은 쓰촨성의 러산대불樂山大佛과 비슷한 시기에 조성되었지만 예술적 수준은 훨씬 뛰어나다.

북대상은 머리 부분만 당나라 초기의 풍만하고 윤택한 모습을 유지하고 있을 뿐, 옷의 무늬나 손 모양, 색채 등은 모두 후세에 손질을 한 것이다. 남대상과 북대상은 당나라 예술가들의 탁월한 솜씨를 유감없이 보여 주고 있다.

【 경변화 】

모가오굴의 벽화 중에서 가장 많은 부분을 차지하는 것은 경변經變의 장면일 것이다. 이른바 경변화經變畵란 불경을 이야기로 풀어낸 그림을 가리킨다. 둔황 모가오굴에서 이런 경변은 수 왕조 때부터 시작해서 당나라 때 절정에 이르렀다. 당 왕조의 중요한 경변화로는 〈아미타경변阿彌陀經變〉, 〈유마힐경변〉, 〈법화경변法華經變〉, 〈능엄경변楞嚴經變〉 등이 있다.

〈법화경변〉 벽화

경변화는 중국 불교예술의 독창적인 형식으로서 대부분 중간에 불국佛國이나 석가모니불 혹은 천중天衆을 그려놓고 그 주변에 이야기를 그려 넣는다. 이런 이야기는 내용이 아주 광범위해서 경작과 수확 등 생산에 관한 것도 있고, 각저角抵와 백희百戲 같은 예술에 관한 것도 있다. 당나라 때의 각종 경변화에서는 당시의 가무나 건축에 관한 그림도 적잖이 볼 수 있다. 경변화는 화면이 크고 내용이 복잡한 데다 구조가 긴밀한데, 이를 통해 당시 화공들의 높은 설계 능력을 알 수 있다.

경변화에서 가장 많이 그리는 것은 서방정토변이다. 당나라의 정토변 벽화에는 더러 환락의 분위기가 넘치는데, 이는 당 왕조의 경제적 번영과 지주의 사치스럽고 호화로운 생활을 반영한 것이자, 불교예술의 세속화를 보여준다. '정토'란 원래 서방의 극락세계를 말하지만 그림 속의 정자, 누각, 가무, 기악 등은 모두 귀족의 호사스런 생활을 표현한 것이다.

선우善友 태자와 악리사樂利師 왕녀의 사랑을 그린 〈보은경변報恩經變〉은 두 사람이 푸른 잎이 우거진 나무그늘에 마주 앉아 있는데 태자가 한창 거문고를 타는 모습을 표현했다. 전반적으로 서정적인 분위기가 충만해서 종교화임을 완전히 잊게 만든다.

【 장경동 유물의 약탈 】

둔황 모가오굴은 사막에서 밝은 빛을 뿌리는 구슬처럼 세상 사람들의 이목을 끌었지만 그중에는 탐욕의 시선도 적지 않았다.

1879년 헝가리 출신 학자 르콕 등은 중국 서북 지역에서 지질 조사를 하다가 우연히 둔황 석굴의 조각상을 발견하고 놀라움을 금치 못했다. 귀

영국인 스타인은 왕도사를 매수하여
둔황의 유물을 대량으로 약탈해갔다.

국한 후 르콕은 독일 함부르크에서 열린 국제 동방학자 토론회에서 둔황의 예술품에 대해 언급했고, 이는 곧 크나큰 반향을 불러일으켰다.

모가오굴에서 운반 가능한 유물들은 대략 북송 중엽에 제16호 굴의 복굴復窟, 즉 제17호 굴(장경동)로 옮겨져 다시 봉해졌다. 1900년에 왕王씨 성을 가진 도사가 우연한 기회에 장경동의 유물을 발견하게 되었는데, 1907년에 영국인 스타인이 둔황에 와서 얼마 안 되는 돈으로 왕도사를 매수하여 대량의 유물을 약탈해갔다. 그 후 프랑스의 펠리오, 일본의 오타니 고즈이, 러시아의 올덴부르크 등이 연이어 장경동의 유물을 약탈해갔다.

뒤늦게 도착한 미국인 랭던 워너는 운반 가능한 유물들이 이미 모두 약탈된 것을 보고 상심한 나머지, 아교천을 이용해서 벽화 20여 점을 떼어냈다. 현지 주민들이 그의 두 번째 약탈을 저지하지 않았다면 더 많은 벽화와 조각상이 약탈되었을 것이다.

제407호 굴의 천장 중앙에 있는 장식

둔황 석굴은 불교예술의 전당이자 유물의 보고로서 마치 한 질의 중국 미술사와도 같아서 그 속에서 조각, 회화, 건축예술을 모두 감상할 수 있다. 또한 그 예술품들이 어떻게 시대의 맥박과 함께 약동하고 변천하고 발전했는지를 확인할 수 있다.

둔황 석굴에 있는 대량의 사본寫本과 각본刻本은 역사적 자료로 그 가치가 높다. 그중에서 변문變文, 민가民歌, 곡자사의 발견은 문학사적으로도 의의가 깊다.

둔황 석굴의 의의는 단순히 불교예술에만 한정되지 않는다. 그것은 우리에게 시각적 즐거움을 안겨줄 뿐 아니라, 갖가지 예술의 색채를 다양하게 펼쳐 보이고 있다.

【 감진의 일본행 】

●일본에 불교의 계율을 전한 감진 화상

감진의 일본행은 계율의 전수가 주된 목적이었지만, 실은 승단의 조직된 힘으로 당시 가장 성숙한 당나라의 문화를 체계적으로 일본에 소개했다는 의의가 크다.

중국과 일본이 서로 왕래하던 긴 세월 속에서 얼마나 많은 사람들이 무서운 파도와 생명의 위험을 무릅쓰면서 양국의 친선을 위해 공헌했는지는 이루 헤아리기 어려울 정도이다. 그중에서 가장 걸출한 인물을 꼽는다면 일본의 유학생 아베阿倍와 당나라의 감진 화상일 것이다.

감진은 수공垂拱 4년(688), 양저우揚州의 장양현江陽縣에서 태어났으며 속세의 성은 순우淳于였다. 14세에 출가하여 장안과 뤄양에서 유학하며 불학의 토대를 닦는 한편, 건축과 의약 방면에서도 많은 지식을 습득했다. 양저우로 돌아간 후에는 대명사大明寺의 주지로 있으면서 계율을 가르치기 시작했다. 불교 역사서에 의하면, 그에게는 유명한 제자 35명이 있었는데 모두 화이난淮南 일대에서 스승의 가르침을 펼쳤다.

천보天寶 2년(743), 감진은 일본 승려의 초청을 받고 일본에 건너가서 계율을 전수하겠다는 뜻을 세웠다. 그리고 12년 동안 다섯 차례나 출항했지만 모두 실패했고, 병을 얻어 두 눈마저 실명하고 말았다. 그는 이런 어려움 속에서도 신념을 버리지 않고 753년에 마침내 여섯 번 시도 끝에 바다를 건너서 일본에 도착했다. 이때 그의 나이 이미 66세였다.

양저우 대명사의 감진 기념당

　감진은 일본에 불학을 전했을 뿐 아니라 당나라의 시문과 서화, 건축 그리고 의학까지 전수했다. 일본의 불교 건축은 당나라 전성기의 불전佛殿 양식에 따라 건축되었고, 일본 에도江戶 시대의 약봉지에는 감진의 초상이 인쇄되었다. 이것들은 감진의 업적이라고 해야 할 것이다. 감진은 중국과 일본의 문화 교류와 친선에 지대한 공헌을 했다.

【 일본에서 불법의 계율을 전수하다 】

감진 일행은 일본에 도착했을 때 일본 조정과 민간의 열렬한 환영을 받았다. 쇼무聖武천황은 직접 사람을 보내서 감진 일행을 수도인 나라奈良로 맞아들여 도다이사東大寺에 머물게 했으며, 먼 길을 찾아온 일행에게 "기쁨과 위안의 마음 금할 길 없다"는 심경을 표현했다. 그리고 얼마 지나지 않아서 감진에게 덴토傳燈 대법사라는 칭호를 내렸다.

같은 해 4월, 도다이사의 노사나전盧舍那殿 앞에서 일본 최초의 계단戒壇을 짓고 성대한 수계授戒 의식을 거행했다. 쇼무천황이 가장 먼저 단상에 올라가서 감진 대법사로부터 보살계를 받았고, 그 뒤를 이어서 황후와 황태자도 수계했다. 그렇게 계를 받은 사람이 사미 쇼슈證修를 비롯해 440여 명에 이르렀고, 또 80여 명의 고승이 자진해서 옛 계율을 포기하고 감진에게서 새롭게 계율을 받았다.

쇼무천황이 수계했던 단상의 흙은 나중에 도다이사 대불전大佛殿의 서

일본 후쿠오카의 견당사 출발지(왼쪽) 시안에 있는 일본 유학생 아베의 기념비(오른쪽)

쪽으로 옮겨서 그곳에다 영구적인 계단원戒壇院을 만들었다. 천황은 계율을 전수하는 최고 권한을 감진에게 부여하고, 아울러 승려들의 수계제도를 확립했다.

일본 덴표호지天平寶字 3년(759), 감진은 천황이 하사한 땅에다 도쇼다이사唐招提寺를 짓고 사방에서 계율을 배우러 온 사람들을 수용했다. 일본의 율의律儀는 점점 엄격하게 정비되어, 스승과 제자 사이에 계율의 전수가 "마치 하나의 등불이 백천 개의 등불로 번져가는" 것처럼 이루어졌다.

이 율종律宗은 일본에서 가장 큰 독립적인 종파로, 대륙에서 전해진 삼론三論, 성실成實, 구사俱舍, 법상法相, 화엄華嚴 등과 함께 '남도육종南都六宗(남쪽 수도의 여섯 종파 : 옮긴이)'이라 불렸다.

【 일본의 건축과 의학에 기여하다 】

감진과 그의 제자들은 모두 시문에 뛰어났고 재능과 덕을 겸비했으며 특히 서화와 공예에 능했다. 감진의 일본행은 계율의 전수가 주된 목적이

감진 일행이 건축을 주관한 일본 나라의 도쇼다이사

었지만, 실은 승단僧團의 조직된 힘으로 당시 가장 성숙한 당나라의 문화를 체계적으로 일본에 소개했다는 의의가 크다. 그중에서 특히 건축과 의학 방면에서 크게 영향을 미친 것으로 파악된다.

감진은 두 명의 법사를 스승으로 모신 적이 있는데, 그중 도안道岸은 유명한 건축가로서 당나라의 중종中宗이 그에게 장안의 천복사天福寺와 소안탑의 건축을 위임한 적이 있다. 또 홍경弘景은 도안의 선배로 의학에 정통했다. 감진은 이 두 사람을 스승으로 모시면서 자연스럽게 건축과 의학에 관한 지식을 얻게 되었다.

일본 나라에 있는 도쇼다이사도 감진 일행이 건축을 주관했다. 도쇼다이사의 금당金堂과 법당 그리고 일부 중요한 불상과 법기法器는 당나라 전성기의 건축과 조각을 최고 수준으로 구현하고 있다. 이는 현재 일본의 국보로 지정되어 완벽하게 보존되고 있다.

감진은 본초本草에도 정통했다. 당시 일본은 의학이 발달하지 못했는데, 천황은 조서를 내려 감진에게 약을 감별하게 했다. 감진은 코로 냄새만 맡아보고도 즉각 진짜와 가짜를 식별했다. 마침 고묘光明황후가 병을 앓고 있었는데 많은 의원들이 속수무책이었다. 이때 감진의 처방에 따라 약으로 치료했더니 완쾌되었다고 한다.

감진은 또《감상인비방鑑上人秘方》을 저술하여 일본의 의학과 본초학의 발전에 큰 도움을 주었으며, 이로 인해 일본인들은 그를 '의술의 시조'로 기렸다. 일본 에도 시대에 약을 싸는 종이와 약봉지에도 감진의 초상과 "개산감진대화상전방기효환開山鑑眞大和上傳方奇效丸"이라는 글자가 인쇄되었다고 하니, 그의 의술이 일본에 얼마나 큰 영향을 미쳤는지 알 수 있다.

【 초청을 받고 일본행의 뜻을 세우다 】

당나라 천보 원년(742) 10월, 어느 날 감진이 양저우의 대명사에서 승려들에게 계율을 강의하고 있었다. 그때 일본 승려 두 사람이 다가와서 그의 발아래 넙죽 엎드려 절을 하고는 자신들이 찾아온 이유를 설명했다. 두 사람의 이름은 각각 요에榮睿와 후쇼普照로, 둘 다 10년 전에 장안으로 유학을 온 승려였다. 그들은 중국에 온 뒤 여러 사찰의 유명한 화상들이 모두 계율을 불도에 들어가는 바른 문으로 삼고 있어, 계율을 지니지 못하면 승려의 대열에 끼지도 못한다는 사실을 깨달았다. 당시 일본에는 불법이 있다고는 해도 계율에 정통하여 그것을 전수할 사람이 마땅히 없었다. 그래서 감진 화상에게 특별히 "동쪽으로 가서 교화하여" "해동海東의

감진 일행이 일본으로 가는 배를 타기 위해 준비하는 모습
일본 《동정회전東征繪傳》에 수록된 그림

도사導師"가 되기를 바랐다.

사연을 들은 감진은 일본이 불법과 인연이 있는 나라라고 생각해서 승려들에게 누가 함께 가겠냐고 물었지만 모두들 묵묵부답이었다. 침묵이 한동안 흐른 뒤 대제자인 상언祥彦이 나서서 이렇게 말했다.

"일본은 너무 멀어서 창창한 바다를 건너야 하니 보통 배로는 불가능합니다. 만일 길을 떠나게 되면 목숨을 버릴 각오를 해야 하며, 게다가 모두들 이곳에서 태어나고 자랐기 때문에 고향을 떠나기가 어렵습니다. 또 배우는 사람으로서 아직 수행이 부족해 깨달음을 얻지도 못했는데, 어찌 다른 사람에게 법을 전할 수 있겠습니까? 이런 이유로 모두들 침묵하고 있는 것입니다."

감진은 그 말을 듣고 위엄 있게 말했다.

"부처님 법을 위한 일인데 어찌 생명을 아까워하랴! 너희들이 가지 않겠다면 나라도 가겠다!"

상언은 스승의 단호한 태도를 보고 황급히 나섰다.

"큰스님께서 가신다면 저도 따라가겠습니다."

그러자 승려 20여 명이 분분히 동행하겠다고 나섰다. 이리하여 일본행이 드디어 실행에 옮기게 되었다.

감진은 원래 이듬해 봄에 떠나려고 했지만, 모든 준비가 끝났을 무렵 동행한 제자 중 하나가 해적과 연루되었다는 모함을 당하면서 배를 압수당하는 바람에 출발이 무산되었다.

몇 번의 좌절에도 뜻을 꺾지 않다

같은 해 12월에 감진은 후쇼, 요에, 상언, 사탁 등 17명의 승려와 옥공예 장인, 화사畵師, 각루刻鏤, 주사鑄寫, 수사繡師, 수문修文, 준비鐫碑 등 85명과 함께 군용 배를 타고 동쪽으로 떠났다. 그러나 불행하게도 여요군余姚郡의 낭구포狼溝浦에서 폭풍우를 만나 배가 부서지는 참변을 당했다. 감진 일행은 한 달 후에 다시 일본행을 시도했지만 역시 폭풍으로 배가 암초에 부딪혀 산산조각 나자 어쩔 수 없이 되돌아올 수밖에 없었다. 여요군의 태수는 그들을 잠시 아육왕사阿育王寺에 머물도록 했다.

천보 3년에 감진 일행은 또다시 배를 타기 위해 떠났는데, 월주越州의 승려들이 일본 승려 영예가 감진 등을 속여서 바다로 도주한다고 관청에다 고하는 바람에 영예가 체포되면서 결국 3차 시도도 실패했다. 그후 4차 시도 역시 사람들이 감진의 모험을 극구 막아서는 바람에 수포로 돌아가고 말았다.

천보 7년 봄, 감진은 또다시 배를 만들고 물자를 준비하는 등 5차 시도를 서둘렀다. 6월 27일, 감진 일행은 광릉廣陵(지금의 양저우揚州)에서 강을 건너고 운하를 따라 회계會稽(지금의 사오싱紹興)를 지나서 계절풍을 기다렸다가 바다로 들어가려고 했다. 10월 16일에 정식으로 출항했지만 이틀 만에 갑자기 태풍을 만나서 14일 후 하이난다오海南島 섬의 남부까지 표류했다. 감진 일행은 육지에 오른 후 대운사大雲寺에서 1년간 체류한 뒤에 광둥, 광시, 장시 등 여러 지역을 거쳐서 출발지인 양저우로 되돌아왔다.

이 과정에서 감진을 일본에 초청하기 위해 몇 해 동안 중국에 체류했던 일본 승려 요에가 단주端州에서 세상을 떠났다. 감진은 비통해 마지않았다. 하지만 얼마 후 자신도 남방의 덥고 습기 찬 기후로 인해 눈병이 생겨서 두 눈을 실명하게 되었다. 그리고 감진이 가장 총애하던 제자 상언도 길주吉州(지금의 장시성 지안吉安)에서 객사했다. 이러한 고난을 겪고 난 뒤 감진은 양저우로 되돌아와서 용흥사龍興寺에 잠시 머물렀다.

【 일본 조정과 민간의 환영을 받다 】

천보 12년(753), 일본의 견당사가 장안에서 귀국하는 길에 대사大使와 부사副使가 특별히 양저우로 감진을 찾아와서 다시 일본행을 권유했다. 이때 감진의 나이 66세였고 양저우의 승려들도 극구 만류했지만, 그는 다시 일본으로 가겠다고 결심했다. 그해 11월 15일, 감진 일행은 일본의 부사 오토모노 고마루大伴古麻呂의 배를 타고 쑤저우 황쓰푸黃泗浦를 출발하여 한 달간 항해한 끝에, 12월 20일에 순조롭게 아키메야노우라秋妻屋浦

감진이 일본 불교계의 환영을 받는 모습

(지금의 가고시마 남단)에 도착했다.

감진 일행은 도착 직후 일본 조정과 민간의 열렬한 환영을 받았다. 이듬해 2월 1일에 규슈九州의 태재부太宰府에서 난바難波(지금의 오사카)로 가자, 일본의 유명한 승려들이 분분히 찾아와서 만나기를 청했다. 3일에는 조정의 두 대신이 환영식을 거행하고, 쇼무천황이 직접 파견한 사자가 성문 밖에서 마중하는 등 감진을 극진히 예우했다.

이번 일본행에는 모두 스물네 명이 동행했다. 감진 외에도 담정曇靜, 의정義靜, 법재法載, 법성法成, 인한仁韓, 영요靈曜, 회겸懷謙 등과 세 명의 비구니 그리고 세 명의 외국 승려가 있었다. 이들 중에는 건축가, 화가, 조각가를 비롯해 의약, 자수, 주사鑄寫 등 여러 분야의 전문가도 있었다.

그들이 가져간 수많은 진귀한 물품 중에는 여래불의 육신 사리 3,000과와 불상, 불경, 왕희지의 행서 진품 1첩, 왕헌지의 행서 진품 3첩 등도 있었다. 이것으로 볼 때 감진 일행은 사실상 감진을 대표로 한 승려로 조직된 문화사절단이나 다름없었다.

結 감진은 천보 13년부터 10년간 일본에서 체류하다가 일본 덴표호지 7년(763) 5월 6일에 가부좌를 한 채 세상을 떠났다.

감진이 법을 전함으로써 율종은 하나의 독립적인 종파가 되었을 뿐 아니라, 훗날 천태종의 훌륭한 토대가 되었다. 천태종은 헤이안平安 시대에 크게 발전하면서 헤이안 시대 문화의 발전에도 기여했다. 도쇼다이사 등 사원의 건축과 불상 조각은 일본 덴표天平 문화의 번영에 크게 이바지했다. 또한 감진은 일본 고대의 의약학에 훌륭한 토대를 마련했는데, 일본 도다이사에는 지금까지도 그의 '기효환奇效丸'이 전해지고 있다.

감진은 일본으로 가는 도중에 죽을 고비를 여러 차례 넘기면서도 결코 포기하지 않는 굳은 의지와 숭고한 정신을 보여주었다.

1980년 4월, 도쇼다이사에서는 1,200여 년간 공양하던 감진의 좌상坐像을 일본 장로의 호송하에 정중히 양저우의 대명사로 보내서 그곳 사람들이 모실 수 있도록 했다. 이 좌상은 "정골頂骨이 빼어나고 관골觀骨이 시원하며, 콧마루가 높고 입술은 굳게 다물고 있으며, 눈은 차분히 내리깔고 미소를 띠고 있다"라고 표현되는데, 이는 감진의 의지와 성격을 묘사한 것으로 보인다.

당삼채

●시안에서 출토된 낙타 당삼채

낙타는 실크로드에서 가장 효과적인 교통수단이었다. 당삼채 낙타들은 머리를 들고 울부짖는 모습, 앉아 있거나 악대를 태우고 있는 모습 또는 비단을 싣고 있는 모습으로 실크로드의 진풍경을 그대로 재현하고 있다.

　중국의 도자기 공예는 유서가 깊은데 당 왕조에 이르러 황색, 녹색, 갈색, 남색, 백색 등 갖가지 색깔의 유약을 써서 만든 도자기가 나타났다. 오늘날에도 이런 도자기를 대단히 애호하고 있으니, 이것이 바로 당삼채이다.

　당삼채는 대략 당나라 고종 시기(650~684)에 출현했으며, 그 발전 속도가 매우 빨라서 무측천 시대에 벌써 삼채 유약을 사용한 인형이 나타났고, 중종·예종·현종의 개원 시기에 이르러 전성기를 구가했다.

　당삼채는 한 왕조의 유약 도자기를 토대로 발전했다. 일찍이 한나라 때 납을 용제溶濟로 하고 구리와 철 등의 금속 산화물을 착색제로 활용한 저온 단색의 도기를 만든 바 있었다.

　당 왕조의 장인들은 광물의 특성을 파악하고 금속 산화물의 성질과 색상을 드러내는 이치를 알아내 역사적 의의를 지닌 한 걸음을 내디뎠다. 즉 하나의 기물에 여러 색깔의 유약을 사용해서 독특한 예술적 효과를 내는 삼채저온三彩低溫 도기를 만들어낸 것이다.

당삼채는 세상 사람들에게 크게 환영받았다. 당나라 고종 이후 귀족이든 서민이든 모두 이 도자기를 부장품으로 삼았는데, 오늘날에도 시안, 뤄양, 양저우揚州 등지에서 대량의 당삼채가 출토되곤 한다. 산시성陝西省 첸현乾縣에 있는 당나라 의덕懿德태자 이중윤李重潤의 무덤에서 168점의 당삼채가 발굴된 적이 있고, 뤄양에서는 당삼채가 너무 많이 출토되어서 '뤄양 당삼채'라고 따로 분류할 정도이다. 이 밖에도 삼채 도자기는 당나라가 수출한 주요 도자기 가운데 하나여서 해상 교통로와 실크로드 인근 여러 나라에서 당삼채 도자기가 발견되었다.

하지만 당삼채는 저온에서 구워낸 것이라서 질이 떨어지고 물이 스며들기 쉬우며, 유약도 연유鉛釉 계통인지라 생활에서는 널리 이용되지 못했다. 게다가 안사의 난의 영향을 받아서 현종 천보 이후에는 점점 쇠퇴하며 그 수량과 종류가 현저히 감소했다. 하지만 지금도 당삼채를 모방한 도자기가 여전히 많은 사람들의 사랑을 받고 있다.

【 당삼채 공예와 생산지 】

당삼채의 모체는 고령토 또는 고령토를 많이 함유한 점토로서, 구웠을 때는 대체로 흰색이지만 담홍색도 더러 있다.

당삼채의 채색 유약은 구리, 철, 망간 등 색깔을 나타낼 수 있는 광물질을 배합하고 거기에다 납을 용제로 해서 붓이나 솔로 당삼채의 모체를 칠하는 것이다. 이러한 모체를 구워내면 여러 가지 색깔을 낼 수 있다. 유약은 열을 받는 과정에서 사방으로 퍼지는데, 갖가지 색깔이 서로 침투하고 융합하면서 자연스럽고도 알록달록한 채색유로 변화되어 아름다운 무늬와 색채를 이루게 된다.

당삼채는 두 번으로 나누어 구워낸다. 먼저 건조시킨 모체를 가마에 넣어서 한 번 구워내는데 이를 소소素燒라고 한다. 그리고 유약을 칠한 뒤한 번 더 구워내면 당삼채가 완성된다.

당삼채를 구운 가마터는 1957년 허난성 궁현龔縣에서 처음 발견되었다.

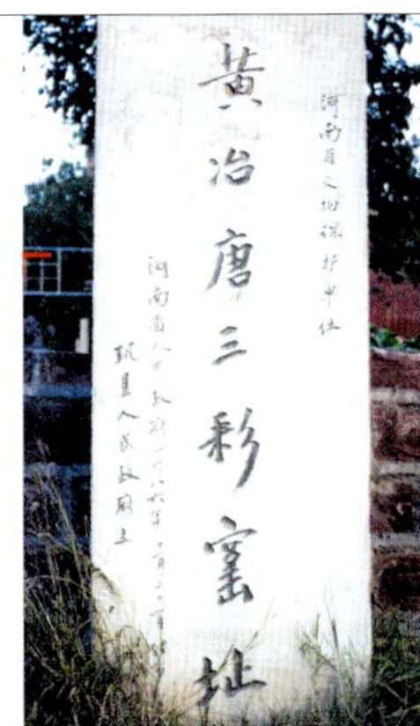

허난성 궁현에서 발굴된 당삼채 가마터

1980년대 초기에는 산시성陝西省 퉁촨銅川에서 황보黃堡 가마터가, 허베이성의 네이추內丘에서 형요刑窯 가마터가, 그리고 시안의 서쪽 교외에서도 당삼채를 구운 가마터가 발굴되었다. 이 가마들은 모두 반도염식半倒焰式의 만두요饅頭窯로서 나무를 연료로 했다.

당삼채는 굽는 과정에서 일반 도자기보다 높은 기술이 필요하다. 또한 차례의 개상開相 공예 과정을 거쳐야 하는데, 당삼채에 그려진 인물의 머리에는 일반적으로 유약을 칠하지 않고 먹으로 눈썹, 수염, 머리 장식 등을 그리고, 어떤 경우에는 입술에 붉은색을 칠하여 질감을 높이기도 한다.

【 당삼채의 종류와 예술적 특징 】

당삼채의 예술적 기풍은 일반 도자기와는 전혀 달라서 여러 면에서 독특한 특징을 보이고 있다.

당삼채는 크게 네 종류로 나뉜다. 즉 생활용품, 인물과 동물, 모형, 건

산시성陝西省 린퉁臨潼의
신펑진新豊鎭에서 출토된
당삼채 사자

서아시아의 문화적 특색이 담긴 당삼채
용머리 잔과 코끼리머리 잔

축 장식 등이다.

생활용품에는 병, 봉수호鳳首壺, 쌍용병호雙龍柄壺, 주호注壺, 사발 등이 있다. 어떤 기물은 외래 문화의 영향을 보이기도 하는데, 가령 봉수호 같은 것은 서아시아 일대에서 유행한 페르시아 사산 왕조의 금은 기물의 형태를 본떠 만든 것이다. 인물과 동물 기물로는 무사, 의장용儀仗俑, 기마용騎馬俑, 호용胡俑, 말, 낙타, 진묘수鎭墓獸(무덤을 지키는 동물 : 옮긴이) 등이 있으며 주로 부장품으로 만들어졌다. 당삼채의 인물화는 매우 섬세해서 생동감 넘치고, 동물화는 윤곽이 뚜렷하고 명쾌한데, 특히 말과 낙타의 조형미가 뛰어나다.

모형에는 가옥, 정원, 산과 연못 등이 있는데 이 또한 대부분 부장품으로 사용되었다. 건축 장식은 주로 용머리 장식으로서 목조 건물에 효과적으로 사용되었다.

당삼채는 현란하고 농염한 채색유로 승부를 건다. 아울러 꽃을 새기는 각화刻花, 꽃을 붙이는 첩화貼花, 반죽해서 만드는 날소捏塑 등 전통적인 기법을 채용해서 갖가지 꽃무늬를 만들어낸 뒤 그 위에 상응하는 색깔의 유약을 칠하는데, 그야말로 금상첨화라고 할 수 있다.

【 남채미인입용 】

시안과 뤄양 일대의 당나라 무덤에서 출토된 당삼채는 당 왕조 전성기의 찬란한 예술적 성취를 가장 잘 반영하고 있다. 산시성陝西省 리취안현禮泉縣 경내 소릉昭陵(태종의 무덤) 옆 안원수安元壽 부부의 무덤에서 출토된 남채미인 입용藍彩美人立俑(남색으로 칠한 서 있는 미인 인형 : 옮긴이) 은 진귀한 보물로 현재 소릉박물관이 소장하고 있다.

안원수는 안식국 호인胡人의 후손으로 청년 시절부터 이세민을 따랐으며, 고종 연간에 도위都尉, 낭장郎將, 장군 등의 직책을 맡다가 영순永淳 2년(683)에 세상을 떠났다. 사후에는 특별히 소릉 옆에 무덤을 만들어 무측천 광택光宅 원년(684)에 그곳에 매장했으니 초당初唐 후기에 속한다. 안씨의 부인 적육랑翟六娘은 남편보다 15년 늦게 별세했는데, 이런저런 이유로 개원 15년(727)에야 비로소 소릉으로 옮겨져서 남편과 합장될 수 있었다.

남채미인입용은 겉면이 흰색을 띠고 있으며 비교적 단단

남채미인입용

해서 두드리면 맑은 소리가 난다. 또 갈라진 틈이라곤 전혀 찾아볼 수 없을 정도로 유약이 골고루 칠해져 있고, 유약이 흐른 흔적도 보이지 않아서 고도의 기술을 확인할 수 있다.

이 인형의 주된 색상은 옷 위에 칠해진 남색이다. 발은 22.5센티미터 되는 판을 밟고 있으며, 머리는 높게 틀어올려 이마에 약간의 머리카락을 드리우고 있다. 얼굴은 풍만한 편으로 얼굴 부위에 개상開相 처리를 한 흔적이 뚜렷하다. 즉 먹으로 눈썹을 가늘게 그리고 주홍색으로 입술을 칠했는데 그 질감이 아주 강하다. 또 둥근 목깃에 좁은 소매의 장포長袍를 입고 배 위에 합장한 채 소매 속에 손을 숨기고 있으며, 옷은 발까지 뒤덮고 허리에는 띠를 둘렀다. 장포에는 짙은 남색 유약이 칠해져 있고 그 위에 흰 꽃을 그려놓았는데, '오대당풍吳帶當風'의 기백을 보이고 있다.

이 인형은 적육랑을 합장할 때 함께 묻은 것으로 추정된다. 당 왕조 전성기 궁정과 귀족 여인들의 차림새로 그 시대의 분위기를 물씬 풍기는 당삼채의 대표작이다.

【 악사들을 태운 낙타 인형 】

1957년, 시안의 서쪽 교외에서 당나라 개원 11년(723)에 조성된 선우정회鮮于庭誨의 무덤에서 악사들을 태운 낙타 인형 한 점이 출토되었다. 이 당삼채는 높이가 58.4센티미터이고, 낙타가 목을 쭉 빼고 직사각형 판 위에 서 있는 모습이다. 등에는 타원형의 두터운 담요가 낙타의 쌍봉을 덮고 있으며, 담요 위에는 나무로 된 평탄한 대가 놓여 있고 그 위는 긴 담요로 다시 덮여 있다. 대 위에는 춤추고 음악을 연주하는 인형들이 있는

데, 음악을 연주하는 네 개의 인형이 각각 양 옆에 나뉘어 앉아 있다. 중앙에는 머리에 복두幞頭(공복 착용 시 머리에 쓰는 모자)를 쓰고 눈이 우묵하게 꺼졌으며, 코가 높고 얼굴이 온통 수염으로 뒤덮인 호인胡人이 춤을 추고 있다. 생동감 넘치는 데다 설계가 합리적이어서 보는 이로 하여금 찬탄을 금치 못하게 한다.

2년 후 시안 서쪽 교외에 있는 중바오촌中堡村의 당 왕조 무덤에서 또다시 이와 같은 낙타 인형이 발굴되었다. 이것은 높이 56.2센티미터, 길이 41센티미터로 앞서 발굴된 것만큼 크지는 않지만, 낙타 위에서 춤추고 연주하는 인형이 여덟 개나 된다. 악기 상태도 온전하여 일곱 개의 인형 중에서 앞쪽의 둘은 각각 생황과 퉁소를 연주하고, 오른쪽의 둘은 각각 비파와 공후를 연주한다. 왼쪽의 둘은 피리와 박판拍板을 들고 있으며, 평평한 대의 뒤쪽에 있는 인형은 다른 인형들과 등을 맞대고 배소排簫를 연주하는 모습이다. 중간에 있는 여자 인형은 길고 풍성한 치마 차림에 가슴

악사들을 태운 낙타 인형과 그 부분

을 드러내고 풍만한 자태를 자랑하듯이 앞을 바라보면서 오른손은 앞으로, 왼손은 뒤로 한 채 춤을 추고 있다.

이 당삼채는 당 왕조 전성기의 음악과 가무, 특히 서역의 무악을 감성적으로 인식하는 데 여러모로 의미가 있다. 그 기풍으로 볼 때 당나라 전성기의 작품이라고 할 수 있다. 악기는 기본적으로 호인들의 것이며, 춤추고 연주하는 인형은 모두 한족의 복장을 하고 있다. 고고학자들은 이러한 사실을 근거로 이 무악 인형들을 여느 호무胡舞와는 달리 개원과 천보 연간에 유행했던 '호부신성胡部新聲'이라고 결론 내렸다.

이 낙타 인형의 등에 설치된 자그마한 무대는 당 왕조 시기의 단면을 보여주는 한 폭의 풍속화라고 할 수 있다.

【 말과 낙타 】

오늘날 중국의 시장에서 흔히 볼 수 있는 당삼채는 거의 말과 낙타 인형이다. 아마도 당삼채 중에서 말과 낙타가 가장 정교하고 아름다우며 수량도 많기 때문일 것이다.

말은 당나라 때에 광범위하게 쓰였기 때문에 장인들에게는 가장 익숙하고도 만들기 쉬운 소재였다. 당삼채 말의 특징은 머리가 작고 목이 길며 살이 쪘을 뿐 아니라, 건장하고 그 비율이 정확하다. 이 말들은 달리는 모습, 목을 빼고 우는 모습, 물을 마시거나 한가로이 서 있는 모습 등 여러 가지 자세를 하고 있는데, 그 색채가 아름다우며 유약이 아주 고르고 밝게 칠해져 있다. 뤄양에서 출토된 당삼채 흑마는 몸이 검정색이고 얼굴, 갈기, 꼬리, 발굽이 흰색이며 안장은 녹색, 황색, 흰색이 섞여 있다.

시안 선우정회의 무덤에서 출토된 당삼채 말

시안의 동쪽 교외 한썬싸이韓森塞의 당 왕조 무덤에서
출토된 삼채 낙타

산시성陝西省 첸현 영태공永泰公의 무덤에서 출토된
당삼채 말

뤄양의 관린關林 당 왕조 무덤에서 출
토된 당삼채 흑마

체구가 아주 건장한 데다 머리를 약간 숙이고 있어서 생동감 넘치는데,
당삼채 가운데서도 진귀한 유물에 속한다.

　당나라 때는 대외무역이 매우 발달해 장안에서 동로마 제국의 콘스탄
티노플(지금의 터키 이스탄불 : 옮긴이)로 이어지는 길은 항상 상인들의 행렬
이 끊이지 않았다. 이 길이 바로 실크로드로, 낙타는 실크로드에서 가장
효과적인 교통수단이었다. 당삼채 낙타는 대부분 쌍봉 낙타지만 간혹 단

봉 낙타도 볼 수 있다. 당삼채 낙타들은 머리를 들고 울부짖는 모습, 앉아
있거나 악대를 태우고 있는 모습, 또는 비단을 싣고 있는 모습으로 실크
로드의 진풍경을 그대로 재현하고 있다.

結　당삼채는 여러 나라 여러 지역에 전해지면서 그 나라의 도자기 공예에 영향을 미쳤으며, 그 결과 다른 나라에서도 당삼채와 유사한 도자기를 만들게 되었다. 예컨대 신라의 '신라 삼채', 일본의 '나라奈良 삼채' 등이 그것이다. 당삼채는 외국과의 문화 교류에서도 결코 무시할 수 없는 역할을 담당했다.

당삼채는 중국에서도 당나라 이후 도자기 발전에 깊은 영향을 미쳤다. 송 왕조 때의 여요汝窯와 츠저우요磁州窯 등은 당나라 이후 저온으로 삼채 도자기를 구워내던 곳으로서 '송삼채宋三彩'로 불리고 있다. 요遼나라 때 내몽골 린둥林東에 있던 남산요南山窯, 츠펑赤峰의 강와요缸瓦窯, 랴오닝성 랴오양遼陽의 강관둔요江官屯窯 등은 모두 당삼채를 모방한 삼채 도자기로서 '요삼채遼三彩'로 불린다.

송삼채든 요삼채든 각기 특징을 지닌 훌륭한 작품이 많았는데, 그럼에도 공예의 수준이나 예술적 성취는 당삼채에 미치지 못했다.

당삼채에 관한 기록은 당 왕조 이후에는 거의 찾아볼 수 없어서 사람들에게 널리 알려지지 못했다. 19세기 말엽에서 20세기 초에 룽하이隴海 철도(중국 대륙의 중앙을 동서로 횡단하는 철도. 장쑤성 롄윈連雲에서 간쑤성 란저우蘭州에 이르는 노선 : 옮긴이)를 건설하는 과정에서 뤄양 부근에 있는 당나라 때의 무덤을 대거 건드릴 수밖에 없었는데, 당시 수많은 당삼채 그릇과 인형 등이 출토되어 그 예술적 풍채를 드러냄으로써 다시 세상에 널리 알려지게 되었다.

【 당대의 복식 】

● 당 왕조 영태공주의 무덤 벽화 가운데
〈시녀도〉에 그려진 여성들의 복식

당대의 복식은 비록 갖가지 제도적 제약이 있었지만, 경제 및 다른 영역의 발전으로 그런 제약들도 그다지 오래가지는 못했다. 특히 일상복은 자유의 폭이 더욱 컸다.

　무대나 스크린 등에서 중국의 고대 사극을 볼 때 종종 극중 인물들의 다양한 복식에 눈길이 간다. 황제의 용포龍袍, 황후나 왕비들의 채색 봉관鳳冠 등은 무척 화려하고 다채로우며, 심지어 서민들의 수수한 옷차림조차 우아한 아름다움을 지니고 있다.

　예술계 종사자들은 역사책의 기록이나 시, 그림, 편지, 고고학 등 복식에 관한 자료를 근거로 옛날의 복식을 현대의 관중 앞에 생생하게 재현했다. 하지만 자료가 부족한 데다 예술적 캐릭터만을 부각하다 보면, 사극에 등장하는 복식이 종종 역사적 사실을 제대로 반영하지 못할 때도 있다. 실제로 시대에 맞지 않을 뿐 아니라 잘못된 복식도 적지 않다.

　당나라는 중국 고대 문화가 가장 번영했던 시대로서, 현란하고 다채로운 복식 문화도 일익을 담당했다. 당 왕조의 복식 문화는 남북조와 수나라의 전통을 이어받고 서역 소수민족과 한족 복식의 정수를 결합하여 고유의 의관衣冠 문화를 창조함으로써 후세에 풍부한 문화유산을 남겼다.

당나라 화가 장훤의 〈괵국부인유춘도〉. 당대 여성 사이에 유행한 복식을 잘 보여주고 있다.

당나라는 서역 및 북방의 여러 유목민족과 활발하게 교류했는데, 복식 문화도 그런 시대적 상황을 일정 부분 반영해서 이국적 색채를 띠게 되었다.

【 다민족 색채가 농후한 복식 】

당 왕조 초기에 궁정과 왕공 귀족 가문의 여성은 말을 탈 때 멱리冪羅라는 복장으로 얼굴을 가렸다. 이것은 원래 융이戎夷 사람들이 햇볕과 바람과 모래를 피하기 위하여 착용한 복식이다. 고종 이후에는 점차 유모帷帽가 유행했다. 정인태鄭仁泰의 무덤과 투루판의 아스타나 당나라 무덤에서 출토된 채색 기마녀 인형은 똑같은 흑색 유모를 쓰고 있는데, 삿갓과 아래로 드리워진 깃으로 이루어진 이 모자는 두 볼과 목을 감싸는 데 아주 효과적이었다.

현종의 개원 시기 이후에는 말을 타는 궁녀가 호모胡帽를 착용하고 아름다운 얼굴을 내놓아 사람들에게 보이는 것을 두려워하지 않았다. 이 풍습은 즉시 국내외에 널리 전해져서 새로운 유행이 되었다. 이러한 여성 기마 복식의 변화를 통해, 당대의 풍습이 점차 개방적으로 변해갔음을 확인할 수 있다.

인물화에 나타난 당대의 복식

　당대의 여성들은 호복胡服과 함께 심지어 남장도 즐겼다. 산시성陝西省 핑탕平唐에 있는 방릉房陵공주의 무덤 벽화에서 시녀들은 뒤집힌 목깃에 소매가 좁은 호포胡袍를 입고, 밑에는 바짓가랑이를 졸라맨 세로 줄무늬 바지를 입고 있다. 신장의 투위거우吐峪溝에서도 그와 같은 호복을 입은 시녀가 그려진 비단 그림을 발굴한 바 있다. 영태永泰공주 무덤의 석관에서도 그러한 차림의 시녀들을 새겨놓은 것이 발견되었다. 이처럼 당나라 무덤 벽화의 석각石刻에는 머리에 복두幞頭를 쓰고 둥근 목깃의 저고리를 입은 시녀들이 등장하는데, 당나라 화가 장훤의 〈괵국부인유춘도虢國夫人游春圖〉에 나오는 괵국 부인도 그러한 호복의 남장 차림이다.

　호인胡人들의 문화는 당나라에 깊은 영향을 미쳤다. 당나라 사람들이 호곡을 연주하고 호무를 추었기 때문에 복장에서도 호인의 경향이 나타나는 것을 피할 수 없었다.

【 아름답고 정교한 당대의 복식 】

　당나라 전성기의 여성 도자기 인형을 보면 그 복식과 장식이 아주 정교하다. 예컨대 좁은 소매에 가슴을 드러낸 녹색 의상, 넓은 소매에 가슴을 드러낸 녹색 의상, 황색 긴 치마, 녹색 바탕에 흰 꽃이 있는 치마 등이 그것이다. 그런 옷을 입은 여성들은 뾰족한 신을 신고 있는데, 신의 뾰족한 끝에는 고리까지 달려 있다. 이는 백거이가 〈상양백발인上陽白髮人〉이란 시에서 "앞 끝이 작은 신에 소매가 좁은 옷을 입었네"라고 표현한 것과 같다.

　당대에는 방직기술이 매우 발달해서 나사羅紗가 연기나 안개처럼 가볍고 채색 구름처럼 아름다웠다고 한다. 또 염색기술이 발전해서 교염絞染, 찰염紮染, 납염蠟染 등 갖가지 염색기술이 채용되었다. 아울러 수준 높은 회화, 자수, 누금鏤金(금가루나 가는 금실로 금속에 정교한 장식을 하는 기법 : 옮긴이) 등의 기술로 인해 당대의 복식은 이전 시대를 능가하는 정교함과 아름다움을 선보였다. 당대의 인형이 입고 있는 녹색 바탕에 흰 꽃무늬 치마는 바로 당 왕조 '청벽힐의군靑碧纈衣裙'의 기본 양식으로서 교염 방식으로 염색했고 당시에 가장 유행한 복장이다.

　안락安樂공주가 결혼할 때 촉천蜀川(지금의 쓰촨성 일대)에서 단사벽라군單絲碧羅裙을 보내왔는데, 거기에 머리카락처럼 가는 금실로 꽃과 새가 수놓아져 있었다. 그 새는 쌀알만 한 크기였지만, 시력이 좋은 사람은 코와 눈동자를 명백하게 구분할 수 있을 정도로 세밀했다. 안락공주는 또 백조의 깃털로 치마를 짰는데, 정면이나 옆면, 달빛 아래서나 그림자 속에서 보이는 색상 등이 각양각색이어서 백조의 형태를 그대로 보여주었다고 한다.

법문사法門寺에서 출토된 당나라의 견직물

이처럼 정교한 복식은 복식 공예의 높은 수준을 반영하고 있지만, 한 편으로 지배계급의 사치스러운 생활의 일면도 보여준다.

【 제왕의 면복과 일상복 】

면복冕服은 황제가 천신과 지신에게 제사를 지낼 때, 황후를 맞아들이거나 왕공을 책봉할 때, 사직에 제사를 지내거나 조상의 능묘를 참배할 때, 귀한 손님을 위해 연회를 베풀 때 입는 공식적인 복장이다.《당육전唐六典》에 따르면, 천자의 면복은 열세 종류가 있는데 여기서는 하나만 소개하기로 한다.

둔황 모가오굴 제220호 굴에는 한 폭의 '유마변벽화維摩變壁畫'가 있는데, 그 벽화의 아래쪽에 면복을 입은 황제와 군신들이 그려져 있다. 거기서 황제의 면복은 앞뒤로 면류관 끈이 드리워져 있고, 상의는 짙은 청색에 하의는 진홍색인데, 이것이 문헌에서 말하는 '현의훈상玄衣熏裳'이라는 것이다. 이 면복에는 태양, 달, 별, 산, 용 등 열두 가지 문장文章의 도안이 수놓아져 있다. 고대에는 청색과 적색이 섞여서 문文을 이룬다 하고, 적색과 백색이 섞여서 장章을 이룬다고 했다. 이른바 문장이란 갖가지가 한

면복을 입은 고조(왼쪽)
〈보련도〉에 나오는 일상복
차림의 태종(오른쪽)

데 어우러진 색깔과 무늬를 가리킨다. 이러한 복장은 무늬의 위치도 정해져 있는데, 두 어깨에는 해와 달을 수놓고, 뒷목 아래에는 별자리를 수놓았다. 그래서 천자가 일월을 메고 칠성을 등에 지고 있다는 말이 나온 것이다. 그림 속의 황제는 중대리重臺履라고 하는 신발을 신고 있는데, 일본 나라의 도다이사東大寺에 이와 같은 신발이 남아 있다. 황제가 입는 면복은 천하에 군림하는 봉건 제왕의 위엄을 나타내기에 적합하다. 앞서 말한 벽화는 정관 16년(642)에 그린 것으로, 태종 때 임금과 신하의 복식을 반영한 것으로 추정된다.

이 면복은 입기가 아주 번거로웠기 때문에 정관 시기 이후로 황제는 중요한 제사나 조회 때를 제외하면 대개 일상복을 입었다. 일상복이란 적황색의 포삼袍衫, 복두, 구환대九環帶, 육합화六合靴 등을 가리킨다. 당 왕조의 화가 염입본의 작품 〈보련도〉에서 태종은 검은 견사絹紗의 복두에다 둥근 목깃의 황색 포삼을 입고 있는데, 그것이 바로 일상복 차림이다.

【 백관의 복식 】

당 왕조의 관리들은 황제를 모시고 지내는 제사나 조찬 그리고 표表를 올릴 때 조복朝服 차림을 했다. 앞에서 말한 '유마변벽화'에서 신하들이 입고 있는 옷이 바로 조복이다. 그 밖에도 장회章懷태자 이현李賢의 무덤 벽화 〈번객도蕃客圖〉에서는 홍려시鴻臚寺의 관리가 칠사농관漆紗籠冠을 쓰고 진홍색 견사 홑옷을 입고 백군유白裙襦에 가죽띠를 두르고 나막신을 신고 있는데, 이것 역시 조복의 한 예이다. 시안에서 발견된 석각화 〈능연각공신도凌煙閣功臣圖〉에서 왕규王珪 역시 당나라 고위 관료의 조복 차림을 하고 있다. 그의 조복은 이현의 무덤 벽화에 등장하는 관리의 차림과 유사하고 단지 검劍, 패물, 끈〔綬〕이 더 많다는 점이 다른데, 이것은 오직 6품 이상의 관리만 입었다. 왕규는 정2품, 정3품의 고위 관리였으므로 그런 옷을 입을 자격이 있었다.

당나라의 백관들은 평일에 관아를 출입하거나 황제를 알현할 때 대부분 일상복을 착용했다. 그 기본 양식은 위에서 접은 두건을 쓰고, 둥근 목 깃에 소매가 좁은 장포를 입고 까마귀 가죽으로 만든 육합화를 신는 것인데, 이것은 호복의 영향을 깊이 받은 것이다. 이러한 복장은 귀천의 구별 없이 통용되었으며, 등급의 차이는 주로 패물 장식과 색상으로 표시했다.

상원上元 원년(674)에 내린 조서에는 이러한 규정이 있다.

문무 3품 이상은 자주색을 입고 금옥띠를 두르며, 4품과 5품은 붉은색 비緋를 입고 금띠를 두르며, 6품과 7품은 녹색을 입고 은색 띠를 두르며, … 서민은 구리나 철로 된 띠를 두른다.

문무백관의 복식도

관리들의 가장 중요한 패물 장식은 어대魚袋로, 그것은 어부魚符를 담는 주머니이다. 어부의 좌측 절반은 궁중에 두고 우측 절반은 항상 휴대하면서 그것을 맞추어야만 왕궁에 출입할 수 있었다. 황태자의 어부는 옥으로, 친왕親王의 어부는 금으로, 일반 관리의 어부는 구리로 만들었다. 3품 이상 관리의 어대는 금으로, 5품 이상의 어대는 은으로 만들었다. 석각화 〈능연각공신도〉에서 이서李勣와 진경秦瓊이 허리에 차고 있는 것이 바로 어대이다.

【 귀부인의 복식 】

당나라 의덕태자의 무덤 석곽石槨 문에는 화려한 복장을 한 궁녀 두 명이 새겨져 있다. 그들은 머리에 권운주관卷雲珠冠을 쓰고, 앞뒤에 금봉채金鳳釵를 꽂았으며, 그 밑에는 주옥보요珠玉步搖를 달고, 가슴을 드러낸 채 몸에 착 달라붙는 넓은 소매가 달린 옷과 땅에 끌리는 긴 치마를 입었다.

그리고 비단띠를 가슴 아래에 매고 옥패를 달고 있는 우아하고 화려한 모습인데, 이는 황궁 예복의 일종이다.

둔황 제130호 굴에 있는 공양인 중에서 악정환樂廷環의 부인 왕王씨는 머리에 화전花鈿(구슬이나 금은을 박은 비녀 : 옮긴이)을 꽂고, 목깃이 교차하는 저고리 차림에 어깨에는 비단을 걸치고, 긴 치마를 땅에 끌며 중대리를 신은 모습이다. 여인 열한 명의 복식도 이와 비슷한데, 다만 머리에 꽂은 화전의 수가 조금 적을 뿐이다. 전문가들은 이것이 당대 부인들의 전채鈿釵 예복이고, 화전이 많을수록 품계도 높아진다고 한다.

귀부인의 일상복은 남편의 복장 색깔을 따라야 했다. 또 품계가 높은 사람은 낮은 사람의 복식을 겸용할 수 있지만, 품계가 낮은 사람은 절대로 높은 사람의 복식을 겸용해선 안 되었다. 하지만 무측천 이후 이 원칙은 유명무실해졌다.

일반적으로 당나라 초기 여성의 복식은 수나라의 풍조를 이어받아 소매가 좁았는데, 개원 시기 이후에는 점차 넓어졌다. 성당盛唐(713~766) 시기 장훤이 그린 〈도련도搗練圖〉를 보면 넓은 옷에 너른 띠를 두르는 것이 유행했음을 알 수 있다.

그림에서 귀부인은 목깃이 겹쳐진 저고리에 가슴 위로 올리고도 바닥에 끌릴 정도로 긴 치마를 입고 있다. 그리고 옆머리로 얼굴을 감싸면서 정수리 위로 틀어올렸으

당나라 의덕태자의 무덤 3동굴 서쪽 벽에 있는 〈내시도內侍圖〉

장훤의 〈도련도〉에서 당대 부인 복식의 특징을 엿볼 수 있다.

며, 그 앞뒤로 반달 모양의 작은 빗을 꽂았다. 풍성한 옷차림과 약간 부풀린 머리 모양으로 인해 더욱 풍만해 보인다.

원화元和 연간에 귀부인의 복식은 더 넉넉해져서 마치 흐트러진 듯한 느낌을 줄 정도였다. 그리하여 문종이 조서를 내려서 부인들의 치마는 다섯 폭을 넘을 수 없고, 땅에 끌리는 부분은 3촌을 넘어선 안 되며, 소매는 1척 5촌을 넘을 수 없다고 규정했지만 제대로 실행되지 않았다. 여인들의 복장은 점점 더 풍성해지는 추세였는데, 이는 귀족사회의 정신적 면모가 생기발랄함에서 점차 사치와 퇴폐로 타락하는 과정을 보여준다고 할 수 있다.

 당대의 복식은 비록 갖가지 제도적 제약이 있었지만, 경제 및 다른 영역의 발전으로 그런 제약들도 그다지 오래가지는 못했다. 특히 일상복은 자유의 폭이 더욱 컸다.

"풍속이 타락하고 격식을 따르지 않았으며, 어디에서나 능라주단을 숭상했다. 위로는 궁정에서 아래로는 평민에 이르기까지 서로 모방하며 귀천의 구별이 없었을 정도였다."

이처럼 자유로운 분위기 속에서 당나라의 복식은 다양하고 이채로운 국면을 드러냈다.

당대의 복식은 오대五代 이후 중국과 동아시아 각국의 복식에 큰 영향을 미쳤다. 뿐만 아니라 원단의 처리, 디자인 그리고 정형定型의 제작에 이르기까지 당대의 복식이 보여준 예술성은 늘 사람들의 감탄을 자아냈다. 당대의 무용복은 화려하면서도 탈속한 느낌이었고, 아이들의 복장은 새롭고 활발했으니, 이 모두가 당대 사람들의 풍부한 정신세계와 탁월한 창조적 재능을 보여주고 있다.

【 당대의 서예 】

● 한과 위 그리고 당의 유명 서예가들의 비석이 몰려 있는 시안의 비림碑林

당대의 서예는 해서를 숭상하며 점차 전성기에 들어섰고, 초서의 시작으로 전환기를 맞아 새로운 경지를 열었다. 해서와 초서가 대립하면서 양 극단으로 치닫는 가운데 당대의 서예는 고도의 번영을 이루어 서예사의 절정에 도달했다.

　중국의 서예는 상나라, 주나라 이래로 시대의 흐름에 따라서 기풍에 변화를 보였다. 즉 상나라와 주나라의 자연스러움, 진나라와 한나라의 고졸함, 위진시대의 의취意趣, 수나라와 당나라의 법도, 송나라와 원나라의 의취, 명나라와 청나라의 소박함이다. 서예 작품의 필묵에는 서예가 개인의 예술적 취향과 정신이 응축되어 있을 뿐 아니라 사회 공통의 문화적 기풍도 반영되어 있다. 작은 서예 작품에서 정신을 보는 것은 그야말로 "한 방울 물에서 삼천대천 세계를 보는" 그러한 신기한 매력을 지니고 있다.

　당 왕조는 특별히 서예를 중시했으니, 학교 교육과 과거제도가 모두 서예와 밀접한 관련이 있었다. 수도 장안에는 서예의 인재를 육성하는 전문 학원이 있었다. 과거시험 과목에도 '명서明書'가 있어서 급제 후에는 관리가 될 수 있었다. 만약 급제 후 바로 관리가 되지 못하면 다시 이부吏部의 시험을 거쳐야 하는데, 그중에 '서書'가 있어서 응시자의 서예 수준을 시험했다. 이렇게 볼 때 서예가 당시 얼마나 중요했는지 알 수 있다.

당 왕조의 적지 않은 황제들도 서예에 조예가 깊어서 태종 역시 서예가였다. 사회적 분위기가 이렇다 보니 조정과 민간, 신분의 높고 낮음을 막론하고 너도나도 서예를 익혔으며, 그에 따라 서법書法이 나날이 보급되면서 실용적으로 발전하게 되었다.

당대에는 저명한 서예가들이 많이 나타났으니 구양순, 우세남, 저수량, 이옹李邕, 안진경, 회소, 유공권 등이 그들이다. 성당盛唐 시기의 서예는 기백이 있고 자유롭고 활발해서 위진시대 이래의 맑고 꼿꼿한 기풍을 바꾸어 성당의 기상과 일치하는 새로운 풍모를 드러냈다.

【 당대의 해서 】

　해서楷書는 당대의 가장 대표적인 서체이다. 해서의 유행은 당나라의 서예가 실용을 중시한 것과 관련이 있다. 시험을 보거나 문서를 작성할 때 글자가 너무 어지러워선 곤란했기 때문이다. 해서로 유명한 당시의 서예가들은 대부분 조정의 중신들이었는데, 앞에서 말한 구양순, 우세남, 저수량, 안진경, 유공권 등이 그들이다.

　구양순은 중국 서예사에서 '해서 제일'이라고 불리는 서예가로, 그의 글은 기개가 있고 법도가 엄정하다는 특징이 있다. 대표작인 '구성궁예천명九成宮醴泉銘'은 글씨가 일사불란하고, 엄격한 가운데 원만하고 명랑한 가운데 험준하다. 또 필획의 구조에서 펼치고 거둠이 법도가 있으면서도 자연스러워서 당나라 해서의 선구적인 기풍을 열고 후세의 전범이 되었다. 구양순은 해서체 36법을 종합했는데, 이는 중국 서예사에서 가장 일찍 체계적으로 글자체의 구조 이론을 제시한 것으로 후세에 깊은

영향을 미치는 한편, 당나라 해서의 '상
법尙法(법도를 숭상함 : 옮긴이)'의 상징이기
도 하다.

우세남 역시 당 왕조 초기의 유명한 서
예가로서 그의 서법은 "안으로 강직함과
부드러움을 내포하고", "글자체가 빼어나
다"고 할 수 있다. 저수량은 구양순과 우세
남에게 배운 후에 그들의 장점을 종합했으
며, 예서 필법을 참조하여 독자적인 품격
을 갖추었다.

당대의 해서에서 가장 법도가 있는 것으
로 성당盛唐 시기의 서예가 안진경의 글을
들 수 있다. 안진경과 더불어 '안근유골顔
筋柳骨(안진경은 근육이고 유공권은 뼈 : 옮긴
이)'로 불리는 유공권은 구양순과 안진경의

구양순의 '황보탄비皇甫誕碑'

장점을 취해 근엄하면서도 활달한 서법을 확립했다. 대표작으로 '현비탑
비玄秘塔碑'와 '이성비李晟碑'가 있다.

【 당대의 초서 】

초서草書는 실용성을 벗어나서 서법이 낭만적이고 서정적이다. 해서는
글자체의 구조를 중시하지만, 초서는 필묵의 정서적 취향에 치중한다.
그리하여 글자 하나하나를 시각 단위로 삼아서 상하를 잇고 좌우가 호응

저수량의 〈예관전
찬倪寬傳贊〉(위)

유공권의 '회원관
종루명비廻元觀鐘
樓銘碑'(아래)

하도록 단숨에 그려낸다. 그 과정에서 곡선의 변환, 붓놀림의 시작과 끝, 먹의 짙음과 옅음, 글자의 흐름이 끊어질 듯 말 듯하는 것 등이 서법과 글자체 중에서 가장 분방하기 때문에 서예가의 정감과 기질 및 정신을 가장 잘 표현한다. 특히 광초狂草는 뜻에 따라 붓이 움직이는 서법의 극치이다.

당대의 초서는 해서가 확립되고 거의 전성기에 이르자 그에 대립하여 나타났다.

손과정孫過庭은 초서가 생겨날 당시의 대표적 인물로서 그의 《서보書譜》는 탁월한 소초小草를 표현하고 있으며, 그 기풍은 자유로운 정신과 엄격한 법도를 함께 갖추고 있다. 전체 3,500자로 된 《서보》는 왕희지 이후 창조된 갖가지 필법筆法, 장법章法, 묵법墨法을 거의 완전하게 갖추어 초서를 배우는 데 으뜸가는 교본이 되고 있다. 동시에 《서보》는 서예 이론의 발전사에서 최상의 기념비로서 이론적 가치 또한 아주 높다.

'전장광소顚張狂素(미치광이 장욱과 회소 : 옮긴이)'라고 하면 초서예술의 새로운 정상을 말한다. '전장'이란 바로 장욱을 가리키는데, 그는 됨됨이가 호탕하고 사소한 것에 얽매이지 않았으며 무리들과도 어울리지 않았다. 술에 취해서 미친 듯이 글씨를 썼는데 그야말로 변화막측한 작품을 만들어내곤 했다. 그의 대표작으로는 〈초서고시사첩草書古詩四帖〉, 〈두통첩肚痛帖〉 등이 있다. 한편 '광소'는 회소를 가리키는데, 그의 대표작으로는 〈자서첩自叙帖〉, 〈식어첩食魚帖〉, 〈고순첩苦笋帖〉 등이 있다.

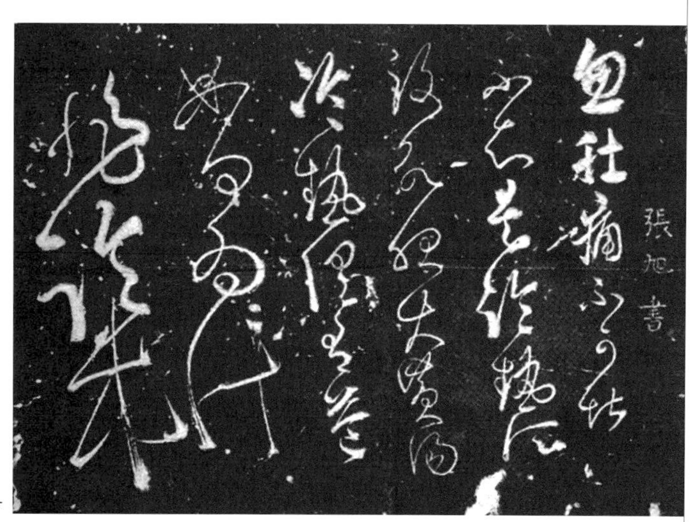

장욱의 〈두통첩〉 탁본

손과정의 《서보》 서문

　　주목할 것은 이러한 초서의 대가들이 대부분 지위가 높지 않은 문인이
나 선비, 승려라는 점이다. 그들은 벼슬길에서 실패한 뒤 울분을 품고
세속을 멀리하거나 다른 경계를 추구한 사람들이다. 따라서 그 서체가
극단적인 사의寫意(뜻이나 정신을 따름 : 옮긴이)의 예술인 초서로 나타난 것
은 결코 우연이 아니다.

【 우세남과 '공자묘당비' 】

　　우세남(558~638)은 관직이 비서감秘書監에 이르렀으며 영흥현永興縣의
자작에 봉해졌다. 태종은 그를 칭찬해 마지않으면서 '오절五絶', 즉 덕행,
충성, 박학, 문사文辭, 서한書翰에서 뛰어났다고 치켜세웠다. 그는 지영智
永 선사를 스승으로 모시고 위로는 왕희지의 기풍을 추구했다. 그의 글자
체는 시원하면서도 수려하고, 겉은 부드러우나 안으로는 굳세고, 정신이
안으로 갈무리되어 운치가 빼어났다.

　　'공자묘당비孔子廟堂碑'는 우세남이 69세 때 쓴 것으로서 '천하제일 해
서'라는 찬사를 받았다. 이 비문은 전체 35행이고 각 행은 64자로 되어 있

다. 원래의 비석은 훼손되었고 훗날 두 가지 중각본重刻本이 나왔는데, 산시성陜西省 시안의 비림에 있는 것은 송나라 때의 각본이고, 산둥성 청우城武에 있는 것은 원나라 때의 각본이다. 원래의 각본은 필법이 온화하고 청순하고 초탈했으며, 필세筆勢는 전혀 급하지 않고 평화로우며 중정中正을 유지했다.

비문에 나오는 '과戈' 자는 필법이 더욱 정묘하다. 태종은 서법을 익힐 때 이 '과' 자가 제대로 써지지 않아서 고민했다고 한다. 어느 날 '전戩' 자를 쓰다가 글자의 절반인 '진晉'만 쓰고 나머지 글자 '과戈' 는 우세남에게 부탁했다. 그리고 그것을 신하인 위징에게 보였더니, 위징은 '과' 자만이 우세남의 글씨 같다고 했다. 그 말을 들은 태종은 심히 감탄했다고 한다. 위징은 직간을 하는 것으로도 유명했지만 한편으로 뛰어난 서예 평론가였음을 알 수 있다. 총애하는 신하 두 사람 중 하나는 서예에 정통하고 하나는 그것을 평가하는 안목이 뛰어나니, 태종으로서는 감탄을 금치 못했을 것이다.

우세남은 후세에 서예 이론서인 《서지술書旨述》과 《연학편硯學篇》, 《필수론筆髓論》 등을 남기기도 했다.

우세남이 쓴 '공자묘당비'

【 서예의 대가 안진경 】

안진경(709~785)은 관직이 상서尙書에 이르렀고 후에 노군공魯郡公에 봉해졌기 때문에 후세 사람들은 그를 안노공顔魯公이라고도 불렀다. 안사의 난이 일어났을 때 그는 안녹산의 반란군에 대항했다. 만년에는 노기盧杞의 모함에 빠져 반란군 두목 이희열李希烈을 회유하러 갔다가 죽임을 당했다.

안진경은 서예에서 왕희지에 이어 나타난 제2의 대가라고 할 수 있다. 서예의 역사에서 안진경의 지위는 시문의 두보와 한유에 견줄 만하다. 당나라의 '사절四絶'은 바로 두보의 시, 한유의 문장, 안진경의 서예, 오도자의 그림을 가리킨다. 안진경은 전서의 중봉中鋒과 예서의 측봉側鋒을 결합해 그것을 해서에 운용함으로써 서법에 커다란 변화를 일으켰다. 그의 서법은 기세가 웅혼하고 형체가 돈독하며, 엄하면서도 정대正大하여 일명

안진경의 〈제질문고祭侄文稿〉

'안체顔體'라고 부른다. 서법을 공부하는 후세 사람들은 대부분 '안체'를 입문의 정통으로 삼았다.

'다보탑비多寶塔碑'는 초기의 작품으로, 안체의 기풍이 초보적인 형태이지만 이왕二王(왕희지와 그의 아들 왕헌지 : 옮긴이)과 구양순, 우세남, 저수량의 흔적이 드문드문 남아 있다. '안근례비顔勤禮碑'는 60세 때의 작품으로 현재 시안의 비림에 보존되어 있다. 그 독특한 장별長撇(길게 삐침 : 옮긴이), 장날長捺(길게 빗김 : 옮긴이), 장수長竪(길게 세움 : 옮긴이) 및 잠두안미蠶頭雁尾(누에 머리에 기러기 꼬리 : 옮긴이) 식의 필법은 웅장하면서도 시원시원하고, 준엄하면서도 빼어난 글자체를 이룬다. 또한 그 구조가 넉넉하면서도 원만하고, 우아하면서도 소탈함을 잃지 않아 안체가 이미 성숙 단계에 이르렀음을 말해준다.

'안씨가묘비顔氏家廟碑'는 71세 때 쓴 만년의 걸작이다. 이 작품은 안진경 서예의 4대 법도, 즉 기백

안진경의 '안씨가묘비' 탁본 부분

이 웅대하고, 힘이 있으며, 형질形質이 소박하고, 단아하고 엄정한 특징을 그대로 드러내고 있다. 〈마고선단기麻姑仙壇記〉는 안진경 해서의 대표작이다.

'안체'는 강렬한 개성을 특징으로 하여 서예 미학의 새로운 경지를 개척했으며, 당대 서예의 새로운 기준을 마련했다.

【 승려 서예가 회소 】

회소(725~785)는 어린 나이에 승려의 길에 들어서서 경전을 읽는 한편 열심히 서예를 공부했다. 가난해서 종이를 살 수 없었던 그는 사묘寺廟 주변의 산에다 파초 1만여 포기를 심어놓고 그 잎에다 글씨를 연습했다. 그리고 자신의 거처에 녹천암綠天庵이라는 아호를 붙이고 홀로 즐겼다. 회소는 일찍이 안진경에게 글씨를 배운 적이 있다.

〈자서첩〉은 회소의 초서 작품 중에서 최고로 꼽히는데 전체 126행, 698자로 이루어져 있다. 〈자서첩〉의 전반부는 서예를 공부한 과정을 추억하는 내용이다. 느긋한 데다 세속에 얽매이지 않아 예스럽고 담박하면서도 원만한 기풍을 드러내고 있다. 후반부는 자신의 광초가 장안을 놀라게 해서 영예를 얻었던 일을 서술했는데 광기가 넘친다. 특히 취중에 썼다는 부분은 점과 획이 흐트러진 것이 마치 용이 노닐고 뱀이 놀라는 모습과 같아서, 바람이 불고 폭우가 쏟아지면서 우레가 치는 듯한 기세를 보여주고 있다. 정말로 종횡으로 휘둘러서 시원하기 그지없으며, 기이한 봉우리가 번갈아 일어나는 듯하다.

〈자서첩〉 전체는 강건한 가운데 자유로운 광기가 터져나오고, 웅혼한

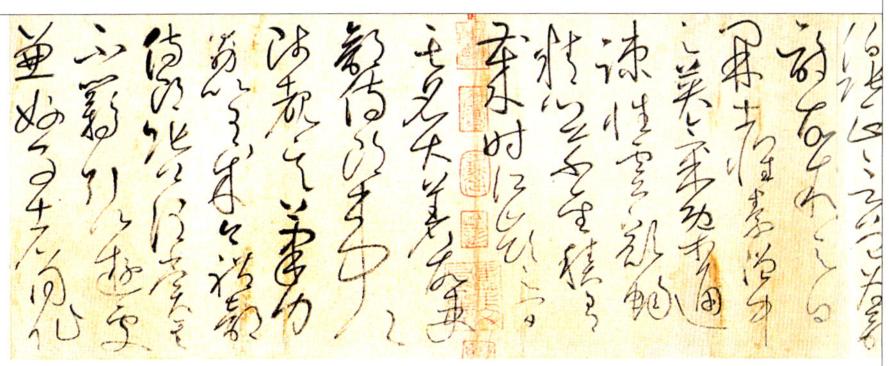

회소의 〈자서첩〉

가운데 용이 춤추고 뱀이 기어다니는 듯한 아름다움을 갖추고 있다. 그 형상이 남달리 기이하고, 세운 뜻도 초월적이고 경계도 광활해서 찬탄을 금치 못하게 한다. 〈자서첩〉의 장엄한 아름다움은 바로 사행선蛇行線의 약동하면서 구속받지 않는 데서 비롯하는데, 그 선이 맑고 쾌활하며, 필세는 높고 오묘해서 글을 쓴 사람의 평범하지 않은 공력을 보여준다.

초서의 어려움은 표현이 아닌 그 정신에 있다. 회소의 초서가 사람들을 놀라게 하는 것은 그 필법의 운용에 함축된 일단의 기세, 지극한 감정이나 지극한 심성 그리고 그 속에 말로 표현하기 어려운 예술적 경지가 스며들어 있기 때문이다. 낭만주의 시인 이백은 회소의 초서를 감상하다 보면 그의 예술 속에서 동기상구同氣相求(같은 것끼리 상응함 : 옮긴이)의 원리를 체현할 수 있다고 했다.

당대의 서예는 해서를 숭상하며 점차 전성기에 들어섰고, 초서의 시작으로 전환기를 맞아 새로운 경지를 열었다. 해서와 초서가 대립하면서 양 극단으로 치닫는 가운데 당대의 서예는 고도의 번영을 이루어 서예사의 절정에 도달했다. 아울러 이 두 가지 서체 사이에 있는 행서에서도 일정한 발전을 이룩했다.

당나라 태종은 이왕二王을 특별히 좋아해서 직접《진서》〈왕희지전〉을 집필했으며, 이로 인해 일시적으로 왕씨를 숭상하는 풍조가 성행했다. 그는 또 행서를 비석에 새기는 선례를 남겼는데, 그 대표작으로 〈온천명溫泉銘〉이 있다. 이렇게 볼 때 당대의 서법이 서법사에서 최고의 경지에 이를 수 있었던 것은 해서를 중심으로 하고 행서와 초서 등 다원적인 발전의 요소들로 내용을 채웠기 때문이다.

당대 서예의 찬란한 성취는 세상이 공인하는 바이며, 후세에 남긴 업적도 상당하다. 지금까지 전해진 수많은 비첩碑帖은 서예를 배우는 후세 사람들에게 훌륭한 교본이 되고 있다. 서예가들의 기법과 종합적인 서예 이론은 무한한 연구 과제를 제공하며, 다양한 글자체 및 다양한 기풍은 후세 사람들에게 여러모로 선택의 여지를 제공한다.

【 당시 】

● 청나라 강희제 때의 각본 《전당시全唐詩》

당대에는 문화가 번영해서 많은 사람들이 보편적으로 시를 즐겨
서, 뛰어난 작품이 나오면 다투어 전하면서 널리 유포시켰다. 조
정과 재야의 문인만 시를 좋아하고 사랑한 것이 아니라 서민 중에
도 독자가 많았다.

중국은 시가의 나라로서 그 역사가 실로 깊다. 그중에서 당시唐詩는 시가 역사에서 우뚝 솟은 웅장한 기념비라 할 만하다.

당대의 시단은 수많은 별들이 빛을 뿌리고 온갖 꽃들이 자태를 뽐내는 형국이었다. 가장 빛을 뿌렸던 사람은 그래도 이백과 두보라고 해야 할 것이다. 그리고 왕유, 한유, 백거이白居易, 이하, 이상은, 두목杜牧 등도 새로운 유파를 대표하면서 영향력을 행사했던 대시인들이다. 이들 외에도 수많은 명가들이 이채를 띠었으니, 지금까지 그 이름을 찾을 수 있는 시인만 해도 2,200명이 넘는다.

당대는 시가의 발전이 성숙 단계를 향해 가던 시대였다. 한나라와 위나라 이래 고시악부古詩樂府의 특징을 계승하는 한편, 그 영역을 확대하고 혁신하면서 신제악부新題樂府와 7언가행歌行을 내놓았다. 또한 제나라와 양나라 이래 성률聲律에 대한 연구 성과로 새로운 격식의 근체시近體詩, 즉 5언율시와 7언율시, 배율排律 그리고 5언절구와 7언절구도 확립했다. 당시의 제재는 아주 광범위해서 사회의 전반을 다루고 있으며, 예술의 기풍도 기이함과 농염함을 다툴 만큼 다채로웠다. 당 왕조 말기 사공도司空圖는 《시품詩品》에서 시가의 품격을 24품으로 나누었고, 송엄우宋嚴羽는

《창랑시화滄浪詩話》에서 역대 시가의 기풍과 유파를 논하면서 대력체大歷體, 원화체元和體, 태백체太白體, 소릉체少陵體 등 30여 가지에 달하는 품격을 열거했다.

당대에는 문화가 번영해서 많은 사람들이 보편적으로 시를 즐겨서, 뛰어난 작품이 나오면 다투어 전하면서 널리 유포시켰다. 조정과 재야의 문인만 시를 좋아하고 사랑한 것이 아니라 서민 중에도 독자가 많았다. 백거이의 〈원진元稹에게 보내는 글〉에는 다음과 같은 내용이 나온다.

"장안에서 강서까지 3,000~4,000리에 이르는 향교, 사찰, 여관, 항해하는 배 곳곳에서 제사題詞를 볼 수 있으며, 선비와 서민, 승려, 과부, 처녀의 입에서도 항상 시 읊는 소리를 들을 수 있다."

이는 당시 사람들에게 시가 널리 유행했음을 보여준다. 청나라 강희 연간에 편찬한 《전당시》에는 4만 8,900여 수의 당시가 수록되었는데, 후에 중화서국中華書局의 《전당시외편全唐詩外篇》에서는 다시 2,000여 수를 보충했고, 일본에서 나온《전당시일全唐詩逸》도 60여 수를 수록했다. 현존하는 당시는 무려 5만여 수가 넘는다. 이 시가들은 중국 문화의 전통을 형성하면서 사람들에게 많은 영향을 끼쳤다.

【 당시의 시기 구분 】

당대에 근 300년 동안 나타났던 시인과 유파는 실로 적지 않다. 그래서 연구의 방편으로 그 시기를 분류하려고 하지만 이런저런 논란이 불가피한데, 일반적으로 초당初唐, 성당盛唐, 중당中唐, 만당晩唐의 네 시기로 분류하는 경우가 많다.

첫째, 초당은 고조高祖 무덕武德 원년(618)에서 현종 개원 원년(713)까지 약 100년을 가리킨다.

당나라는 개국 후 얼마 되지 않아서 '정관의 치세'에 들어섰으며, 시가가 염려하고 번영했지만 여전히 양梁나라와 진陳나라 궁체시宮體詩의 여풍을 띠고 있었다. 정관시대 이후 '초당 4걸'로 불리는 왕발王勃, 양형楊炯, 노조린盧照隣, 낙빈왕에 이르자 점차 겉만 번지르르한 시풍을 탈피해 강건하고 청신한 방향으로 발전하면서 5언율시와 7언가행의 토대가 닦였다. 가령 왕발의 "이 세상에 나를 알아주는 벗만 있다면, 하늘가에 있어도 이웃과 같으리라"(《촉주로 부임하는 두소부를 보내며送杜少府之任蜀州》)는 호탕하고 활달한 의지와 우아한 품격으로 지금까지 널리 전해지고 있다. 양형의 "필부들의 우두머리로 있는 것이 일개 서생으로 있는 것보다 낫다"(《종군행從軍行》)는 뜻을 세워 나라에 보답하겠다는 호

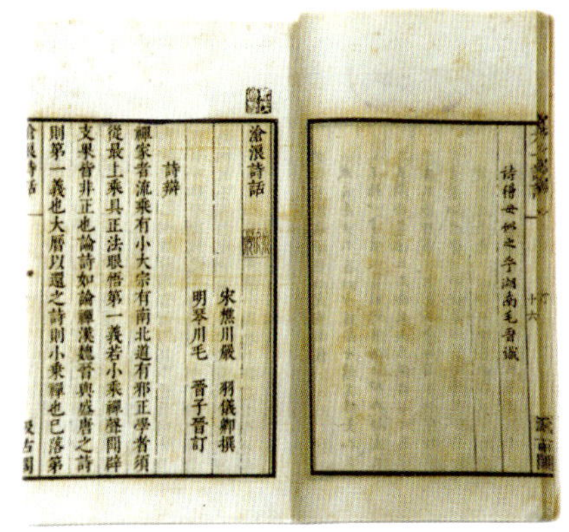

《창랑시화》에 열거한 당시의 30여 가지 기풍

방한 기세와 격앙된 정서를 보여줌으로써 변새시邊塞詩의 시작을 알렸다. 또 진자앙의 "앞에는 옛사람 보이지 않고 뒤에도 오는 사람 보이지 않네. 천지의 아득함을 생각하며 홀로 슬픔에 젖어 눈물 흘리노라"(《유주대에 올라登幽州臺歌》)와 같은 처량하면서도 고매한 품격은 심혼을 놀라게 하면서 성당盛唐 시의 선구가 되었다.

둘째, 성당盛唐은 현종 개원 원년(713)에서 대종代宗 대력大歷 초년(766)까지 약 50여 년간을 말한다.

당 왕조 전기 '정관의 치세'를 계승한 이후로서 '개원의 치세'로 국력이 강성해지고 문화도 번영하자, 시인들은 이상을 품고 공명을 추구했으며 자신감과 영웅심으로 충만했다. 바로 '성당의 기상'이 나타난 시기로서 당시의 최고 전성기이다. 이 시대의 정신에 고무되어 시인들도 아침 기운이 피어오르듯 엄청난 창조력을 보이면서 눈부신 성과를 거두었다. 각각 '시선詩仙'과 '시성詩聖'으로 불리는 이백과 두보는 가장 밝은 두 개의 별로서 창공을 밝게 비추었다. 이 시기에는 또 왕유와 맹호연으로 대표되는 산수전원시가 출현했고, 고적과 잠삼으로 대표되는

성당 시기의 시인 맹호연

변새시도 출현했으며, 또 최호崔顥, 저광희儲光羲, 왕지환, 왕창령, 유장경劉長卿, 이기李頎 등 저마다 품격을 자랑하는 대시인들이 나타나 중국의 시단에 다투어 빛을 뿌렸다.

셋째, 중당中唐 시기는 대종 대력大歷 원년(766)에서 문종文宗 대화大和 9년(835)에 이르는 약 70년간을 가리킨다.

안사의 난 이후 당나라는 국세가 급격히 쇠퇴했으며, 그에 따라 시가도 전성기와 같은 활달하고 웅후한 기세를 갖추지 못했다. 하지만 대시인들은 이전 시대를 계승하여 다음 시대를 열어나갔고, 온갖 유파가 앞을 다투면서 시가의 창작도 여전히 번성했다. 한유, 맹교, 이하, 원진元稹, 유우석, 장적張籍, 왕건王建 등이 모두 중당 시기의 대가들이다. 이 시기 백거이의 시가 평이한 시풍으로 가장 널리 유행했는데, 그의 〈장한가長恨歌〉, 〈비파행〉 등은 당시 "동자도 〈장한가〉를 읊을 수 있고, 호인胡人 아이도 〈비파행〉을 노래할 수 있다"고 할 정도였다. 그리고 중당 이전에는 5언시가 많았지만, 중당 이후에는 7언시가 시의 주요 형식이 되었다.

넷째, 만당晚唐 시기는 문종 개성開成 원년(836)에서 소종昭宗 천우天祐 3년(906)에 이르는 약 70년간을 가리킨다.

만당 시기의 시인으로는 두목, 이상은, 온정균이 대표적이다. 두목의 시가는 시구가 부드럽고

중당 시기의 시인 유우석

풍요로우며 7언절구의 명편이 많고, 온정균은 음률에 정통하고 사詞의 창작에도 능해서 '화간파花間派' 사詞의 선구자가 되었다. 이상은의 시는 정이 깊고 함축적이며, 사辭는 정묘하고 화려하다. 그의 시 〈무제無題〉는 몽롱함 속에 빛을 숨긴 것처럼 깊고 원대한 의미를 담고 있어 완전히 이해하기가 어려운데도 크게 환영을 받았다. 이 밖에 피일휴皮日休, 육구몽陸龜蒙, 섭이중聶夷中 등도 나름의 시풍으로 만당의 시단을 풍미했다.

【 당시의 양식 】

당시는 시체詩體의 양식이 다양해서 "삼사오언三四五言, 육칠잡언六七雜言, 악부가행樂府歌行, 근체절구近體絕句 등 없는 것이 없다"(호응린의 《시수詩藪》)고 했다. 다양해진 시체는 시가를 더욱 다채롭게 했으니, "고시古詩의 묘함은 전적으로 그 의상意象을 표현하는 데 있고, 가행의 유창함은 필경 재기才氣를 통하여 달성하며, 근체의 전문성은 먼저 법도와 격률을 힘쓰는 데서 시작하고, 절구의 구조는 기풍과 정신을 위주로 한다"(《시수》)고 했다. 유희재劉熙載도 《예개藝概》에서 이렇게 피력했다.

"장편은 서사를 위주로 하고, 단편은 사의寫意를 위주로 하며, 7언은 호가浩歌(크게 노래함 : 옮긴이)를 위주로 하고, 5언은 목송穆頌(온화하게 읊음 : 옮긴이)을 위주로 한다."

만당 시기의 시인 두목

갖가지 시체는 저마다 특색이 있지만, 병행하여 발전함으로써 당대의 시단에 풍부함을 더했다. 이 시체들은 대체로 두 가지 유형으로 나누어볼 수 있다.

첫 번째 유형은 당대의 고풍古風이다. 고풍은 고체시 또는 고시라고도 하며 어떤 사람은 악부가행이라고도 한다. 이는 당대에 새롭게 출현한 근체시近體詩와 상대적인 시체이다. 이 시체는 《시경》, 《초사》 등의 기풍을 잇고 다시 한나라와 위나라 이후의 5언 및 7언고시의 전통을 이어받아 새롭게 발전한 것이다. 예컨대 이백의 〈달 아래 홀로 술을 마시며月下獨酌〉, 두보의 〈타이산泰山을 바라보며〉, 진자앙의 〈유주대에 올라〉 등이 이 유형에 속한다. 이러한 시들의 특징은 율격의 제한이 그리 엄밀하지 않고, 작품의 길이도 길거나 짧을 수 있으며, 압운押韻에도 비교적 자유롭고 융통성이 있어서 평운平韻 또는 측운仄韻을 취할 수 있으며 운韻을 바꿀 수도 있다는 데 있다. 글자 수와 운의 제한을 받지 않고 대구對句도 고려하지 않을 수 있었으니, 이것은 사실상 당대의 자유시라고 할 수 있다.

그리고 고풍과 율시 중간의 시체가 있으니, 바로 고풍에 일부 율구律句를 넣는 것이다. 예컨대 왕유의 〈도원행桃源行〉은 32구로서 기본적으로 율구이지만, 매 4구마다 한 번씩 운을 바꾸기 때문에 '8율의 고풍'이라 칭하기도 한다. 이런 시는 일반적으로 긴 편인데, 백거이의 〈장한가〉와 〈비파행〉이 대표적인 '8율의 고풍'이라 할 수 있다.

두 번째 유형은 근체시로서 5언율시, 7언율시, 배율과 5언절구, 7언절구가 포함된다. 제나라와 양나라 이래로 주동周童, 심약沈約이 4성聲을 제시하여 시가에 운용하면서 제와 양의 신체시가 형성되었고, 초당과 성당을 거치면서 많은 시인들이 창작에 운용하여 이런 성조, 음운, 율격의 시체를 연구한 결과 마침내 일정한 형식을 이루게 되었다. 이 시체는 구句의 수효, 평측平仄, 압운, 대구에서 모두 일정한 율격을 따라야 하기 때문에 임의로 바꿀 수 없다. 매 수首의 4구는 절구가 되는데 5언과 7언 두 종류로 나누며, 매 수의 8구는 율시가 되는데 역시 5언과 7언 두 종류로 나눈다. 그리고 매 구句의 마지막 자에 압운이 되는 경우를 만나면, 첫머리 구의 압운은 평측 여부에 따라 결정된다. 율시 중간의 두 연聯은 또 대구를 이루어야 한다. 율시가 8구를 넘기면 장률長律 또는 배율排律이라 칭하며, 중간의 각 연은 모두 대구를 이루어야 한다. 이러한 시들은 낭송할 때 그 음운과 리듬이 선명하고 조화로워서 내용과 의미는 차치하고라도 사람들에게 일종의 음악적 아름다움을 느끼게 해준다.

【 산수전원시 】

산수전원시는 왕유가 으뜸이다. 왕유는 시인인 동시에 화가였다. 소식은 "마힐摩詰(왕유를 가리킴 : 옮긴이)의 시를 음미하면 시 가운데 그림이 있고, 마힐의 그림을 보노라면 그림 가운데 시가 있다"(《동파제발東坡題跋》)고 했는데, 이는 왕유의 시와 그림이 갖고 있는 총체적인 기풍과 품격을 말한다.

왕유는 시를 창작할 때 산수화의 기법을 잘 운용했으니, 예를 들면 다음과 같은 시구이다.

"먼 마을 산 아래엔 외로운 연기만 피어오르고, 고원의 하늘가엔 외로운 나무만 있네."(《전원의 즐거움田園樂》)

"천 리까지 검푸른 색이 펼쳐 있는데, 봉우리 몇 개는 구름 뚫고 솟았

네.”(〈복양에서 벼슬하는 계중 최형의 앞산을 보고 흥이 나서崔濮陽兄季重前山興〉)

이 시는 경물의 공간적 층위가 분명해서 깊이와 입체감을 느낄 수 있다.

“빗속의 풀빛은 더 짙은 녹색인데, 물 위의 복숭아꽃은 타는 듯이 붉구나.”(〈망천의 별장輞川別業〉)

이 시는 경물을 묘사하면서 갖가지 색채를 부여한 좋은 예이다.

“해가 지니 강과 호수는 흰빛으로 바뀌고, 조수潮水가 오니 천지가 푸르게 변하더라.”(〈계주 가는 형을 전송하며送邢桂州〉)

“구불구불 비껴가는 남천수南川水는 청림靑林의 끝에서 자취를 감추네”. (〈북쪽 언덕北坨〉)

이 시는 움직이는 상태에서 빛과 색채의 변화를 그린 것이다.

“빈 산에 사람은 보이지 않고 사람의 말소리만 들려오네. 반사된 햇살이 깊은 숲 속에 들어와 다시 푸른 이끼 위를 비추네.”(〈사슴이 뛰노는 곳鹿柴〉)

이 시는 평범한 단어와 구절로 이루어져서 깊은 뜻이 없는 것처럼 보이지만, 실제로는 아름답고 고요하고 그윽하다. 세속을 초탈한 경지를 구축하며 남다른 예술적 매력을 함축하고 있다.

이상의 시구들을 읽으면 자연과의 교감과 조화를 피부로 느끼면서 카타르시스를 느낄 수 있다.

가장 먼저 산수전원시를 쓴 시인으로는 맹호연을 꼽아야 할 것이다. 맹호연은 강호를 유랑하면서 적지 않은 산수시를 지었다. 그의 시 〈건덕강에서 묵으며宿建德江〉를 감상해보자.

물안개 피는 물가에 배를 옮겨 정박하니

날은 저물어 나그네의 수심마저 새롭구나.

넓은 들판에 하늘은 나무 위로 낮게 깔리고

강물은 맑은데 달만 사람과 가까워지네.

이 시는 여행길의 우수를 묘사하고 있지만, 은연중에 강변 마을의 아름다운 경치를 생생하게 그려냈다. 실로 함축적이면서도 독특한 기풍이라 하지 않을 수 없다. 그리고 전원생활도 그의 붓끝에서 시적 의미가 생동감 있게 표현되었으니, 다음에 소개하는 〈옛 친구의 집을 가니過故人莊〉를 보면 소박한 언어로 한가롭게 농가의 일을 이야기하면서 짙은 향토적 분위기를 자아내고 있다.

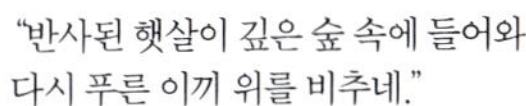
"반사된 햇살이 깊은 숲 속에 들어와
다시 푸른 이끼 위를 비추네."

옛 친구는 닭 잡아 기장밥을 지어놓고

나를 자신의 농가로 불렀네.

푸른 나무 마을 주변에 우거졌고

성 외곽의 경사진 밭 위로 푸른 산이 솟았네.

창문을 여니 바로 마당과 채마밭인데

술잔을 기울이며 뽕 농사와 삼 농사를 말하네.

다가오는 중양절을 기다렸다가

다시 와서 국화주를 맛보라 하네.

그 밖에 당대의 산수 및 전원시인으로 저광희儲光羲, 조영祖詠, 배적裴迪, 상건常建 등이 아름다운 작품을 남겼다.

【 변새시 】

당대의 시인들 가운데 이백, 왕유, 왕창령, 왕지환, 상건 등이 변경을 소재로 시를 지었는데, 그중에서도 고적과 잠삼이 가장 유명하다.

당대에 한족은 다른 민족과 우호적으로 왕래했지만, 변경에서 충돌이 전혀 없었던 것은 아니다. 주로 동북과 북방의 거란, 돌궐, 회흘 그리고 서쪽의 토번 등 유목민족이 변경을 침략하자 당 왕조도 변경의 안전을 위하여 능동적으로 나서지 않을 수 없었다. 그리하여 동쪽으로는 지금의 랴오둥遼東 서쪽에서 칭하이青海, 신장新疆에 이르는 변경에서 전쟁이 늘 끊이지 않았다.

이른바 변새시란 바로 이러한 지역의 전쟁과 관련된 시이다. 고적의

〈연가행燕歌行〉은 그중에서도 가장 유명한 시편이다. 잠삼은 두 번이나 변경의 사막에 깊이 들어가 요새의 상황을 경험했는데, 그의 시는 대부분 자신이 직접 체험한 내용을 담고 있다. 무엇보다도 우리는 그의 작품에서 서북 특유의 기이하고 장대한 자연 풍광을 감상할 수 있다. 다음은 주마천走馬川에서 지은 시 〈주마천에서 서쪽 정벌에 나선 봉대부를 보내며走馬川行奉送封大夫出師西征〉이다.

> 그대 보지 못했는가,
> 주마천으로 해서 설해雪海의 변두리까지 가면
> 아득한 사막에서 누런 모래가 하늘로 치솟는 것을.
> 윤대輪臺의 9월 바람 야밤에 울부짖고
> 한 시내의 부서진 돌은 말[斗]만큼 큰데
> 바람 따라 구르는 돌은 땅에 가득하구나.

다음의 〈백설가白雪歌〉는 수도로 돌아가는 무판관武判官을 전송하는 시이다.

> 북풍이 대지에 휘몰아치니 백초白草가 꺾이고
> 오랑캐 땅의 하늘엔 8월에도 눈이 내리네.
> 홀연히 하룻밤 사이에 봄바람이 불어온 듯
> 천만 그루 나무에 배꽃이 활짝 피어나네.

이 시들은 사막과 8월에 내리는 눈 그리고 변경의 혹독한 추위 등을 묘사했는데, 모두 보기 어려운 기이한 풍광이지만 시인에게 가장 먼저 포착

"홀연히 하룻밤 사이에 봄바람이 불어온 듯 천만 그루 나무에 배꽃이 활짝 피어나네."

되어 시에 녹아듦으로써 깊은 인상을 남긴다.

당대의 변새시 가운데는 우국충정이 넘치는 시들도 많다. 왕창령의 〈소년행少年行〉에 나오는 "긴급히 전해진 서신에 의하면 선우單于가 정형을 지난다 하네. 호기는 넘치나 가기는 어려우니 누가 연산명燕山銘을 돌아보랴"와 고적의 〈연가행燕歌行〉에 나오는 "하얀 칼날에 묻은 핏방울을 서로 바라보나니, 죽음으로 절개를 지킴이 어찌 공훈을 돌아보기 때문이랴"와 같은 시구들은 장수와 사병들의 높은 무예, 호방한 기개, 죽음으로써 절개를 지키려는 우국충정을 노래하고 있다.

변새시는 또한 사회상도 다양하게 반영하고 있는데, 주로 전쟁이 가져다준 고통과 변방 부대 장수와 사병들의 고락을 그리고 있다.

성당 시기의 변새시들은 시야가 넓고 기풍이 웅혼하며 표현 기법이 참신해서 당시 중에서도 예술적으로 성숙한 명편으로 꼽힌다.

〖 만당의 기풍과 색채 〗

만당 시기에 접어들면서 당 왕조는 나날이 쇠퇴했고, 그에 따라 시단의 열기도 점차 식어갔다. 하지만 그런 상황에서도 전후로 70~80년 동안 뛰어난 시인들이 끊임없이 나타나 당시를 더욱 빛냈다.

우선 언급해야 할 사람은 이상은, 온정균, 두목이다. 이상은과 두목은 '소이두小李杜(작은 이백과 두보 : 옮긴이)'라고 불릴 정도로 명성을 떨쳤다. 나라의 운명에 관심을 기울였고, 젊은 시절에 원대한 포부를 품었으며, 정치적 서정시를 썼다는 점에서 두 사람은 여러모로 닮은꼴이다. 두목은 군사나 정치에 대한 논의를 잘했는데, 그 목적은 나라를 위기에서 구하기 위함이었다. 그는 시에서 종종 옛날을 추억하고 오늘을 상심하는 우환 의식을 보였다. 다음 〈진회하에 정박하고泊秦淮〉라는 시가 그 예이다.

차가운 물 위에 물안개 뿌옇고 모래에 비친 달빛 몽롱한데
술집 가까운 진회하秦淮河에 밤배를 정박하네.
노래 부르는 여인은 망국의 한을 모르기에
강 건너에서 여전히 후정화後庭花를 부르네.

또 경물을 묘사한 두목의 시 가운데 "천 리 길에 앵무새 울고 푸른 숲에 붉은 꽃 피었는데 강마을의 산기슭엔 술집 깃발 나부끼네", "술집이 어디냐고 물었더니 목동은 멀리 행화촌杏花村을 가리키네" 등이 청신하고 아름답고 색채가 선명해서 사랑을 받고 있다. 두목은 벼슬길에서 뜻을 이루지 못했는데, "10년 세월 한 번 깨니 양주몽揚州夢이라. 청루靑樓에 박정하나마 이름만은 남았구나"와 같은 퇴폐적인 시를 짓기도 했다.

당대 정치를 비판한 이상은의 시는 아주 영향력이 있었는데, 특히 '감로甘露의 변'(당나라 문종 때 재상 이훈 등이 환관을 제거하기 위해 감로가 내렸다고 속이다가 오히려 피살당한 사건 : 옮긴이) 이후 지은 〈유감이수有感二首〉와 〈중유감重有感〉 등은 조정의 환관을 겨냥한 의분이 넘치는 시로서 정치적 대담함이 필요했다.

만당 시기 시인들의 가장 큰 업적은 시가를 창조할 때 어휘를 연구하고 성률을 중시하면서 특색 있는 율시와 절구를 썼다는 점이다. 이상은의 무제시無題詩들은 시어가 아주 은밀하고 그 상징이 어렴풋해서 특별한 품격을 이루었다. 어떤 시는 쉽게 이해되지 않아서 그 함의에 대해 의견이 분분했지만, 그럼에도 예술적 감화력을 갖추어서 보편적으로 환영을 받았으니, 예를 들면 다음과 같은 것이다.

"몸에는 채색 봉황과 같은 한 쌍의 날개가 없어도, 마음에는 신령한 무소의 뿔이 있어 한 점의 통함이 있네."(〈무제〉)

"봄누에는 죽어서야 비로소 실이 다하고, 초는 재가 되어야 비로소 눈물이 마른다네."(〈무제〉)

이 시구들은 천고에 길이 전해져서 굳이 깊은 이해를 구하지 않아도, 또 시인의 창작 의도를 묻지

"노래 부르는 여인은 망국의 한을 모르기에
강 건너에서 여전히 후정화後庭花를 부르네."

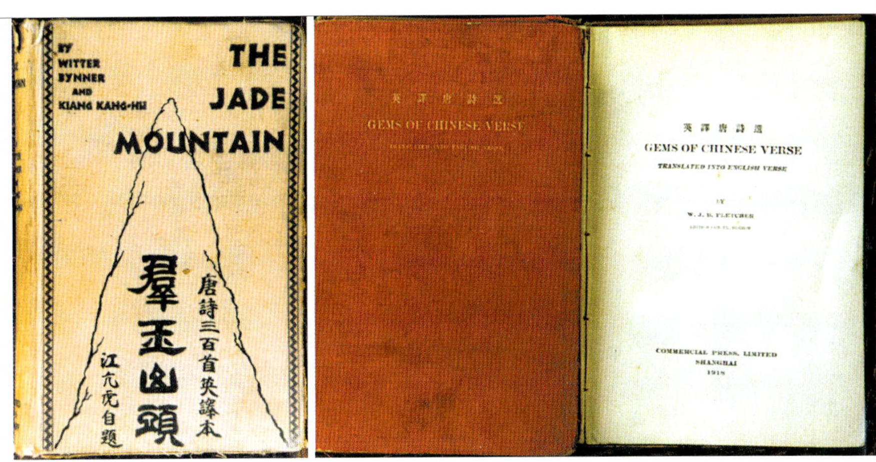

1931년 미국에서 출판된 《당시 300수》(왼쪽) 1925년 중국에서 출판된 영역英譯 《당시선본唐詩選本》(오른쪽)

않고도 나름대로 이해하고 받아들이면서 공감을 얻고 있다.

온정균의 시는 색채가 더욱 화려하고 의미도 더 정교한데, 그의 근체시는 활달한 사회상을 반영하고 있다. 그는 또 당대에 사詞를 가장 많이 쓴 시인으로서 '화간파' 사의 선구자이기도 하다. 만당의 시인 중 일부는 백성의 생활에 깊은 관심을 보였다. 그들은 폐습을 고발하고 폭정을 비판하면서 민생의 고통을 반영한 시를 썼는데, 피일휴·육구몽·나은羅隱·두순학杜荀鶴·섭이중 등이 그들이다.

당시는 당대에 이미 영향력을 발휘해서 한국, 일본, 베트남 등 동방 각국에 전해지며 큰 사랑을 받았다. 백거이의 시는 일본에 전해진 후 헤이안平安 시기(794~1192)의 문단에 지대한 영향을 끼쳤다. 그 당시 편찬한 《센자이카쿠千載佳句》는 당나라 시인 149명의 명구 1,000여 구를 수록했고, 《겐지 모노가타리源氏物語》는 수십 군데에서 백거이의 시를 인용했으며, 우다宇多 천황이 〈장한가〉 병풍과 그림책을 만들었다는 기록도 있다. 일본 유학생 아베(중국 이름은 조형晁衡)는 이백, 왕유와 시가로 교류한 바 있다.

18세기에는 서양 각국에도 당시가 전해져서 독자들의 사랑을 받았다. 오늘날 세계 각국에 적어도 20여 종의 번역본이 소개되며 세계 문화계에 광범위한 영향을 미치고 있다. 그중에는 음악가가 곡을 붙여 노래로 만든 것도 있다. 미국 하버드 대학교 스티븐 오언 교수는 1987년에 출판한 《초당시初唐詩》의 서문에서 "중국 시가의 애호가는 전 세계 어디서나 찾아볼 수 있다"고 했다.

당시는 하늘에 가득한 별과 같아서 보통 사람들은 통독하기 어렵기 때문에 예부터 많은 선집이 전해져왔다. 당나라의 은번殷璠이 편집한 《하악영령집河岳英靈集》과 원결元結이 편집한 《협중집篋中集》, 고중무高仲武가 편집한 《중흥간기집中興間氣集》 등은 가장 이른 시기의 당시 선집에 속한다.

명대와 청대에 접어들면서 당시 선집이 더욱 많아졌는데, 명나라의 고려高棅가 편집한 《당시품회唐詩品匯》, 육시옹陸時雍의 《당시경唐詩鏡》, 청나라의 심덕잠이 편집한 《당시별재唐詩別裁》 등이 유명하다. 이러한 선집 중에서 청 왕조 건륭 연간에 형당퇴사蘅塘退士 손수孫洙가 편찬한 《당시 300수》가 가장 널리 전해지고 있다.

【 왕유 】

●《전당시》 중의 〈왕유권〉

왕유는 성당 시기 산수전원시의 결출한 시인이다. 그의 시는 색채
가 선명하고 음조가 곱고 낭랑하며, 시의 정情과 그림의 뜻을 긴
밀히 결합시켜 완벽하게 아름다운 경지를 구축하고 있다.

위성渭城의 아침 비가 가벼운 먼지를 적시니
버드나무의 봄빛이 객사를 푸르게 물들이네.
그대에게 권하나니, 한 잔 술을 다시 비우게나
서쪽으로 양관陽關을 나서면 옛 친구도 없을 테니.

〈안서로 가는 원이를 보내며送元二使安西〉라는 이 의미심장한 이별의 시는 악곡으로 만들어진 후 〈양관삼첩陽關三疊〉 또는 〈위성곡渭城曲〉이란 제목으로 이별을 앞둔 사람들에게 널리 불렸다. 시의 작자는 성당 시기의 대시인이자 화가, 음악가인 왕유이다.

왕유(701~761)는 자가 마힐摩詰이며 산시성山西省 치현祈縣 사람이다. 그는 지주의 집안에서 태어나 좋은 교육을 받았고, 청소년 시절에 이미 다방면에서 재능을 발휘했다. 예컨대 17세 때 〈9월 9일 산둥의 형제를 생각하며九月九日憶山東兄弟〉를 지었고, 18세 때 〈뤄양여아행洛陽女兒行〉을, 19세 때에는 〈도원행桃園行〉을 지었다. 전하는 얘기에 의하면, 악공樂工으로 위장하여 당나라 명황明皇의 동생 기왕岐王을 따라 공주부公主府까지 들어가서 자신이 창작한 비파의 신곡 〈욱륜포郁輪袍〉를 연주해서 공주의 치하를 받았다고 한다.

왕유는 21세 때 진사에 급제하여 궁정의 음악을 관장하는 태악승太樂丞에 임명되었다. 그러나 얼마 후 어떤 일에 연루되어서 제주濟州의 참군參軍으로 관직이 강등되었다. 이후 장구령의 도움으로 우습유右拾遺에 임명되었고, 이후 감찰어사監察御使, 이부낭중吏部郞中, 급사중給事中 등을 지냈다. 40세 이후에는 반은 관리로 반은 은퇴 생활을 하다가 만년에는 불교 서적을 읽으며 지냈다. 상서우승尙書右丞의 관직에 이르렀을 때《왕우승집王右丞集》이라는 책을 펴냈다.

【 시 속에 그림이 있다 】

왕유는 성당 시기 산수전원시의 걸출한 시인이다. 그의 시는 색채가 선명하고 음조가 곱고 낭랑하며, 시의 정情과 그림의 뜻을 긴밀히 결합시켜 완벽하게 아름다운 경지를 구축하고 있다. 그의 시 〈산촌의 가을 저녁山居秋暝〉을 보자.

빈 산에 새롭게 비가 오고 나니
가을날 저녁이 깨끗하구나.
밝은 달은 소나무 사이를 비추고
맑은 샘물은 바위를 타고 흘러가네.

대숲 서걱이더니 빨래터 아낙네 돌아오고
연꽃 흔들리더니 고깃배 지나가네.

봄날의 꽃향기 없다 한들 어떠하리
왕손도 스스로 머물 만하구나.

이 시는 백묘白描(먹으로 그린 그림 : 옮긴이)의 기법으로 자연의 경물을 세밀하게 묘사하고 있다. 왕유는 청록색이나 흰색 등 차가운 색채를 이용하여 자연의 맑고 깨끗한 아름다움을 재현하는 것을 즐겼다. 아울러 갖가지 대비(예컨대 차가움과 따뜻함, 움직임과 고요함, 큰 것과 작은 것, 먼 것과 가까운 것 등)를 통하여 생동감을 더했다.

왕유는 청신한 필치와 명징한 색채로 산림과 전원의 맑고 그윽한 경지를 자세히 묘사하는 데 능했을 뿐 아니라, 거칠고 분방한 선과 강건한 필력으로 명산대천의 장대한 기상을 표현하는 데도 뛰어났다. 그의 시 〈종난산終南山〉을 살펴보자.

태을산太乙山은 도읍 장안에 가까우니
산봉우리 이어져 바다까지 뻗어 있네.
사방을 돌아보아도 흰 구름만 가득하고
푸른 안개 속에 들어서면 아무것도 보이지 않네.

산야는 중앙의 봉우리에서 갈라졌고
개고 흐린 것도 골짜기마다 다르구나.
마을에 묵고자
물 건너 나무꾼에게 길을 물어본다네.

중난산의 아득한 광경 속에서 시선의 초점은 물을 사이에 두고 문답을

일본 오사카미술관에 있는 왕유의 그림
〈복생수경도伏生授經圖〉

하는 나그네와 나무꾼에게 머무른다. 산수화의 정취가 가득한 이 시의 구도는 이후 문인 산수화의 표본이 되었다.

【 그림 속에 시가 있다 】

왕유는 성당 시기 창조적으로 활약한 회화의 대가이다. 당시 산수를 잘 그린 사람으로 이사훈, 이소도李昭道 부자와 왕유를 꼽을 수 있다. 이사훈은 공필工筆(표현하려는 대상을 꼼꼼하고 정밀하게 그리는 기법 : 옮긴이)의 청록青綠 산수화를 창조했는데, 이런 종류의 그림은 석청石青, 석록石綠을 주된 색조로 하여 거기다 아교에 갠 금박 가루를 장식하면 이른바 금벽산수화金碧山水畵가 된다. 이씨 부자의 금벽산수화는 화려하긴 하지만 비교적 조탁雕琢에 융통성이 없다. 왕유는 파묵법破墨法(먹의 농담으로 대상의 입체감을 나타내는 기법 : 옮긴이)을 창안하여 색을 중첩해서 쓰지 않고 단지 수묵으로만 분위기를 조성했기 때문에 자유롭고 탈속한 정취만이 아니라 인간과 자연이 공명하는 정취를 더해서 시의 세계를 더욱 풍부하게 했다. 훗날 장수張璪, 왕묵王墨 등이 이 화법을 한 걸음 더 발전시켜서 발묵산수潑墨山水를 완성했다. 이 점에서 볼 때 중국 수묵산수화의 역사는 왕유에서 비롯되었다고 해야 할 것이다.

왕유의 산수화는 격조가 높고 우아해서 그 당시에도 상품上品으로 꼽혔다. 특히 자신의 망천輞川 별장을 소재로 한 그림이 유명한데,《당조명화록唐朝名畵錄》은 그 작품에 대해 "산골짜기에 구름이 감돌고, 구름과 물이 함께 흩날리며, 의취意趣가 세속의 티끌을 벗어났다"고 평했다.〈망천도輞川圖〉와 관련해서 이런 이야기가 전해진다.

북송의 유명한 사인詞人 진소유秦少游가 장염을 앓고 있었다. 그때 그의 친구가 〈망천도〉를 가지고 병문안을 와서는 그림을 보기만 해도 병이 낫는다고 했다. 진소유는 침대에 누워서 그림을 자세히 들여다보았는데, 황홀해하는 사이에 자신이 그림 속으로 들어가서 망천 20경을 모두 유람한 것을 깨달았다. 그리고 며칠 후, 과연 병이 나았다.

〈망천도〉의 이런 신기한 효험은 왕유의 회화 기법과 공력의 깊이에 대한 의례적인 설명이지만, 한편으로 망천의 경치를 묘사한 20수의 시의 덕이기도 하다. 시 속에 그림이 있고 그림 속에 시가 있으니, 시와 그림이 서로 조응하여 보는 이로 하여금 더욱 깊은 명상에 잠기게 하는 것이다.

왕유가 그린 〈망천도〉 부분

【 망천 별장 】

망천 별장은 산시성陝西省 란텐현藍田縣에서 서남쪽으로 8킬로미터쯤 떨어진 곳에 있다. 이곳은 산수가 아름답고 풍경이 수려한데, 원래는 당나라 초기의 시인 송지문의 장원莊園으로 사용되었다.

왕유는 40세쯤에 장구령이 파면당한 일에 충격을 받은 나머지 관료 사회의 실상을 간파하고 정치에 대한 관심을 잃어버렸다. 그로 인해 젊은 시절의 호방한 열정을 상실한 채 점차 절반은 관직생활을 하고, 또 절반은 은거생활을 했다. 그는 장안 부근의 중난산에 은거하고 있다가 나중에 망천에 땅을 샀다.

왕유는 늘 망천에 머물면서 좋은 친구였던 배적과 함께 "배를 띄워 왕래하고, 비파를 타고 시를 지으면서 종일토록 읊조리는" 한가로운 생활을 했다. 두 사람은 망천 20경을 소재로 각각 절구를 한 수씩 지어서 40편을 모아《망천집》을 엮었다. 왕유에 대해, "마힐의 시를 음미하면 시 속에

왕유의 왕성한 시심을 길러준 망천의 산수

그림이 있고, 마힐의 그림을 살펴보면 그림 속에 시가 있다"고 한 소식의 명언은 바로 왕유의 〈남전연우도藍田煙雨圖〉의 제사題詞에서 나온 말이다. '녹시鹿柴', '죽리관竹里館', '신이오辛夷塢' 등은 모두 그 속에 나오는 아름다운 경관이다.

왕유의 산수전원시는 대부분 은거생활 중에 지은 것으로 종일 산수를 접하며 자연을 깊이 관찰하여 그 아름다움과 미묘함을 형상화했다. 왕유는 대자연을 사랑하고 현실을 멀리했다. 그의 시는 늘 맑음과 그윽함과 고원함을 구현해서 세속을 초월하고자 했기 때문에 예술적 성취가 아주 높다.

【 기개를 북돋우는 변새시 】

왕유의 변새시도 아주 훌륭하다. 젊은 시절 그는 성당 시기의 시인처럼

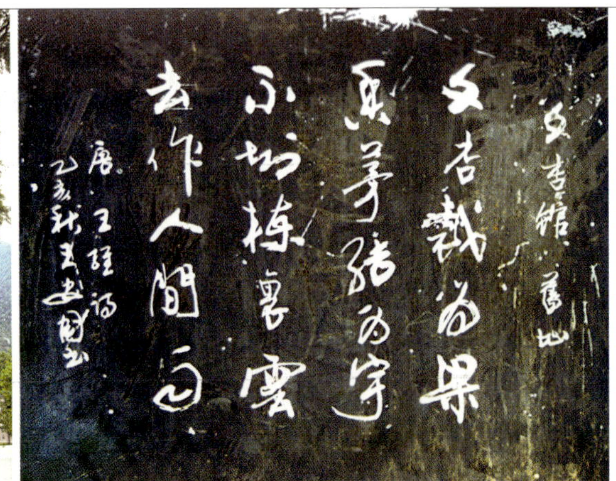

망천에 있는 왕유의 옛집. 왕유가 손수 심은 은행나무라고 한다.(왼쪽) 돌에 새긴 왕유의 시(오른쪽)

변방에 가서 공을 세우겠다는 뜻을 품었다. 그리고 37세 되던 해에 감찰어사의 신분으로 변방의 요새에 가서 2년 동안 생활했다. 변방 백성들의 생활상과 그곳의 기이한 경관은 그의 안목을 넓혀주고 감수성을 풍부하게 했다. 그 당시 적지 않은 훌륭한 시편을 남겼는데, 〈사신으로 변방에 가다使之塞上〉가 바로 그런 작품이다.

홀로 수레에 앉아 변방으로 출정하다가
옛날의 속국 거연居延을 지나게 되었네.
이리저리 출정하다 한나라의 요새를 나섰는데
돌아오는 기러기는 호인胡人의 하늘로 들어가네.
큰 사막에 외로운 연기 곧게 피어오르고
긴 강에 지는 해 둥글구나.
소관蕭關에서 말 탄 정찰병을 만났는데
도호都護의 군대가 이미 연연산燕然山에 있다 하네.

이 시는 기세가 유창하고 격조가 고조되어 있다. "큰 사막"이란 시어는 대자연의 장대한 기상을 보여주고, 사람들의 시야를 광활한 공간으로 이끌어 무한한 상념을 불러일으키게 한다.

이 밖에도 〈농서행籠西行〉, 〈종군행從軍行〉, 〈소년행少年行〉, 〈노장행老將行〉 등은 호방한 소년, 용맹스런 노장, 정벌 전쟁으로 인한 고통, 개선의 희열을 나타낸 시로 호방한 기개와 격앙된 정서가 사람을 고무시키고, 청춘의 호흡과 낭만적 정서를 표출하고 있다.

【 왕유의 시에 보이는 선 취향과 이 취향 】

왕유는 불교에 정통하고 현리玄理에 능했다. 선종은 성품의 공空함을 강조하는데, '성품의 공함'이란 번뇌를 버리고 마음을 고요하고 한가로운 상태에 처하게 하는 것이다. 이런 상태는 자연의 아름다움을 깨닫는 가장 효과적인 길이다.

왕유의 산수전원시 가운데 몇몇 작품은 특히 공의 고요함과 그윽한 경지를 잘 표현했는데, 〈조명간鳥鳴澗〉이 바로 그러한 작품이다.

인적 드문데 계수나무 꽃 떨어지고
밤은 고요한데 봄산이 비었구나.
달이 떠오르니 산새들 놀라고
봄날 시냇물에서 때때로 지저귀네.

계수나무 꽃이 조용히 피어나고 떨어지는데, 맑은 달빛이 나무 위에 쏟아져 작은 새들을 놀래켜서 지저귀게 한다. 이것은 자유롭고 아름다운 세계이다. 옛사람들은 "새가 울고 꽃이 떨어지니 이 모두가 신통이다. 사람들이 능히 깨닫지 못하니 그저 부는 바람에 맡길 뿐이다"라고 했다. 대자연의 아름다움을 깨달으려면 반드시 '한가로움'과 '고요함'의 뜻을 품어야 한다. 그래야만 계수나무 꽃이 떨어지는 극히 가볍고 부드러운 소리를 감지할 수 있고, 달빛에 새가 놀라는 민감하고 미세한 일들도 느낄 수 있다. 그리하여 마음과 자연이 말없이 하나가 됨으로써 오묘한 깨달음의 경지에 도달할 수 있는 것이다.

왕유의 또 다른 산수시의 명구 "계곡의 물이 끝나는 곳에 이르러 앉아서 구름이 일어날 때를 바라보았네"(중난산 별장終南別業))는 인생의 이치가 듬뿍 담긴 구절이다. 이 구절은 어떤 상태나 결과에 집착하지 말고 인연에 따라 흘러가 어디에서나 편안할 것을 권유한다. 그래야만 물의 흐름이 다한 곳에서 구름을 바라보는 즐거움을 맛볼 수 있고, 실패와 좌절 대신 평화와 만족으로 편안한 마음을 유지할 수 있다는 것이다.

왕유는 성당 문화의 걸출한 인물로 음악과 회화에도 정통한 시단의 대가였다. 그는 어떤 소재에도 능하여 산수전원시, 변새시, 상사증별시相思贈別詩 등 각종 소재에서 널리 사랑받는 걸작들을 남겼다. 그의 또 다른 유명한 시가 있다.

붉은 콩은 남방에서 자라나니
봄이 왔는데 가지는 몇 개나 나왔을까.
그대에게 권하나니 몇 개를 더 꺾게나,
상사相思의 정에는 이것이 최고일세.

왕유는 특히 산수시에 뛰어났으며, 산수시와 산수화를 조화시켜 후세에 깊은 영향을 미쳤다. 그의 산수시는 아름답고 우아하며 고요한 경지와 청신한 공간을 창조함으로써 산수시와 산수화의 예술적 기준을 제시했다. 그는 자연의 의취意趣를 추구함으로써 회화의 서정적인 면을 발전시켰고, 이를 통해 1,000년여에 이르는 중국 문인화의 토대를 닦았다. 중국의 산수화는 왕유 이후에 점차 수묵을 위주로 하는 특색을 띠게 되었고, 시적인 표현을 회화의 최고 경지로 간주하게 되었다.

명·청대에는 송·원대 이래의 산수화를 발전시키는 과정에서 특히 맑고 담백한 필묵과 간결한 선으로 시원하고 우아한 경지를 추구하여 왕유를 이러한 화풍의 시조로 삼았다. 왕유는 성당 문화의 절정을 대표하며, 시와 그림을 하나로 조율하는 독특한 전통을 세웠다.

【 이백 】

● 위대한 낭만주의 시인으로 불리는 이백

이백의 일생을 보면 태반의 시간을 떠돌아다녔음을 알 수 있다. 그의 시는 바로 이러한 편력의 기록이자 마음의 여정을 기록한 것이며, 당 왕조의 번영에서 쇠퇴까지의 역사적 변천이기도 하다.

이백李白(701~762)은 성당 시기 시단을 대표하는 시인이다. 재능이 많고 열정이 넘쳤던 그가 창작한 시가는 성당 시기의 정신적인 면모를 구현했다.

이백의 자는 태백이고 호는 청련거사靑蓮居士이다. 5세 때부터 촉蜀 땅에서 살았는데, 총명한 데다 책을 많이 읽어 문장에 능했으며, 검술을 좋아해서 협객의 기질도 있었다. 그 자신도 "5세에 육갑六甲을 외웠고 10세에 백가百家를 보았다"(〈안주 배장사에게 올리는 글上安州裵長史書〉), "15세에 기서奇書를 읽고, 부賦를 지은 것이 사마상여를 능가했다"(〈장상호에게 바침贈張相鎬〉), "15세에 검술을 좋아하여 제후들을 두루 만나러 다녔다"(〈형주 한장사에게 쓰는 글與韓荊州書〉)고 말할 정도였다. 이백은 정치에 뜻을 두었지만, 다른 선비들처럼 과거시험을 통해 그 길에 들어서려 하지 않고, 문장으로 광범위한 관계를 맺음으로써 파격적인 등용을 거쳐 제왕을 보필하는 대신이 되고자 했다.

개원 12년(724), 24세의 이백은 원대한 포부를 품고 "검을 들고 나라를 떠나고, 친족들과 헤어져 멀리 돌아다니려"(〈안주 배장사에게 올리는 글〉) 했다. 그는 촉나라를 떠나 동쪽으로 오월吳越을 떠돌고 북쪽으로는 타이위안太原에 이르는 등 10여 년간의 유랑을 시작했다. 천보 원년(742)에는 조서를 받고 장안에 가서 한림공봉翰林供奉이 되었다. 당시 현종은 권력자들의 전횡을 용납하고 환관들을 총애하여 정치가 나날이 부패해갔는데, 이런 상황에서 문학의 시신侍臣에 불과했던 이백은 2년도 채 안 돼 관직을 내놓고 장안을 떠났다.

그 후 몇 년 동안 각자를 떠돌며 많은 시를 지어 울분을 토로하고 나랏일에 관심을 보였다. 천보 14년(755)에 안사의 난이 발발하자 이백은 루산盧山에 은거했다. 당시 현종의 아들 영왕永王 이린李璘이 세 차례나 이백을 막료로 초청하자, 52세의 이백은 나라에 대한 사랑으로 그의 부름에 응하여 반란군을 평정하는 데 참가하기로 했다. 그런데 뜻밖에도 왕실 내부의 아귀다툼에 말려들어 옥살이를 하고 야랑夜郎(지금의 구이저우성)으로 귀양을 갔다. 도중에 사면을 받고 만년에 강남을 떠돌다가 62세 때 삼촌인 당도當塗(지금의 안후이성)의 현령 이양빙의 거처에서 일생을 마쳤다.

이백이 남긴 1,000여 수에 가까운 시는 아직도 많은 사랑을 받고 있다.

【 천하를 떠돌다 】

이백은 24세에 집을 떠나서 떠도는 신세가 되었다. 그는 싼샤三峽을 지나 둥팅호洞庭湖를 건넌 뒤 샹강湘江강을 거슬러서 창오蒼梧에 이르렀으며, 또 강하江夏(지금의 후베이성 한커우漢口)를 유람하고 루산廬山에 올랐다가 다시 양쯔강을 따라 동쪽으로 내려가서 금릉金陵(지금의 난징南京)을 거쳐 양저우揚州 등지에 이르렀다. 여행 도중에 이백은 강 연안의 상업지대와 명산대천을 돌아보고, 도교 사원이나 사찰에 들러서 호걸을 만나 교류하며 불후의 시를 많이 남겼다. 이백은 가는 곳마다 글을 지어 환상적이고 낭만적인 정서가 넘치는 형초荊楚 문화의 기질을 보였다. 아울러 북방 문화의 강직하고 정숙한 기질도 그에게 큰 영향을 미친 것으로 보인다.

이백은 30세 때 장안을 떠나 중난산終南山에 은거하다가 다시 황허강을 따라 동쪽으로 내려가서 뤄양과 타이위안 등지를 떠돌았다. 임성任城에 있을 때에는 공소보孔巢父 등과 함께 추라이산徂徠山에서 시를 짓고 술을

안후이성 당도에 있는 이백이 살던 집의 패방牌坊

마시며 지냈는데, 사람들은 이들을 '죽계육일竹溪六逸(죽계의 여섯 은자 : 옮긴이)'이라고 불렀다. 이후에는 또 산둥, 허난, 화이난淮南을 떠돌며 북으로는 타이산泰山에 올랐으며 남으로는 항저우杭州, 회계會稽까지 내려갔다. 그는 가는 곳마다 유명한 시들을 많이 남겼는데 〈밤에 정노정에 내려가夜下征虜亭〉도 그중 하나이다.

배를 타고 광릉廣陵으로 내려가니
밝은 달 아래 정노정이 있네.
산꽃은 여인의 비단 같은 뺨과 같고
고깃배의 등불은 흐르는 반딧불이 같구나.

이 시는 명쾌하고 유창한 언어로 산하에 대한 시인의 사랑을 표현하고 있다.

천보 3년(744), 이백은 장안에서 좌절을 맛본 뒤에 양송梁宋(지금의 카이펑
開封과 상추商丘 일대), 제노齊魯(지금의 산둥성 일대), 오월 등지를 유람했고, 안
사의 난 이후에 귀양을 갔다가 건원乾元 2년(759)에 석방되자 다시 양쯔강
중·하류의 여러 지역을 넘나들었다. 이백의 일생을 보면 태반의 시간을
떠돌아다녔음을 알 수 있다. 그의 시는 바로 이러한 편력의 기록이자 마음
의 여정을 기록한 것이며, 아울러 당 왕조의 번영에서 쇠퇴까지의 역사적
변천을 그리고 있다.

【 낭만적인 시풍 】

한유의 시에 이런 구절이 있다.
"이백과 두보의 문장에는 빛의 화염이 만 장丈까지 뻗친다."
이백과 두보의 시가는 고전 시가의 최고 전범이지만,
이백의 시가 끼친 영향이 더 깊고 원대하다. 공을 세
우고 업적을 남기려는 강렬한 염원과 천하를 넘나
들며 얻은 넓은 견문 그리고 크게 출세했다가 크
게 추락한 경험은 시가의 내용을 더욱 풍부하게
했으며, 샘솟는 시어와 기발한 상상력은
그의 시가에 예술적 매력을 부여했다.
이백은 갖가지 시체詩體에 두루 능

이백의 시는 이상주의의 낭만적 정서를 표현했다.

했는데, 특히 좋아한 형식은 비교적 자유로운 고시古詩와 절구였다. 따라서 시가의 예술적 기풍과 품격은 다양했지만 호탕하고 표일한 것이 대부분이다. 또한 기세가 방대하고 형상이 기이해서 감정에 충격을 주는 시가도 널리 사랑을 받고 있다. 다음과 같은 시구를 보면 그 점을 이해할 수 있다.

"그대 보지 못하는가, 황하의 물이 하늘에서 내려와 바다까지 흘러가서 결코 되돌아오지 않는 것을."(〈장진주將進酒〉)

"맑은 날 정상에 올라 일출을 보니, 손으로 구름을 걷을 것 같구나. 정신이 사방으로 날아가서 마치 천지간에 솟아난 듯하구나."(〈타이산을 유람하며游泰山〉)

"오호, 위태로울 정도로 높구나, 촉도蜀道의 어려움이 푸른 하늘에 오르는 것보다 어렵네."(〈촉도난蜀道難〉)

이상의 시구는 각각 황하의 방대한 기세, 태산의 웅대함 그리고 촉 땅으로 가는 길의 험난함을 보여준다.

이백은 변새시도 여러 수 지었다.

"금고金鼓를 따라 새벽 전투에 나가고, 옥玉 안장을 안고 저녁에 잠이 드네. 바라나니, 허리에 찬 검으로 곧바로 누란樓蘭을 동강내기를."

"언제 월지月氏를 격파하여 베개를 높이 베고 편안히 잠들는지."

"거리낌 없이 용기를 내어 한번 싸워 요기妖氣를 잠재우리."

이러한 힘찬 시구들은 시인의 우국충정과 영웅적 기개를 보여준다.

또 〈루산의 폭포를 바라보며望廬山瀑布〉라는 시의 제2수를 보자.

햇빛이 향로봉을 비추니 자줏빛 안개 피어나고

멀리 폭포 바라보니 냇물이 걸려 있네.

곧바로 삼천 척을 날아서 떨어져 흐르니
은하수가 구천에서 떨어지는가 하노라.

다음은 〈톈먼산을 바라보며望天門山〉라는 시이다.

톈먼산 허리 질러 초강楚江이 흐르니
푸른 물 동쪽으로 흘러 여기서 소용돌이치네.
강 양쪽 기슭의 푸른 산이 좌우에서 일제히 맞아주니
외로운 일엽편주 태양이 솟는 곳에서 나오네.

앞의 시는 루산 폭포의 웅장함과 수려함을 그린 것이고, 뒤의 시는 양쯔강의 광대함과 험난함을 그린 것이다. 두 편 모두 기묘한 상상력과 생동감 넘치는 묘사로 지극히 아름다운 인상을 남기고 있다.

이백의 시는 개성이 아주 강하다. 그는 과장법이나 비유법, 기묘한 상상력으로 열정적이고 자유분방한 생각과 감정을 잘 표현했다. 근심을 묘사할 때면 "백발이 삼천 장이니 근심으로 인해 그렇게 길어졌네"(〈추포가秋浦歌〉)라고 했고, 눈이 많이 내린 모습을 "옌산燕山의 눈꽃이 자리를 깔아 놓은 듯 거대하구나"(〈북풍행北風行〉)라고 했다. 두터운 우정을 묘사할 때는 "도화담桃花潭의 물이 천 길이나 깊어도, 나에 대한 왕륜의 정에는 미치지 못하리라"(〈왕륜에게 바침贈汪倫〉)라고 했다. 또한 술을 마실 때면 "잔을 들어 밝은 달을 초청했고"(〈달 아래 홀로 술을 마시며〉), 고민이 있을 때면 신선이 "나를 운대雲臺에 오르도록 초대하네"(〈서쪽 연화산에 올라西上蓮花山〉)라고 했다.

또 여러 시에서 큰 붕새를 노래했다. "큰 붕새가 솟구치니 팔방이 진동하네"(〈임로가臨路歌〉), "큰 붕새가 어느 날 바람과 함께 솟구쳐, 곧장 위로 힘차게 올라가 구만 리를 날아가네"(〈이옹에게 올림上李邕〉) 등의 시구에서 보다시피 "힘차게 떨치면서 곧바로 위로 날아오르며 팔방에 위엄을 떨치는" 큰 붕새는 호방한 기개와 열정적 자유를 추구한 시인의 화신이다.

이백은 또 여러 차례 창생의 구제와 사직의 안정을 바라는 웅대한 염원을 표출했다. 모함을 당하여 장안을 떠난 뒤에도 여전히 "거센 바람을 타고 파도를 가를 그날이 오리니, 그때는 구름 같은 돛을 달고 창해를 건너리라"(〈행로난行路難〉)는 포부를 버리지 않았다. 그는 험난한 세상에 직면했지만, 이처럼 낙관적이고 호방하고 태연하고 자신감 있는 태도로 이상을 좇는 낭만적인 시인의 정서를 표현했다.

【 한림에서 공봉을 맡다 】

이백의 명성이 조정과 재야에 자자하자, 드디어 당 왕조의 천자도 그의 이름을 주목하게 되었다.

천보 원년(742), 현종은 이백을 장안으로 불러들여 한림학사로 공봉을 맡게 했다. 그리하여 장안의 궁중에서 연회가 있을 때면 이백은 항상 좌우에서 시중을 들었다. 그는 명령에 따라 시를 지어 흥을 돋우고 평화로운 분위기를 꾸미기도 했다. 한편 사회 각층의 명사들과 사귀고 각종 문화활동에도 참여했다. 처음에 이백은 큰 뜻을 품고 포부를 펼치리라 다짐했다. 그런데 시간이 지남에 따라 현종이 겉으로는 자신을 중시하지만 실제로는 정사에 참여시키지 않고 단지 어용문인으로 이용하고 있다는 걸 깨달았다. 그는 원대한 뜻을 펼칠 수 없음을 감지했다. 아첨하기를 싫어

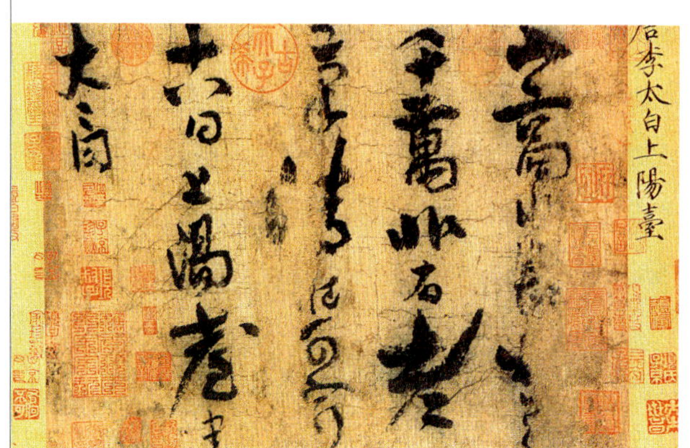
이백의 〈상양대上陽臺〉 필적

했던 그는 내심 갈등하면서 하지장賀知章 등과 함께 술로 근심을 풀었다.

두보는 〈술을 마시며 여덟 신선을 노래함飮中八仙歌〉에서 "이백은 술 한 말에 시 백 편을 짓고, 장안 저잣거리의 술집에서 자더라. 천자가 불러도 배에 오르지 않으며, 스스로 '신臣은 술 속의 신선'이라 칭한다네"라고 했는데, 이는 바로 이백의 당시 생활을 그린 것이다.

이백은 권력자들이 자신을 받아들이지 않으리라는 것을 알고 스스로 조정을 떠나겠다고 청했다. 현종도 흔쾌히 그의 요구를 들어주고 "금을 주어 돌려보냈다"고 한다. 이백이 장안에 머문 기간은 불과 2년도 되지 않는다.

이백은 장안을 떠난 후 시를 지어 울분을 토로했다. 〈몽유천모음유별夢遊天姥吟留別〉은 낭만적인 기법으로 꿈의 경계를 묘사함으로써 자연과 신선의 세계에 대한 그의 동경과 권세를 경멸하고 자유를 추구한 그의 생각을 보여준다. 마지막 시구의 두 구절에서는 "어찌 눈썹을 찌푸리고 허리를 굽혀서 권세가를 섬기다가 내 마음과 얼굴을 펼 수 없게 하겠는가"라고 하여 결코 모욕을 당할 수 없다는 시인의 강한 개성과 고고한 품격을 묘사했다.

【 명사들과 사귀다 】

이백은 사람들과 교유하는 것을 좋아했다. 그래서 젊은 시절 촉 땅에 있을 때에도 은거하는 도사들과 자주 어울렸다. 당나라는 황제가 성이 이 씨이고 노자를 조상으로 여긴 탓에 도교를 숭상하는 것이 사회의 한 풍조를 이루었다. 이백은 평생토록 은둔해서 신선의 경지를 추구했으며 호탕하고 비분강개한 심정으로 살아갔다.

그는 동쪽으로 양저우를 지날 때 "1년도 되지 않아 30여만 전을 써버리고, 무력한 공자公子가 되어 사람들이 모두 구제하는"(《안주 배장사에게 올리는 글》) 처지가 되기도 했는데, 여기서 그의 교제 범위가 얼마나 넓었는지 짐작할 수 있다. 이백은 또 선비들과 함께 도독都督이나 장사長史를 찾아가 천거해주기를 요구했지만, 줄곧 "왕과 제후들과 평등하게 교류하면서" 어떤 관리에게도 절대로 아첨하지 않았다. 그가 쓴 〈형주 한장사에게 쓰는 글〉을 보면 털끝만큼도 비굴하지 않았음을 알 수 있다. 여기서 한형주는 당시 "태어나서 만 호戸의 제후로 책봉되기보다 단지 한형주를 한 번 알기를 바랄 뿐이다"는 칭송을 받을 정도로 유명했던 한조종韓朝宗을 가리킨다.

이백은 다른 시인들과 교류하며 흥미로운 일화를 남겼다. 운성鄆城에 머무는 동안 그는 자기보다 열두 살이나 많은 맹호연을 만났다. 맹호연은 일찍부터 큰일을 도모했지만 정치적 곤경으로 뜻을 이루지 못한 채 양양襄陽에서 은거하고 있었다. 이백은 〈맹호연에게 바침贈孟浩然〉을 써서 그에게 경의를 표했고, 또 〈황학루에서 광릉으로 떠나는 맹호연을 보내며黃鶴樓送孟浩然之廣陵〉를 지어 보냈다.

옛 벗은 서쪽에서 황학루를 하직하고

꽃이 연기처럼 피어나는 3월에 양주로 내려가네.

외로운 돛단배 먼 그림자 푸른 하늘가로 사라지고

하늘가로 흘러가는 양자강만 보이네.

이 시에서 광활한 배경은 벗에 대한 작가의 진정을 깊고 함축적으로 표현하고 있다.

장안에 도착한 후 이백은 태자의 빈객으로 있던 80여 세의 하지장을 만났다. 하지장은 이백의 시를 읽고 그를 '귀양 온 신선'이라 칭찬했으며, 금거북이를 술과 바꾼 후에 이백과 취하도록 마셨다. 하지장의 칭찬을 받은 후 이백의 명성은 장안을 더욱 들썩이게 만들었다.

이백은 호방한 성격에 친구와 사귀는 것을 좋아해 자신을 우러러보면서 찾아온 사람들과도 기꺼이 교유했다. 왕옥산王屋山에 있던 위만魏萬도 수천 리를 멀다 않고 양원梁園, 동로東魯 등지를 지나 광릉까지 이백을 찾아간 적이 있다. 두 사람은 만나자마자 오랜 친구처럼 함께 금릉金陵을 유람했다. 그 후에도 이백은 자신의 모든 시문을 그에게 맡겨 편집하게 했다.

이백은 천보 3년에 장안을 떠난 후 뤄양에서 두보를 만났다. 그해 가을, 다시 두보, 고적과 함께 양송梁宋(지금의 허난성)을 유람했고, 이듬해에는 두보와 노군魯郡(지금의 산둥성 옌저우兗州)에서 만나 명승고적을 유람했으며, 함께 술을 마시고 시문을 논하면서 두터운 우정을 나누었다. 두보가 〈이씨 집 열두째 이백과 함께 범씨 집 열째가 은거하는 곳을 찾아가다與李十二白同尋范十隱居〉에서 "술 취한 가을밤 같은 이불을 덮고, 낮에는 손을 잡고 걸었네"라고 말할 정도였으니 그 친밀했던 사이를 짐작할 수 있다.

전설에 따르면, 이백은 술에 취해 달을 건지려다가 채석올采石矶에서 익사했다고 한다. 안후이성 마안산馬鞍山에는 이 때문에 태백루와 같은 건축물이 남아 있다.

【 영왕의 막료로 들어가다 】

신선의 길을 구하고 세속을 피해 은거하려는 생각이 있었다 해도 "천하를 크게 안정시키고 세상을 한결같이 깨끗하게 하리라"(〈대수산답맹소부이문서代壽山答孟少府移文書〉)와 같이 나라와 사회의 안정은 이백이 평생토록 추구한 이상이었다. 그는 어떤 상황에서도 백성들의 생활에 대한 관심을 잃지 않았다. 그는 백성들의 생활을 배려하고 동정하는 시를 많이 지었는데, 그 속에는 통치자들에 대한 비판의 메시지도 담겨 있다.

천보 14년(755), 안사의 난이 일어난 후 이백은 반란군의 전횡으로 도탄에 빠진 백성들의 참상을 보고 의분이 북받쳐서 결연히 〈고풍古風〉을 써서 그들을 규탄했다.

뤄양의 시냇물을 굽어보니
오랑캐의 군사가 행패를 부리는구나.
피는 흘러서 들녘의 풀을 적시고
늑대의 무리가 관冠의 끈을 없애네.

또 다른 시 〈부풍의 호걸扶風豪士歌〉을 보자.

3월의 뤄양성에 오랑캐의 모래 날아드니
뤄양성의 백성들 원한과 한탄에 젖어드네.
천진교天津橋 아래 흐르는 물은 붉은 피로 물들고
백골은 이리저리 도처에 흩어져 있네.

천보 15년, 현종은 영왕을 산남山南의 동도東道, 영남嶺南, 검중黔中, 강서의 절도사로 임명했다. 영왕은 장수와 사병들을 모집하여 동쪽을 순행하면서 이백의 이름을 흠모하여 재삼 그를 막료로 초청했다. 이백은 그의 초청을 받아들여 막료로 들어갔으며, 아울러 열한 수에 달하는 〈영왕이 동쪽을 순행하며永王東巡歌〉를 지었다. 그중 두 수에서 "누선樓船이 출발하니 바람과 물결이 가라앉고, 사납던 하천도 오리들이 노니는 연못이 되더라", "다만 동산東山의 사안의 돌로 쓰여서, 임금이 담소하도록 오랑캐의 모래바람을 가라앉히리라"라고 했다.

당시 이백은 자신을 사안과 견준 것은 "오랑캐의 모래바람을 가라앉힘으로써" 반란을 평정하고 나라에 충성하려는 심정을 드러내기 위함이었다. 영왕의 막료로 지내면서 지은 시들은 반란군을 평정하고 수도를 수복한 후 은퇴하려는 심정을 담고 있다.

하지만 이백은 조정 내부의 첨예한 아귀다툼에 대해서는 별로 아는 것이 없었다. 이백이 이런 시를 짓고 있을 때 태자 이형李亨이 영무靈武에서 즉위했으니, 그가 바로 숙종肅宗이다. 숙종은 이농李穋의 세력이 커져 자기에게 위협이 될까봐 군사를 일으켜 그를 격파하고자 내전을 일으켰다.

지덕至德 2년(757), 영왕은 전투에서 패배하여 피살되었고, 이백은 팽택彭澤으로 도주했다가 자수하여 심양潯陽(지금의 장시성 주장현九江縣)의 감옥에 투옥되었다. 이후 출옥한 그는 옛 친구 장호張鎬가 군사를 독려하여 저양睢陽을 구원하러 갔다는 소식을 듣고 〈장상호에게 바침贈張相鎬〉을 써서 이렇게 격려했다.

검을 어루만지며 한밤에 길게 부르짖으니
웅심雄心이 하루에 천 리까지 뻗치노라.

안후이성 당도에 있는 이백의 무덤과 그곳에 사용된 벽돌

> 맹세코 적군의 우두머리를 처단하여
> 뤄양의 물을 깨끗하게 만들리라.

이 시에서 그는 비록 여러 차례 좌절을 맛보았지만 60세의 나이에도 여전히 웅대한 포부를 잃지 않았음을 표현하고 있다.

結 이백은 평생토록 창생을 구제하고 사직을 안정시키겠다는 이상을 위해 노력했다. 비록 기회가 주어지지 않아 원대한 포부를 실현할 길이 없었지만, 그가 지은 시가는 중국 고전 시가의 최고 전범으로서 후세에 깊은 영향을 미쳤다. 당나라의 한유·이하·두목, 송나라의 구양수·소식·신기질·육유 그리고 명·청대의 수많은 시인들이 이백의 시에서 자양분을 섭취하여 고전시가의 낭만적 전통을 계승했다. 두보는 이백의 시를 이렇게 찬양했다.

"이백의 시는 적수가 없으니, 표연한 그 생각은 짝할 무리가 없네."(〈봄날에 이백을 추억하며春日憶李白〉)

"붓을 대면 비와 바람을 놀라게 하고, 시를 완성하면 귀신을 울게 만드네."(〈이씨 집 열두째 이백에게 부치는 20운의 시寄李十二白二十韻〉)

현대에 와서도 사람들은 이백의 시에 대한 찬사를 아끼지 않으며 그를 위대한 낭만주의 시인이라 부르고 있다. 이백의 시는 일찍부터 한국, 일본, 베트남과 구미 각국에 전해졌다. 20세기 초 오스트리아의 유명한 작곡가 구스타프 말러는 이백 등 당대 시인들의 시가로 교향악을 만들었는데, 유명 소프라노 등이 그 노래를 불러 음반으로도 널리 전해지고 있다.

현존하는 이백의 시가는 900여 수에 달한다. 당대의 인물이 이백의 시집을 편집한 적이 있지만 아쉽게도 지금은 전해지지 않는다. 북송의 송민구宋敏求는 이백의 작품집을 증보해서 1,000여 수의 시를 수집했다. 청나라 왕기王琦의 《이태백집주李太白集注》는 전 36권으로서 당시 가장 유행했던 판본이다. 지금은 구태원瞿蛻園, 주금성朱金城이 편집한 《이백집교주李白集校註》가 가장 상세한 자료이다.

【 두보 】

●두보의 초상

두보는 희생을 마다하지 않은 사람이다. 그의 시가에는 나라를 사랑하는 진실한 마음이 스며 있으며, 시인의 희로애락은 조국의 운명과 함께 요동쳤다.

두보杜甫(712~770)는 중국 역사에서 가장 위대한 현실주의 시인이다. 그의 시는 내용이 깊고 넓을 뿐 아니라 역사의 흥망과 인간의 희로애락을 담고 있어 시사詩史라고 불리기도 한다. 그는 사람됨이 충직하고 열정적이었으며, 평생 나라와 백성을 걱정해서 백세百世의 모범으로 칭송받고 있다. 이러한 품격과 성취가 한몸에 집중됨으로써 두보는 천고에 빛나는 '시성詩聖'이라는 명성을 얻었다.

두보는 자가 자미子美이며 허난성 궁현鞏縣에서 태어났다. 그가 태어난 해는 마침 당나라 명황明皇이 즉위한 첫 해였다. 말하자면 그는 개원의 태평성세와 동년배인 셈이다.

그는 또 안사의 난 전 과정을 겪음으로써 "모든 곳이 수난뿐인" 시대와 호흡을 같이했다. 안사의 난 중에 그는 거의 10년간 살던 장안을 떠나 갖은 고초를 겪다가 봉상鳳翔에서 숙종을 알현하고 좌습유左拾遺라는 관직에 임명되었다. 그러나 얼마 후 조정의 파벌 싸움에 휘말려 화주華州의 사공참군司功參軍으로 강등되었고, 다시는 조정으로 돌아가지 못했다.

두보는 시대의 흥망성쇠를 목격한 증인으로서 평생을 백성들 속에서

두보가 청두成都에 있을 때 기거했던 초당

생활했다. 1,400여 수에 달하는 그의 시가는 안사의 난을 전후로 당 왕조
가 점차 번영에서 쇠퇴의 길을 걷는 과정을 반영하고 있어 문학적 가치뿐
아니라 역사적 가치도 지니고 있다.

【 나라를 사랑하는 마음 】

나라와 백성에 대한 걱정은 두보 시가의 주된 내용이다. "흉년에 여원
黎元을 걱정하면서 온갖 탄식을 하느라 애간장이 타는 듯하네!" 여기서
'여원'은 평민 백성을 가리킨다. 두보의 시는 백성의 고통스러운 생활을
널리 반영하고 그들의 감정과 염원을 담아냈다. '삼리三吏', '삼별三別'에
서는 가혹한 병역제도 때문에 허덕이는 백성의 고통을 그렸는데, 노인이
나 어린아이, 심지어 노파까지 징병을 강요당하는 현실을 묘사했다. 〈강
촌羌村〉에서는 "아이들은 모두 동쪽으로 정벌을 나갔네"라고 했으며, 〈조
상의 제사에 참예해서 회포를 읊음赴奉先詠懷〉에서는 빈부의 격심한 차이
를 예리하게 꼬집으며 "부잣집에는 술과 고기 냄새가 진동하지만, 길에
는 얼어 죽은 시체가 나뒹구네"라고 했고, 〈다시 오랑에게又呈吳郎〉와 〈농
부를 만나 실컷 마시다遭田父泥飮〉 등에서도 백성에 대한 배려와 사랑을
보여주고 있다.

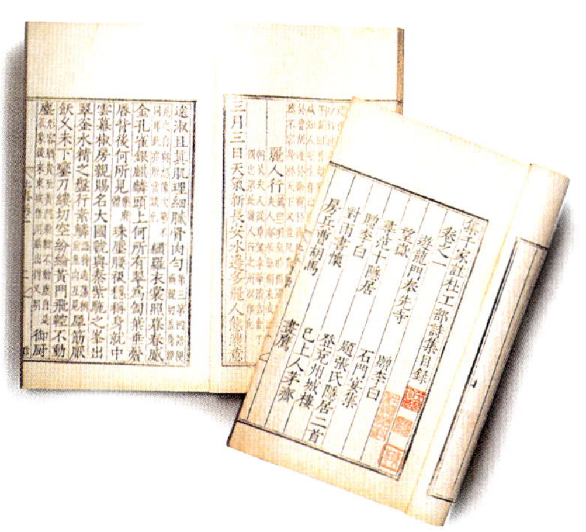

두보의 고향인 허난성 궁義의 난야오완촌南窯灣村과 《두공부시집杜工部詩集》

두보는 희생을 마다하지 않은 사람이다. 그의 시가에는 나라를 사랑하는 진실한 마음이 스며 있으며, 시인의 희로애락은 조국의 운명과 함께 요동쳤다. 나라가 위급할 때면 춘삼월의 아름다운 꽃과 새들도 그의 눈에는 처량하게만 보이니, 예를 들면 〈봄을 바라며春望〉가 그러하다.

나라는 깨어져도 산하는 그대로이고
봄날의 성안에는 초목이 무성하구나.
시국을 느꼈는지 꽃도 눈물을 흘리고
이별을 한탄하다 새소리에도 마음이 놀라네.

전쟁의 봉화가 석 달 동안 이어지니
집에서 온 편지가 만금과 같다네.

하얀 머리칼은 긁을수록 더 적어져

이제는 비녀 하나 꽂기도 어렵게 되었네.

큰 난리가 초기에 진정되었다는 소식이 전해지자, 그는 기쁨의 눈물을 흘리면서 평생 처음으로 즐거운 시 〈관군이 허난과 허베이를 수복했다는 소식을 듣고聞官軍收河南河北〉를 지었다. 그는 생의 마지막 순간까지 창사長沙에서 웨양岳陽에 이르는 낡은 배 위에서 "고국의 비운을 바라보니 사람들은 세월

"시국을 느꼈는지 꽃도 눈물을 흘리고 이별을 한탄하다 새소리에도 마음이 놀라네."

이 처참하다 하네", "전쟁의 피는 여전히 그치지 않고, 군사들의 함성도 지금까지 울리고 있네"라고 읊었다. 이는 전란 중에 피를 흘린 무고한 백성들과 안정을 찾지 못하고 있는 나라에 대한 시인의 마지막 사랑이었다.

【 현실을 반영한 악부서사시 】

유명한 '삼리三吏', '삼별三別'과 〈병거행兵車行〉, 〈여인행麗人行〉, 〈애강두哀江頭〉, 〈비진도悲陳陶〉 등과 같은 시는 모두 중대한 사회 문제를 반영

하는 한나라 악부樂府의 훌륭한 전통을 이어받은 작품들이다. 하지만 이 작품들은 옛날 악부의 제목을 따르지 않고 묘사하려는 시사時事에 근거해 스스로 제목을 붙임으로써 신제악부新題樂府의 형식을 창조했다. 그리하여 천보 말년과 안사의 난 과정에 일어난 중대한 역사적 사건의 반영은 두보의 시가 중에서 가장 빛나는 부분이다.

〈병거행〉에서는 현종이 빈번히 군사를 일으켜 백성들을 도탄에 빠뜨리는 현실을 꼬집었다.

수레는 덜컹거리고 말은 헐떡이는데
병사들은 활과 화살을 허리에 차고 있네.
부모와 처자식도 달려나와 배웅하는데
자욱한 먼지로 함양교咸陽橋도 보이지 않네.
옷깃을 붙잡고 발을 구르며 길을 막고 통곡하니
그 소리 곧바로 하늘 위까지 울려퍼지네.

황폐한 전란의 시대를 가장 잘 묘사한 시이다. 길 가는 사람이든 집에 있는 사람이든, 이것이 삶과 죽음을 가르는 이별이라 다시는 만나지 못할 것을 잘 알고 있다. "그대 보지 못했는가, 청해青海 가에 예부터 주인 없는 백골이 널린 것을. 새로운 귀신은 억울한 옛 귀신을 위해 우는데, 하늘이 흐려서 비가 오면 그 소리 처연하네"라는 구절에서는 제멋대로 전란을 일으킨 권력자들을 규탄한다.

현종은 양귀비를 총애하면서 점차 사치스런 생활에 빠져 정사를 멀리했다. 양씨 형제는 친척들을 관직에 등용했고 권세를 믿고 전횡을 일삼았다. 〈여인행〉은 바로 이런 현실을 고발한 시로, 나라의 운명을 우려하는 마음을 담고 있다.

【 만 권의 책을 독파하고 각지를 유람하다 】

두보는 "유가를 숭상하고 관직을 지키는" 가정에서 태어났다. 조부 두심언은 당 왕조 초기의 유명한 시인이었다. 그래서 어릴 적부터 훌륭한 교육을 받은 덕분에 7세 때 이미 시를 지었고, 소년 시절에 "만 권의 책을 독파할" 정도였다. 또한 성인들과 교류하는 것을 즐겨 14~15세에 이미 뤄양의 문인들과 교류했다. 그는 유명한 무용가 공손대랑의 검무도 보았고, 궁정 음악가 이구년의 노래도 들었으니, 실로 식견이 넓다고 할 수 있다.

20세가 되자 두보는 성당 시기의 많은 청년들과 마찬가지로 안목을 넓히기 위하여 여러 곳을 유람했다. 강남에 가서 육조六朝의 사적지들을 돌아보았으며, 동진東晉의 화가 고개지顧愷之의 벽화와 서예가 왕희지의 필적을 감상했다. 이러한 편력 덕분에 다방면에서 교양을 쌓을 수 있었다.

24세 때 두보는 멀리 뤄양에 가서 진사 시험을 보았지만 낙방하고 두 번째 여행길에 나섰다. 이번 행로에서 처음 들른 곳은 허베이성과 산둥성 일대로 그곳의 경치는 강남과는 전혀 달랐다. 그는 타이산을 보고 그 웅장함과 기이함에 깊이 매료되었는데, 〈타이산을 바라보며〉는 바로 그때 남긴 명시이다.

타이산이 도대체 어떠한가?
제나라와 노나라 땅의 푸르름이 끝이 없구나.
대자연의 조화가 신묘함과 빼어남을 다 모았고
산의 음지와 양지가 어둠과 밝음을 갈랐구나.
피어오르는 뭉게구름에 가슴이 탁 트이고
둥지를 찾아드는 새들이 눈에 아스라이 들어오네.
언젠가는 반드시 정상에 올라
뭇 산들이 작음을 한눈에 굽어보리라.

이 시에서 산 정상에 오르고 싶어하는 시인의 마음을 엿볼 수 있으며, 또 앞날에 대한 낙관적인 태도와 자신감을 느낄 수 있다.

천보 3년, 32세의 두보는 뤄양에서 이백을 만나 깊은 우정을 나누었다.

청두에 초당을 짓고 그곳에 머물다

759년 가을, 관중關中 지역에 기근이 들자 두보는 화주華州의 관직을 마다한 채 가족을 데리고 진주秦州, 동곡同谷 등을 지나 천신만고 끝에 그해 말에야 겨우 청두成都에 도착했다. 친구 배면과 고적 등의 도움으로 서쪽 교외의 완화계浣花溪 옆에다 자그마한 초당을 짓고 거처했는데, 이때부터 서남 지역에서의 반평생이 시작되었다.

청두에 머문 6년 동안 두보는 쓰촨성 절도사 엄무嚴武의 막부에 있으면서 잠시 검교공부원외랑檢校工部員外郞을 지냈는데, 이 때문에 '두습유杜拾遺' 외에 '두공부杜工部'라는 이름을 얻었다. 생활이 비교적 안정되자 그는 소시小詩들을 많이 지었다.

〈봄밤의 반가운 비春夜喜雨〉도 그 중 하나이다.

좋은 비는 시절을 알고 있는지
봄날에 맞춰서 내리네.
바람 따라 몰래 밤에 젖어들어
만물을 적시는데 은밀하여 소리도 없네.
들길과 구름이 온통 먹통 같은데
강가의 고깃배만 등불이 환하네.
이른 아침 붉게 젖은 땅을 보니
금관성엔 꽃이 활짝 피었으리.

이 밖에 청신하고 활발한 생활의 정서를 담고 있는 시로 〈강촌江村〉, 〈강둑을 홀로 거닐며 꽃을 찾음江畔獨步尋花七絕句〉 등이 있다.

비록 잠시의 안정된 생활이었지만, 두보의 마음은 여전히 천하를 걱정하고 있었다. 어느 해 가을, 그의 초당이 가을바람에 날려 침대머리가 비에 흠뻑 젖었다. 그는 밤새 잠을 이루지 못하고 〈가을바람에 떳집을 날리고茅屋爲秋風所破歌〉라는 걸작을 지었다.

어찌하면 천만 칸의 좋은 집을 지어서

추위에 떠는 사람들과 함께 기쁜 얼굴로 들어가

비바람에도 흔들림 없이 산처럼 안정될 수 있을까.

아아! 어느 날 눈앞에 갑자기 그런 집이 우뚝 나타난다면

내 집이 무너지고 내 몸이 얼어 죽을지라도 족하리라.

자신의 누추한 초당에서 추위에 떠는 세상 사람들의 거처를 생각하는 이것이 두보의 더없이 넓고 고귀한 마음이다.

【 '침욱돈좌'의 시풍 】

두보 시의 기풍과 품격은 다양하지만, 역대로 공인하는 가장 특징적인 기풍은 바로 '침욱돈좌沈郁頓挫(침울함과 좌절 : 옮긴이)'이다. 시대 상황의 급격한 변화, 생활의 어려움, 생각과 감정의 넓고 깊음, 침착한 표현 기법 등은 바로 이런 기풍과 품격을 형성하게 된 요인들이다.

권력자를 우습게 여기는 태도를 표현할 때 이백은 "어찌 눈썹을 찌푸리

고 허리를 굽혀서 권세가를 섬기다가 내 마음을 망치게 하겠는가"라고 했지만, 두보는 "야인野人은 호탕해서 더러움이 없는 모습이니, 어찌 왕후들 사이에 오래 있을 수 있으랴"라고 했다. 또한 우정을 묘사할 때 이백은 "나의 수심을 밝은 달에 실어 바람 따라 곧바로 야랑夜郎의 서쪽에 이르니"라고 했지만, 두보는 "금수錦水를 빙자해 두 줄기 눈물을 뿌리며, 구당협瞿塘峽의 염여퇴灩澦堆를 잘 넘기만 바라네"라고 했다. 이백의 표일함과 두보의 침울함이 선명하게 대비된다.

특히 주목할 것은 만년에 쓴 율시들이다. 감정이 무겁게 가라앉아 있으며 율격이 근엄하고 필치가 노련해서 '침욱돈좌'의 기풍을 더욱 강하게 드러내고 있다. 7언율시는 성당盛唐 초기에 새롭게 일어난 시체로 두보에 이르러 완전히 성숙했는데, 〈추흥秋興〉 여덟 수가 그 대표작이다. 다시 그의 명시 〈높은 곳에 올라登高〉를 보자.

바람은 빠르고 하늘은 높은데 원숭이 울음소리 슬프고
물가는 파랗고 모래는 흰데 새는 날아서 돌아온다네.
가없는 낙엽은 쓸쓸히 떨어지고
다함이 없는 강물은 넘실넘실 흘러서 오네.
만 리 밖의 슬픈 가을에 늘 나그네 되어
평생토록 앓는 몸으로 홀로 누대에 오르노라.
가난과 고통과 한탄으로 귀밑머리 털은 갈수록 하얘지고
늘그막에 새롭게 마시던 탁주마저 끊어야 하는구나.

높은 곳에 올라서서 바라보니 큰 강가에 가을이 깊었는데, 자신은 가난과 병마와 싸우면서 평생을 살고 있으니 신세한탄이 나오지 않을 수 없다. 이 시의 행간에서 우리는 처연한 감정이 끝없이 배어나는 걸 느낄 수 있다. 특히 이 시는 대구對句가 엄밀하고 성률聲律이 엄격해서 고금의 7언율시 중 으뜸으로 꼽히고 있다.

두보의 일생은 한마디로 파란만장했다. 비록 천하를 구원하려는 큰 뜻은 실현하지 못했지만 역사는 그에게 더욱 신성한 사명을 부여했으니, 바로 백성들과 가까이 지내며 그들을 위해 노래하고 호소하는 위대한 시인이 되도록 한 것이다. 위대한 현실주의 시인으로서 두보가 후세에 미친 영향은 깊고도 넓다. 두보의 나라 사랑은 후세에 큰 영향을 미쳐서 애국시인 육유가 그의 영향을 받았고, 남송의 정치가이자 시인인 문천상文天祥도 두보의 시를 아주 좋아했다.

한편 두보는 악부를 개혁했으니, '즉사명편卽事名篇(구체적 사실에 입각한 명편 : 옮긴이)'과 '인사명제因事命題(구체적 사실에 근거한 명제 : 옮긴이)' 등은 후세 사람들에게 현실과 통하고 백성에게 다가간 창작의 길을 보여주었다.

두보는 중당 시기 신악부운동을 이끌었고 갖가지 시체詩體의 전범을 확립했다. 그는 예술적으로도 시가의 표현영역을 넓혔고, 아울러 후세 여러 유파의 기원이 된 기풍과 품격을 남기며 역대 시인들에게 지대한 영향을 미쳤다.

【 백거이 】

●백거이의 초상

백거이 시가의 가장 큰 특징은 언어가 통속적이어서 쉽게 이해할
수 있고, 음률의 조화가 더해져서 읽기가 아주 편하다는 점이다.
백거이의 시는 그 당시 이미 널리 전해졌는데, 바로 이런 특징이
일정한 역할을 한 것으로 보인다.

백거이(772~846)는 두보의 뒤를 이어 나타난 또 한 명의 현실주의 시인이다. 그는 《시경》과 한나라 악부의 현실주의 전통을 이어받고, 두보가 개척한 길에서 한 걸음 더 나아가 시가의 이론과 창작에서 거대한 현실주의 시가의 물결을 일으켰다.

백거이는 자가 낙천樂天이다. 만년에 뤄양에서 은거했는데, 향산사香山寺의 승려들과 왕래하면서 향산거사香山居士란 호를 얻었다. 백거이는 태자소부太子少傅를 지낸 적이 있기 때문에 백부白傅 또는 백태부白太傅라 부르기도 한다. 29세 때 진사에 급제하여 비서랑秘書郞, 한림학사, 좌습유에 임용되었다.

원화元和 10년(815), 재상 무원형武元衡을 죽인 흉악한 범인을 엄벌할 것을 요구하는 상서를 올렸다가 권력자들의 비위를 거슬러 강주江州의 사마司馬로 강등되었다. 이후 항저우杭州와 쑤저우蘇州 자사로 부임했고, 관직이 형부상서刑部尙書에까지 이르렀다.

백거이가 살았던 시대는 당 왕조가 나날이 쇠퇴하던 시기였다. 하급 관리의 집안에서 태어난 그는 권세에 대해 강한 불만을 품고 있었다. 청년

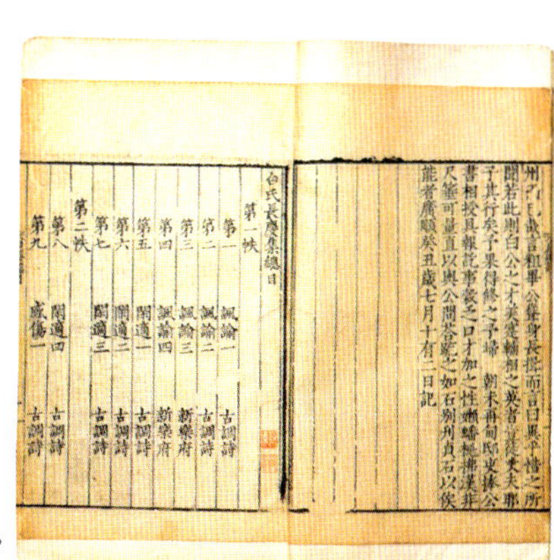

백거이의 《백씨장경집》

시절에는 오랜 기간 강남을 떠돌아다니며 좌절과 실의의 나날을 보냈다. 이때의 가난한 생활은 백성들의 삶에 가까이 다가갈 수 있게 해주었으며, 아울러 시가 창작에서 시작부터 현실주의 방향으로 나아가게 해주었다.

백거이 시의 기풍과 품격은 평이하고 통속적이어서 원진元稹과 함께 '원백元白'으로 불린다. 저작으로는 《백씨장경집白氏長慶集》이 있다.

【 백성들의 고통에 관심을 갖다 】

백거이는 백성들의 고통에 깊은 관심을 보였다. 그는 시를 통해 사회의 모순을 고발하고 지배계층의 착취를 규탄했을 뿐 아니라, 백성들의 고통을 동정하고 비분강개한 심정을 표현했다.

그의 시 〈두릉의 늙은이杜陵叟〉를 보자.

두릉에 한 노인이 있고 집은 바로 두릉에 있어라.
해마다 척박한 땅에 농사를 1경頃 남짓 짓는데
3월 내내 비는 내리지 않고 메마른 바람만 불어서
보리는 싹도 틔우지 못한 채 누렇게 말라 죽었네.
9월에는 서리가 내린 데다 가을 추위까지 겹쳐
벼 이삭이 익기도 전에 몽땅 파랗게 말라 죽었네.
관리들은 뻔히 알면서도 상부에 실정을 보고하지 않고

백거이는 사회의 모순을
고발하는 시를 많이 남겼다.

가혹한 세금을 매겨 실적을 쌓을 궁리만 하네.

뽕나무 저당 잡히고 땅 팔아 관리에게 세금을 바쳤으니

내년엔 무엇을 먹고 어떻게 입을 것인가?

이는 내 몸에 걸친 옷을 벗겨가고

내 입 안의 양식을 빼앗는 것이니

사람을 학대하고 재물을 빼앗으면 그것은 늑대나 승냥이지.

굳이 예리한 발톱과 치아로 인육을 먹어야만 하는가!

누군지 모르지만 이 사실을 황제에게 아뢰니

황제는 연민의 마음으로 농부들의 고통을 헤아려

백마白麻의 종이 위에 은덕의 말씀을 써서

경기 지방에서는 올해의 세금을 완전히 면제한다고 하니

어제서야 아전이 비로소 문전에 이르러

손에 면세의 공문을 들고서 마을에다 붙이더라.

하지만 열에 아홉 집은 이미 세금을 다 냈으니

우리 황제의 면세 은혜를 헛되이 받았구나!

  원화元和 3년(808) 가을부터 이듬해 봄까지 심각한 가뭄이 들었는데, 관청에서는 원래대로 부역을 동원하고 세금을 징수했다. 농민들은 한 톨의 곡식도 거두지 못한 상황에서 어쩔 수 없이 땅을 저당 잡히거나 밭을 팔아서 세금을 낼 수밖에 없었다. 관청에서 농민의 고혈을 모두 짜낸 뒤에야 황제는 금년의 조세를 감면한다는 어명을 내렸다. 〈두릉의 늙은이〉는 당시 농민들의 비참한 처지를 보여주고 세금을 징수하는 관리들을 늑대에 비유함으로써 이른바 황제의 '면세' 조서가 백성을 우롱하는 처사임을 고발하고 있다.
  다음은 백거이의 〈경비輕肥〉("살찐 말을 타고 가벼운 옷을 걸쳤다"고 한 《논어》에서 유래한 말로 사치스런 생활을 뜻함 : 옮긴이)라는 시이다.

의기양양한 교만함은 길에 가득하고
번쩍이는 말안장은 먼지조차 비출 정도네.
무엇 하는 자들인지 물어보았더니
사람들이 내시라고 부르네.
붉은색 인끈 드리우면 모두가 대부요,
자주색 인끈 드리우면 모두가 장군일세.
자랑스레 군중軍中의 연회에 참석하는데
내달리는 말들이 마치 구름 같구나.
술동이에는 갖가지 좋은 술이 넘치고
물과 땅에서 나는 여덟 가지 산해진미 올랐네.
과일은 둥팅호의 귤이 오르고

회는 천지에서 잡은 생선이네.

실컷 먹고 나니 마음은 저절로 느긋하고

술기운 퍼지자 기운이 더욱 뻗친다네.

이 해엔 강남에 가뭄이 들어

구주衢州에선 사람이 사람을 먹었다는군.

이 시는 80자로 이루어졌지만, 백거이는 그중 70여 자를 이용하여 환관들의 교만하고 사치스런 생활을 적나라하게 고발했다. 먼저 연회에 참석하는 그들의 의기양양한 모습을 그리고, 다시 술과 요리를 실컷 먹고 흡족해하는 모습을 그린 뒤, 결말 부분에서 갑자기 붓끝을 돌려 그들이 흥청망청 먹고 놀 때, 강남에는 가뭄이 들어 너무나 굶주린 끝에 사람이 사람을 먹는 일까지 벌어졌음을 지적한다. 시인은 이와 같은 대비로 강렬한 예술적 효과를 얻었는데, 쾌락과 슬픔의 커다란 편차는 권력자에게는 일종의 채찍이 되었다.

【 신악부운동 】

신악부운동은 당나라 시가의 중요한 혁신운동이었다. 이른바 신악부란 새로운 제재로 당시의 현실을 묘사하는 악부체시이다. 한나라의 악부시는 '연사이발緣事而發(현실을 말미암아서 일으킴 : 옮긴이)'의 훌륭한 전통이 있었으며, 조조 등은 일찍이 옛날의 제재를 빌려서 현실을 묘사했다. 두보는 그것을 '인사입제因事立題(현실에 근거해서 제재를 세움 : 옮긴이)'로 바꾸어 새로운 제재를 이용해서 당시의 현실을 다루었지만, 그렇다고 몽땅 신제新題

로 당시의 현실만을 다룬 것은 아니었다. 백거이는 두보의 정신을 종합하고 발전시켜 악부시의 면모를 쇄신했다.

백거이는 〈책림策林〉, 〈신악부서新樂府序〉, 〈원진에게 보내는 편지〉에서 문학을 개혁해야 한다고 주장했다. 무엇보다도 문학은 현실에 기초해야 한다는 점을 강조하면서 "문장은 시대에 맞게 지어야 하고, 시가는 현실에 맞게 창작되어야 한다"는 강령을 제시했다. 그다음 내용과 형식의 통일을 주장하면서 형식은 반드시 내용을 위해 봉사해야 한다고 강조했다. 그는 또 시가의 언어는 통속적이고 알기 쉬워서 읽는 사람이 쉽게 받아들이고 편리하게 전파할 수 있어야 하며, 반영하는 내용도 진실하고 신뢰할 만한 것이어야 한다고 했다.

신장에서 출토된 백거이의 시
〈매탄옹〉 탁본

이런 이론을 바탕으로 백거이는 170여 편의 풍유시諷諭詩를 지었는데, 그중 50수의 〈신악부〉와 〈진중음秦中吟〉 연작시는 바로 이 방면의 대표작이 되었다. 예를 들면 〈두릉의 늙은이〉, 〈경비〉, 〈가무歌舞〉, 〈숯 파는 노인賣炭翁〉, 〈신풍절벽옹新豊折臂翁〉, 〈상양백발인〉 등이 그 부류에 속한다. 이 작품들은 지배계급의 횡포에 저항하고, 의롭지 못한 전쟁을 반대하며, 여성들의 처지를 동정하는 등 지극히 현실적인 특성을 갖추고 있다. 아울러 예술적으로도 특색이 있으며 주제가 한결같고 명확하다.

가령 〈숯 파는 노인〉에서는 숯 파는 노인이 고생 끝에 구워낸 한 수레의 숯을 태감太監이 단 "반 필의 명주와 한 장丈의 비단"을 주고 강탈해가 다시피 하는 전형적인 사건을 통해서 백성들이 '궁시宮市(황제가 태감을 시장에 보내 물건을 구매하면서 제멋대로 억압하고 약탈하는 것을 말함)'의 고통을 받는 현실을 다루었다. 이 밖에도 백거이는 외모와 심리 등에 대해 자세히 묘사함으로써 인물의 형상을 창조했다. 역시 〈숯 파는 노인〉을 예로 든다면, 시작에서 "얼굴은 먼지가 가득하고 붉게 그을렸으며, 양쪽 귀밑머리는 새하얀데 열 손가락은 시커멓네"라고 묘사함으로써 고령에도 악착같이 일하는 노인의 모습을 그려냈다. 이어서 "가련하게도 몸에는 홑옷을 걸쳤지만, 숯값이 떨어질까봐 날씨가 춥기만을 바라네"라는 묘사로 노인의 모순된 심리를 보여준다.

백거이 시가의 가장 큰 특징은 언어가 통속적이어서 쉽게 이해할 수 있고, 음률의 조화가 더해져서 읽기가 아주 편하다는 점이다. 백거이의 시는 그 당시 이미 널리 전해졌는데, 바로 이런 특징이 일정한 역할을 한 것으로 보인다.

【 장안에서 명성을 떨치다 】

빼곡히 자란 들판의 풀
해마다 시들고 다시 자라네.
들불에도 결코 타 죽지 않고
봄바람 불면 다시 돋아나네.

멀리서 새 풀들이 옛 길을 덮어오니
푸른빛이 황폐한 성곽까지 이어지네.

또다시 먼 길에 벗을 보내니

무성한 잎에는 이별의 정이 가득하네.

이 시는 백거이가 16세 때 쓴 것이라고 하는데, 제목은 〈송별의 시 '고원초'를 짓다賦得古原草送別〉이다. 당나라의 과거시험에서 모든 규정된 시제詩題에는 '부득賦得'이란 두 글자를 붙였다. 이 시는 백거이가 시험에 응시하기 위해 연습 삼아 지은 것이라서 '부득'이란 두 글자를 넣었다.

백거이는 처음 장안에 갔을 때 시 원고를 갖고 당시 저작랑著作郎으로 있던 고황顧況을 찾아갔다. 고황은 그의 이름이 '거이'인 것을 보고 농담으로 이렇게 말했다.

"장안의 쌀값이 아주 비싸서 '거처居'하고 싶어도 그리 '쉬운易' 일은 아닐 걸세."

하지만 고황은 "들불에도 결코 타 죽지 않고, 봄바람 불면 다시 돋아나네"라는 시구를 읽고는 감탄을 금치 못했다.

"이런 시를 쓸 수 있다니, '거처'하기가 어렵지 않을걸세!"

고황의 칭찬을 받은 백거이의 명성은 대번에 장안성에 쫙 퍼졌다.

예부터 봄날의 풀을 소재로 한 시는 수없이 많았고, 그 시들은 일반적으로 끝없이 이어지는 이별의 정서를 토로하는 데 이용됐다. 하지만 백거이의 이 시는 전통적인 기법의 토대 위에서 봄철의 풀에 굳은 의지와 생명력을 부여해서 생기발랄한 경지를 보여준다. 특히 "들불에도 결코 타 죽지 않고, 봄바람 불면 다시 돋아나네"라는 구절은 대구가 정연하고 기세가 호방해서 대자연의 강한 생명력을 노래하는 동시에 깊은 철리哲理를 내포하여 사람들 사이에 널리 읽혔다.

【 항저우의 관리생활 】

항저우의 시후西湖에는 풍경이 수려한 백제白堤가 있는데, 이 이름의 유래가 백거이와 관련이 있다.

백거이는 항저우의 자사로 있을 때 기술자들을 모아 물길을 만듦으로써 항저우 백성들의 식수 문제를 해결했다. 아울러 시후 부근에 긴 제방을 만들어 호수 부근에 있는 1,000여 경頃의 논밭에 물을 댔다. 그가 항저우를 떠날 때 그곳 백성들은 남녀노소를 막론하고 모두 길을 막고 울었다고 한다. 훗날 사람들은 시후의 백사제白沙堤를 백공제白公堤라는 이름으로 바꿔 불렀다.

백거이는 항저우에 있는 동안 시후를 노래하는 시를 여러 수 지었는데, 그중에서 가장 유명한 것은 〈봄에 전당호를 거닐며錢塘湖春行〉이다.

고산사孤山寺의 북쪽이요 가정賈亭의 서쪽이니

항저우 시후의 백제

수면은 겨우 호수의 기슭과 견주고 구름 같은 물안개 덮여 있네.
몇 곳에서 일찍 나온 꾀꼬리들이 양지 쪽의 나뭇가지를 다투고
뉘 집인지 새로 온 제비가 봄날의 진흙을 물어다 둥지를 짓네.
온갖 들꽃이 사방으로 번지며 사람의 눈을 현란케 하고
새로 돋아난 보드라운 풀이 능히 말발굽을 덮어버리네.
가장 즐기는 것은 가도 가도 끝이 없는 호수의 동쪽 길이니
그곳이 바로 푸른 버들의 그늘에 있는 백사제라네.

시인은 예리한 통찰력으로 경물의 핵심을 정확하게 포착하면서 이른 봄 시후의 계절적 특징을 묘사했다. 즉 일찍 일어난 꾀꼬리가 양지 바른 쪽의 가지를 다투고 제비가 진흙을 물어 나르는 광경과 들꽃의 아름다움과 갓 돋아나서 말발굽을 덮는 보드라운 풀을 함께 묘사했다. 이러한 경치는 이른 봄 특유의 정취를 풍기고 있어 생기와 활력이 넘쳐난다.

시후의 아름다운 경치는 백거이에게 깊은 인상을 남겼다. 그래서 그는 "항저우를 버리고 떠나지 못하는 것은 이 호수가 발을 잡기 때문이네"(〈봄날 호수 위에서春題湖上〉)라고 했다. 그는 또 〈강남을 추억하며憶江南〉에서 "강남의 기억 중에서도 항저우가 가장 생각나네"라고 속마음을 털어놓았다.

【 뛰어난 장시, 〈장한가〉와 〈비파행〉 】

백거이의 시 중에서 반드시 짚고 넘어가야 할 감상적인 시가 두 수 있는데, 바로 〈장한가〉와 〈비파행〉이다.

산시성陝西省 저우 즈周至의 선유사仙游寺는 백거이가 유명한 〈장한가〉를 지은 곳이다.

〈장한가〉는 현종과 양귀비의 비극적 사랑을 그린 작품이다. 전반부는 사실적인 내용이고 후반부는 낭만주의적 환상 기법을 사용했는데, 전체적으로 구상이 정교하고 스토리가 완벽하면서도 복잡하다. 서정, 서사, 경물의 묘사가 한데 어우러지고, 언어도 자연스럽고 아름다우며, 음조音調가 강하고 조화로워서 높은 예술적 성취를 거두었기 때문에 "예부터 지금까지 장가長歌 중에 으뜸이고", "천고에 둘도 없는 작품"이라는 명성을 얻었다. 그 가운데 특히 아름다운 시구, 예컨대 "하늘에서는 비익조比翼鳥가 되길 원하고, 땅에서는 연리지連理枝가 되길 원하네" 등은 많은 사람들에게 널리 애송되고 있다.

〈비파행〉은 백거이가 강주江州의 사마司馬로 강등되었을 때 지은 작품이다. 작가는 비파를 연주하는 여성의 비참한 처지를 통해 관직생활에서 맛본 실의를 표현하고 있다. "손으로 눌러 줄을 타니 소리마다 생각이 넘치고, 마치 한평생 이루지 못한 뜻을 호소하는 듯하네"라고 음악 소리에 자신의 신세를 기탁하여 표현하고 있다. "똑같이 하늘가를 떠돌아다니는 신세거늘, 만남이 중요하지 알고 모름이 무슨 상관이랴"라고 강주의 사마와 장안 광대들의 비슷한 운명을 묘사함으로써 모욕과 배신을 당한 여

성들에 대한 동정심을 불러일으키는 한편, 자신에
대한 불공평한 대우에 분노를 표출했다.

또 정교한 비유를 통해 순식간에 변화하는 비파
소리를 묘사했는데, 그 미묘함은 음악예술을 잘 표
현한 절묘한 사辭로 평가받고 있다. "큰 현의 중후
한 소리는 마치 소나기와도 같고, 작은 현의 잔잔
한 소리는 마치 속삭이는 듯하구나. 중후한 소리와
잔잔한 소리가 한데 섞여서 연주되니, 마치 큰 구
슬, 작은 구슬이 옥쟁반에 구르는 듯하네", "은병이
갑자기 깨어지면서 물방울이 튀듯, 철기鐵騎의 병
사가 뛰쳐나가면서 창과 칼이 울부짖는 듯", "네 현
이 하나의 소리로 울리는 것이 마치 비단을 찢는
듯하네" 등의 시구는 생동감 있고, 언어가 맑고 유
려하며, 운율이 흐르는 듯해서 널리 전해졌고, 다
른 문인들에게도 큰 영향을 끼쳤다.

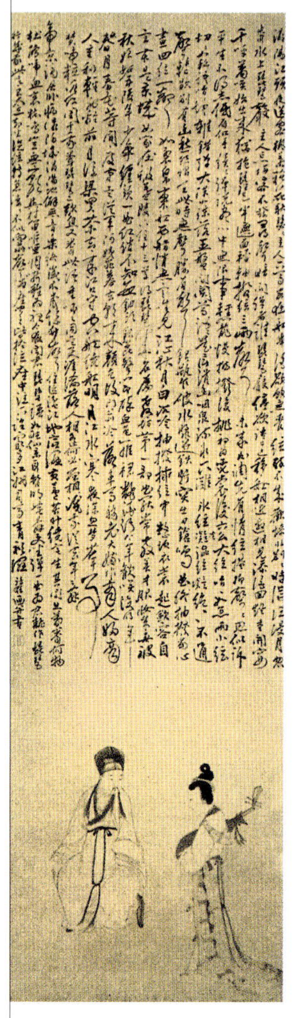

〈비파행도축琵琶行圖軸〉

結 백거이는 당대에 왕성한 창작활동을 했던 시인의 한 사람으로서 평생 3,000여 수의 작품을 남겼다.

백거이의 가장 큰 업적은 신악부운동을 제창한 것인데, 이것은 후세에도 큰 영향을 미쳤다. 그는 한나라 악부가사의 "슬픔과 즐거움에 감동하고 일에 따라 발하는" 훌륭한 전통을 이어받아 당나라 시가의 발전을 촉진했다.

한편 백거이는 '천절파淺切派'를 형성했는데, 이것은 통속시의 한 유파이다. 전하는 바에 의하면, 그는 시를 지을 때마다 노파들에게 먼저 들려주고 그들이 이해한 후에야 비로소 붓을 내려놓았다. 이 때문에 그의 시는 통속적이고 이해하기 쉬우며, 공감이 가고 자연스러워서 낭송하기가 쉽다.

백거이의 시는 생전에 이미 사회 각층에 널리 퍼졌으며, 신라와 일본 등지에까지 전해져서 많은 독자를 확보했다. 이는 중국의 고대 작가들에게 그리 흔한 일이 아니다. 그의 유명한 장시 〈장한가〉와 〈비파행〉은 훗날 희곡의 소재가 되기도 했다. 〈오동우梧桐雨〉, 〈장생전長生殿〉, 〈청산루青山淚〉 등은 그 두 편의 시를 개작한 것이다.

뤄양 향산사香山寺 부근에 있는 백거이의 무덤

【 한유 】

● 한유의 초상

한유는 언어의 거장으로서 산문이 간결하고, 정확하며, 선명하고, 생동감 넘치는 특징을 지니고 있다. 그는 20여 년간 연구하고 꾸준히 노력한 결과 중국어를 더욱 풍부하게 함으로써 당나라 산문의 면모를 일신했다.

한유韓愈(768~824)의 자는 퇴지退之로 하양河陽(지금의 허난성 멍현孟縣) 사람이다. 군망郡望의 창려昌黎(한유의 본관) 사람이라고 자처하여 한창려韓昌黎로도 불렸다.

한유는 어릴 적에 고아가 되어 형수의 손에서 자랐다. 열심히 공부해서 19세에 장안에서 과거시험을 보았으나 3년 내리 낙방하다가 4년 만에 겨우 진사에 급제했다. 원하는 관직을 얻기 위해 다시 이부吏部의 박학굉사과博學宏辭科에 응시했지만 역시 3년간 낙방했다. 시험을 봐서 관직에 오르는 길이 순탄하지 않았던 것이다. 감찰어사로 있는 동안에는 조정을 규탄하는 상서를 올렸다가 양산령陽山令으로 강등되었고, 형부시랑刑部侍郎으로 있을 때는 헌종憲宗이 불골佛骨을 영접하는 문제에 대해 간언했다가 차오저우潮州 자사로 강등되었다. 후에 다시 부름을 받아서 국자감國子監 좨주祭酒 및 병부시랑, 이부시랑을 지냈다.

한유는 당나라의 유명한 문학가이자 사상가였다. 그는 유가를 숭상하고 불가를 배척했으며, 요·순임금부터 공자와 맹자에 이르는 도통道統의

계승자로 자부했다. 또 고문
古文운동을 창도하고 평생
적극 실천했다. 저서로는
《창려선생집昌黎先生集》 40권
이 있다.

그는 혁신적인 '고문'을
정론政論, 잡설雜說, 서문序
文, 제문祭文, 묘비명 등 광범
위한 문체에 사용했다. 〈원
훼原毁〉, 〈사설師說〉, 〈진학해

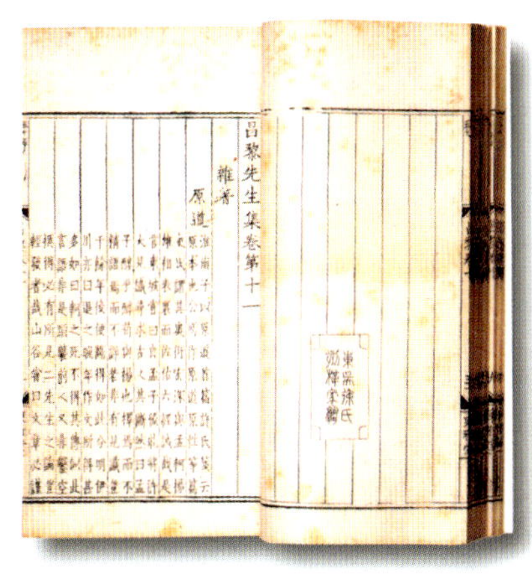

《창려선생집》

進學解〉, 〈송이원귀반곡서送李愿歸盤谷序〉, 〈잡설雜說〉, 〈제십이랑문祭十二郎
文〉 등 다채로운 산문을 지어 '당송팔대가' 중에서도 첫 자리를 차지하게
되었다. 그는 시를 지을 때도 혁신적인 정신을 보이면서 문장에서 시로
들어갔는데, 이는 후세에 깊은 영향을 미쳤다.

【 고문운동을 주도하다 】

한유가 가장 먼저 제시한 고문古文은 변문騈文과는 상대적인 개념이다. 선진先秦과 양한兩漢의 문장은 소박하고 자연스러우며, 일정한 격식 없이 자유로운 것이 특징이어서 고문이란 이름을 얻었다. 한유는 고문을 제창 하면서 위진魏晉시대 이래로 유행하던 변문을 반대했다. 이는 유종원의 전폭적인 지지를 얻었으며, 그 성과가 점점 뚜렷해지면서 영향력도 더욱 커졌다. 그리하여 정원貞元에서 원화元和에 이르기까지 20~30년 동안 고 문이 점차 변문을 압도하고 문단의 주요한 추세를 이루었는데, 이를 고문 운동이라고 한다. 고문운동은 문장의 기풍, 문체, 문학 언어의 개혁을 주 요 내용으로 했으며, 겉으로 보기에는 복고를 주장한 것 같지만 실제로는 새로움을 창조하기 위한 것이었다.

안사의 난 이후 당나라는 번영에서 쇠퇴의 길로 접어들었고 사회적 위 기도 날로 심각해졌다. 군벌세력이 나라를 위협했고, 불교와 도교가 성행

鱷魚文

維元和十四年四月二十四日潮州刺史韓愈軍事衙推秦濟以羊一猪一投惡谿之潭水以與鱷魚食而告之曰昔先王既有天下列山澤罔繩擉刃以除蟲蛇惡物為民害者驅而出之四海之外及後王德薄不能遠有則江漢之間尚皆棄之以與蠻夷楚越況嶺海之間去京師萬里哉鱷魚之涵淹卵育於此亦固其今天子嗣唐位神聖慈武四海之外六之內皆撫而有之況禹跡所揜揚州之近地

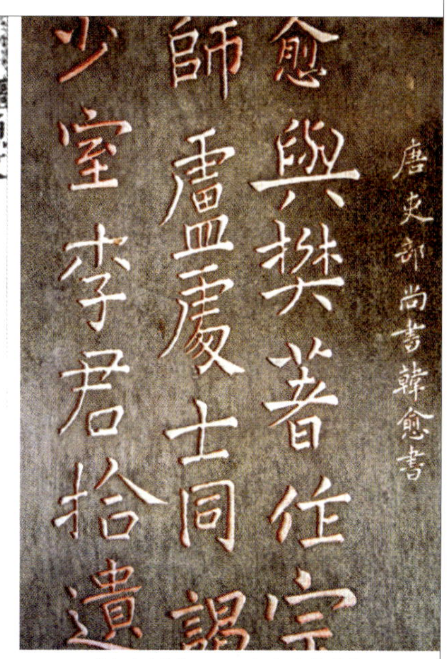

한유의 〈악어문鱷魚文〉과 친필 비각

함에 따라 승려와 도사들이 무위도식으로 이익을 얻었으며, 관료 집단이 부패해서 사대부들이 도덕적으로 타락하는 사례가 적지 않았다. 이런 풍조를 바꾸기 위해 한유는 복고를 주장하면서 유학의 정통적인 지위를 회복할 것을 주장했다. 그렇게 고풍을 회복하기 위해서는 반드시 고문을 배워야 했다. 도道는 목적이고 문文은 수단이며, 도는 내용이고 문은 형식이라는 것이 고문운동의 기본 내용이었다.

위진시대의 변문은 성운聲韻의 완벽함을 지나치게 추구하고 문장의 아름다움에 대해 지나치게 집착하는 바람에 현실과 사상을 제대로 반영하지 못했고, 현실의 삶이 나날이 복잡해지자 필연적으로 도태될 수밖에 없었다. 한유 등이 주장한 문체의 혁신은 먼저 작가의 인격 수양을 강조한 것으로 도道가 있어야 한다는 의미이다. 아울러 언어를 중시한 것도 중요한 내용이다. 고문운동의 업적에서 볼 때 당시의 좋은 작품들은 모두 내용과 형식의 통일이라는 혁신 이론을 실천했기 때문에 호평을 받을 수 있었다.

【 산문의 언어적 특징 】

한유는 새로운 형식의 산문에 대하여 두 가지 기준을 제시했는데, 바로 언어의 독창성과 문종자순文從字順(문장의 흐름에 따라 글자를 배열함 : 옮긴이)이다. 이 두 가지 기준을 지키기 위하여 그는 20여 년간 연구하고 꾸준히 노력한 결과 중국어를 더욱 풍부하게 함으로써 당나라 산문의 면모를 일신했다.

한유는 언어의 거장으로서 산문이 간결하고, 정확하며, 선명하고, 생동감 넘치는 특징을 지니고 있다. 그는 옛사람들의 언어에서 자양분을 섭취하여 새로운 언어를 만드는 데 능했으며, 또 그 시대의 구어口語 가운데서 표현력이 강한 언어를 선택하여 새로운 단어를 만드는 데도 뛰어났다. 그의 작품에 사용된 적지 않은 언어들이 성어成語로 자리 잡아서 오늘날까지 쓰이고 있다. '동공이곡同工異曲(기교는 같지만 표현 형식이나 내용은 다름 : 옮긴이)', '겸수병축兼收幷蓄(한데 거두어서 합침 : 옮긴이)', '부수첩이俯首貼耳(머리를 숙이고 귀를 기울임 : 옮긴이)', '요미걸련搖尾乞憐(꼬리를 흔들며 동정을 구걸함 : 옮긴이)', '낙정하석落井下石(우물에 빠진 사람에게 돌을 던짐 : 옮긴이)' 등이 바로 그것이다.

한유의 산문은 낡은 형식의 글귀가 없고, 구조에 융통성이 많고 변화가 크다. 특히 내용과 언어의 자연적인 리듬에 따라 글자를 배열함으로써 '문종자순'의 목적을 이루었으며, 변려문의 구법句法을 적당히 이용하고 갖가지 비유를 잘 활용함으로써 문장을 더욱 생동감 넘치고 다채롭게 할 수 있었다.

소순蘇荀은 한유의 문장을 일컬어 "양쯔강과 황허강이 호호탕탕 흘러가는 모습과도 같다"고 했다. 이처럼 기품 있는 멋과 유창함과 막힘없는 특징은 숙련된 언어 사용에 힘입은 것이다.

【 불평이 있으면 호소한다 】

한유의 산문 중에서 가장 뛰어난 것은 유가나 도가를 위한 설교의 문장이 아니라, 관직생활의 불우함에서 느낀 점을 토로하는 한편 어두운 현실을 고발하고 비판한 작품이다.

한유는 관직을 얻기 위하여 장안에서 동분서주하다가 맹교라는 좋은 친구를 만났다. 맹교는 4년이나 관직을 기다리다가 겨우 율양현위溧陽縣尉라는 감투를 얻어 강남의 자그마한 현縣의 부직副職으로 가게 되었는데, 그 역시 뜻을 이루지 못해 한유와는 동병상련의 처지였다. 한유는 〈맹동야를 보내며送孟東野序〉를 지어서 송별의 뜻을 전했다. 이 글에 나오는 "불평이 있으면 호소한다"는 구절은 유명한 문학적 논점이 되었다. 그는 성현이든 평범한 사람이든, 마음속에 공평치 못함이 있고 억압이 있으면 반드시 소리쳐야 한다고 했는데, 문장은 바로 이런 식으로 생겨나서 현실에 봉사한다고 생각했다. 한유의 창작은 바로 이러한 이론을 토대로 했기 때문에 사람의 마음을 감동시킬 수 있었다.

유명한 〈마설馬說〉에서 한유는 백락伯樂이 말을 고르는 이야기를 하면서 인재를 천리마에 견주고, 인재를 알아보고 활용할 수 있는 자를 백락

에 비유하며 "천리마는 늘 있으나 백락은 늘 있을 수 없다"고 한탄했다. 권력을 장악한 자는 인재를 볼 줄 몰라서 수많은 인재를 말처럼 마구간에 가두어놓고 맷돌이나 돌리는 사소한 일을 시키기 때문에 그 재주를 충분히 활용할 수 없다는 것이다. 이는 인재의 비극이자 나라의 비극이라고 한유는 개탄했다.

〈마설〉은 실의에 빠진 서생의 개인적 감정을 표출한 것이 아니라 궁극적으로 양심 있는 지식인의 충정과 울분을 담은 것이다.

【 불골의 영접을 간하다 】

당나라 헌종은 만년에 교만하고 사치스런 생활을 하면서 불교에 심취했다. 장안 서쪽에 있는 봉상鳳翔에 법문사法門寺라는 절이 있는데, 이곳에는 부처와 조사의 손가락뼈를 모신 호국진신탑이 있었다. 이 탑은 30년에 한 번씩 개방되었다.

819년, 호국진신탑을 개방하자 헌종은 환관을 보내 향과 꽃을 든 궁녀 30명을 거느리고 불골을 궁궐로 모셔와 3일간 공양한 후, 다시 장안의 여러 절로 보내 공양하려는 계획을 세웠다. 그리하여 왕공과 귀족들은 분주히 보시를 하고, 관리와 백성들은 향을 피우고 예배를 하는 등 야단법석이었다. 이 광경을 목격한 한유는 〈논불골표論佛骨表〉란 상서를 올려, 불교는 본래 좋은 것이 아니며, 양梁 왕조는 불교를 믿다가 결국 국운이 다했다는 예를 들어가며 불골을 모시지 말 것을 권유했다. 속담에 충언은 귀에 거슬린다고 했듯이, 한유의 상서를 받은 헌종은 노발대발하여 즉시 한유를 사형에 처하려 했다. 다행히 재상 배도 등이 간청한 끝에 강등되어 차오저우潮州 자사로 가게 되었다.

한유는 법문사에 모신 불골의 공양 문제로 왕에게 상서를 올렸다가 차오저우로 좌천되었다.

한유는 란톈관藍田關을 지날 때 배웅하러 나온 조카 손자 한상韓湘을 보고는 비감에 젖어 〈좌천되어 란톈관에 이르렀을 때 조카 손자 한상에게 보이다左遷至藍關示姪孫湘〉라는 시를 지었다.

한 통의 간언이 아침에 구중천九重天의 궁중까지 전해지니
저녁에는 차오저우의 8천 리 길로 강등되었네.
내 본래 거룩한 조정을 위해 폐단을 제거하려는 뜻이었으니
어찌 노쇠한 몸이라 해서 남은 목숨을 아끼랴!
구름이 친링秦嶺을 가리니 집은 어디 있는가?

광둥성 차오저우에 있는 한문공사韓文公祠

큰눈이 남관을 막아 말이 앞으로 가려고 하지 않네.
먼 길을 찾아온 네가 깊은 뜻이 있음을 내 알고도 남으니
이제 내 유골을 거두어 독기 서린 저 강변에 묻어다오.

　죄 없이 귀양을 가는 비통함 속에서도 정직하게 간언한 용기와 만년의 상심과 슬픔이 실로 사람을 감동시킨다. 이 시는 "산문으로 시를 쓰는" 특징이 있는 한편, 엄격한 율격과 깊은 기조 및 기풍이 두보의 시와 아주 흡사해서 한유의 시 가운데서도 걸작으로 꼽힌다.

【 사람들의 사표가 되다 】

　한유는 훌륭한 스승이었다. 고문운동을 주도하며 명성이 널리 알려지자 그의 이름을 듣고 가르침을 받으러 찾아온 사람들이 적지 않았는데,

대체로 지식인 청년들이었다. 그중에는 명사, 은사, 고급관리의 자제, 심지어 문인이 된 협객과 환속한 승려도 있었다. 이들 가운데 많은 사람이 한유와 뜻을 같이했고, 그들은 스승과 제자이면서 또한 친구였다. 이고, 황보식皇甫湜, 이한李漢 등이 한유에게서 고문을 배운 이름 있는 작가들이다.

한유는 국자감 박사가 된 후 제자가 더욱 많아졌다. 이때 "남의 스승이 되기를 좋아한다"고 비웃는 자가 있었다. 이에 한유는 〈사설師說〉을 써서 스승의 도리에 대해 명확히 밝히고, 그것을 소홀히 하는 사회 풍조를 비판했다. 그는 스승이란 도의道義를 전수하고, 일을 가르치며, 의문에 답하는 사람이라고 했다. 이 말은 두 가지로 이해할 수 있다. 첫째, 보통 사람의 입장에서 말하면 지식은 태어날 때부터 가지고 나오는 것이 아니라 누

한유의 고향인 허난성 멍현의 한문공사

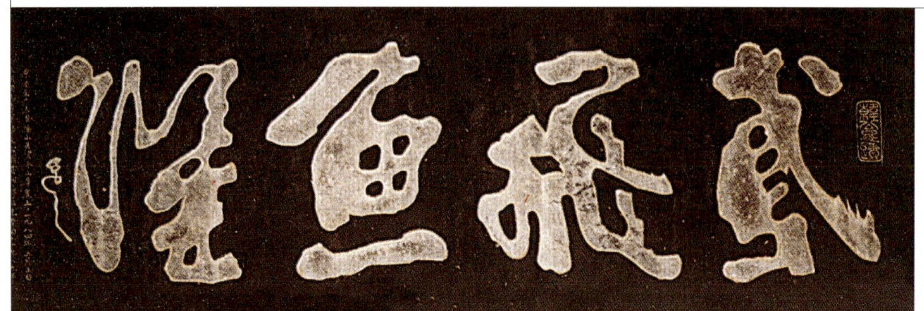

광둥성 양산陽山 셴링산賢令山에 있는 한유의 친필 석각

구나 모르는 것이 있는 법이니, 의혹이 있으면 스승에게 가르침을 받아야 하고, 그러자면 학생이 되어야 한다. 둘째, 스승의 입장에서 말하면 신분의 귀천이나 나이의 많고 적음을 막론하고 다른 사람보다 좀 더 알거나 좀더 일찍 설파할 수 있으면 된다. 이처럼 한유는 스승과 제자의 관계에 대해 다음과 같은 견해를 발표했다.

"제자가 반드시 스승보다 못하다고 할 수 없고, 스승이 반드시 제자보다 현명하다고 할 수도 없다. 다만 도를 배우는 데 먼저와 나중이 있고, 술업術業(기술 직종 : 옮긴이)에 전문 분야가 있을 따름이다."

그는 이처럼 진보적이고 열린 관점에서 인내심을 갖고 제자들을 이끌면서 그들이 자신의 힘으로 스승을 뛰어넘을 수 있도록 격려했다. 이와 같은 사제 관계 및 교류를 통해 고문운동을 더욱 확대할 수 있었다.

結 한유는 당송팔대가의 으뜸으로 존경받았다. 소식은 한유에 대해 "글은 팔대八代의 쇠퇴를 막았고, 도는 천하의 타락을 막았다"고 하여 한유가 주창한 고문운동의 가치와 성과를 요약했다. 이것은 문학사와 사상사에 한유가 남긴 업적을 가장 정확하고 타당하게 칭송한 것이어서 한유에 대한 정평으로 공인받고 있다.

고문운동의 승리는 산문의 역사에서 큰 전환점이자 우뚝 솟은 이정표로서 중국 문학사에서 빛나는 한 페이지를 장식했다. 즉 성률聲律과 대구對句만 강조하고 내용을 무시하던 변체문의 오랜 지배를 종식하고 구어에 가까운 글을 지으면서 산문의 실용적인 범주를 크게 넓혔다.

고문운동의 이론, 특히 한유가 제시한 "문장과 도의 합일", "불평이 있으면 호소한다", "문종자순" 등의 관점은 훗날 무수한 고문가古文家들의 창작을 지도하는 지침이 되었다. 송나라의 구양수는 재차 고문운동을 일으켜서 당송팔대가를 새로운 산문 전통을 대표하는 그룹으로 자리 매김했다. 훗날 명나라의 당순지唐順之, 귀유광歸有光 등의 고문과 청나라 동성파桐城派의 고문은 당나라와 송나라 고문의 전통을 직접적으로 계승하고 발전시킨 것이다. 이러한 고문의 새로운 전통은 중국 문단을 거의 1,000년여 동안 지배하면서 큰 성과를 남겼다.

한유는 산문으로 시를 지음으로써 중요한 유파를 형성했다. 그의 시가는 경직된 언어와 기괴함 등으로 장점과 단점이 공존하고 있다. 시의 영향력은 산문처럼 크지는 않았지만 역시 무시할 수 없다. 당나라 중기에서 북송, 청나라 말기의 수많은 시인에 이르기까지 그의 영향력에서 완전히 자유로울 수 없기 때문이다.

【 유종원 】

●유종원의 초상

유종원의 산수유람기는 언어가 간결하고 경치에 대한 묘사가 아
주 생생하다. 유종원 시의 독특한 매력은 바로 산수를 묘사하면서
그 속에 작자의 감정을 스며들게 하는 데 있다.

유종원(773~819)의 자는 자후子厚이고 하동河東(지금의 산시성山西省 융지현
永濟縣) 사람으로 유하동柳河東이라고도 한다. 21세에 진사에 급제하고 31
세에 감찰어사가 되었으며, 2년 후에는 왕숙문王叔文 집단에 들어가 예부
원외랑禮部員外郎에 임명되어 '영정永貞의 혁신'에 참여했다. 그러나 혁신
이 실패한 후 융저우永州의 사마司馬로 강등되었고, 10년 후에는 류저우柳
州의 자사가 되었다.

유종원은 47세를 일기로 일생을 마쳤지만 역시 평범하지 않은 생애였
다. 사상에서는 옛날에 보기 드문 유물주의의 경향을 보였으며, 정치에서
는 당시에 풍미했던 정치개혁운동, 즉 '영정의 혁신'에 참여했으며, 문학
에서는 독창적인 작품으로 당나라 문단에서 자리를 굳혔다.

그의 시가는 위응물과 함께 '위류韋柳'라고 불리며, 산문은 한유와 이름
을 나란히 한다. 고문운동을 이끈 한 사람으로서 논변論辯, 인물의 전기,
산수유람기, 우언寓言 소품, 서신 등 다양한 유형의 산문을 남겼다. 그중

용성석각龍城石刻의 일부. 유종원의 필적으로 알려져 있다.

에서 〈포사자설捕蛇者說〉, 〈단태위일사상段太尉逸事狀〉, '영주팔기永州八記', 〈검지려黔之驢〉, 〈부판전蝜蝂傳〉 등이 대표작이다. 그는 당송팔대가의 한 사람으로서 사상가, 정치가, 문학가의 칭호를 한몸에 안고 풍부하면서도 깊이 있는 작품으로 그 영예를 누렸다.

【 진보적인 사상 】

유종원은 무신론자로 소박한 유물주의 세계관을 갖고 있었다. 그는 문장을 통해 "천자는 하늘의 명을 받았다"는 관점과 "하늘에서 사건의 징조를 알린다"는 미신적인 관념을 질타했다. 사회 제도는 역사의 발전에 따라 결정되는 것이지, 성인의 뜻에 의해 전이되지 않는다고 했다. 아울러 관리는 "백성의 시종"이지 "백성을 부리는 자가 아니다"라는 민본 사상을 주장했다.

유종원은 왕숙문이 이끈 '영정의 혁신'에 참가했다. '영정의 혁신'은 안사의 난 이후 당나라가 쇠퇴해가는 과정에서 일어난 제1차 정치혁신운동이다. 5~6개월이라는 짧은 시간 동안 백성과 나라에 해가 되는 일련의 잘못된 조치를 과감하게 폐지하고, 백성들의 재물을 약탈하는 '궁시宮市'를 없앴으며, 일종의 불량 소년 집단이 되어버린 '오방소아五坊小兒'의 협잡을 제지하고, 가혹한 잡세들을 폐지했다. 아울러 탐관오리들을 벌하면서 안으로는 환관들의 권력을 제한하고 밖으로는 번진藩鎭을 통제하여 당 왕조를 부흥시키고자 했다. 그러나 이 개혁이 환관과 군벌 등 관료들의 이익을 심각하게 침해했기 때문에 얼마 지나지 않아 왕숙문은 암살당했으며, 주요 인물 여덟 명은 아득히 먼 지방의 사마司馬로 강등되었다. 이 일을 '8사마 사건'이라고 하는데 유종원도 그 일원이었다.

융저우永州로 간 유종원은 일생의 중대한 전환기를 맞았으니, 그의 많은 문학 작품이 바로 이 시기에 탄생했다.

【 산수유람기 】

유종원은 강등된 후에 산수유람기를 여러 편 썼는데, 그중 여덟 편이 유명해서 '영주팔기永州八記'로 불린다.

유종원이 쓰면 평범한 산도 생동감과 정취가 넘쳤다.

그 돌은 불쑥 넘어질 듯 흙을 이고 튀어나왔는데, 그 기이한 모습을 다툴 만한 것은 별로 없을 것이다. 우뚝 솟은 채 서로 층을 이루어 내려가면 소나 말이 계곡물을 마시는 곳이요, 나는 듯 뿔이 열을 지어 올라가면 곰과 같은 동물이 산을 오르는 곳이다.(〈소석담기小石潭記〉)

또 소석담의 경치에 대한 묘사는 독자의 정신을 맑게 해준다.

못 속의 물고기는 100마리쯤 되는데, 마치 아무데도 의지하지 않고 공중에 떠다니는 것 같다. 햇살이 내리비치면 물고기의 그림자가 돌에 비쳐 움직이지

후난성 융저우의
소석담

않다가도 갑자기 멀리 사라지기도 하는데, 사라졌다 나타났다 하는 그 모습이
마치 놀러온 사람과 장난이라도 치는 듯싶다.(《소석담기》)

유종원의 산수유람기는 언어가 간결하고 경치에 대한 묘사가 아주 생
생하다. 유종원 시의 독특한 매력은 바로 산수를 묘사하면서 그 속에 작
자의 감정을 스며들게 하는 데 있다. 물론 유종원 이전에 역도원酈道元,
오균吳均 등도 산수에 관한 글을 남겼지만, 모두 경물에 대한 객관적 묘사
에 그쳤을 뿐, 작가의 주관적 정서는 별로 드러나지 않았다. 하지만 유종
원의 글은 산수에 대한 아름다운 묘사를 통해 추악한 현실을 고발할 뿐
아니라 정신적 위안을 주기도 한다. 그리하여 자연 풍경과 작가의 심경이
하나로 융합해서 감정과 사물이 서로 교류하게 되는데, 이것이 유종원 산
수유람기의 가장 큰 특징이자 성과이다.

【 〈포사자설〉 】

　〈포사자설〉은 유종원의 산문 가운데 가장 널리 전해지면서 인구에 회자되는 작품이다. 이 작품은 전기, 우언, 논설의 세 가지 요소를 한데 아우른 것으로, 작자와 뱀을 잡는 포사자가 방문기와 유사한 형식으로 대화를 진행하면서 세금으로 백성들을 착취하는 봉건사회의 억압상을 적나라하게 폭로하고 있다.

　융저우에 서식하는 독사가 온갖 병에 아주 좋다고 소문났다. 그러자 조정에서는 몇몇 사람들에게 세금을 내는 대신 그 독사를 잡아들이게 했다. 장蔣씨 일가는 삼대가 모두 독사를 잡는 일로 생계를 유지했는데, 조부와 부친은 독사에게 물려 죽었고, 장씨 자신도 몇 번이나 죽을 고비를 넘겼다. 유종원은 그의 처지를 딱하게 여겨 뱀을 잡아 바치는 대신 세금을 내

가혹한 정치는 호랑이보다
사납고 뱀보다 독하다.

도록 청구하겠다고 했다. 그런데 그 말을 들은 장씨는 오히려 통곡했다. 땅꾼은 비록 생명이 위험할지라도 1년에 한두 번 뱀을 바치면 그나마 숨 쉴 틈이라도 있지만, 세금을 내려면 매일같이 관리들의 시달림을 당하니 한시도 편할 날이 없으며, 이 때문에 많은 백성들이 너도나도 도망치는 형편이라고 했다. 유종원은 그의 말을 듣고 비로소 "어찌 부세의 독함이 뱀보다 더할 줄을 알았으랴"라고 탄식하면서 "가혹한 정치는 호랑이보다 무섭다"는 옛이야기의 주제를 밝히고 있다.

이 글은 세금이 뱀의 독보다 무섭다며 위험한 선택을 할 수밖에 없는 땅꾼의 처지를 보여줌으로써 도탄에 허덕이는 농촌의 참상을 그리고 있다. 그와 동시에 가혹한 세금으로 백성들을 착취하는 봉건사회의 실상을 고발함으로써 애민 사상을 구현했다.

【 우언 소품과 〈검지려〉 】

유종원의 산문은 풍부하고 다양한데, 산수유람기 외에 또 다른 훌륭한 고문으로 우언寓言 소품을 들 수 있다. 우언은 선진先秦시대의 문인들이 도리를 천명하기 위하여 산문에서 사용하던 일종의 문학 형식이다. 유종원은 이 형식을 발전시켜서 독립적인 소품으로 확립했다. 우언 소품은 짧고 교훈적이며, 특히 풍자적 의미가 강하다. 〈삼계三戒〉는 그의 유명한 우언 소품으로 〈임강지미臨江之麋〉, 〈검지려〉, 〈영모씨지서永某氏之鼠〉 세 편으로 구성되어, 노루, 당나귀, 쥐 등 세 가지 동물의 이야기를 통해 총애를 믿고 교만하게 우쭐거리는 자들을 풍자했다. 그중에서 〈검지려〉의 줄거리는 다음과 같다.

후난성 융저우에 있는 유자묘柳子廟

검주에는 원래 당나귀가 없었는데, 어떤 사람이 당나귀를 한 마리 얻어다 산 아래에 매어놓았다. 그렇게 큰 짐승을 처음 본 호랑이는 감히 범접할 엄두를 못 내고 숨어서 몰래 훔쳐보기만 했다. 어느 날 당나귀가 울부짖는데 그 소리가 얼마나 컸던지 호랑이는 깜짝 놀랐다. 그래서 계속 조심스레 관찰했지만 당나귀에게서 별다른 재주를 발견하지 못했다. 호랑이는 비로소 갖가지 방법으로 당나귀를 건드렸고, 화가 난 당나귀는 뒷발질만 해댔다. 호랑이는 그것을 보며 "네놈은 그 재주밖에 없구나!"라고 하며 즐거워했다. 그리고 달려들어 당나귀의 목을 물어서 먹어치웠다.

〈검지려〉는 겉으로는 강하지만 속은 텅 비어 있는 소인들을 풍자한 산문이다. 즉 "큼직한 겉모습에 걸맞은 덕을 갖춘 듯하고, 커다란 목소리에 걸맞은 재능이 있는 듯하지만" 실제로 아무런 덕도 재주도 없는 자들은

당나귀와 같은 최후를 맞을 수밖에 없다는 것이다. '검려기궁黔驢技窮'이
란 고사성어가 바로 여기서 나왔다.

【 비분과 울분, 향수의 시 】

　유종원은 위대한 산문가인 동시에 훌륭한 시인이다. 그의 시는 산문처
럼 대부분 융저우와 류저우에 있을 때 지은 것이다. 내용은 대체로 비분
과 울분 그리고 향수를 담았는데, 〈유주 성루에 올라 장, 정, 봉, 연 4주
의 자사에게 보냄登柳州城樓寄漳, 汀, 封, 連 四州〉, 〈영남강행嶺南江行〉, 〈아우
종일과 헤어지며別舍弟宗一〉 등이 바로 그 유형에 속한다. 또 일부 시들,
예컨대 〈기오사蚑烏詞〉, 〈농응사籠鷹詞〉 등은 새나 신화를 빌려 자신의 신
세를 그리면서 현실을 풍자하는데, 그의 우언 소품과 비슷한 형식이다.
〈전가田家〉는 백성들의 생활상을 반영한 것으로 진보적 사상을 담은 그
의 산문과 기본 정신이 일치한다.
　유종원의 산수시는 감정이 깊고 부드러우며 묘사가 세밀하고 간결해
예술적 성취를 거두고 있다. 풍경은 다르지만 곳곳에서 그의 맑고 고결한
정서가 느껴지는 한편, 멀리 귀양 온 데 대해 울분을 토로하고 있다. 그의
시 〈강에 눈 내리고江雪〉를 보자.

　　산이란 산에는 나는 새의 흔적도 끊어지고
　　길마다 사람의 자취 끊어졌는데,
　　외로운 배 위에 삿갓 쓴 늙은이
　　혼자서 낚시질하고 추운 강에는 눈만 내리네.

흰눈이 모든 것을 뒤덮어서 나는 새도, 사람의 자취도 보이지 않는 가운데 강물에 배를 띄우고 홀로 낚시하는 어부의 모습을 그린 시이다. 유종원은 조정의 권신들에게 밀려나서 멀고도 외진 곳으로 귀양을 가다시피 했는데, "산이란 산에는 나는 새의 흔적도 끊어지고, 길마다 사람의 자취 끊어졌는데"라는 구절은 바로 자신이 머무는 곳을 말한다. 또한 어부가 얼음과 눈의 세계에 홀로 앉아 고기를 낚는 모습은 작가의 고고함과 백절불굴의 정신을 표현한 것이다.

結유종원의 사상은 고도의 경지에 도달해서 옛사람들 중에서도 보기 드물었을 뿐 아니라, 중국 사상사에서도 중요한 자리를 차지하고 있다.

유종원의 인물 전기는 대체로 봉건사회의 밑바닥에서 고생하는 하층 인물을 소재로 했는데, 이는 《사기》의 뒤를 이은 인물 전기의 발전이라고 할 수 있다. 그의 산수유람기는 또한 《수경주水經注》의 성취를 계승하여 발전시킨 것으로, 산천에 대한 묘사에 작가의 진실한 그림자가 투영되어 있으며, 원망과 한이 서려 있다. 아울러 산수유람기의 문체 확립에 훌륭한 토대가 되었으며, 유람기 형식의 산문에 깊은 영향을 미쳤다.

우언 소품도 유종원에 의해 완벽한 문학 양식으로 자리를 잡았다. 그는 독창적인 작품으로 고대 산문의 새로운 경지를 개척했고, 풍부하고 다채로운 내용으로 당나라의 고문 운동을 한 걸음 더 나아가게 했다.

유종원은 좌천되기 전에도 가르침을 구하는 사람들이 날마다 끊이지 않았으며, 좌천된 후에도 융저우 일대의 진사들까지 나서서 그를 스승으로 모시려 했다. 그의 지도 하에 나온 문장은 "모두 법도가 있음을 볼 수 있다"고 했으니, 당시 문단에서 그의 영향이 얼마나 컸는가를 짐작할 수 있다.

한유가 글을 짓고 소식이 글씨를 쓴 류저우의 나지묘비羅池廟碑. 유종원의 덕정德政을 기록했다.

ㄱ